Richard Bergeron, o.f.m.

Le cortège
des fous de Dieu...

*Un chrétien scrute
les nouvelles religions*

Xavières
Montréal

Éditions Paulines & Apostolat des Éditions

DU MÊME AUTEUR

Les Abus de l'Église d'après Newman, Bellarmin, Montréal,
1971
L'obéissance de Jésus et la vérité de l'homme, Fides, Montréal,
1976

Cet ouvrage a été publié grâce à une subvention de la Fédération canadienne des études humaines, dont les fonds proviennent du Conseil de recherches en sciences humaines du
Canada.

Composition et mise en page: *Helvetigraf Enr.*

Maquette de la couverture: *Antoine Pépin*

Imprimatur: No 200-71

ISBN 2-89039-868-4

Dépôt légal — 3e trimestre 1982
Bibliothèque nationale du Québec
Bibliothèque nationale du Canada

© 1982 Éditions Paulines
3965, boul. Henri-Bourassa Est
Montréal, Qué., H1H 1L1

Apostolat des Éditions
48, rue du Four
75006 Paris

À tous ceux qui cherchent...

«Dieu veut qu'il y ait un fou de plus
sur la terre. Sachez, en tout cas, que
je ne me conduirai jamais par une
autre science que la sienne».

François d'Assise

«Que ceux-là s'irritent contre vous, qui ne savent pas au prix de quel labeur la vérité est atteinte, et combien il est difficile d'éviter les erreurs. Que ceux-là s'irritent contre vous, qui ne savent pas combien c'est une chose rare et une chose pénible d'être libre de toutes fantaisies qui se lèvent en nous. Que ceux-là s'irritent contre vous, qui ne savent pas combien est douloureuse la guérison de l'oeil intérieur de l'homme, s'il veut apercevoir le Vrai Soleil (...) dont la «lumière éclaire tout homme venant en ce monde.» Que ceux-là s'irritent contre vous, qui ne savent pas quels soupirs et quelles larmes exige la connaissance, même la plus infime, du vrai Dieu. Enfin que ceux-là s'irritent contre vous, qui ne se sont jamais égarés, comme vous et moi nous nous sommes égarés.

Quant à moi, il m'est absolument impossible de m'irriter contre vous. Mais afin que vous non plus ne soyez pas irrités contre moi..., laissez-moi vous demander cette faveur. Des deux côtés, déposons toute arrogance. Qu'aucun de nous ne prétende avoir déjà découvert la vérité. Cherchons-la ensemble comme quelque chose qui n'est encore connu ni des uns, ni des autres. Car c'est alors seulement que nous pouvons la chercher avec amour et avec sérénité, si nous n'avons pas l'audacieuse prétention de l'avoir déjà découverte, de la posséder. Mais si je ne puis vous en demander autant (à-vous-qui-connaissez), accordez-moi au moins de pouvoir vous entendre et vous parler, comme avec des êtres que, pour ma part, je ne prétends pas connaître».

Saint Augustin aux Manichéens.
(*Contra epistolam manichaei,* cap. 3)

Introduction

Le vide appelle le plein. Les nouveaux mouvements religieux s'inscrivent dans les béances d'indétermination ouvertes par la société actuelle. La sécularisation, la crise de la modernité et la robotisation de l'homme ont soudainement fait sauter en éclats le cadre normatif socio-religieux qui, jusqu'à récemment, donnait sens à l'action individuelle et garantissait le consensus social. L'euphorie provoquée par une liberté retrouvée, par une opulence subite et par des espoirs chatoyants a vite cédé le pas à un sentiment d'inquiétude et d'impuissance. Après que la morale du «Y'a rien là!» ou du «C'est cool!» eût rapidement épuisé ses possibilités herméneutiques, on s'est retrouvé Gros-Jean comme devant, avec son angoisse et ses questions, sans cadre de référence théorique pour y faire face. En venant occuper le *no man's land* socio-religieux laissé en friche, les nouveaux groupes religieux entendent désamorcer cette angoisse et apporter une réponse globale à ces interrogations.

Des béances à combler

D'abord la sécularisation. Dans les sociétés traditionnelles, la religion est le facteur le plus déterminant de légitimation sociale: elle rend l'existence acceptable en dépit des situations-limites (mal, souffrance, mort) et confère aux institutions un statut ontologique en les rapportant à un ordre transcendant ou à une volonté divine. La religion insère l'homme dans une signification ultime qui est partagée par l'immense majorité. Le sacré est dans le profane et le profane, dans le sacré; le reli-

9

gieux est dans le civil et le civil, dans le religieux; l'Église est dans l'État et l'État, dans l'Église.

La sécularisation viendra séparer ce que l'histoire avait réuni. De larges secteurs de la société et de la culture seront soustraits à la mainmise des institutions et des symboles religieux. Une fois restitué à son autonomie, le monde devient un lieu ouvert aux interventions illimitées de l'homme. Dans ce processus d'autonomisation, le culturel et l'économique s'affranchissent en premier de la tutelle religieuse. Puis vient le politique. L'état séculier fonctionne selon ses lois propres et n'a plus besoin de référence au sacré pour articuler ses structures. Perdant sa pertinence sociale, la religion traditionnelle (l'Église catholique au Québec) entre dans une grave crise d'identité et de signification. Elle se retire petit à petit dans ses derniers retranchements: la sacristie, la vie privée et la famille.

C'est alors la fin de l'unanimité sociale. La sécularisation sape le monopole de la religion traditionnelle et conduit, ipso facto, au pluralisme. L'effritement du vieux cadre de signification et de valeurs socio-religieuses laisse le champ libre à un pluralisme illimité, tant au niveau des idéologies qu'au plan des comportements et des situations existentielles.

La religion se retirant, un immense vacuum est créé que ne peut combler la société séculière. D'une part, la religion ne légitime plus le social, n'offre plus de sens ultime reconnu collectivement et ne peut, par son enseignement traditionnel adapté à une société conventionnelle, affronter le pluralisme des situations et des idéologies. D'autre part, la société unidimensionnelle est incapable de répondre aux questions métaphysiques et de proposer un sens ultime. Une large béance s'ouvre: il n'y a plus d'instance crédible, plus de système de valeurs pour guider l'action, plus de voix autorisée pour dire le sens. Et pourtant, l'angoisse existentielle est là, plus profonde et toujours lancinante. L'homme a besoin de sens face à une société qui ne peut lui en donner et à une religion tombée en discrédit. C'est dans cet immense espace en jachère que les nouvelles religions vont planter leur tente, parlant avec autorité, distillant le sens ultime et calmant les insécurités. Elles ont réponse à tout et entendent combler la béance laissée ouverte par la sécularisation.

La crise de la modernité se traduit par le recul marqué de l'euphorie sociale. Le bien-être matériel ne porte plus la promesse infaillible de bonheur; les techniques n'offrent plus de garanties de libération, mais, au contraire, font peser de terribles menaces de destruction; la ville, auparavant libératrice, impose désormais de lourdes contraintes sur les citoyens (banditisme, promiscuité, pollution, violence). L'individualisme bourgeois en prend pour son rhume et commence à ressentir de l'insatisfaction. À la mythologie du plaisir a succédé le problème du bonheur. Plutôt que de corriger la situation, le savoir scientifique — idole de la cité séculière et capitaliste — n'a fait qu'aggraver le mal. En brisant en mille miettes les mythologies qui unissaient l'homme au monde, il a détruit, sans la remplacer, l'intelligibilité générale du peuple qui s'en trouve gravement déboussolé.

Un fossé a été creusé entre la haute culture représentée par la science, la technologie, la philosophie et la théologie, et la culture populaire faite de mythes, de croyances, d'analogies et d'expériences. Aucune communication entre les deux, sinon que la première gruge et désarticule la seconde. Dans cette béance a surgi une culture parallèle mordant à la fois sur l'une et sur l'autre, et rejetant à la fois l'une et l'autre. Cette culture intermédiaire emprunte et au savoir scientifique et aux besoins de merveilleux, de mythique, de symbolique, de mystérieux de la culture de masse. Elle apparaît comme un retour aux sources, à une rusticité qui va déboucher sur une recherche du paradis perdu; en cela elle prend figure d'un néo-archaïsme. Elle apparaît aussi comme un refus de l'idéologie dominante et de la tradition positiviste occidentale; en cela elle prend figure de contre-culture[1].

Les revues *Planète* (en France dans les années '60) et *Mainmise* (au Québec dans les années '70) ont été des points d'émergence et des foyers d'expression de la contre-culture. On y parle tour à tour de zen, de Jésus, de mysticisme oriental, d'occultisme, d'extra-terrestres, de drogues, de végétarisme, de yoga, etc. La nouvelle culture charrie de façon syncrétiste des thèmes issus des croyances et des philosophies les plus disparates, allant des sciences occultes jusqu'aux informations cueillies aux frontières de la science et évoquant l'antimatière, en passant par les éléments orientaux et les panscientismes évolutionnistes annonçant un futur de l'homme.

De ce creuset culturel va surgir une foule de nouvelles religions qui viendront se blottir dans la béance laissée ouverte entre la haute culture et la culture de masse. Ces religions se proposent de recréer une intelligibilité générale tenant à la fois de la science et du mythe, en remplacement d'une culture populaire corrodée et d'une tradition scientifique aseptisée par le positivisme et le rationalisme.

Une troisième béance a été ouverte par la robotisation qui est un processus d'objectivation conduisant à l'évanescence de la subjectivité. Le capitalisme et la société industrielle ont érigé l'économie en instance déterminante pour toutes les autres. Le matérialisme historique est bien la théorie du capitalisme. Résultat: une vie aplatie et unidimensionnelle où le non-économique n'est qu'un scintillement de surface. Prisonnier du cercle impitoyable de la production et de la consommation, l'homme n'est plus qu'un rouage dans l'énorme machine économique et dans l'état-entreprise. Ce système complexe, codifié, ordonné, dont la puissance est colossale, échappe au contrôle humain; il est théoriquement indifférent et pratiquement hostile aux valeurs humaines.

Devant ce système, l'individu désespère d'exister. «Sous les étiquettes les plus diverses, des puissances travaillent à la dépersonnalisation des hommes, à les priver de pensée propre et de conscience morale, à en faire des haut-parleurs répétant des slogans collectifs et des automates au service des passions collectives»[2]. Le sujet se trouve objectivé, réduit à n'être qu'un numéro matricule, qu'une pièce de rechange dans la machine.

Les sciences contribuent à cette objectivation. Elles ont dissocié le sujet humain du monde objectif. L'homme est vu comme objet de connaissance. Le sujet y est oublié ou rejeté. La subjectivité apporte, partout où la science intervient, l'aléa et l'incertitude; le sujet est le résidu irrationnel de l'objectivité scientifique. Même les recherches faites en faveur de l'homme — comme la médecine, la biologie, la pharmaceutique, la sociologie, la psychologie, voire la théologie — passent brusquement à côté du sujet humain, conscient et libre. Il n'y a pas de science du sujet, pas de science de l'agir et de l'avenir du sujet.

«À l'improviste, écrit H.W. Wolff, surgit dans la consommation massive d'instruments et de médicaments, d'utopies et de psychanalyse, une faim élémentaire d'une anthropologie négligée: qu'est-ce que l'homme? Où peut-on le découvrir dans cette jungle de programmes savants et d'impulsions désordonnées...? Que sait-il de ses aptitudes, de son temps, de la place qu'il occupe dans le monde? Dans la plénitude de son savoir, son essence originelle et essentielle n'est-elle pas devenue en fin de compte une chose qui lui est parfaitement étrangère?»[3]. Le développement de l'individu et de son niveau de conscience et de connaissance pose, avec encore plus de virulence, la question du sujet dans un monde toujours plus objectivé par la science et la technique.

C'est ce vide que les nouvelles religions veulent combler. Et elles le font, soit en redonnant à l'individu sa place dans une communauté où il est reconnu pour ce qu'il est, soit en lui dévoilant sa grandeur ontologique et sa beauté originelle, soit en lui révélant des potentialités latentes, soit en l'initiant aux «sciences» du sujet (alchimie, psycho-astrologie, parapsychologie, chirologie) et aux «sciences» de l'avenir du sujet (astrologie prédictive, voyance, chiromancie, tarot, spiritisme). La désocultation des sciences occultes est un phénomène qui va de pair avec l'émergence des nouvelles religions.

Objet et perspective de notre étude

Notre étude porte sur les nouvelles religions du Québec. Par nouvelles religions, nous désignons des groupes qui sont nés et se sont développés hors des frontières du christianisme traditionnel et des grandes Églises chrétiennes. Il s'agit de groupes qui sont apparus chez nous depuis les années '70 ou qui, y étant déjà implantés, ont été revitalisés au cours de la dernière décennie. De ces groupes, peu sont d'origine québécoise, beaucoup sont importés des États-Unis ou d'Orient via la Californie. D'aucuns viennent d'Europe. Les groupes étudiés ici se retrouvent pour la plupart dans les autres pays du monde occidental. C'est pourquoi la portée de cet ouvrage dépasse largement la situation québécoise.

Nous avons dénombré environ 300 groupes religieux ou para-religieux au Québec. Au cours des six dernières années, nous avons étudié de près une centaine de groupes. À cette fin, nous avons fréquenté leur littérature respective qui est parfois fort abondante; nous avons mené un nombre considérable d'interviews soit auprès des leaders, soit auprès des adeptes et nous avons souvent participé à différentes activités. Pour les autres groupes, nous avons dû nous contenter d'une analyse plus sommaire, faute de temps et de moyens financiers — et compte tenu des réticences rencontrées. Grâce à nos étudiants et à une équipe de recherche, nous avons pu accumuler suffisamment de données pour élaborer l'hypothèse présentée dans cet ouvrage.

Nous avons également profité d'études faites antérieurement sur le phénomène au Québec, en particulier des études de Frederick Bird et de son équipe. Nous avons également tiré profit des études menées en France par Jean Vernette, des conclusions des chercheurs américains et des données de l'Institut des nouvelles religions de Berkeley en Californie.

Notre étude ne se situe ni dans une perspective de psycho-sociologie religieuse, ni dans une perspective socio-politique. Nous avons la conviction qu'un phénomène religieux ne se révèle comme tel qu'à la condition d'être appréhendé dans sa modalité propre, c'est-à-dire en tant qu'il est religieux. Toutes les autres approches, pour valables qu'elles soient, laissent échapper justement ce qu'il y a de spécifique, d'unique et d'irréductible dans le phénomène, nous voulons dire son caractère sacré. Nous étudions les nouveaux groupes, en tant qu'ils sont religieux, c'est-à-dire en tant qu'ils proposent un aménagement du sacré et une voie de salut et de libération ultime.

Notre perspective se veut chrétienne. Après avoir décrit les voies de salut proposées par les nouvelles religions et montré leur spécificité par rapport aux religions traditionnelles, nous tenterons de les comparer au christianisme et de les comprendre dans une vision chrétienne. C'est en qualité de chrétien que nous abordons ce problème. C'est en homme qui cherche, à l'intérieur de sa propre tradition religieuse, à découvrir le sens de l'existence, le mystère insondable de Dieu, la route de la vie, l'énigme de l'univers que nous essayons de comprendre ceux qui poursuivent la même quête dans les nouvelles religions. Notre appartenance religieuse ne nous disqualifie pas pour ce genre de démarche; elle nous y habilite davantage. On ne comprend bien l'expérience d'un autre qu'à travers l'expérience analogue que l'on vit. Mettre entre parenthèses sa propre expérience serait se priver d'un instrument herméneutique précieux. Les adeptes des nouvelles religions ne nous le pardonneraient pas.

Méthode et démarche

Nous nous servirons de la méthode de typologie dynamique. Le type est un modèle théorique, abstrait d'un réel donné, qu'on utilise pour comprendre un autre réel qu'on présume analogue. La méthode typologique consiste à élaborer des types religieux appropriés, à les comparer entre eux et à les confronter au type chrétien en vue d'en dégager une intelligence particulière. Le type chrétien servira de grille d'interprétation à travers laquelle les nouvelles religions seront envisagées et comprises.

La méthode de typologie dynamique commande une démarche qui est un va-et-vient perpétuel du concret à l'abstrait et de l'abstrait au concret, du multiple à l'un et de l'un au multiple. La démarche part du terrain. Il s'agit dans un premier temps, d'explorer les différentes incarnations du nouveau phénomène religieux et de dégager, de la diversité et de la multiplicité des groupes, des caractéristiques qui constituent au moins une présomption en faveur d'une unité d'essence (chapitre I).

Le deuxième temps se déroule au niveau théorique. Nous tâchons de désigner l'unité pressentie par un nom commun et d'utiliser le sens de ce nom pour définir l'unité de la multiplicité. C'est l'étape de l'élaboration typologique: typologie socio-religieuse et typologie théologique (chapitres II, III).

Revenant sur le terrain, dans un troisième temps, nous décidons de l'applicabilité de la typologie élaborée et de l'inclusion ou de l'exclusion de tel ou tel groupe singulier. C'est ainsi que notre découpage historique et géographique permet d'arriver à une délimitation typologique. De cette typologie — qui est un recul abstractif par rapport au réel — nous revenons critiquement au découpage historique pour le confirmer ou l'infirmer, s'il y a lieu (chapitres IV, V, VI, VII).

Ayant vérifié dans les faits la typologie présumée et postulée, et après avoir éclairé le réel par ce recours à la typologie, nous sommes en mesure d'élaborer le schème théorique des divers groupes auxquels la typologie s'est appliquée. Ce retour à l'abstrait permet de revenir de la multiplicité à l'unité indispensable pour l'interprétation (chapitres VIII, IX, X, XI). Ce schème permet de dégager l'essence unique manifestée sous les diverses formes historiques. Plutôt que dans une entité aux contours clairement définis, cette essence consiste dans un noyau entouré d'un halo diffus: elle est un spectre plutôt qu'une couleur uniforme. C'est à ce niveau abstrait des schèmes théoriques que se feront l'analyse comparative et l'interprétation théologique (chapitres XII, XIII, XIV, XV).

Nous revenons dans un dernier temps sur le terrain à la rencontre de nouveaux groupes religieux, pourvu d'une grille d'analyse et d'un regard neuf. Nous sommes en mesure de poser de solides questions aux groupes et de leur adresser des critiques pertinentes, ainsi que de recevoir leurs contestations et leurs interpellations (chapitres XVI et XVII).

Nous connaissons les problèmes méthodologiques de ce cercle herméneutique: à partir de l'unité pressentie dans la multiplicité, affirmer le principe d'unité et faire retour à l'unité critiquement réaffirmée dans la multiplicité. La grande difficulté est d'éviter les sauts herméneutiques, car à chaque passage de la multiplicité à l'unité et de l'unité à la multiplicité, de la complexité du phénomène à la simplicité de la théorie, des hiatus et des failles sont possibles. Tentation de simplifier le réel et de l'ajuster à une théorie; tentation de forcer la théorie dans le réel.

Voir à la page 18 le schéma qui permettra de mieux saisir la démarche décrite.

Nos remerciements vont d'abord à nos étudiants qui ont participé si volontiers à cette recherche au cours des six dernières années, notamment à Mme Jocelyne Lefebvre et à M. Normand Décary dont la contribution fut précieuse. Merci également à Mme Cécile Bergeron et à M. Lucien Coutu pour leurs critiques judicieuses, ainsi qu'aux Soeurs Clarisses de Valleyfield et à tous ceux qui de près ou de loin ont contribué à la fabrication de ce volume.

Merci enfin au Fonds des Donateurs de la Faculté de théologie de l'Université de Montréal, au Fonds Alma Mater de la même université et au Conseil de recherche en sciences humaines du Canada, pour les subventions qu'ils nous ont octroyées.

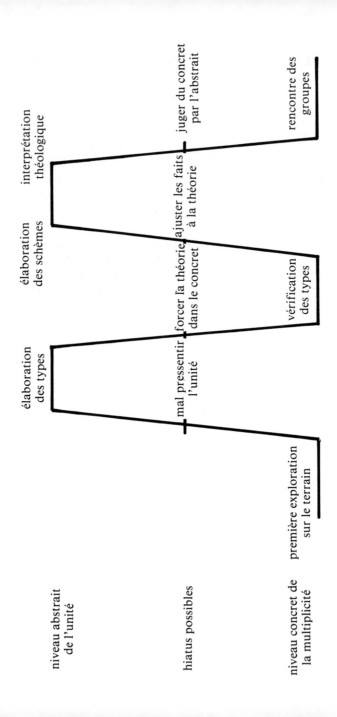

Première partie

À la recherche d'une typologie

I
Les nouvelles religions

Les nouveaux groupes spirituels qui font l'objet de notre investigation, ont pris naissance au Québec surtout à partir des années '70. D'aucuns sont d'origine autochtone: ils sont nés au Québec de «prophètes» québécois, comme Ora, les Écouteurs du Cosmos, le Temple de l'Évangile, le Temple du Réveil. D'autres sont de souche européenne, comme l'Ordre rosicrucien A.M.O.R.C., la Société théosophique, l'Ordre martiniste, la Société anthroposophique, le Mouvement du Graal, la Fraternité blanche universelle, le Mouvement raélien. D'autres sont *made in U.S.A.,* tels l'Église adventiste, les Témoins de Jéhovah, les Enfants de Dieu, Eckankar, l'Église de Scientologie, la Science chrétienne, l'Église de l'Unification. D'autres enfin viennent d'Asie via les États-Unis (surtout la Californie) comme par exemple l'Association internationale pour la conscience de Krishna, la Mission de la Lumière divine, Dharmadatu, la Méditation transcendantale, Subud, Nicheren Soshu, etc. Ces groupes spirituels de tout acabit sont-ils des religions? sont-ils des mouvements religieux?

I — QU'EST-CE QUE LA RELIGION?

Les définitions ne sont ni vraies ni fausses; elles ne sont que plus ou moins utiles. Et chacune garde sa pointe d'utilité parce qu'elle fixe l'attention sur un aspect particulier de la réalité. Puisque toute recherche suppose un cadre de référence qui discrimine ce qui relève ou ne relève pas de son champ de compétence, notre définition de la religion vise moins à circonscrire l'essence de ce qu'est le religieux qu'à cadastrer parmi les groupes spirituels contemporains ceux qui entrent sous notre considération. Elle est moins substantielle que fonctionnelle. Ainsi donc, nous entendons par religion *une voie humaine de libération qui consiste dans la mise en place d'un univers de sens englobant et d'un système de pratiques individuelles et sociales, destinés l'un et l'autre à mettre l'homme en rapport avec le sacré et ainsi à lui permettre de transcender, dès maintenant, son existence aliénante.*

Cette définition envisage la religion comme une entreprise humaine, c'est-à-dire comme un phénomène empirique. Le spécifique de cette perspective est de considérer la religion comme une projection de l'homme. «La théorie sociologique, écrit Peter Berger, envisagera toujours la religion *sub specie temporis*, laissant ainsi nécessairement ouverte la question de savoir si et comment elle peut être envisagée *sub specie aeternitatis*. Ainsi, la théorie sociologique doit, de par sa logique propre, regarder la religion comme une projection humaine et elle ne peut, de par cette même logique, rien dire concernant la possibilité que cette projection puisse référer à quelque chose d'autre ou n'être que simple projection»[1].

Nous nous demanderons plus loin, dans une perspective théologique, si la projection humaine des sens ultimes dans la réalités n'implique pas, de fait, que cette réalité soit elle-même ultimement signifiante et si l'homme lui-même — qui est le fondement empirique de ces projections — ne porte au fond de son être ces mêmes sens ultimes.

Une voie de libération ultime

Notre définition considère la religion comme étant essentiellement une voie de libération ultime. Toute religion présente un système de symboles, de doctrines et de pratiques dont l'élan pointe, non vers des transformations partielles ou des réformes provisoires, mais vers la libération absolue de soi et/ou de la société et/ou du cosmos.

Cette libération ne se réalise que par l'entremise du sacré. Cette référence au sacré nous apparaît comme une donnée centrale de la religion[2]. Aussi l'histoire des religions se présente-t-elle comme une accumulation de hiérophanies, de manifestations du sacré. Le sacré est un pouvoir mystérieux, numineux, imposant la crainte et exerçant une forte attraction. Ce pouvoir est attribué à des hommes, à des animaux, à des sites, à des lieux, à des saisons, à des objets naturels ou fabriqués. Le sacré est la présence, dans la réalité de notre monde, de quelque chose de «tout autre» qui n'appartient pas à ce monde.

À un premier niveau, on peut dire que le contraire du sacré, c'est le profane, c'est-à-dire ce qui se réfère au monde de l'unidimensionalité et de la quotidienneté. À un niveau plus profond, l'antonyme du sacré, c'est le chaos. Tous les mythes cosmogoniques notent l'opposition du chaos et du cosmos. Le cosmos sacré émerge du chaos, mais il continue de se confronter à lui. Le cosmos posé par la religion transcende et inclut l'homme tout à la fois; il introduit l'homme dans un ordre ultimement signifiant.

L'ordre sacré du cosmos doit être sans cesse réaffirmé en face du chaos et des forces mauvaises qui menacent sa destruction. Ces phénomènes chaotiques (mort, souffrance, etc.) menacent l'ordre sacré du cosmos et l'univers de sens que propose la religion. Ils doivent donc être expliqués par la religion; autrement celle-ci perd sa crédibilité et sa légitimité. Comment un univers de sens peut-il faire place aux imperfections du monde, aux situations chaotiques de l'existence? Ce problème est déterminant pour la religion. L'explication de ce phénomène s'appelle: théodicée. La théodicée est donc, originairement, la démonstration, au moins négative, que le mal dans le monde, dans les règnes minéral, végétal, animal et humain, ne détruit pas la conviction de l'ordre sacré du cosmos et de l'existence d'un univers de sens englobant ou de celle d'un Dieu bon.

La théodicée occupe la place centrale dans la religion. En nous proposant un univers de sens englobant, la religion doit fournir une explication et une légitimation aux phénomènes chaotiques (le mal, la souffrance et la mort), cette explication n'exigeant pas nécessairement un système théorique complexe. L'homme de la rue, qui se console de la mort de son fils en faisant appel à la volonté de Dieu, met en oeuvre une théodicée, autant que le théologien qui tente de démontrer que le mal ne met pas en cause la justice de Dieu.

La théodicée affecte directement la vie concrète de l'individu et du groupe religieux auquel celui-ci appartient. Une théodicée plausible permet à l'individu d'intégrer les expériences malheureuses et aliénantes de l'existence individuelle et collective dans un univers de sens et dans sa conscience personnelle. L'explication des phénomènes démoniaques engendre d'elle-même leur légitimation. La religion a donc une puissance de légitimation extraordinaire parce qu'elle confère aux phénomènes chaotiques, aux réalités précaires de l'existence et à certaines institutions humaines, un statut ontologique ultime; et cela, en les localisant dans un univers de sens, dans un cadre de référence cosmique et sacré.

Aussi pénibles qu'elles soient, les expériences du mal deviennent signifiantes pour l'individu et son groupe religieux. Cela ne veut pas dire pour autant que l'individu soit plus heureux dans ses malheurs. Comme l'affirme P. Berger, «ce n'est pas le bonheur que la théodicée procure en premier lieu, mais le sens. Et il est probable que, dans les situations de souffrance aiguë, le besoin de sens est aussi fort, sinon plus fort que le besoin de bonheur»[3]. L'individu frappé par un malheur met autant d'ardeur à savoir pourquoi il est accablé qu'à chercher les moyens de s'en sortir. La théodicée joue un rôle déterminant dans l'expérience religieuse, même si elle n'implique pas toujours l'espérance d'un sort meilleur dans cette vie ou dans une autre. La théodicée est possible sans la promesse d'une rédemption. La sotériologie n'est pas coextensive à la religion. La libération ultime pourra exiger l'intervention rédemptrice d'un dieu sauveur lorsque la situation d'aliénation sera considérée comme totalement désespérée.

La conception de la libération et de la voie qui y mène dépend donc directement des légitimations fournies par la théodicée. Cette libération se réalise dans ce monde ou dans un autre: elle est historique ou méta-historique, individuelle ou collective, spirituelle ou matérielle. Elle est conçue, selon les cas, comme l'arrachement définitif à la pauvreté, à l'esclavage, à l'influence aliénante des esprits mauvais, ou encore comme l'arrachement total soit aux maux physiques, psychologiques ou sociaux, soit au cycle infernal du temps et à la facticité de la vie, soit aux imperfections morales et aux péchés individuels et collectifs. Cette libération est envisagée soit comme l'oeuvre d'une divinité personnelle ou impersonnelle ou d'une énergie supérieure, soit comme le produit de l'unique effort de l'homme, soit comme la conjonction des deux.

De plus, cette libération est non seulement un but à atteindre; elle est aussi un processus. La voie évoque l'idée de cheminement. L'homme religieux est résolument en route vers un but bien précis. En s'engageant sur la voie proposée, il anticipe, dans l'ici-maintenant, l'état désiré; il fait l'expérience inchoative de la libération recherchée. Cette expérience est à la fois une preuve de l'existence de la réalité poursuivie et un fortifiant pour la route. L'anticipation de la fin a tout autant valeur de crédibilité et de vérification au niveau intellectuel, que de réconfort et d'excitant au plan existentiel de l'engagement et de l'action. La religion produit un avant-goût de la libération ultime et cet avant-goût fait partie du processus qui y conduit.

Tout ce qui précède implique que l'existence d'un Dieu ou de dieux transcendants n'entre pas nécessairement dans la notion de religion. Des qualités divines et sacrées sont attribuées, dans les religions non-théistes, à des êtres sacrés, à des énergies universelles ou encore à des principes supérieurs et, dans les religions séculières, à des objets comme la nation, la science, ou à un idéal d'humanité ou de société. C'est ainsi que Paul Tillich a pu considérer le communisme, le fascisme et l'humanisme libéral comme des religions ou des quasi-religions[4].

Les formes d'expression

Faisons un pas de plus. Si la religion est une voie de libération ultime par la rencontre du sacré ou mieux, par le passage transformant de l'ordre profane à un ordre sacré, cette voie doit s'incarner dans des formes tangibles. Cette voie consiste, quant à notre définition, «dans la mise en place d'un univers de sens englobant et d'un système de pratiques individuelles et sociales». Selon Joachim Wach, toute religion doit présenter trois formes d'expression: théorique, pratique et sociale[5]. Nous considérons le modèle de Wach comme normatif pour l'identification des nouveaux groupes religieux. Sera considéré comme religieux, tout phénomène où la quête de libération ultime sera articulée autour de cette triple polarité. Toute religion est univers de sens, système de pratiques et structure sociale.

1. *Univers de sens.* La rationalisation est, selon Max Weber, le processus par lequel les symboles fondamentaux, appréhendés par la religion, ont produit un ensemble doctrinal cohérent. La rationalisation comprend d'abord la clarification intellectuelle et la systématisation des idées et des symboles (ou mythes) fondamentaux qui, tous, charrient des coordonnées métaphysiques importantes.

La rationalisation comprend, en second lieu, un contrôle normatif puisque la dimension téléologique des idées et des symboles fondamentaux implique que les actions humaines soient orientées, finalisées. L'existence humaine doit être soumise à un ordre normatif. Les conceptions de cet ordre peuvent varier selon les groupes religieux et selon les époques. La rationalisation n'est pas seulement spéculative: elle est aussi téléologique et éthique en ce qu'elle pose sur les hommes des exigences qui sont en lien avec la fin proposée.

En dernier lieu, la rationalisation comprend une conception de la motivation et de l'engagement. Les idées et symboles fondamentaux proposent non seulement des modèles de conduites et des idéaux personnels ou sociaux, mais aussi des modes d'intervention et d'engagement aptes à réaliser ces modèles et ces idéaux. Cet engagement inclut une «foi» qui est adhésion à un univers de sens et volonté de mettre ses intérêts personnels au service de ce sens. Ici, la rationalisation vise, avant tout, la systématisation d'un modèle ou d'un programme pour l'ensemble de l'existence. Ainsi donc la rationalisation est le développement des idées et symboles fondamentaux en système doctrinal, en modèle éthique et en pattern d'engagement existentiel.

2. *Système de pratiques.* La rationalisation est l'expression théorique de la religion. À cette expression doit s'ajouter la dimension pratique. La religion implique une gestuelle symbolique et un rituel sacramentaire ou magique. Elle comprend un *cultus,* c'est-à-dire un ensemble de prières, dévotions, gestes, danses, ablutions, repas, attitudes corporelles. Elle comporte une discipline ascétique et propose des régimes alimentaires. Elle enseigne mille et une techniques de méditation, de respiration, de contemplation, de connaissance, de purification, etc. Tout cet appareil — plus ou moins complexe selon les groupes religieux — nous apparaît comme le développement pratique du processus de rationalisation. Chaque pratique est en harmonie avec l'univers de sens proposé: elle vise à mettre l'homme en relation avec la Réalité supérieure et à actualiser l'expérience de la libération transformante.

3. *L'expression sociale* de la religion concerne l'organisation du groupe religieux, le type de personnes qui le fréquentent, les relations entre les membres, les rapports du groupe avec le monde extérieur. L'organisation peut épouser toutes les formes, allant du modèle démocratique jusqu'au modèle monarchique. La structure peut être parlementaire ou pyramidale; le leadership, libéral ou autarcique. La relation avec la société peut prendre la forme d'une rupture totale ou d'une alliance pleine de compromis. Somme toute, nous rencontrons tous les modèles possibles d'organisation — chaque groupe ayant généralement sa note spécifique.

Les trois niveaux d'expression que nous venons d'évoquer nous fournissent les éléments d'un modèle normatif qui nous permet de juger du caractère religieux d'un groupe. Tout phénomène dans lequel s'exprime la quête d'une libération ultime et dans lequel la voie qui conduit à cette libération est articulée en faisant appel à ces trois catégories d'expression, sera considéré comme un phénomène religieux et tombera dans le champ de notre étude. Si l'un ou l'autre niveau d'expression fait défaut, on aura affaire, selon le cas, ou à un système philosophique ou à une école de pensée ou à une pratique magique individuelle ou encore à un club social ou à un salon humaniste. Ceci est particulièrement important dans le monde vaporeux et flou des nouveaux mouvements religieux contemporains. Pour se désigner eux-mêmes, ceux-ci font aussi bien usage du terme «religion» que des mots «église», «métaphysique», «institut», «centre», «temple», «tabernacle», «association», «ordre», «mysticisme», «mouvement», «mission», «chapelle», «société», «fraternité», «académie». Toute voie de libération ultime — fût-elle toute récente — se cherche nécessairement une expression théorique, pratique et sociale.

Au début, cette triple expression peut n'être qu'embryonnaire; ou encore, le développement d'un niveau d'expression peut accuser un retard par rapport aux deux autres. Le lieu du développement religieux n'est pas le cabinet de travail, mais la place publique. C'est là qu'une pensée religieuse se développe en se confrontant aux valeurs ambiantes: elle y emprunte des éléments qui lui sont homogènes et elle s'adapte aux besoins ou aux goûts du jour.

Comparons par exemple le platonisme, l'hindouisme, l'existentialisme et le christianisme. Le platonisme et l'existentialisme sont des systèmes ou écoles de philosophie alors que l'hindouisme et le christianisme se présentent comme des religions, c'est-à-dire des voies de libération ultime et, comme telles, possèdent les trois niveaux d'expression mentionnés plus haut.

Cela dit, notre définition de la religion révèle toute sa portée fonctionnelle. Elle nous permet de discriminer dans le judaïsme, le platonisme, le christianisme, l'existentialisme et l'hindouisme, ce qui est «religion» et ce qui ne l'est pas. Elle nous fait voir du même coup pourquoi l'Ordre rosicrucien A.M.O.R.C., la Société théosophique, l'Institut de métaphysique appliquée, Mahikari, etc. — en dépit de leur revendication contraire — doivent être considérés comme des religions, aux

fins de la présente étude, alors que l'essentialisme et le jovia-
lisme ne le peuvent pas, malgré leur fréquent appel aux catégories mystiques et à la symbolique religieuse. Nous ne considérons comme religions que les groupes qui se présentent comme
des voies de libération ultime dans lesquelles les trois niveaux
d'expression sont développées, ne fut-ce qu'embryonnairement[6].

II — LES NOUVEAUX GROUPES: DES RELIGIONS?

Nombre de nouveaux mouvements spirituels sont religieux au sens où nous avons défini la religion. Ce sont des voies
de libération ultime qui proposent un univers de sens et
un système de pratiques qui s'inspirent l'un et l'autre soit d'an-
tiques mythologies, soit de traditions asiatiques ou égyptiennes, soit de traditions ésotériques, soit de sciences-fictions, soit
d'éléments judéo-chrétiens, soit, la plupart du temps, d'un
mélange syncrétiste de toutes ces données.

Ils empruntent leurs symboles soit aux traditions anciennes, soit à la culture ambiante. Mais ces symboles sont réarran-
gés et fondus dans un nouvel ensemble, de façon à pouvoir
dégager des significations nouvelles. Ainsi des symboles qui,
jusque-là, pouvaient paraître profanes — technologiques,
politiques, scientifiques — se mettent à prendre une saveur religieuse insoupçonnée, alors que des symboles religieux traditionnels perdent leur densité sacré. Ou encore, des symboles
exotiques sont transplantés dans notre culture et y prennent
signification. Ou encore, des symboles appartenant au monde
de l'occulte et de l'ésotérisme sont désoccultés et commencent
à livrer leur mystérieux secret.

Dans tous les cas, les nouveaux mouvements religieux ne
puisent guère dans le réservoir symbolique ambiant. Et lorsqu'ils y puisent, ils injectent aux symboles un sens nouveau.
Ceci est très clair par exemple pour le symbole de la croix, pour
le symbole «Christ», pour les symboles évangéliques (paraboles, etc.) ou pour les symboles chrétiens, en particulier pour la
symbolique sacramentelle. Les symboles veulent exprimer une
situation d'aliénation ou un état de libération. Quelles que

soient leurs formes — cosmogonique ou historique — tous les symboles cherchent à suggérer cette aliénation ou cette libération ou le processus de passage de l'une à l'autre. Les nouvelles religions utilisent, chacune à sa façon, les symboles religieux fondamentaux et leur donnent une coloration et une interprétation particulière.

Les nouvelles religions prétendent toutes aménager un nouveau cosmos sacré en opposition avec le chaos humain, social. Pour elles, la libération ultime ne peut s'accomplir que par le contact avec le sacré. Chaque groupe a ses hommes ou ses femmes sacrés qu'il entoure de la plus haute vénération (fleurs, prostrations, lampe allumée). Chaque groupe a ses objets sacrés, (encens, livres, images, astres), ses postures et ses gestes sacrés, ses lieux, ses temps et ses occasions sacrés, sans oublier ses vibrations sacrées (mantra, musique, son), ses couleurs sacrées (orange, blanc, vert, rouge), ses expériences sacrées, sa mythologie sacrée (légendes, mythes primordiaux ou eschatologiques) et ses hiérarchies sacrées (esprit de la nature, maîtres astraux, bodhisatvas, extra-terrestres, melchisédeks, christs et toute la gamme d'êtres supérieurs plus ou moins divins). C'est en se mettant en contact avec ce monde sacré que s'accomplit infailliblement le processus de libération ultime et que s'anticipe déjà la liberté finale.

Les nouvelles religions insistent sur cette expérience anticipée — d'autant que plusieurs d'entre elles estiment que la libération peut s'expérimenter absolument au cours de cette vie. Nombre de nouveaux groupes religieux promettent l'expérience immédiate, ici-maintenant, de la libération; d'autres, de tendance eschatologiste et millénariste, l'annoncent pour un avenir imminent. La voie de la libération passe par le cœur ou par la conscience, selon les groupes: elle est affaire de décision personnelle ou d'expérience de conscience. Dans tous les cas, la libération se réalise par la transformation individuelle et non par l'instauration d'un nouvel ordre social. Nous verrons plus loin, comment s'articule ce double élément, individuel et social.

Les nouveaux groupes religieux présentent les trois niveaux d'expression caractéristiques de toute religion. L'expression théorique varie considérablement d'un groupe à l'autre. Certains groupes ne présentent qu'une ébauche d'élaboration doctrinale. Par contre, d'autres ont développé tout un système de pensée totalisant. La qualité du système théorique dépend toujours de la force et du dynamisme des idées-mères et des symboles de base, ainsi que de l'envergure du fondateur et des maîtres qui lui ont succédé. Les nouvelles religions se veulent englobantes et le processus de rationalisation qu'elles mettent en oeuvre vise à intégrer, dans un discours cohérent, toutes les portions du réel. Même si elles sont parfois sectaires, les nouvelles religions ne sont jamais sectorielles. Elles embrassent la totalité et proposent un univers de sens englobant. Elles prétendent apporter une réponse globale à la question globale de l'univers. Les nouvelles religions ont réponse à tout. Pour elles, il n'y a pas de mystère impénétrable: tout peut être connu et expliqué. D'où leur propension à la rationalisation.

Dans l'élaboration de leur système doctrinal, les nouvelles religions font appel à divers critères de crédibilité. Elles légitiment leur doctrine soit en en démontrant la plausibilité interne, soit en ayant recours à une preuve externe (la science, les textes sacrés), soit en lui attribuant une antiquité vénérable, soit en en démontrant l'universalité, soit en en racontant l'origine supra-normale, soit en évoquant la sainteté du fondateur et sa patience dans les persécutions, soit en rapportant des conversions remarquables, des guérisons extraordinaires et des phénomènes psychiques ou parapsychiques surprenants. Tous les groupes puisent volontiers dans cet arsenal de légitimation, tout en insistant éventuellement sur l'un ou l'autre motif de crédibilité. C'est ainsi que la Science chrétienne privilégie les guérisons; l'Église universelle et triomphante, l'origine céleste du message; l'Institut de métaphysique appliquée, l'antiquité des origines; Urantia, le *confirmatur* de la science; et les Témoins de Jéhovah, les Écritures saintes.

Quant à leur expérience pratique, les nouvelles religions présentent un éventail de gestes et de rites dont l'importance et la variété diffèrent grandement de l'une à l'autre. Postures, rituels, fêtes, rassemblements, techniques de méditation, pratiques yogiques, néoménies, régimes alimentaires, règles de vie, pratiques ascétiques, chants, danses, techniques de guérison, talismans, costumes et signes particuliers, etc., voilà autant d'éléments qui constituent l'expression pratique des nouvelles religions. Les programmes de vie sont tantôt précis, tantôt vagues; tantôt rigides, tantôt souples. La gamme en est fort variée, qui va du rigorisme des dévots de Krishna à l'hédonisme d'Anubis Schénuba ou du Mouvement raélien, en passant par l'*American way of life* des membres d'Eckankar ou de la Science du mental.

Au niveau des pratiques communautaires, la variété est extrême, qui va des rites initiatiques de l'Ordre souverain du temple solaire ou de l'Ordre martiniste, jusqu'aux cris primordiaux des Écouteurs du Cosmos ou des adeptes du Centre Sam Buddha et aux danses et aux chants de la Fondation 3H0 ou de la Fraternité blanche universelle; des pratiques enthousiastes du Temple du Réveil miraculeux du Saint-Esprit ou du Temple de l'Évangile à la méditation silencieuse des membres du Dojo Zen de Montréal ou du Centre Dharma Milarepa; des pratiques de guérison de l'Église de la guérison spirituelle ou de l'Église du Christ Scientiste à la simple séance de lecture de la Société anthroposophique ou du Groupe de semence du nouvel âge. Il y a des groupes qui méditent, d'autres qui dansent et chantent, d'autres qui lisent et discutent, d'autres qui crient et s'enthousiasment, d'autres qui prient et «actent» un rituel, d'autres qui invoquent les maîtres et font appel aux esprits. Quelles que soient leurs formes, les pratiques communautaires ne poursuivent toutes qu'un seul objectif: mettre l'individu en relation avec le sacré et favoriser ainsi le processus de libération ultime.

Pour l'expression sociale, les nouvelles religions s'inspirent des différents modèles religieux et sociaux. Les uns, comme les Enfants de Dieu et l'Église des saints des derniers jours, ont une structure de type pyramidale. D'autres, comme l'Église adventiste du 7e jour, ont une organisation qui s'inspire de principes démocratiques. D'autres, comme l'Église de l'Unification et la Mission de la Lumière divine, se structurent autour de l'autorité absolue d'un leader.

III — DES RELIGIONS NOUVELLES?

Nous utilisons volontiers l'expression «nouvelles religions» pour désigner le phénomène qui est sous notre considération. En quoi consiste cette nouveauté?

Ce qui est nouveau

Cette nouveauté est d'abord d'ordre chronologique. Ces groupes sont nés ou ont, pour la plupart, été importés au Québec après la deuxième guerre mondiale, surtout au cours des années '70. Les groupes importés ont pris naissance soit aux États-Unis, soit en Europe au cours des cent cinquante dernières années. Ce laps de temps peut paraître long. Mais il nous paraît indispensable, pour une juste intelligence des nouvelles religions, d'inclure dans notre recherche aussi bien l'hindouisme occidentalisé de Cri RamaKrishre et le monisme «chrétien» du Penser nouveau, que le néo-eschatologisme évangéliste de l'adventisme et les débuts américains du swedenborgianisme. Ce dernier, on le sait, constitue le pont principal entre l'alchimie médiévale d'une part, et le spiritualisme et la théosophie d'autre part. C'est à lui que sont redevables directement ou indirectement la plupart des nouveaux groupes religieux de souche occidentale.

Voilà pour la nouveauté chronologique. Peut-on parler de nouveauté dans un autre sens? Considérés sur l'arrière-fond du catholicisme québécois, les groupes religieux contemporains présentent une morphologie inusitée sinon insolite. Ils utilisent un jeu de symboles, de doctrines et de vocabulaire inhabituels et proposent des techniques et des pratiques inédites dans notre milieu traditionnel. Leur nouveauté réside dans le fait que leur structure et leur modèle symboliques et idéologiques s'éloignent du système socio-religieux établi.

Certes, les nouvelles religions contiennent des données connues et familières qui prennent une apparence d'originalité grâce à l'emballage qu'on leur donne et à la place qu'on leur accorde dans un autre système. Ou encore, les nouvelles religions empruntent des éléments qui sont étrangers à notre culture et à notre tradition spirituelle, éléments qu'elles tentent d'adapter et d'intégrer dans leur propre cohérence. Dans ce processus d'adaptation, quelque chose de nouveau apparaît qui tient plus de l'exotisme que de l'invention.

Même des groupes de tradition asiatique, nous pouvons dire qu'ils sont nouveaux. Mais cela n'est vrai qu'en partie. R. Bellah et Ch. Glock font remarquer qu'ils sont nouveaux pour nous, mais que la plupart de ces groupes ont de vieilles racines dans leur terre natale. Néanmoins, même ceux qui ont gardé une continuité organisationnelle avec les vieilles sectes d'Asie, ont eu à devenir nouveaux en un certain sens afin de s'adapter aux conditions américaines[7]. Certains groupes — telles l'Association internationale pour la conscience de Krishna, la Mission de la Lumière divine du gourou Maharaj Ji et la Fondation 3HO de Yogi Bhajan — «sont nouveaux dans un autre sens; bien que leurs leaders proviennent d'une longue tradition indienne, chacun s'est montré un innovateur à l'intérieur de sa propre tradition. Même en Inde, ces mouvements dans leur présente forme sont «nouveaux». Et cela est vrai de bien d'autres mouvements dont l'impact en Inde est la conséquence directe de leurs succès outre-mer»[8].

Mais il faut aller au-delà des catégories organisationnelles et idéologiques pour découvrir la nouveauté des groupes religieux contemporains. Ce qui est nouveau dans ces mouvements, c'est la sensibilité religieuse qui s'y exprime. Une nouvelle conscience religieuse cherche à s'y dire.

Des expériences spirituelles inédites tentent de resituer l'homme dans ses rapports avec l'Absolu, avec le cosmos, avec les autres et enfin avec soi-même. L'histoire de la sensibilité religieuse nous aiderait à expliquer en partie la naissance et la propagation des nouvelles religions, car cette histoire, qui va au-delà des structures et des catégories idéologiques, atteint le niveau de la relation entre l'expérience religieuse et la culture ambiante[9].

Au-delà des structures, des idéologies et des formes de sensibilité qui manifestent une certaine nouveauté, l'analyse de ce qui est nouveau dans les groupes religieux récents, doit être déterminée par ce qui les caractérise essentiellement: ce sont des mouvements qui proposent des voies de salut, des mouvements spécifiquement religieux. Et toute religion se présente comme un système symbolique transcendant. Les symboles constituent le coeur d'une religion. Et on ne peut parler sérieusement de symboles religieux que dans une perspective diachronique. Car les symboles sacrés ont toujours une histoire: ils nous arrivent du passé, souvent d'un passé lointain, primordial. Généralement on n'invente pas les symboles, on les découvre. La richesse herméneutique des symboles ne se révèle qu'au miroir de leur histoire. «Pour parler des nouveaux mouvements, comme religions, il faut parler d'eux comme des systèmes de symboles, et pour en parler comme des systèmes de symboles, il faut parler d'eux de façon à inclure leur dimension historique, diachronique, même lorsqu'ils *apparaissent* comme nouveau-nés»[10]. Les nouvelles religions ont leurs symboles et ceux-ci ne sont pas des nouveau-nés, quoique leurs emballages puissent être inédits.

Ces symboles permanents se cachent sous une infinité de formes historiques. Et on peut les retracer en parcourant l'histoire à rebours. Il est aisé de remonter de la théosophie au spiritualisme, du spiritualisme au sweedenborgianisme, de ce dernier à l'alchimie et à la kabbale et, de là, au gnosticisme et à l'hermétisme. On peut tout aussi facilement remonter de la Psychosynthèse pratique à la Science du mental, de celle-ci à Unité, d'Unité à la Science chrétienne et, de là, à toute l'antique tradition des guérisseurs juifs et grecs, disciples d'Asclépios. De même on pourrait remonter du Temple de l'Évangile aux mouvements de réveil du XIXe siècle, de là, aux mouvements de pauvreté du Moyen Âge, de ces derniers aux mouvements de radicalisme évangélique de la période patristique et de l'Église primitive. Les uns après les autres, les groupes religieux reprennent le flambeau soit d'une tradition religieuse parallèle, soit d'un eschatologisme radical. On ne peut généralement pas établir une continuité institutionnelle ou historique entre ces groupes. Ce qui les réunit, c'est un héritage commun de symboles qui articulent une réponse spécifique à la question de l'existence.

Existe-t-il un paradigme fondamental capable d'exprimer cette perspective diachronique? H. Cornelis et A. Léonard vont parler de récurrence[11], alors que Robert S. Ellwood parle d'émergence[12]. Nous suggérons, quant à nous, la métaphore de la résurgence. La «récurrence» évoque l'idée de répétition, de retour; l'«émergence» suggère l'idée d'apparition soudaine. À ces deux idées, la «résurgence» ajoute celle de permanence secrète. «Re-surgir»: surgir de nouveau, réapparaître brusquement. «Résurgentes» se dit des eaux qui reparaissent à la surface après un trajet souterrain. La thématique de la résurgence évoque et la permanence souterraine et l'apparition subite et la répétition: autant de traits qui caractérisent l'apparition des nouvelles religions et les mettent en contraste avec les religions établies. La métaphore de la résurgence implique que la nouveauté des nouvelles religions est illusoire. Il s'agit, en fait, de réalités permanentes et secrètes qui ne remontent à la surface de l'histoire qu'à la faveur de conjonctures particulières.

La résurgence caractérise les nouveaux groupes religieux. Ce sont des religions résurgentes. La religion résurgente est celle qui est toujours là, invisible, au coeur d'une histoire secrète et parallèle, mais qui apparaît, disparaît et réapparaît soudainement sur la scène affairée de la société. Les nouvelles religions sont des points d'émergence d'une réalité résurgente; ce sont des manifestations d'une perspective spirituelle latente de l'homme occidental. Chacune des manifestations est reliée à cette perspective spirituelle par des structures profondes et par des symboles communs, plutôt que par un lignage historique. E. Troeltsch a bien montré le caractère résurgent des mouvements sectaires à l'intérieur de la tradition judéo-chrétienne au cours de son histoire[13]. E. Cornelis et A. Léonard ont démontré le caractère résurgent des nouveaux groupes, nés en dehors du courant judéo-chrétien[14].

Les groupes eux-mêmes parlent en ce sens: ils se considèrent volontiers comme des manifestations d'une réalité résurgente. Plus d'un se présentent comme des récurrences de traditions anciennes et font souvent remonter leur origine aux temps immémoriaux; d'autres parlent d'un rythme d'occultation et de manifestation (il est de 107 ans dans l'Ordre rosicrucien A.M.O.R.C.). D'un commun accord, tous affirment que le monde entre actuellement dans une phase de désocculation appelée par les uns Ère du Verseau, par les autres Retour du Christ ou Âge de l'Apocalypse. Les mystères cachés seront dévoilés et la religion résurgente universelle sera manifestée.

Religion établie et religion résurgente: voilà deux catégories qui suggèrent deux modes d'expérience religieuse également conformes à des aspects spécifiques de la subjectivité, également permanents et également aptes à un polyphormisme. La religion établie s'exprime dans des structures de visibilité et de continuité alors qu'il est de l'essence même d'une religion résurgente d'apparaître et de disparaître, de venir et de s'en aller. Aux yeux de l'institutionnalisme, la religion résurgente paraît évanescente, éphémère, fragile. À ses propres yeux, elle est éternelle. Dans son expression judéo-chrétienne, elle prétend remonter aux origines du christianisme; dans ses autres manifestations, elle prétend remonter aux origines de l'humanité. D'une part, elle se pose comme la récurrence de la tradition chrétienne authentique et, d'autre part, elle se présente comme l'émergence d'une sagesse primordiale remontant dans la nuit des temps.

La métaphore de la résurgence met en relief certains points majeurs. D'une part, elle nous force à accorder priorité à la tradition elle-même plutôt qu'à l'essor ou au déclin des mouvements dans lesquels elle s'exprime historiquement et qui n'en sont en définitive que les épiphénomènes et les véhicules transitoires; d'autre part, elle nous rappelle que la tradition a une histoire propre et qu'elle ne recommence pas à neuf à chacune de ses nouvelles manifestations. On ne peut comprendre ce à quoi ces mouvements participent qu'en dépassant leur marginalité, leur fragilité et leur particularité historique pour les regarder dans une perspective diachronique. La religion résurgente est spécifiquement distincte de la religion établie et elle fonctionne d'une façon différente, voire opposée. On ne peut saisir la vérité de sa structure, de sa signification et de ses mécanismes de fonctionnement qu'en inversant les critères par lesquels nous apprécions la religion établie.

La sphère d'influence de la religion résurgente ne se mesure pas seulement au nombre des adeptes des nouveaux groupes religieux. On ne peut l'apprécier adéquatement qu'en tenant compte de la foule de gens qui, tout en restant souvent attachés d'une quelconque façon à l'Église, lisent la littérature des nouvelles religions, pratiquent leurs techniques et même participent à leurs réunions, à leurs conférences, à leurs séances de méditation et à leurs cours de yoga. Ces «participants» ne sont souvent membres d'aucun groupe. C'est au niveau de la psyché individuelle et sociale et non à celui de l'appartenance effective que passe la ligne de démarcation. C'est là que le phénomène des nouvelles religions prend toute sa signification: il correspond à un pattern fondamental de la psyché et de l'esprit humains.

II
Typologies socio-religieuses

De la multitude des nouveaux groupes spirituels et mystico-philosophiques, nous ne gardons sous notre considération que ceux qui sont religieux, au sens de notre définition de la religion. Les nouveaux groupes religieux sont variés à l'infini. Au premier regard, on s'y perd comme dans une jungle. Chaque groupe se pose comme unique, fait appel à une révélation originale, utilise un vocabulaire qui lui est propre et semble constituer une espèce à part. Toutefois, un regard plus attentif nous laisse découvrir, entre certains groupes, des airs de famille, des traits communs, des doctrines semblables, des pratiques similaires[1].

I — DEUX FAMILLES SPIRITUELLES

De fait, les nouvelles religions forment deux grandes familles spirituelles ayant chacune sa spécificité propre, tant au niveau doctrinal et éthique qu'au plan mystico-spirituel. Elles ont développé entre elles un antagonisme parfois farouche au cours de la dernière décennie. Aux États-Unis, cet antagonisme s'exprime souvent en hostilité ouverte[2]; au Québec, il est plus larvé, moins visible, mais tout aussi réel. Cet antagonisme laisse soupçonner, au départ, de profondes divergences entre les deux familles spirituelles.

La famille spirituelle A

Les groupes de cette famille présentent des traits communs qu'il est facile de reconnaître au premier coup d'oeil. Ce sont des groupes généralement bien structurés qui opèrent souvent comme des institutions enrégimentées et dont l'univers de pensée et le système éthique s'inspirent principalement du vieux fond judéo-chrétien. Ils retiennent du christianisme traditionnel bon nombre d'éléments doctrinaux et spirituels. En particulier, ils considèrent la Bible comme l'ultime source de référence, même s'ils l'interprètent à la lumière d'une «révélation» subséquente ou à partir de principes particuliers dont les plus communs sont le fondamentalisme, l'éclectisme et le concordisme. Ce sont des groupes à tendance eschatologiste, voire millénariste.

Comme ils prétendent s'aboucher directement au christianisme primitif en sautant à pieds joints par-dessus l'histoire de l'Église, ces groupes tendent à se libérer des superstructures historiques du christianisme qu'ils considèrent volontiers comme des superfétations anti-évangéliques. S'inspirant d'un radicalisme sans compromis, ils prétendent à une pureté originelle, ce qui souvent les met dans une situation conflictuelle par rapport aux Églises établies.

Ces groupes réaffirment, d'une manière stridente, les données de l'absolutisme moral traditionnel. Ils articulent une protestation fervente contre les tendances permissives de la culture ambiante. Ils stigmatisent volontiers, comme des manifestations de Satan et de l'Antéchrist, certains éléments de la structure sociale et ils ont une tendance innée à considérer certains événements socio-politiques comme des prodromes de la fin du monde. Ils ont du mal à reconnaître la valeur des institutions civiles. Alors, ils se mettent en retrait de la société dans un esprit de tolérance ou de détachement ou, au contraire, sous l'influence d'un enthousiasme apocalyptique, ils attaquent les institutions et tentent de les remplacer par un ordre social nouveau. Tous les intérêts séculiers sont rapportés à leur univers spirituel pour y être jaugés et jugés. Et ce qui n'est pas conciliable avec la doctrine et les intérêts des groupes est ou bien rejeté ou bien évité.

Ces groupes proposent une vision du monde dichotomique. Ils mettent l'accent sur la discontinuité, la rupture, la séparation du sacré et du profane, du surnaturel et du naturel, de la grâce et de la nature, de Dieu et du monde, de l'ordre rédemptionnel et de l'ordre créationnel. Ils proposent une éthique fortement marquée par une disjonction conceptuelle entre le monde empirique et un royaume spirituel gouverné par un Dieu parfait.

Point étonnant dès lors que ces groupes parlent le langage de l'engagement, de la conversion, de la décision. «Prendre une décision pour Jésus», «Accepter Jésus comme sauveur», «Dire oui à Jésus», autant d'expressions qui indiquent que l'on se situe sur un registre ascétique et que l'expérience religieuse proposée par ces groupes est de nature éthique.

Il semble que cette famille spirituelle exerce une attraction particulière sur les citadins de la classe moyenne inférieure, dont le niveau de culture est élémentaire, et sur des personnes dont l'arrière-fond religieux est conservateur.

Dans cette famille spirituelle, mentionnons les groupes suivants: les Témoins de Jéhovah, les Adventistes, les Mormons, le Temple de l'Évangile, le Tabernacle chrétien de l'Évangile des derniers temps, l'Église de l'Unification, l'Église du Réveil, les Enfants de Dieu, l'Église missionnaire du plein Évangile, le Temple du réveil miraculeux du Saint-Esprit, la Mission chrétienne évangélique, l'Église universelle de Dieu, etc., etc.

La famille spirituelle B

À côté de cette famille spirituelle qui propose une expérience de foi caractérisée, d'une part, par la dimension éthique et eschatologique et, d'autre part, par sa référence au substrat judéo-chrétien, d'autres groupes présentent des liens de parenté indéniables entre eux: de par l'attitude générale qu'ils engendrent, de par le type de religiosité qu'ils favorisent et de par la structure des éléments qui les composent, ces divers groupes forment une véritable famille spirituelle, radicalement distincte de la première. Les groupes de cette seconde famille puisent leurs symboles fondamentaux et leurs idées inspiratrices, non dans le grand courant judéo-chrétien, mais dans les religions orientales, dans la tradition ésotérique, dans la psilogie ou dans la science (ou science-fiction). Ils nous apparaissent souvent comme des amalgames syncrétistes ou des agrégats d'éléments empruntés aux traditions spirituelles et religieuses les plus diverses.

Ces groupes se présentent comme les dépositaires de la vérité ultime, dont les religions établies ne sont que des manifestations extérieures relatives. Ils se posent comme des moyens d'union avec le divin. Ils font montre d'une certitude intérieure qui les rend indépendants de l'Église institutionnelle ou de toute religion établie. D'ailleurs, ils prétendent être le coeur, l'essence même des religions. De là découle la conviction que l'entrée dans un de ces groupes n'exige pas le retrait de l'Église. Aussi, ces groupes clament-ils, à qui veulent les entendre, qu'on peut se joindre à eux tout en restant chrétien, hindou ou musulman; ou même, qu'ils sont les vrais chrétiens, les vrais hindous ou les vrais musulmans. Les vrais, c'est-à-dire les parfaits. Les religions institutionnalisées sont vues uniquement comme des voies objectives (et minables) vers la Vérité absolue.

Ces groupes tendent à projeter une vision de l'univers dans laquelle la multiplicité des êtres est réduite à une unité métaphysique ultime qui dissout les polarités et impute au monde physique une qualité illusoire ou épiphénoménale. De cette connection métaphysique entre l'Absolu et le fini, l'Un et le multiple, découle la conviction de la possibilité d'établir une union, une fusion entre l'homme et le divin. D'où la primauté accordée à la vie intérieure, à l'éveil spirituel, à l'exploration du psychisme et de la conscience. Ces groupes insistent sur la communion expérimentale avec le «moi» profond qui est volontiers considéré comme une manifestation ou un fragment du divin, de la Conscience cosmique, de l'Énergie universelle.

Les groupes de cette famille religieuse favorisent une expérience spirituelle centrée sur la personne, sur le sujet. Ils proposent des expériences d'intériorité, grâce à diverses techniques (méditation, jeûne, postures, régime alimentaire), qui permettent à l'adepte d'accéder à des niveaux supérieurs de conscience, à des états bienheureux d'illumination.

La primauté donnée à la conscience et la conviction du caractère illusoire du monde conduisent au subjectivisme égocentrique et au relativisme moral. Ces groupes apparaissent souvent comme des extensions ou des systématisations religieuses des tendances relativistes et libérales de la culture ambiante. L'absence de code moral, dans ces groupes, est chose bien connue. La seule norme éthique, c'est la loi de la conscience et de l'expérience intérieure. Cela n'implique nullement que les adeptes de ces groupes sombrent dans l'immoralité ou l'hédonisme sauvage. D'ailleurs, cet anti-nomisme n'est pas absolu. Bien des groupes proposent, à côté des techniques de libération, certaines normes morales qui sont conçues non comme des impératifs catégoriques ou des absolus métaphysiques, mais comme des instruments aptes à promouvoir l'éveil spirituel. Les adeptes de cette famille religieuse peuvent parfois s'imposer une discipline de vie fort rigide.

Sauf quelques rares exceptions, ces groupes ne sont pas de tendance eschatologique. Ils ne se préoccupent pas de la fin, mais de l'origine du monde et de l'homme; ils s'intéressent moins au futur qu'au passé primordial. Fascinés par les problèmes de la genèse de l'homme et du monde, ils cherchent dans les origines l'explication du présent. Ils veulent percer le voile de la vérité originelle absolue et prétendent se rattacher à une sorte de passé intemporel. Pour eux, le temps est cyclique: cercle clos, éternel retour, perpétuel recommencement. D'où la doctrine communément admise de la réincarnation et du karma.

Ces groupes parlent le langage de la connaissance, de l'illumination, de la mystique, de la conscience, contrastant fort en cela avec les groupes de la première famille spirituelle qui tiennent le discours de la décision, du devoir. Ici, on ne parle pas de conversion, mais de transformation, de passage graduel vers la vérité ultime, de processus d'élévation vers un état supérieur de conscience. L'adepte est invité à méditer, à entrer dans son temple intérieur, à se connaître lui-même, suivant l'axiome communément admis: «Se connaître, c'est connaître Dieu».

C'est par l'accession à des états supérieurs de conscience que se réalise cette connaissance. Ces expériences d'états de conscience supranormale, constituent *le* trait essentiel, *la* caractéristique fondamentale que l'on retrouve chez tous les groupes de cette famille spirituelle. Cela nous apparaît comme une note spécifique de ce qu'on appelle la «nouvelle conscience religieuse».

Cette famille spirituelle est de nature à attirer des gens de tendance libérale, surtout les citadins de condition aisée et de culture plus sophistiquée. L'orientation socio-politique de ces groupes se caractérise par une sorte de quiétisme. On ne prône généralement pas de programme socio-politique et on offre des légitimations au *statu quo,* bien que les adeptes puissent individuellement être engagés dans des processus de réforme ou dans des mouvements sociaux.

Cette seconde famille spirituelle est représentée, au Québec, par une large variété de groupes d'importance numérique fort différente. Mentionnons à titre d'exemple: l'Ordre rosicrucien A.M.O.R.C., la Société théosophique, la Société anthroposophique, la Société Atlantis, le Mouvement du Graal, la Société montréalaise d'ontologie, Dharmadatu, le Centre Sri Chimnoy, l'Association internationale pour la conscience de Krishna, Eckankar, Ora, les Écouteurs du Cosmos, le Centre Anubis Schénuba, les Sciences cosmiques, la Mission de la Lumière divine, la Science chrétienne, la Science du Mental, l'Église de Scientologie, l'Église universelle et triomphante, Mahikari, l'Aumisme, l'Institut de yoga intégral, etc., etc.

Dans le sillage de ces groupes religieux et dans le prolongement de leur inspiration fondamentale, on trouve des groupes quasi religieux dont la similarité peut facilement donner le change. L'insistance sur les phénomènes de conscience provoque une convergence de la religion et de la psychothérapie. Plusieurs auteurs américains ont attiré l'attention, d'une part, sur l'orientation néo-mystique du discours pseudo-thérapeutique contemporain qui, selon l'expression de Peter Berger, «cherche le salut dans les soi-disant profondeurs de la conscience humaine elle-même…»[3] et, d'autre part, sur l'influence exercée par le mysticisme oriental sur les nouveaux développements en psychothérapie[4]. Les perspectives néo-mystiques semblent offrir, aux yeux de plusieurs, un cadre plus efficace pour la psychothérapie des non-psychotiques, que l'éthique catholique traditionnelle ou le modèle médical.

De plus, la pratique de la méditation et le développement de la conscience entraînent une dépollution de l'esprit, une purification qui favorise l'éclatement des obstacles à l'éveil spirituel. Cette idée plus ou moins explicite de pollution de l'esprit relie les nouveaux mouvements religieux de type mystique aux groupes de guérison et de santé globale (holistic health) et aux mouvements pour l'écologie et l'environnement. La redécouverte du caractère numineux de la nature est un phénomène quasi religieux. La nature est devenue sacrée et la cité profane. Est sacré, ce qui n'est pas souillé, profané par l'homme. La nature vierge est sacrée: elle offre des lieux de communion directe avec les racines de la réalité. La rage des écologistes contre les profanateurs de ces lieux est à l'égal de celle que provoquaient les violateurs du Temple de Jérusalem. Certains groupes écologiques sont des groupes quasi religieux, quasi mystiques: ils sont sinon dans la traînée des nouveaux mouvements religieux mystiques, du moins en relation d'affinité avec eux. D'ailleurs, le thème du retour à la nature est un motif important dans les nouveaux mouvements spirituels.

Ces mouvements quasi-religieux sont fort nombreux: groupes psychothérapeutiques, groupes d'exploration de la conscience, mouvements de guérison, groupes de santé intégrale, groupes écologistes et naturistes. À titre d'exemple, mentionnons Arica, Silva Mind Control, l'Atelier du contrôle mental, Obetex, le Centre des arts de la santé de Montréal, la Psychosynthèse (Assajoli), EST (Erhard Seminars Training), Esalen Institute, les Instituts Hata-yoga, le Centre Coresprit, le Village Planétaire, etc., etc. Les auteurs américains désignent ces groupes quasi religieux sous le nom de «groupes de potentiel humain».

II — UN ÉVENTAIL DE TYPES

Comme nous le disions dans l'introduction, on ne peut délimiter un phénomène qui se manifeste sous des formes mul-

tiples et variées sans entrer dans une sorte de cercle vicieux qui
consiste à partir de l'unité présumée des diverses formes permettant de les désigner par un terme commun, et à utiliser la
signification de ce terme générique pour définir l'unité dans la
multiplicité. D'abord, l'évidence s'impose à nous d'une façon
persuasive; ensuite, notre concept s'impose à l'évidence d'une
façon normative.[5] Jusqu'à présent, nous avons établi un certain découpage historique et géographique; nous pouvons et
devons maintenant parvenir à un découpage typologique.

Église — secte — mysticisme

Plusieurs typologies ont été proposées, qui mettent chacune en relief un point de vue ou un aspect particulier des nouvelles religions. Les auteurs font volontiers appel à la typologie
d'Ernst Troeltsch qui ramène les développements historiques
du christianisme à trois grands types: l'Église, la secte, le
mysticisme[6]. L'Église, comme type socio-religieux —
Troeltsch pense à l'Église catholique médiévale — est un corps
social conservateur qui accepte *aliquo modo* la cité séculière et
essaie d'y trouver une place d'où elle pourra se faire entendre.
Elle incorpore des éléments de l'éthique ambiante et ainsi
devient partie intégrale de l'ordre social qu'elle détermine et
stabilise. Dans son désir d'universalité, elle ne peut éviter les
compromis avec l'État et le système social établi. L'Église s'associe aux classes dominantes. Elle domine le monde et est
dominée par lui. L'Église a tendance à devenir synonyme de la
société. C'est une institution universelle dotée d'une vérité
absolue, d'un pouvoir sacerdotal et d'un système sacramentel
de grâce. On naît dans l'Église.

La secte, comme type religieux, est une communauté à
laquelle on se joint par une décision libre. On ne naît pas dans
une secte, on y entre par suite d'une conversion. La secte est un
petit groupe de personnes qui aspirent à la perfection intérieure. Renonçant à dominer le monde, elle s'associe habituellement aux classes inférieures de la société. Elle est ou bien
indifférente ou bien hostile à l'État. Elle s'oppose au système
ecclésiastique et rejette tout compromis avec le monde qu'elle
considère comme mauvais. La secte est une religion de laïcs,

libre des puissances mondaines et capable aussi bien d'oublier le monde dans l'ascèse que de le combattre dans le radicalisme. La secte propose l'obéissance littérale aux Evangiles synoptiques dont elle retient les aspects radicaux. La secte préfère l'isolement au compromis.

Le mysticisme, comme type religieux, est un principe spirituel indépendant. Dans l'Église catholique, il s'est développé sous l'égide du pouvoir ecclésiastique ou en connection avec les Ordres religieux. Dans le protestantisme, il a été le fruit de l'idée du sacerdoce des fidèles. Le mysticisme développe un discours qui prend la place de la religion concrète, de ses dogmes et de ses mythes. Il se voit comme le coeur de toute religion et se présente comme un moyen d'union à Dieu. Il se sent indépendant de la religion populaire et a tendance à balayer les éléments d'historicité. Aussi, cette forme de religion devient-elle anhistorique, sans forme et individualiste. D'où l'idée d'une Église invisible, connue de Dieu seul, qui guide les fidèles sans signes extérieurs ni moyens humains. Quand le mysticisme donne naissance à des groupes, ceux-ci forment des cercles intimes d'édification dont le but est de favoriser la réalisation personnelle. L'idéal éthique de mysticisme, c'est la liberté absolue de l'esprit, sans contrôle et sans discipline communautaire. Le mysticisme est une structure d'intériorité qui prétend se passer de formes institutionnelles, de systèmes doctrinaux et sacramentels. Il éprouve une complète indifférence ou impuissance face aux problèmes sociaux, qu'il considère en dehors de la sphère religieuse.

Cette typologie, établie à partir de l'éthique sociale du christianisme, recoupe globalement, avec bien des nuances cependant, les deux grandes familles religieuses que nous avons identifiées sur le terrain. En appliquant cette typologie, on pourrait dire que les groupes de la famille A, sont d'allure sectaire et ceux de la famille B, de tendance mystique. La typologie troeltschéenne est toutefois d'usage limité, puisqu'elle se réfère à un contexte historique précis: l'histoire du christianisme depuis ses débuts jusqu'en 1800. Le mysticisme de Troeltsch ne couvre de fait que la mystique chrétienne, plus précisément, la mystique protestante. Il est, en effet, présenté comme le produit des principes du protestantisme: libre examen, individualisme, laïcisme, sacerdoce des fidèles. Le mysticisme chrétien à la Troeltsch ne semble pas susciter d'importants phénomènes aujourd'hui. Mais l'intuition du mysticisme et l'expérience qu'il propose ont été reprises, sous d'autres formes, par beaucoup de nouveaux groupes religieux.

Depuis que le christianisme a pris le tournant de l'historicité — et parfois de l'historicisme — l'élément mystique n'y trouve plus son compte. Aussi, les personnes de tempérament mystique sont-elles tentées, sinon forcées, de chercher des formes d'expression en dehors de la tradition judéochrétienne. Troeltsch indique que le mystique prend généralement pour acquis les formes objectives de la religion établie, même s'il n'est intéressé que par l'expérience intérieure. Il n'a pas besoin d'inventer ses formes d'expression. Mais à présent que le mysticisme occidental n'accepte plus les formes judéochrétiennes, il se doit de créer des structures parallèles qui l'encadrent dans l'espace et le perpétuent dans la durée.

Culte — secte — église

Les catégories de Troeltsch ont été reprises, développées et raffinées par plusieurs auteurs, comme Joachim Wach, Léopold Von Weise, Howard Becker et, surtout, J. Milton Yinger. Dans ses livres *Religion, Society and the Individual*[7] et *Religion in the Struggle for Power*[8], Yinger développe la typologie *église-secte* en suivant le principe d'éloignement par rapport au christianisme universel. À l'extrême limite du type sectaire, se trouve le *culte*. Ce mot désigne l'expérience religieuse individuelle et non-institutionnalisée de personnes unies par des émotions religieuses communes. Ces personnes forment des groupes instables qui se désintègrent lorsque les membres meurent ou qui se transforment en systèmes de techniques. Si le culte parvient à un haut degré d'organisation et devient conscient de son identité, il forme une *secte*. Après quelques générations, la secte subit une transformation graduelle en s'ajustant aux conditions sociales et en adoptant certaines caractéristiques du modèle ecclésial. La secte devient alors une *secte établie,* qui se rapproche du type Église. Pour ce dernier, la spécification s'opère à partir de la qualité et de l'étendue réelle de son universalité. Il y a d'abord la *Dénomination* dont l'universalisme, quoique encore très limité, cherche à s'élargir. Vient ensuite l'*Ecclesia* dont l'universalisme, beaucoup plus développé, reste encore limité par les frontières de race, de classe ou de géographie. À l'extrême, se trouve l'*Église universelle* qui réalise l'universalisme le plus achevé en accomplissant l'unité de la société — telle l'Église catholique du Moyen Âge.

L'applicabilité de cette typologie à notre champ de recherche est limitée, d'une part, par le fait que ces catégories ont été développées, comme celles de Troeltsch, à l'intérieur de la tradition chrétienne et en référence aux différents modèles d'incarnation historique de cette tradition et, d'autre part, par le fait que, dans ce contexte, les groupes ne peuvent être vus que comme ruptures d'avec l'Église établie. Par ailleurs, ces catégories ne considèrent les groupes religieux que sous l'angle de leurs relations avec la cité séculière et l'ordre socio-économique. Elles ne peuvent donc être que d'un intérêt limité pour les autres religions, même si les recherches de Max Weber ont révélé de nombreux points de similitude entre les diverses religions au niveau de leur signification sociale[9].

Malgré cette limitation, plusieurs auteurs proposent de se servir de la typologie de Yinger pour comprendre les nouveaux mouvements religieux[10]. Ces auteurs se sont intéressés en particulier, à corriger et à développer le concept yingérien de culte en le mettant en rapport avec les nouveaux phénomènes religieux. Appliquée à notre champ de recherche, cette typologie de Yinger, corrigée et adaptée, semble recouper assez bien nos deux grandes familles spirituelles. Les groupes de la première seraient des sectes ou des sectes établies; les groupes de la seconde, des cultes.

Mais on n'est guère plus avancé. Car le problème demeure de l'extrême variété des définitions du culte. Certains le définissent en terme de «déviation»[11]; d'autres, en terme de «rupture» radicale avec la culture religieuse ambiante[12]; d'aucuns, en terme d'«expérience» extatique ou chamanique[13]; d'autres, encore, en terme d'autorité doctrinale extra-ecclésiale[14]. Quelques-uns enfin mettent l'accent sur le caractère vaporeux des cultes, sur leur individualisme, leurs frontières ambiguës, leur lâcheté institutionnelle.

49

Devant toutes ces difficultés, certains auteurs ont cru bon d'oublier les catégories de Troeltsch et de Yinger et de suggérer de nouvelles typologies élaborées sans référence à la tradition judéo-chrétienne. Mentionnons par exemple Barbara Hargrove, qui offre une typologie des nouveaux groupes religieux en les disposant sur une ligne continue dont les bouts constituent les pôles opposés; à une extrémité, le modèle «intégrateur» et à l'autre, le «transformateur»[15].

La religion intégratrice doit offrir une forme spécifique d'organisation, dont les frontières précises permettent de discriminer facilement le membre et le non-membre. Son discours comporte un code d'attitudes et de comportements qui spécifie clairement le genre d'action ou d'engagement qu'on attend des adeptes. Les groupes religieux intégrateurs forment des communautés facilement identifiables. Le développement et le maintien de ce code supposent un foyer organisationnel suffisamment fort. D'où la tendance à développer une structure hiérarchique bien organisée ou un leadership charismatique puissant — et possiblement les deux. La pointe séculière des groupes intégrateurs sera le cadre socio-politique qui servira de point de référence aux membres, pour leur action dans la société.

Par contre, la religion transformatrice a tendance à plus d'ouverture doctrinale et éthique. Allergique aux normes, elle insiste sur la croissance et la conscience, sur l'expérience et la méditation. La «communauté» se définit davantage en termes de relations interpersonnelles qu'en terme de frontière. Les formes d'organisation et les délimitations seront vagues au point qu'il sera difficile de savoir qui est membre ou qui ne l'est pas. La pointe séculière du groupe transformateur sera les groupes de croissance et d'exploration de la conscience, c'est-à-dire les groupes de potentiel humain.

Cette typologie, qui insiste sur le modèle d'organisation et la forme d'appartenance, recoupe assez mal les deux grandes familles religieuses que nous avons identifiées. Une typologie, établie à partir de la forme d'organisation et d'appartenance, laisse dans l'ombre l'essentiel d'un fait religieux, en tant que religieux, et aboutit à un découpage du terrain qui comporte des différences signifiantes. Toutefois, sans oublier les nombreuses et importantes nuances qui s'imposent, on peut considérer la famille A, comme étant plus volontiers de tendance intégratrice, et les groupes de la famille B, comme étant le plus souvent d'allure transformatrice.

Groupes monistes — groupes dualistes

La typologie la plus suggestive et peut-être la plus apte à éclairer notre propos, a été proposée par Thomas Robbins, Dick Anthony et James Richardson[16] et améliorée par Paul Schwartz[17]. Ces auteurs voient, dans les nouveaux mouvements religieux, deux grands types de réponses à la rupture du système normatif socio-religieux traditionnel et à la crise des valeurs. La première réponse, qui réaffirme avec force l'absolutisme moral traditionnel avec sa hiérarchie des valeurs, s'incarne dans les *groupes dualistes;* la seconde, qui professe le libéralisme et le subjectivisme moral, s'articule dans les *groupes monistes.* Le dualisme et le monisme, dont on parle, ne doivent pas être entendus dans un sens philosophique ou théologique; ils reçoivent ici une acception typiquement wébérienne. La distinction monisme/dualisme dérive d'une perspective éthique et se réfère à la vision du monde de Max Weber, selon laquelle l'autre monde est vu comme parallèle et séparé de ce monde. Ce dualisme éthique peut aller de pair aussi bien avec le monisme que le dualisme philosophique, aussi bien avec le monothéisme théologique que le théisme philosophique ou l'athéisme humaniste — ceux-ci étant tous des avenues possibles dans la problématique engendrée par le dualisme éthique. Le dualisme éthique vise la disjonction conceptuelle entre l'insignifiance inhérente à toute action dans le monde empirique et la projection de sens dans un monde supérieur parfait, un royaume transcendant. Par contre, le monisme éthique ne cherche pas le sens d'un événement dans un monde séparé de la sphère de l'action humaine, mais en son sein. Comme sa contrepartie dualiste, il est généralement relié à une vision moniste du monde, mais distinct d'elle.

Les groupes dualistes articulent une protestation fervente contre les tendances permissives de la culture ambiante, par le biais d'un discours théocentrique dualiste. Ils véhiculent une vision manichéenne du bien et du mal. D'un côté le bien, Dieu, Jésus, le groupe; de l'autre le mal, Satan, le monde auquel les Églises établies sont souvent assimilées. Ils voient, dans diverses manifestations de la culture séculière, l'oeuvre de l'Antéchrist et interprètent certains cataclysmes comme des signes avant-coureurs de la fin du monde. Les groupes dualistes gardent leur distance par rapport à la société et aux Églises établies. Ils tendent au conservatisme social et politique.

Les groupes monistes projettent une image du monde où la multiplicité est résorbée dans l'unité fondamentale. La primauté est donnée à l'éveil et aux expériences de conscience. Ces mouvements, souvent associés aux notions d'immanence, conçoivent la divinité comme la profondeur de l'être personnel. Ils parlent le langage de la réincarnation et du karma, et axent leur démarche sur la connaissance.

Les groupes monistes se divisent en sous-catégories: les groupes «techniques» qui proposent des procédés répétitifs et standardisés, devant produire des expériences aptes à démontrer la validité des vues monistes, et les groupes «charismatiques» qui cherchent l'illumination moniste à travers l'émulation et la vénération de maîtres et de leaders qui sont considérés comme des exemples vivants, des personnifications d'états supérieurs de conscience. Ce qui, aux yeux de Paul Schwartz, distingue encore plus fondamentalement les groupes «techniques» des groupes «charismatiques», c'est l'acceptation ou le rejet du rationalisme scientifique et technique comme voies de quête spirituelle. Les groupes «techniques» croient que le contact avec le sacré est incommensurable avec le rationalisme scientifique et la pratique de techniques et, par conséquent, font volontiers appel au non-rationnel ou au trans-rationnel [18].

Une seconde variable de la sub-typologie moniste implique la distinction entre les systèmes «à un niveau» et les systèmes «à deux niveaux». Les systèmes «à un niveau» promettent une illumination rapide et définitive (au cours d'une session, par exemple) sans faire appel à une éthique de dépassement et de discipline personnelle. Ces groupes utilisent souvent le langage moniste pour rationaliser la poursuite d'objectifs hédonistes ou carriéristes. Par contre, les systèmes «à deux niveaux» représentent généralement une transplantation plus sérieuse et plus sophistiquée des schémas hindous ou bouddhistes et tendent à définir la conscience cosmique moniste comme la caractéristique d'une évolution spirituelle avancée.

Cette typologie originale — peut-être un peu trop raffinée et sophistiquée — nous offre une grille sociologique apte à établir un découpage pertinent et utile du terrain religieux québécois. Appliquée à notre constat de départ, cette typologie nous permet de considérer, à quelques exceptions près, les groupes de la première famille spirituelle comme des groupes dualistes et ceux de la deuxième famille comme des groupes monistes. Les groupes para-religieux entrent dans cette typologie comme des groupes quasi monistes.

À ces efforts de typologisation, il faut ajouter la typologie élaborée par Frederick Bird à partir de la qualité d'appartenance au groupe. Il y a les «dévots», les «disciples» et les «apprentis»[19]. Les «dévots» («devotees») cherchent à s'unir à l'Être divin et à s'abandonner à Lui; grâce à cette relation, ils pensent devenir des personnes nouvelles. L'appartenance au groupe est exclusive: pas de double allégeance. Le groupe est un point de référence important et les activités communautaires jouent un rôle central. On y favorise le témoignage personnel dont le but est double: exprimer sa foi et gagner des nouveaux adeptes.

Alors que les dévots se vouent à un maître spirituel ou à la vérité, les disciples s'attachent à une discipline. Ils cherchent l'expérience mystique et l'illumination de la conscience en mettant en oeuvre des techniques appropriées (méditation, yoga, régime alimentaire). Ils veulent parvenir à des expériences de surconscience — ce qui exige un long et pénible effort. Ils poursuivent la réalisation d'états d'âme enstatiques plutôt qu'extatiques. Le groupe est vu comme un lieu d'apprentissage et de pratique de la discipline proposée. Les disciples se considèrent moins comme membres du groupe que comme étudiants des techniques qui y sont enseignées. Ils passent généralement à

53

travers une série de rites d'initiation, dont chacun marque l'entrée dans une étape de transformation de la conscience.

Les «apprentis» recherchent, quant à eux, le pouvoir et le bien-être. Plutôt que de s'abandonner à l'Être divin et de rechercher un état permanent de surconscience, les apprentis cherchent à domestiquer et à utiliser les esprits, les forces secrètes et les pouvoirs cachés à des fins séculières immédiates. Ils veulent devenir des hommes de pouvoir, grâce à la maîtrise de techniques particulières qui leur donnent un ascendant sur leur entourage et leur permettent de dominer les autres. Ils s'assurent ainsi plus de succès dans les affaires, la carrière ou les relations sociales. Les réunions sont comme des cours où l'on apprend le maniement de certaines techniques. Un unique rite d'initiation plutôt formel sert à introduire l'apprenti à l'utilisation des techniques. On se qualifie pour cette initiation en payant des honoraires plus ou moins élevés.

Au terme de notre exploration typologique, nous pouvons regarder les divers groupes de la famille A comme des «sectes», des «sectes établies», des «mouvements intégrateurs», des «groupes dualistes», et leurs membres sont des «dévots». Nous pouvons considérer ceux de la famille B comme des «mystiques», des «cultes», des «mouvements transformateurs», des «groupes monistes», et leurs membres sont des «disciples». Quant aux groupes para-religieux, on peut les voir, dans le prolongement de ces typologies, comme des «quasi-mystiques», des «quasi-cultes», des «mouvements quasi-transformateurs», des «groupes quasi-monistes», et leurs adeptes sont des «apprentis».

III
Typologie théologique

La typologie théologique s'élabore à partir du contenu proprement religieux des nouvelles religions. Ce sont des voies de libération qui commandent un univers de sens et mettent l'homme en rapport avec le sacré. Ces voies de libération proposent une cosmologie, une anthropologie, une eschatologie et une théologie conséquentes. Chaque religion a une façon particulière de concevoir le temps, Dieu, l'homme et l'univers. Qu'en est-il des nouveaux groupes religieux? Quelles sont leurs conceptions spécifiques? Qu'est-ce qui les caractérise par rapport aux religions et aux Églises établies?

Un premier coup d'oeil théologique nous impose un constat de départ. Les groupes de la famille A ont tous un substrat judéo-chrétien; ils se réfèrent tous à la Bible comme à une instance d'interprétation privilégiée. Ils puisent leur symbolique, leur mythologie, leurs images à même le fond chrétien originel. Ils proposent un univers de sens inspiré des données néo et vétéro-testamentaires. Leur discours sonne chrétien et leur pensée se drape du manteau théologique. Ils sont de toute évidence dans le sillage du christianisme et ils gravitent autour de l'univers biblique. Sont-ils chrétiens, para-chrétiens ou pseudo-chrétiens?

Par contre, les groupes de la famille B semblent, au premier regard, graviter autour d'un univers tout différent. Même si d'aucuns se réclament du nom de *chrétiens* et prétendent vérifier leurs vues par la Bible, ils sont situés dans une perspective idéologique et une vision du monde fort différentes de celles que propose le courant judéo-chrétien. Ils peuvent utiliser un vocabulaire chrétien et faire un recours incessant à la Bible.

Ils professent, cependant, des principes qui lui sont fort étrangers. Par exemple l'anthroposophie, malgré son langage biblique et chrétien, appartient à une tradition syncrétiste parallèle, sinon opposée, à la tradition chrétienne. La structure et la forme extérieures de certaines Églises du Penser Nouveau peuvent donner le change: leur service dominical est assimilable à celui d'une Église protestante libérale. Et pourtant, leurs principes fondamentaux sont beaucoup plus semblables à ceux de Maharishi Mahesh Yogi ou de Paul Twitchel, fondateur d'Eckankar. De toute évidence, certains groupes (peu nombreux) préfèrent s'inscrire dans une certaine continuité avec les symboles et le type d'organisation traditionnelle des Églises chrétiennes, pendant que d'autres (la plupart) présentent des symboles et des formes marqués au coin de l'exotisme, du bouddhisme, de l'hindouisme, du théosophisme et de l'ésotérisme.

I — LA SECTE

De par les caractéristiques générales que nous avons identifiées plus haut, les groupes de la famille A offrent de nombreux points de similitude avec des groupes qui, au cours de l'histoire, sont apparus à la frange de l'Église établie, et que nous pouvons désigner du nom de *secte*. Le terme est ici employé en référence à la typologie de Troeltsch et de Yinger, mais dans une perspective non plus sociologique, mais théologique. Il recouvre fondamentalement la même réalité sociologique, quoiqu'avec des nuances non négligeables, mais il reçoit une acception, non pas contraire, mais complémentaire.

Le type de la secte peut être considéré comme un type théologique et même ecclésiologique. En tant que telle, la secte est toujours en relation de contraste avec le type Église. En régime chrétien, le type de la secte est indissociable du type Église. Et ces deux typologies théologiques ne se comprennent qu'en référence de l'une à l'autre. L'intelligence théologique que nous avons de la secte est en dépendance directe de notre compréhension de l'Église.

Le mot «secte» a souvent été utilisé dans un sens polémique et apologétique. Il a été employé pour décrire des groupes qui s'étaient séparés du christianisme officiel, tout en retenant certains éléments fondamentaux. Du fait de cette sécession, ces groupes étaient considérés comme des phénomènes hérétiques condamnables, comme des exagérations pléthoriques ou des simplifications outrées du christianisme authentique. Dans un sens ecclésiastique et dogmatique étroit, la secte reçoit une acception péjorative et normative; elle désigne un groupe de dissidents réunis autour d'un maître fustigé comme hérétique. Mais ceux qui sont ainsi stigmatisés comme sectaires récusent cette appellation — injurieuse à leurs yeux — et ils se considèrent comme les vrais sectateurs de Jésus et comme la véritable Église.

Conscients des ambiguïtés du terme et de la charge émotive qui s'y concentre, nous prendrons soin de l'utiliser dans le sens irénique que commande une authentique approche théologique. Qu'est-ce qu'une secte? Quel en est le contenu théologique?

Seul, un regard rétrospectif sur l'histoire chrétienne permet de répondre à cette question.

Notons au départ qu'un phénomène complémentaire caractérisé, d'une part, par un radicalisme eschatologique et, d'autre part, par un illuminisme pneumatique, a toujours existé à la frange de l'Église établie.

Le radicalisme eschatologique

Le radicalisme eschatologique s'enracine dans l'annonce par Jésus de l'imminence du Royaume de Dieu et dans l'attente impatiente de la Parousie. Au point que, pour les chrétiens de Thessalonique (2 Th 3,12), il était devenu oiseux et inutile de travailler. L'eschatologie n'est pas seulement une doctrine chrétienne parmi d'autres. C'est une coordonnée du christianisme, aussi spécifique et essentielle que le principe d'incarnation. Aussi a-t-elle été affirmée avec force et par l'Église primitive et par les Pères apostoliques et par les apologistes. Mais à mesure que l'Église prenait sa place dans la société, digérant les cultures, adoptant les philosophies et s'adaptant aux moeurs, la visée eschatologique s'estompait. Le principe d'incarnation risquait de miner le principe eschatologique et de le neutraliser. R. Bultmann a montré comment le développement du principe sacramentel et le processus de «spiritualisation» et d'individualisation du salut, ont joué un rôle efficace dans la neutralisation de l'eschatologie[1]. Ce qui a entraîné une sorte d'identification *de facto* du Royaume et de l'Église, identification qui a vite tourné à leur dissociation. L'idée du Royaume de Dieu s'est tournée contre la grande Église.

L'Église, sécularisée et cléricalisée, a suscité des réactions de plus en plus fortes. Tout au cours des siècles, l'idéal eschatologique a été repris et revivifié par les chrétiens. Certains criaient de l'intérieur, accusant l'Église d'infidélité et s'engageant dans une vie d'ascèse et de rigorisme moral. Preuve a été faite que l'émergence du monachisme chrétien dans l'Antiquité et la naissance des Ordres mendiants au Moyen Âge sont en étroite relation avec l'attente eschatologique[2]. L'attente exacerbée produit, en sus de la protestation verbale qui est toujours secondaire, des fruits de mépris du monde, d'ascèse et de ferveur spirituelle. L'eschatologisme — sous sa forme millénariste ou transcendantale — accomplit toujours un retour au radicalisme évangélique.

D'autres chrétiens, croyant être mieux entendus en criant du dehors ou estimant impossible d'actualiser l'attente eschatologique à l'intérieur de l'Église établie, rompirent les rangs et formèrent sporadiquement des groupes hors de la muraille ecclésiastique. Le contraste entre l'idéal évangélique commandé par une eschatologie radicale, d'une part, et l'institution sécularisée de l'Église, d'autre part, a été le premier élément qui a conduit à l'éclosion des sectes, c'est-à-dire de groupes distincts et distants, rassemblant des personnes désireuses de vivre le radicalisme évangélique dans la foulée eschatologiste.

L'illuminisme

L'illuminisme s'est développé dans l'Église au cours des siècles en conjonction avec le radicalisme eschatologique.

Qu'entend-on par illuminisme? De par son essence, le christianisme est pneumatique: l'Esprit est le don eschatologique anticipé. Puissance divine, l'Esprit est dynamisme de vie chrétienne et principe de connaissance intérieure. C'est l'Esprit qui «enseigne toute chose» (Jn 14, 26), qui «conduit à la vérité tout entière» (Jn 16, 13). Aussi, ceux qu'il remplit «connaissent-ils la vérité» (1 Jn 2, 20ss) et ils «n'ont pas besoin que personne les enseigne» (1 Jn 2,27). L'Esprit vient articuler ce que Jésus n'a pas pu dire: «J'ai encore beaucoup de choses à vous dire, mais vous ne les pouvez porter maintenant» (Jn 16, 12).

Tous ces textes montrent à l'évidence le rôle de l'Esprit dans la révélation. La lettre tue et l'Esprit fait vivre. Il faut dépasser le texte de l'Écriture pour y entendre la parole de Dieu. C'est l'Esprit qui nous révèle Dieu et le Christ. «L'esprit de l'homme connaît les secrets de l'homme; seul l'Esprit de Dieu connaît les secrets de Dieu» (1 Co 2,11).

Cette donnée fondamentale du christianisme se conjugue avec une autre coordonnée tout aussi fondamentale et originelle: celle de l'autorité doctrinale des apôtres et, après eux, du corps épiscopal. La vitalité du christianisme découle de la jonction et de la dialectique harmonieuse de ces deux principes: celui de la connaissance spirituelle et celui du Magistère. Le développement du Magistère a suivi la croissance de l'appareil ecclésiastique: la vitalité doctrinale des premiers temps a, petit à petit, cédé la place au dogme. L'orthodoxie officielle a supplanté, dans les faits, l'inspiration spirituelle, si bien que l'habitude fut prise de mesurer les inspirations spirituelles non pas au message de l'Évangile, mais à certains systèmes orthodoxes. L'usage de la force a été l'instrument privilégié, du Ve au XIXe siècle pour amener à résipiscence ou conduire au bûcher les tenants d'inspirations jugées non-conformes à la norme dogmatique.

Dans cette conjoncture, point n'est étonnant que des groupes et des individus, tout au long de l'histoire se soient mis hors d'atteinte du glaive pour proclamer la liberté de l'Esprit. Des illuminés se sont levés qui, se référant à l'Écriture, prétendaient à une révélation particulière de l'Esprit venant soit compléter, soit supplanter l'Évangile. Les mouvements d'illuminés sont aussi vieux que le christianisme lui-même. L'illuminisme se réclame d'une action directe de l'Esprit et d'une révélation particulière qui, postérieure à celle de l'Évangile, est en mesure d'en ouvrir l'intelligence spirituelle. L'illuminisme s'allie à l'eschatologisme: il attend le troisième Âge — qui sera l'âge de l'Esprit — et l'Église spirituelle — qui sera celle de Jean. Il serait facile de suivre les résurgences de l'Illuminisme, de l'Antiquité jusqu'au Moyen Âge, ainsi qu'à l'intérieur du protestantisme et du catholicisme post-tridentin. Chez ce dernier, l'illuminisme a pris une voie différente, plus domestiquée et partant plus dangereuse. Dans ces cercles d'illuminés, «apparitions», «révélations», »mariaphanies», «jésusphanies», «miracles«, ont suscité plus d'intérêt et ont eu plus d'audience que le message évangélique.

Ainsi donc, le contraste entre l'extrême liberté de l'Esprit et de ses inspirations («Il souffle où il veut») et la raideur doctrinale du principe magistériel hypertrophié, a été le second élément qui a favorisé la formation de sectes, c'est-à-dire de groupes de fidèles croyant ne pouvoir répondre aux inspirations de l'Esprit qu'en échappant à l'impérialisme doctrinal de l'Église[3]. Troeltsch n'est pas loin de la vérité lorsqu'il écrit: «Le Nouveau Testament a favorisé le développement et de l'Église et de la secte — et cela depuis les origines. Mais l'Église, avec sa grande mission universelle, fut dans la position de départ. Ce n'est que lorsque l'objectivation de l'Église eut atteint son point ultime de réalisation que la tendance sectaire s'est manifestée, en réaction contre cette objectivation excessive»[4].

Par rapport à l'Église établie, la secte est donc un phénomène complémentaire caractérisé généralement par la jonction du radicalisme eschatologique et de l'illuminisme. Les sectes se présentent comme des *groupes autonomes et parallèles de fidèles qui, s'inspirant de ce qu'ils considèrent une révélation ou une inspiration de l'Esprit, sont rassemblés pour former l'Église spirituelle authentique, c'est-à-dire non sacramentelle et non cléricalisée, afin de vivre le rigorisme moral et le «contemptus» (mépris) du monde.*

Les sectes sont essentiellement différentes de l'Église. Elles ne sont pas des expressions sous-développées du type Église; elles représentent un type théologique dans l'histoire du christianisme.

Quel est le spécifique de ce type théologique? Le spécifique de la secte est à chercher au-delà de ses éléments de dissidence, de son dualisme éthique ou de sa protestation contre l'Église. Le spécifique de la secte réside dans la jonction de deux éléments fondamentaux (le principe eschatologique et le principe pneumatique) du christianisme, une fois desserré le lien qui les unissait à leur pôle dialectique, soit le principe d'incarnation, d'une part, et le principe dogmatique ou magistériel, d'autre part. En isolant le pôle eschatologique de son répondant — le principe d'incarnation — on glisse vers une forme exacerbée de l'eschatologie: l'eschatologisme. Et, en isolant le principe pneumatique de son pôle dialectique — le système magistériel — on aboutit à une expression hypertrophiée du principe pneumatique: l'illuminisme. La secte naît de la jonction, dans une conjoncture historique donnée, de l'eschatologisme et de l'illuminisme. Son spécifique, c'est d'être l'incarnation de cette jonction.

Deux remarques s'imposent. Il est évident que l'eschatologisme et l'illuminisme ne réalisent pas toujours une alliance parfaite. Ces pôles étant en relation dialectique, leur équilibre reste instable. Un pôle pourra dominer l'autre, au point de sembler l'absorber. La secte prend alors une allure plus eschatologiste et plus radicale; ou une allure plus illuministe, plus spirituelle, plus pentecôtiste ou charismatique. Et une même secte, au cours de son histoire, peut changer de configuration et prendre des teintes variées.

Il faut noter également — et c'est notre deuxième remarque — que le visage polyforme de la secte dépend encore des formes d'expression concrètes de chacun des deux principes fondamentaux qui la constituent. L'eschatologisme peut prendre la forme du millénarisme, de l'apocalyptique ou de l'utopisme socio-politique et le radicalisme qu'il engendre peut s'incarner dans le rigorisme moral ou l'humanisme de l'honnête citoyen, dans le rejet catégorique du monde ou dans l'indifférence par rapport à lui, dans la protestation outrée contre l'Église établie ou dans la tolérance de bon aloi. Quant à l'illuminisme, il peut prendre la forme d'un spiritualisme mystique et désincarné, d'un enthousiasme religieux débridé, d'une recherche excessive de charismes, d'un pentecôtisme calme et serein, d'un charismatisme sensé ou d'un piétisme modéré. Ou encore, il peut s'exprimer dans une raideur doctrinaire, dans un littéralisme étroit ou dans un subjectivisme interprétatif quasi absolu. Malgré ses visages nombreux, la secte est toujours la même; malgré ses métamorphoses, elle est identique à elle-même; malgré les méandres de sa route, elle pointe toujours dans une même direction extra-historique et extra-naturelle: une sortie hors de l'histoire. Une sortie de l'histoire par le haut (la secte est «désincarnée») ou par l'avant (la secte est «utopique»). Cette tendance est inextirpable parce que l'eschatologie y est privée de son contrepoids, le principe d'incarnation; et le principe pneumatique, de son contrepoids, le principe magistériel.

La secte offre des caractéristiques secondaires qui découlent directement de sa note spécifique. L'eschatologisme et l'illuminisme délestent le présent de son contenu et vident la matière de l'esprit. Le futur absorbe la totalité du présent et le Royaume de l'Esprit absorbe la totalité de la signification. Tout est donné dans l'avenir, tout est donné dans le haut; il n'y a rien en bas, ni dans le présent — sauf le mal. Les temps sont mauvais et le monde est dégénéré. Ils sont aux mains de Satan et de ses suppôts. Ainsi en est-il de l'Église établie qui est devenue séculière et corrompue à cause de ses collusions inextricables avec la société. D'où, sur le plan ecclésial, refus du dialogue oecuménique et, sur le plan socio-politique, rejet de la société et non-engagement dans les structures de ce monde. Ce retrait massif préserve la secte de toute corrosion. Le sectateur est un pur dans un monde impur, un sauvé dans un monde perdu. La secte est l'Église authentique: véritable icône de l'Église primitive où la primauté était accordée à l'Esprit et au Royaume, où le sacerdoce des laïcs était de rigueur et où l'absence de régime sacramentaire assurait la liberté spirituelle.

Tendue vers le haut et vers l'avenir, en dissidence avec les Églises établies et en rupture avec la société, la secte entend s'abreuver directement à la Parole de Dieu. Les références à la Bible et à l'Église primitive y sont privilégiées. La secte fait un saut par-dessus l'histoire, met la Tradition entre parenthèses et prétend pouvoir s'aboucher directement avec la communauté primitive. Isolée de la tradition qui l'a fait naître et de la tradition qu'elle a engendrée, la Bible est vue et comprise à travers un prophète fondateur, dont on considère la doctrine soit comme une nouvelle révélation venant couronner les Évangiles, soit comme une nouvelle interprétation — la seule vraie — des Écritures.

Voilà, dans ses grandes lignes, les traits théologiques du type de la secte, tels qu'ils se dégagent de l'histoire.

Nous sommes en droit de poser l'hypothèse que nous assistons, aujourd'hui, à une résurgence du mouvement eschatologiste-illuministe. La typologie de la secte s'applique aux groupes de la première famille religieuse dont nous avons parlé. Ces groupes, sociologiquement qualifiés de «sectaires», d'«intégrateurs», de «dualistes», sont théologiquement des sectes «chrétiennes» ou «para-chrétiennes», et leurs adeptes sont des «dévots». Ils constituent des points d'émergence d'un mouvement qui, depuis le christianisme primitif, a resurgi tout au long de l'histoire. On ne peut généralement pas établir de lignage historique entre eux. Ils portent tour à tour, en se relayant au cours de l'histoire, le flambeau apocalyptique. Leur durée, leur importance quantitative, leur dynamisme peuvent varier. Mais ils appartiennent tous à la même famille spirituelle. Leurs querelles sont des chicanes de famille qui ne mettent pas en cause leur parenté profonde. Les sectes contemporaines sont aussi anciennes que le christianisme lui-même. Du vin vieux dans de nouvelles outres.

II — LA GNOSE

Des traits communs aux groupes de la seconde famille religieuse, retenons ceux qui concernent notre propos théologique: un fondateur qui semble connaître le secret d'une expérience spirituelle intemporelle; l'interprétation de cette expérience comme élévation, voyage, possession; l'existence d'une foule d'entités supranaturelles en relation avec l'homme et le cosmos; l'utilisation d'un langage ésotérique et anti-rationaliste; une réaction contre l'orthodoxie; une ontologie moniste et impersonnelle, où la divinité est vue comme une Entité abstraite (Intelligence, Énergie, Principe); l'éclectisme et le syncrétisme; la primauté donnée à l'expérience de cons-cience et à la connaissance dans le processus de libération et de salut; l'emphase accordée aux pouvoirs psychiques et thauma-turgiques; un processus bien précis d'entrée et d'initiation; la tendance à considérer le monde sensible et la matière comme une illusion (maya); et enfin, l'importance accordée au karma et à la réincarnation[5].

De par ces traits communs et de par l'attitude générale et la sensibilité religieuse de leurs adeptes, les groupes de la famille B offrent des similitudes surprenantes avec le gnosti-cisme ancien.

Du gnosticisme à la gnose

Le gnosticisme désigne un mouvement religieux particu-lièrement vivace dans le bassin méditerranéen, du IIe au VIe siècle. Dans son *Panarion,* véritable encyclopédie des hérésies, Épiphane cite la liste de ces groupes gnostiques, aux noms les plus cocasses[6]. S'appuyant sur des révélations ou des tradi-tions secrètes soi-disant venues du Christ et des Apôtres, les gnostiques prétendaient donner du christianisme, et de l'en-semble de l'univers, une interprétation ultime réservée à une élite d'initiés. Considéré longtemps par les historiens chrétiens et les théologiens soit comme un monument de mythes bizar-res, de rêveries incohérentes et de fantasmagories dénuées de tout intérêt théologique ou philosophique, soit comme une hérésie chrétienne perverse et délirante, le gnosticisme reçoit aujourd'hui une acception plus large et plus positive. «Le gnosticisme, écrit Charles Puesch, apparaît désormais comme un phénomène général de l'histoire des religions, dont l'enver-gure dépasse infiniment les limites et le champ du christianisme antique et qui est, dans ses origines, extérieur, sinon antérieur, au christianisme»[7].

Le gnosticisme chrétien n'est pas une hérésie inhérente au christianisme: il est plutôt une jonction entre le christianisme et une gnose allogène qui lui préexistait et lui était essentiellement étrangère. Le gnosticisme chrétien se pare d'images et de symboles chrétiens, mais il se rattache essentiellement à une source antérieure à l'ère chrétienne. Aussi certains auteurs parlent-ils aujourd'hui de «pré-gnose» ou de «proto-gnose». Les critiques en sont venus à généraliser la notion de gnose jusqu'à en faire un genre déterminé dont le gnosticisme chrétien ne représenterait qu'un cas d'espèce. «La notion de gnose est en effet beaucoup plus vaste que celle de gnosticisme, limitée, elle, aux différents mouvements de la pensée gnostique du IIe siècle chrétien»[8].

La gnose s'est drapée de la symbolique chrétienne, tout comme elle a pris des formes «païennes» en adoptant les mythologies égyptiennes ou iraniennes, les cultes à mystères, la philosophie grecque ou hindoue, les sciences et les arts occultes[9]. Quelque diverses qu'aient été ses manifestations historiques, la gnose se révèle une dans son essence. Elle «doit être tenue pour un phénomène spécifique, une catégorie ou un type distinct de la pensée philosophico-religieuse: c'est une attitude qui a une allure, une structure, des lois propres, et que l'analyse, jointe à la comparaison, permet de retrouver substantiellement identique et avec les mêmes articulations à la base de tous les systèmes divers que nous sommes en droit, en raison de ce fondement ou de ce «style» commun, de ranger sous une même étiquette et d'appeler gnostique»[10]. Le gnosticisme des premiers siècles chrétiens, constitue l'exemple caractéristique d'une idéologie religieuse et d'un type spécial de religiosité tendant sans cesse à reparaître en Occident aux grandes époques de crise sociale et politique. Aussi peut-on parler, à la suite de H. Cornelis et A. Léonard, de «gnose éternelle»[11].

Qu'est-ce que la gnose? La typologie de la gnose s'est élaborée à partir d'une étude analytique des divers mouvements gnostiques des premiers siècles de notre ère. Nous savons que les systèmes gnostiques anciens sont un assemblage syncrétiste d'idées chrétiennes et de doctrines dérivées d'autres traditions philosophiques, mystiques et religieuses. Ce ne sont pas les idées en elles-mêmes qui sont gnostiques. Ces idées sont, ou bien chrétiennes, ou bien égyptiennes, ou bien iraniennes, ou bien grecques. «Ce ne sont pas les éléments séparés qui sont gnostiques en eux-mêmes, mais la synthèse, le système dans lequel ils sont combinés»[12]. Les gnostiques adaptaient, à leur propos, les matériaux qu'ils empruntaient aux diverses traditions mystiques et religieuses. Comme le dit W.C. Van Unnik, «les gnostiques ont souvent appliqué le principe: je prends mon bien où je le trouve»[13]. Ils reprennent à leur compte les idées et la langue de diverses traditions philosophico-religieuses: ils les combinent, les passent au creuset de leur intuition et les agencent dans une nouvelle synthèse qui, elle, est spécifiquement gnostique. Une gnose, comme une molécule, présente une structure dans laquelle les éléments n'ont qu'une place possible. Changer la combinaison des éléments pourrait entraîner une transformation essentielle, «dégnosticisante». Une gnose est spécifiquement ce qu'elle est, c'est-à-dire gnostique, précisément par la manière dont les nombreux éléments sont agencés pour former un tout organique et cohérent, et par la façon dont chaque élément fonctionne dans ce tout.

Les traits de la gnose

Comment la gnose se conçoit-elle? Que prétend-elle être? Ch. Puesch conclut son analyse des systèmes gnostiques en définissant la gnose comme «une expérience intérieure, appelée à devenir état inadmissible, par laquelle, au cours d'une illumination qui est régénération et divination, l'homme se ressaisit dans sa vérité, se ressouvient et reprend conscience de soi, c'est-à-dire du même coup de sa nature et de son origine authentiques; par là, il se connaît ou se reconnaît en Dieu, connaît Dieu et s'apparaît à lui-même comme émané de Dieu et étranger au monde, acquérant ainsi, avec la possession de son «moi» et de sa condition véritable, l'explication de sa destinée et la certitude de son salut, se découvrant comme être en droit et de toute éternité — sauvé»[14]. Cette définition, un peu alambiquée, a l'heur de contenir à la fois le spécifique de la gnose et ses principales caractéristiques.

Le spécifique de la gnose. Comme type religieux, la gnose est une voie d'expérience «mystique» qui introduit l'homme dans la connaissance de la Réalité ultime. Cette connaissance n'est pas un savoir — ce mot évoquant le côté intellectuel et logique de la connaissance: savoir philosophique, scientifique, théologique. La connaissance gnostique est de l'ordre de l'intuition et de l'illumination: elle est sagesse et mystique, communion à l'être et expérience de conscience. Cette connaissance est une auto-révélation par laquelle l'homme prend conscience, se ressouvient de son moi profond et divin. La gnose est donc l'art de trouver Dieu en soi-même, en développant les profondeurs secrètes et les puissances latentes de la conscience.

La connaissance gnostique procure par elle-même la libération ultime; elle ne fait pas qu'éclairer la route, elle est elle-même voie de salut. Tous les groupes gnostiques ont pour caractéristique commune et spécifique la connaissance du moi transcendantal et divin, emprisonné dans le monde des apparences. Dans son essence ultime, l'homme est un fragment divin tombé du ciel sur une terre hostile. Allogène égaré en ce monde étrange et aliénant, l'homme doit se réveiller et prendre conscience de son origine véritable et de sa nature authentique pour parvenir à la libération.

La gnose est «le fait d'un *moi* en quête de son *soi*»[15]. Elle est le passage du «je» personnel au moi impersonnel, du moi apparent au moi réel et divin. Le grand gnoséologue, Jacques Ménard, écrit: «Étudiés à la lumière d'une méthode phénoménologique propre à l'histoire des religions, les divers courants gnostiques ...ont, pour caractérisque commune, la connaissance ou la reconnaissance du «moi» transcendantal et ontologique déchu dans la matière. Plus que n'importe quel dualisme, c'est la connaissance de cette étincelle divine, que chacun des parfaits porte en soi, qui distingue les gnoses des autres mouvements de pensée humaine»[16].

La gnose est donc essentiellement l'aventure cognitive de l'homme en son moi transcendant; c'est un idéalisme pratique conduisant l'individu à la connaissance subjective de sa propre divinité. Pour l'individu, il s'agit de découvrir en soi la présence de ce maître intérieur qui le conduira à un état de parfaite maîtrise de soi, à l'état divin. Par lui-même, grâce à ce maître intérieur, il peut se hisser à un état de quasi-omniscience puisque la communion aux attributs divins le propulse hors du temps et de l'espace qui ne sont qu'illusion. La gnose est «une volonté de dépassement à l'égard de toute réalité solidaire du devenir historique et de la fatalité»[17]. Pour parvenir à cette fin, le disciple se fait initier à une technique l'habilitant à expérimenter différents niveaux de conscience jusqu'au jour où, après plusieurs vies, il aura su se dégager de toute aliénation, parvenir à la plénitude de l'expérience humaine et accéder à l'harmonie ultime.

Tous les autres traits de la gnose viennent s'articuler autour de cette caractéristique essentielle. Ils sont commandés et nécessités par elle. Que ce soit l'expérience de l'aliénation et de l'éveil, l'antinomisme, le dualisme existentiel ou ontologique, l'ésotérisme, le syncrétisme, la réincarnation, l'éternel retour, les hiérarchies célestes, le recours à une révélation ou à une auto-révélation, la protestation contre l'orthodoxie et les religions établies, toutes ces composantes de la gnose nous apparaissent comme secondaires, non essentielles: l'une ou l'autre peut manquer dans un système gnostique concret sans en détruire le type. Elles se trouvent généralement toutes présentes dans les groupes gnostiques anciens, à partir desquels s'est élaborée la typologie de la gnose.

Cela étant dit, nous formulons l'hypothèse suivante: premièrement, l'attitude religieuse que nous avons qualifiée de gnostique est de tous les temps et elle a reparu dans l'histoire religieuse du monde, en divers temps et lieux, sans continuité apparente bien qu'avec des caractères semblables[18]; deuxièmement, les groupes de la famille spirituelle B sont une émergence de cette attitude religieuse résurgente.

Certes, il n'est pas sans danger d'étendre trop largement la notion de gnose. Il faut se garder de confondre indistinctement tout courant mystique avec une récurrence de la gnose. «Il ne suffit pas de rencontrer les traces d'une secte ésotérique qui s'intéresse à l'astrologie, au périple de l'âme séparée, aux liens magiques entre l'homme et le cosmos, et qui possède une démonologie, pour être en droit de parler aussitôt de gnose»[19]. C'est avec des réserves que nous risquons le terme à propos de certains des nouveaux groupes religieux. «Néanmoins, entre ces différentes formes de sagesses «primordiales», «éternelles», il y a de telles ressemblances de mentalité, d'attitude, d'esprit, de comportement, qu'il n'est pas arbitraire de prétendre que la gnose éternelle lance dans le monde contemporain de nouveaux surgeons»[20].

On peut donc à bon droit utiliser la typologie de la gnose pour qualifier théologiquement les nouveaux groupes religieux que les sociologues appellent «cultes» et qu'ils qualifient de «mystiques», de «monistes» ou de «transformateurs». Ces groupes éprouvent une sympathie évidente pour le gnosticisme ancien. Malgré leurs singularités doctrinales et leurs dissemblances de vocabulaires, de symboles et de techniques, ils communient tous à la spécificité de la gnose et intègrent ses principales caractéristïques. Ce sont des gnoses et leurs adeptes sont des gnostiques.

L'influence de la gnose déborde largement le cadre des nouveaux groupes religieux. On assiste aujourd'hui à une puissante vague gnostique qui imprègne la culture ambiante à un point tel qu'on a pu parler de «nouvelle gnose»[21]. Elles font fortune, les librairies ésotériques qui étalent sur leurs rayons toute une littérature de type gnostique. Littérature religieuse: on publie nombre d'ouvrages gnostiques sur Jésus et sur les origines du christianisme; on réédite les oeuvres gnostiques anciennes. Littérature scientifique: les savants, de plus en plus nombreux, rejettent le positivisme rationaliste et matérialiste pour adopter une vision gnostique de l'univers; c'est la gnose de Princeton[22]. Littérature pseudo-scientifique: le nombre des ouvrages récents qui reprennent le thème gnostique du secret perdu ne se compte plus. Littérature psychologique: on a parlé de la tendance gnosticisante de Jung et de son école. Bien des psychothérapies, puisant à même le fond de l'ésotérisme et des techniques orientales, se développent à partir de la sacralisation du «soi» et de l'unité ontologique du divin et de l'humain. Ce courant a donné naissance à une foule de groupes que nous avons désignés sous le nom de groupes de potentiel humain.

Ces groupes, qui présentent de nombreux points de ressemblance avec les gnoses, peuvent être qualifiés, à bon droit, de groupes quasi-gnostiques.

Deuxième partie

Topographie
des nouvelles religions

IV
Les sectes
d'inspiration chrétienne

Tout au long de l'histoire chrétienne, ont émergé de façon récurrente à la frange du christianisme des groupements sécessionnistes qui, se réclamant d'une inspiration de l'Esprit, condamnaient la grande Église et prétendaient accomplir un retour à la radicalité évangélique. Ces groupes, que nous avons qualifiés de sectes, ne sont pas tombés du ciel; ils ont vu le jour à la faveur de conjonctures socio-ecclésiales qui non seulement justifient leur existence, mais expliquent aussi leurs configurations respectives. Il en va de même des sectes contemporaines; malgré leur effloraison parfois subite, ce ne sont pas des phénomènes spontanés sans lien avec l'histoire. La plupart des sectes actuelles ne sont en définitive que des expressions modernisées de mouvements de réveil qui ont secoué la Réforme et l'anglicanisme aux XVIIe et XVIIIe siècles. Elles puisent dans ces mouvements non seulement leur inspiration, mais encore un grand nombre de matériaux à partir desquels elles érigent leur système respectif. Les sectes contemporaines sont les héritières de l'évangélisme et à travers lui, du piétisme.

I — L'HÉRITAGE PIÉTISTE ET ÉVANGÉLIQUE

Au sens étroit, le piétisme désigne le mouvement de réveil religieux qui a fleuri dans les Églises réformées et luthériennes d'Europe continentale aux XVIIe et XVIIIe siècles. Ce mouvement, à forte composante émotionnelle, s'est voulu une réaction contre les tendances mondaines et contre le formalisme religieux qui, à l'époque, minaient le protestantisme. C'est en 1670 que le pasteur Philip Jacob Spener commença à réunir certains fidèles de sa communauté pour lire la Bible, prier, chanter et discuter du sermon dominical. Très vite la mode se répandit. On vit apparaître un peu partout ces cercles d'étude et de prière qu'on désigna sous le nom de *Collegia Pietatis.* En 1675, Spener publiait son écrit le plus célèbre, *Pia Desideria,* qui établissait les fondements théologiques du mouvement piétiste.

Ne disposant ni d'une formulation normative ni d'une structure de coordination, le piétisme s'éparpilla dans toutes les directions. Jusqu'en 1740, c'est l'Université de Halle qui fut le foyer de rayonnement du mouvement, grâce à l'impulsion de Herman Francke, disciple de Spener. Puis ce fut le Wurtemburg qui devint le centre d'activité le plus important du piétisme avec comme chef de file Jean-Albert Bengel. Le piétisme, qui fut un mouvement à l'intérieur des Églises luthériennes et réformées, devait donner naissance à plusieurs branches dissidentes dont les plus connues sont les *Quakers* ou *Société des Amis,* les *Assemblées des frères de Plymouth* communément appelées *Darbystes,* et la *Société des frères de l'Unité* connue sous le nom de *Frères Moraves.* Ces sectes toujours florissantes, en particulier aux États-Unis, dénoncent l'apostasie collective des Églises et la corruption de la société, et attendent le retour du Christ en gloire.

Le piétisme s'articule autour de quelques coordonnées fondamentales: 1) priorité accordée à la religion du coeur sur l'adhésion à un credo et à des notions desséchantes; 2) pessimisme profond concernant l'habilité de l'intelligence à pénétrer les réalités spirituelles: ce qui entraîne une méfiance à l'égard de la critique théologique et de la recherche intellectuelle en général; 3) dualisme moral prononcé, où l'on pose en antagonisme les binômes loi-évangile, foi-incroyance, royaume de Dieu-royaume de l'homme, grâce-oeuvres; 4) insistance sur la naissance nouvelle, la conversion, la sanctification et l'attente eschatologique; 5) importance accordée à la proclamation de la Parole et à la mission; 6) et enfin, défiance à l'égard des institutions sacrées et des sacrements, et affirmation massive du sacerdoce des fidèles.

L'évangélisme va puiser largement à la source piétiste. L'évangélisme est un peu le pendant anglican du piétisme luthérien. L'initiateur de l'évangélisme, John Wesley, a été très influencé par le piétisme des Frères Moraves. L'évangélisme est un mouvement de réveil qui a vu le jour dans l'anglicanisme au XVIIIe siècle. Le renouveau, dit évangélique (*evangelical*), fut une puissante réaction contre la collusion entre l'Église anglicane et l'État, contre l'institution ecclésiale elle-même et contre l'importance exagérée accordée à la raison dans la religion.

Wesley et son compère George Whitefield commencèrent à prêcher leurs idées évangéliques vers le milieu du XVIIIe siècle. Dénonçant la structure paroissiale et la sophistication de l'homélitique anglicane, il se mirent à prêcher hors des églises, dans les rues, les mines, les écoles, les endroits publics. Succès incroyable. Toute l'Angleterre fut secouée. Le mouvement évangélique était né qui allait devenir un puissant ferment à l'intérieur de l'anglicanisme et la source d'inspiration d'une multitude de groupes dissidents, dont en particulier le méthodisme.

Quelles sont les principales caractéristiques de l'évangélisme? L'évangélisme se signale d'abord par sa grande insistance sur la souveraineté, la transcendance et la sainteté de Dieu et sur la perversion radicale de l'homme dont la bonté originelle a été radicalement viciée par le péché. Le salut est l'effet de la seule grâce de Dieu; et seule la foi au Christ, victime de propitiation pour nos péchés, peut accomplir la rédemption.

La foi est vue principalement comme confiance en Dieu et abandon à Jésus. L'accent est mis sur la décision pour Jésus. Croire, c'est faire l'expérience de la grâce de Dieu. Il s'agit moins de connaître que d'obéir. La priorité est donnée à l'expérience sur l'adhésion au credo. On se méfie de la critique théologique et de la culture. Sentir qu'on est sauvé, voilà le hic. L'expérience religieuse se déroule dans un climat affectif. La prédication doit toucher le coeur et éveiller l'émotivité.

Dans ce contexte ce qui compte avant tout, c'est la sanctification. L'évangélisme est un «mouvement de sainteté». La justification doit déboucher sur la sanctification. La justification est un changement de statut ontologique; la sanctification est une transformation de l'être. La sainteté personnelle est le fruit de la foi et le signe palpable de notre élection. L'individu doit travailler à sa sainteté personnelle et attendre avec ferveur la parousie du Seigneur.

La Bible est le seul guide dont l'autorité est infaillible. Le Saint-Esprit joue un rôle indispensable dans l'interprétation des Écritures — ce qui entraîne la mise en question de la valeur objective des institutions, des ordres et des sacrements. On insiste sur le retour à l'Évangile et sur l'attachement à l'Église invisible. L'Esprit, présent dans le croyant, est source d'appartenance ecclésiale et principe d'intelligence de la Parole de Dieu. Cette conception ne tardera pas à produire ses effets sécessionnistes.

La primauté va au témoignage personnel et à la proclamation de la Parole. Il faut crier le message du salut à temps et à contre temps, en tous lieux et de toutes manières. Bible en main, il faut exhorter, toucher les coeurs et amener les gens à Jésus. Tous les moyens sont bons qui portent le message: rallyes, spectacles, musique, meetings, porte-à-porte, etc.

Le mouvement évangélique est aujourd'hui plus florissant que jamais; il continue, surtout sous la forme pentecôtiste, à agir comme ferment dans toutes les confessions chrétiennes. Il a donné naissance à une foule d'initiatives et de mouvements à l'intérieur des Églises. Il a ses grands promoteurs: Billy Graham, Oral Roberts, Pat Robertson, Rex Humbard, etc. Il est également à l'origine d'une foule de groupes qui se sont séparés des grandes Églises. Les sectes contemporaines sont des rejetons de l'évangélisme et se réclament de ses principes.

Il faut bien le reconnaître, partout où l'évangélisme a rencontré le fondamentalisme, ses tendances scissipares ont été aggravées. Le fondamentalisme est un mouvement de la fin du XIXe siècle qui plonge ses racines dans le piétisme tardif et dans la scolastique protestante. Il se caractérise par son insistance sur la décision pour Jésus, par son eschatologisme de tendance millénariste et son désintérêt pour les questions de justice sociale, par ses tendances anti-sacramentelles très prononcées, par sa dénonciation sans merci des Églises établies, et enfin par son littéralisme biblique qui identifie le texte de l'Écriture à la Parole de Dieu. Tout cela explique les tendances sectaires et séparatistes du fondamentalisme. Le fondamentalisme introduit partout le germe sécessionniste.

Les idées piétistes et évangéliques, conjuguées au fondamentalisme, ont profondément influencé les sectes modernes et contemporaines. La plupart y puisent leur inspiration, leurs principes et les éléments fondamentaux de leur doctrine.

II — LES SECTES APOCALYPTIQUES

De toutes les sectes actuelles, les groupes apocalyptiques sont ceux qui sont le plus fascinés par l'imminence du retour du Christ. À telle enseigne qu'ils essaient par des calculs compliqués de prévoir la date de la fin du monde, à partir des écrits apocalyptiques de l'Ancien et du Nouveau Testament. Leur eschatologie est millénariste. On attend un règne de mille ans sur la terre, précédant l'accomplissement final. Plusieurs scénarios millénaristes sont présentés qui se réclament tous de l'enseignement de l'Écriture.

Les Églises adventistes

L'adventisme est né du «mouvement de réveil du second avènement», qui a ébranlé le monde protestant dans la première moitié du XIXe siècle. Largement basé sur le livre de Daniel et sur l'Apocalypse de Jean, le mouvement de réveil du second avènement a vite captivé l'imagination et l'intérêt des chrétiens. Bientôt la question du retour du Christ allait être discutée avec autant de passion dans les journaux que dans les revues théologiques. L'eschatologie néo-testamentaire concurrençait les données de la bourse sur la première page des quotidiens. Les «soixante-dix semaines», les «deux mille trois cents jours» et «l'abomination de la désolation» du livre de Daniel étaient sur les lèvres de tous.

Suivant la chronologie de l'évêque Ussher et convertissant en années les deux mille trois cents jours de Daniel (8,4), plusieurs biblistes ou pseudo-biblistes de différentes confessions chrétiennes concluaient au retour du Christ pour l'an 1843. De ce nombre était William Miller qui, en 1833, publiait ses *Évidences tirées de l'Écriture sainte et de l'histoire au sujet de la venue du Christ vers 1843*. Grâce à ses efforts acharnés, la nouvelle envahit toute l'Amérique. À mesure qu'approchait la date fatidique, soit le 21 mars 1843, le mouvement adventiste gagnait en popularité. Des centaines de fidèles liquidaient leurs affaires et vendaient tous leurs biens. Rien n'arriva. La date fut reportée au 22 octobre 1844. Rien n'y fit. Le discrédit s'abattit sur Miller.

Les adventistes irréductibles se regroupèrent autour d'Ellen G. White qui, se réclamant d'une vision, interpréta la date du 22 octobre 1844 comme le moment non du retour du Christ, mais de son entrée dans la partie du sanctuaire céleste appelé le Saint des Saints. Prophétesse, visionnaire, femme remarquable pour son dynamisme et son sens pratique, Mme White organisa les adventistes en une Église, sous le nom de l'*Église adventiste du septième jour*. Ses écrits — qu'elle donnait pour inspirés directement par Dieu — sont regroupés dans neuf gros volumes, sous le titre de *Témoignages sur l'Église*. Les fidèles doivent croire à l'inspiration et à l'Esprit de prophétie de Mme White. Pour être admis dans l'Église, le candidat doit répondre oui à la question: «Acceptez-vous l'Esprit de prophétie tel qu'il s'est manifesté au sein de l'Église finale par le ministère et les écrits de Mme E.G. White?»[1]. Mme White est reconnue comme la prohétesse par excellence des temps modernes: elle est suscitée par Dieu au même titre que les prophètes de l'Ancien Testament.

L'Église adventiste du septième jour est caractérisée, d'une part, par son eschatologisme et son millénarisme indéracinables et par son observance rigoureuse du jour du sabbat (le 7e jour de la semaine, le samedi) et, d'autre part, par son radicalisme éthique (pas d'alcool ni de tabac, mise sobre et décente, tenue seyante, contrôle des lectures, pas de bijoux ni de fard, pas de jeux ni d'amusements publics: cinéma, danse, cartes) et par le souci de l'hygiène (pas de stimulant ni thé ou café, régime végétarien recommandé, aliments naturels, abstinence de certaines viandes, air pur, exercices).

L'Église adventiste du septième jour se présente comme un retour à l'Église primitive. Elle forme le petit reste annoncé par l'Écriture et refuse de participer au Conseil œcuménique des Églises. Elle prêche avec force l'imminence de la fin et l'urgence de la conversion. Elle nie l'immortalité naturelle de l'âme, pour professer la résurrection des seuls justes et rejette l'idée de la damnation éternelle. Elle organise sa liturgie autour de la Bible et de la sainte Cène, et pratique le baptême par immersion. Dans son zèle ardent pour la conversion des «impies», elle engloutit des sommes colossales dans l'évangélisation. Les adventistes sont passés maîtres dans le prosélytisme religieux. Grâce à l'incroyable dynamisme des adeptes, l'Église adventiste a connu une croissance rapide. Elle compte aujourd'hui environ trois millions de fidèles dans le monde.

Le mouvement adventiste a donné naissance à d'autres sectes, dont les plus importantes sont l'*Église chrétienne adventiste* et l'*Église de Dieu* qui professent une ascèse plus modérée et refusent d'accorder une valeur normative absolue aux écrits de Mme White. Seuls les adventistes du septième jour sanctifient le sabbat. Le mouvement adventiste a exercé une influence marquée sur la formation de plusieurs sectes.

Les Témoins de Jéhovah

C'est ainsi que Charles Russell, lui-même adventiste[2], organisa en 1870, à l'âge de 18 ans, des cours de Bible où il enseignait que la fin du monde arriverait en 1874. Les *Étudiants de la Bible* étaient nés. Élu pasteur en 1876 par ses étudiants, Russel — cet homme illettré — publia une œuvre monumentale intitulée *La Clé de la Bible*. Dans cette œuvre, il reprend ses calculs apocalyptiques et fixe la fin du monde pour 1914, année où Jéhovah deviendra roi et où le millénium sera inauguré. Grande déception de Russel et de ses adeptes: la fin du monde ne se produisit pas.

Après la mort de Russell, la personnalité de Joseph Franklin Rutherford s'imposa aux «Russellites». Son magnétisme personnel, le mystère dont il savait s'entourer en firent un personnage de légende dès son vivant. Il dénonça avec une vigueur peu commune le racket des Églises établies et interpréta la prédiction de Russell de la façon suivante: 1914 n'était pas la fin des temps, mais le début de la fin des temps. Cette année-là, un combat s'est livré au ciel qui était plus violent que la guerre qui faisait rage en Europe: Satan était précipité sur terre. À son retour, Rutherford fixe la fin pour 1925. Les patriarches Abraham, Isaac et Jacob reviendront et des millions d'hommes ne mourront plus. La chose ne s'étant pas réalisée, on parle maintenant du temps de la fin plutôt que de la fin des temps.

En 1931, les Étudiants de la Bible adoptent le nom de *Témoins de Jéhovah* pour bien indiquer qu'ils sont les témoins de Dieu et que Dieu est Jéhovah. Les Témoins de Jéhovah répugnent à la vision trinitaire de Dieu et enseignent que l'âme est naturellement mortelle. Ils rejettent l'idée d'enfer et de punition éternelle et professent l'anéantissement des méchants et le bonheur sans fin des justes dans un paradis terrestre restauré. Ils se présentent comme l'Église véritable et accusent l'Église catholique d'être la Babylone et la Grande Prostituée. Ils se distinguent par leur refus catégorique de la transfusion du sang. Ils sont volontiers objecteurs de conscience.

Des Témoins de Jéhovah, est issue la secte millénariste des *Amis de l'homme* qui compte quelques représentants au Québec. Fondée par Alexandre Freytag en 1920, la secte interprète l'histoire du christianisme à l'aide d'une lecture symbolique et fantaisiste des sept Églises de l'Apocalypse. Les Amis de l'homme forment la seule vraie Église, la première cellule de cette famille universelle qui doit vivre sur la terre nouvelle lors du retour du Christ. Il faut préparer ce paradis en cultivant le sol, en reboisant la terre et en lui faisant produire une nourriture saine.

L'Église universelle de Dieu

Pour sa part, l'*Église universelle de Dieu* de Herbert Armstrong a vu le jour sous l'influence conjuguée des Témoins de Jéhovah et des adventistes[3]. C'est au début des années '30 qu'Armstrong se révèle au monde comme le prophète annoncé par Jésus. Il lance alors ses premières campagnes évangélistes. Grâce à son zèle courageux, à son énergie infatigable, à ses dons oratoires et à ses talents de publiciste, il met sur pied, en 1934, l'Ambassador College de Pasadena, fonde le magazine *La Pure Vérité* et lance le programme radiophonique *The World Tomorrow* qui sont toujours les piliers de l'Église universelle de Dieu.

Comme la plupart des sectes contemporaines, l'Église universelle de Dieu s'inspire des grandes coordonnées évangélistes et pentecôtistes. Elle se signale aussi par ses emprunts à l'adventisme et aux Témoins de Jéhovah. À ces derniers, elle emprunte la doctrine de la mortalité naturelle de l'âme, de l'impersonnalité du Saint-Esprit et de la non-Trinité de Dieu. Avec les premiers, elle insiste sur l'observance du sabbat, prêche l'abstinence de certains aliments «impurs», dénonce la doctrine de l'enfer et de l'éternel châtiment, et met en oeuvre le système adventiste d'interprétation des prophéties.

Mais ce qui caractérise l'Église universelle parmi toutes les sectes, c'est son anglo-israélisme. Qu'est-ce à dire? L'anglo-israélisme est une théorie tenue par près de deux millions de protestants, selon laquelle l'Angleterre et les États-Unis sont les descendants des dix tribus perdues d'Israël. Ils héritent, de ce fait, des promesses divines faites à Israël. Les grands protagonistes de cette théorie aux États-Unis sont James Lowell et Howard Rand.

L'anglo-israélisme repose sur le postulat que dix des douze tribus d'Israël se sont dispersées lors de l'invasion d'Israël par les Assyriens, en 721 avant J.-C., et que ces soi-disant «tribus perdues» sont les Saxons et les Scythiens qui envahirent l'Europe par le nord et qui sont les ancêtres des Anglo-Saxons. Ces derniers sont donc aujourd'hui les dix tribus perdues d'Israël. Ce sont les vrais Israélites et, en tant que tels, ils sont héritiers de la promesse de Yahvé à Israël. Autrement, Dieu serait infidèle à ses promesses. L'Angleterre est Ephraïm et les États-Unis sont Manassé[4].

L'Église universelle adopte ces vues. Point n'est étonnant dès lors qu'elle insiste sur les fêtes juives, le sabbat, les prescriptions alimentaires juives et le monothéisme antitrinitaire. Point n'est étonnant non plus que la seconde venue de Jésus doive se réaliser en terre anglo-saxonne. Avec Armstrong, le judéo-christianisme devient de l'anglo-israélisme. Il faut restaurer la véritable Église anglo-israélienne. Les Églises ont faussé l'enseignement de Jésus. Elles sont toutes apostates, en particulier l'Église catholique qui n'est autre que Babylone la Grande.

III — LES ÉGLISES ÉVANGÉLIQUES

Le christianisme évangélique a poussé ses premiers surgeons au Québec au milieu du XIXe siècle. Il s'est développé petit à petit parmi la population francophone, aux dépens de l'Église catholique. Les fidèles évangéliques sont divisés et regroupés sous de multiples organisations indépendantes qui se réclament toutes de la même foi évangélique.

Les groupes évangéliques croient que la Bible est verbalement inspirée et donc libre de toute erreur littérale. Elle est l'autorité finale en toute matière de foi et de pratique. Ils croient en la sainte Trinité: au Père, créateur de toutes choses, au Fils médiateur et sauveur, et à l'Esprit sanctificateur. L'homme, devenu coupable devant Dieu par son péché, se trouve dans un état de dépravation totale. Le salut ne peut venir que de la grâce souveraine et élective de Dieu et de la mort expiatoire de Jésus. Seule peut nous justifier la foi dans la croix du Christ. L'Église est une communauté de croyants hors du monde, mis à part par Jésus et volontairement regroupés pour l'édification des membres, le service de la Parole et la célébration des deux symboles (non des sacrements) qui se trouvent dans le Nouveau Testament: la sainte Cène et le baptême par immersion. L'unité des enfants de Dieu régénérés par l'Esprit Saints n'a pas besoin de s'exprimer institutionnellement. Les groupes évangéliques sont volontiers anti-oecuméniques et regardent les méthodes et les principes d'unité du Conseil Oecuménique comme une trahison envers la Parole. Telles sont sommairement les grandes coordonnées de la foi évangélique.

L'*Association des Frères mennonites* regroupe sept Églises au Québec, connues sous le nom d'*Église chrétienne de...* (St-Eustache, Ste-Rose, etc., selon le lieu de leur implantation). On dénombre environ quatre cents Frères mennonites au Québec. Ce sont des pacifistes. Ils insistent sur la nouvelle naissance, attachent une grande importance à l'évangélisation et attendent le règne de mille ans.

L'Association des Frères mennonites est une branche dissidente de l'*Église mennonite* (Vieux mennonites) fondée par Menno Simons (1492-1561), prêtre catholique passé aux Anabaptistes, luthériens fanatiques regroupés autour de Nikolaus Storch et de Thomas Munzer et caractérisé par leur refus du baptême des enfants. L'Église mennonite s'est formée de l'union de différents groupes anabaptistes d'Allemagne, de Suisse et de Hollande. Rejetant le fanatisme et le dogmatisme des Anabaptistes, l'Église mennonite fut, à l'origine, une communauté fervente, remarquée pour sa piété et son pragmatisme. Peu à peu, elle s'est institutionnalisée. Aujourd'hui les assemblées locales, regroupées en confréries régionales, sont ouvertes à l'oecuménisme.

Les Frères mennonites sont un mouvement de réveil évangélique, datant du milieu du XIXe siècle, à l'intérieur de l'Église mennonite sclérosée et endormie. Ce mouvement de réveil a donné naissance à l'Association des Frères mennonites qui est distincte et indépendante de l'Église mennonite.

Les *Baptistes,* eux aussi, remontent aux Anabaptistes. Ils s'organisèrent en Angleterre à la fin du XVIIe siècle sous forme de communautés ferventes de type congrégationnaliste (c'est-à-dire où la communauté locale possède l'autorité). Largement répandue dans le monde, surtout en Amérique du Nord, ils forment plusieurs regroupements dont certains font partie du Conseil Oecuménique. Au Québec, on compte deux fédérations baptistes: l'*Union des Églises baptistes françaises du Canada,* qui compte une quinzaine de communautés, et l'*Association des Églises Baptistes Évangéliques du Canada,* qui compte quarante-trois Églises francophones. Les Églises de ces deux fédérations pratiquent le baptême des adultes par immersion, partagent la même profession de foi évangélique et insistent sur l'expérience de la conversion et sur la sanctification.

De son côté, la *Corporation des Frères chrétiens* regroupe au Québec une trentaine de communautés francophones, connues sous le nom d'*Assemblée chrétienne,* d'*Assemblée chrétienne Maranatha,* d'*Église chrétienne évangélique agapè,* etc. Les assemblées chrétiennes ont une émission radiophonique appelée «La Foi Vivante» qui est diffusée sur une trentaine de postes émetteurs à travers la Belle Province.

Parmi les groupes évangéliques, il faut encore mentionner l'*Alliance chrétienne missionnaire du Québec,* qui compte quelques Églises connues sous des noms variés: *Chapelle évangélique, Église de l'Alliance, Chapelle de la foi,* etc. Il y a enfin l'*Église du Christ* qui, comme la plupart des groupes évangéliques, est composée d'assemblées locales égales et autonomes, et ne possède aucune organisation centralisée.

IV — LES GROUPES PENTECÔTISTES

Le pentecôtisme apparaît comme un ensemble de mouvements de «réveil» à l'intérieur du protestantisme. Ces mouvements se caractérisent par la recherche d'un contact personnel avec l'Esprit, par le renouvellement de l'expérience de la Pentecôte et par la manifestation de charismes. Le pentecôtisme tire son nom du postulat fondamental sur lequel il se fonde; d'âge en âge, au cours de son histoire, l'Église enregistre des phénomènes analogues à celui de la Pentecôte, c'est-à-dire la descente de l'Esprit et l'effusion de charismes spirituels.

Cette descente de l'Esprit ne se fait pas à l'insu du bénéficiaire. Celui qui est visité par l'Esprit en a une conscience claire. Cette visite de l'Esprit se reconnaît à des signes intérieurs: joie du coeur, pitié fervente, enthousiasme spirituel, impression de paix, libération des soucis, sentiment d'intimité avec Dieu. À ces manifestations internes s'ajoutent des phénomènes extérieurs: vision, prophétie, guérison, glossolalie, zèle apostolique, etc.

Au coeur du pentecôtisme, il y a le baptême de l'Esprit. Qu'est-ce à dire? Il s'agit d'une expérience particulière et précise dont le Nouveau Testament parle à plusieurs reprises (Act 1,5; 2,4; 10,44-47; Lc 24,49) et dont il est possible de savoir si on l'a reçu ou non (Act 19,2-6). C'est une action de l'Esprit, séparée et distincte de l'oeuvre de la regénération et de la conversion. C'est pour ainsi dire une seconde bénédiction qui est à comprendre, selon certains pentecôtistes, dans la ligne de la sanctification ou, selon la majorité, dans la ligne de l'action apostolique. Le baptême de l'Esprit serait en lien avec le témoignage et le service, un peu comme la confirmation chez les catholiques. C'est une action de l'Esprit qui confère force et pouvoir pour le service de la guérison, le témoignage par la parole, etc. Ce baptême n'est pas un sacrement; il n'est pas institutionnalisé. Il est une expérience directe, spontanée qui, souvent, se produit par l'imposition des mains ou la prière collective. Le grand signe de sa réception, c'est le parler en langues.

Le pentecôtisme contemporain dérive d'un «réveil» qui s'est produit presque simultanément en Amérique et au Pays de Galles. Aux États-Unis, c'est en 1901, au Texas, que le pasteur Ch. Parham, ayant reçu les dons de l'Esprit, fonda des groupes de prière, appelés Assemblées de Dieu. En 1906 à Los Angeles, des chrétiens, à l'instigation de W.J. Seymour qui parlait en langues, tinrent des réunions si chargées de charismes qu'ils eurent l'impression de revivre la Pentecôte. De partout en Amérique et en Europe, pasteurs et évangélistes accoururent en Californie pour participer à cette nouvelle Pentecôte et, retournant dans leurs Églises respectives, se firent les propagandistes du pentecôtisme.

À la même époque, au pays de Galles, c'est un jeune mineur de 26 ans, Evan Roberts qui, sous l'inspiration de l'évangéliste Seth Josué, se mit à prêcher la reviviscence des charismes de l'Église primitive, lançant des séries de réunions vespérales où l'on se pressait de toutes parts pour chanter, prier, recevoir l'effusion de l'Esprit. Le Pays de Galles tomba à genoux. Le «réveil» dura quatre ans, influençant largement l'Europe, mais sans y créer aucune secte ou dénomination nouvelle.

Le pentecôtisme, pourtant, n'allait pas tarder à donner naissance à une pléthore de groupes dissidents. Ces groupes trouvèrent leur fondement théologique dans la pensée de John Wesley et dans le «mouvement de la sainteté» des méthodistes. Du point de vue historique, le pentecôtisme actuel se rattache aux enseignements de Wesley sur l'expérience de la conversion ainsi qu'aux pratiques méthodistes concernant la sanctification.

Les assemblées de Pentecôte

Au Canada, les groupes pentecôtistes autonomes se sont fédérés en 1919, en une société incorporée sous le nom d'*Assemblées de Pentecôte du Canada.* Ces assemblées regroupent aujourd'hui au Canada 159 églises ou modules d'expression française, dont une quarantaine au Québec. On les rencontre sous les appellations les plus diverses: *Église apostolique, Temple de l'Évangile, Centre Évangélique, Chapelle de la Bonne Nouvelle, Église Pentecôte, Église du Plein Évangile, Centre chrétien, Église chrétienne évangélique pentecôtiste,* etc. Ces assemblées, réunies en fédération, restent totalement autonomes. La fédération n'est pas une institution hiérarchique servant à contrôler la doctrine ou à diriger les assemblées locales. Elle est un organisme qui offre des services de toutes sortes: pastoraux, éducatifs, caritatifs et missionnaires. Pour devenir membre de la fédération, les assemblées locales doivent adhérer à la déclaration de principe qui suit: «Nous tenons ferme, sans aucune concession, pour la Bible tout entière, comme étant la parole inspirée par Dieu et nous nous tenons debout dans la foi contre le modernisme, la haute critique, la nouvelle théologie et tout ce qui tend à saper la foi basée sur Jésus de Nazareth, le fils de Dieu. Nous condamnons toute extravagance et tout fanatisme, sous n'importe quelle forme en proclamant l'Évangile primitif dans sa simplicité, sa puissance éternelle et la foi entière en toutes ses déclarations».

À ce manifeste, s'ajoute un credo commun dont voici le résumé: «Nous croyons que les Écritures constituent la Parole inspirée par Dieu: infaillible règle de la foi et de la conduite de l'Assemblée en général et du chrétien en particulier». Ce premier article du credo définit l'espace herméneutique. Viennent ensuite les autres articles: «Nous croyons à l'unité du seul Dieu vrai et vivant..., à la chute de l'homme..., au salut de Jésus-Christ..., au baptême par immersion..., au baptême du Saint-Esprit dont le signe est le parler en langues..., à la sainteté de la vie..., à la Guérison divine..., à la Sainte Cène ou Communion..., à la seconde venue prémillénaire du Seigneur Jésus-Christ..., au châtiment éternel..., aux dons du Saint-Esprit et aux différents ministères selon le Nouveau Testament».

Nous le voyons, les Assemblées de Pentecôte professent à peu près les mêmes croyances que les groupes évangéliques. Ils ont emprunté à Wesley, la doctrine de l'expérience spirituelle et celle de l'action merveilleuse de l'Esprit; aux Baptistes, les pratiques de sainteté et le baptême par immersion réservé aux seuls adultes; et aux sectes apocalyptiques, l'idée du retour imminent du Christ, souvent conçu en termes millénaristes.

Les Assemblées de Pentecôte se posent comme l'Église pure des origines, le décalque parfait de la communauté primitive, et elles considèrent les Églises établies comme dégradées et corrompues. Elles insistent sur la perversité de la nature humaine et sur l'expérience du salut par la décision pour Jésus. Elles sont a-politiques, eschatologiques, enthousiastes et missionnaires. Il faut convertir l'homme à Jésus; il n'y a pas de salut pour les athées, les incroyants, les non-chrétiens. Les Assemblées de Pentecôte apparaissent souvent comme des sectes établies, des quasi-églises qui forment leurs pasteurs francophones à l'Institut biblique de Bérée et diffusent leur message, «La Bonne Nouvelle», sur un grand nombre de stations radiophoniques.

Les sectes néo-pentecôtistes

Les sectes néo-pentecôtistes radicalisent la doctrine et la pratique du pentecôtisme. Elles refusent de faire partie des Assemblées de Pentecôte qui, à leurs yeux, ont relativisé les exigences doctrinales et rabaissé les standards moraux. Séduites par la facilité et le succès, les Assemblées de Pentecôte ont fait des compromis hypocrites avec la société et sont tombées dans le péché de l'organisation, à l'instar des grandes Églises corrompues. Pour les sectes néo-pentecôtistes, le mal c'est l'organisation. L'organisation est le contraire de l'éveil. La structure étouffe le charisme; elle encadre l'Esprit, le domestique et l'empêche de souffler où il veut. Le mode de vie pentecostal, c'est le réveil à perpétuité. Une religion organisée ne connaît jamais de réveil.

C'est pourquoi les groupes néo-pentecôtistes dénoncent avec véhémence l'organisation des Églises, surtout des Assemblées de Pentecôte. L'Église catholique fut la première à tomber dans le péché parce qu'elle s'est organisée. C'est une prostituée qui a mis au monde des filles, les Églises protestantes, qui s'engagèrent à leur tour dans l'organisation. Et que sont devenus les groupes pentecôtistes? Ils se sont organisés, eux aussi, et sont devenus hybrides comme les autres Églises. Une fois organisées, toutes les Églises meurent. Seules les Églises en état de réveil perpétuel sont à l'image de l'Église primitive. Aussi les sectes néo-pentecôtistes se considèrent-elles, chacune, comme la vraie Église.

Cette dénonciation des Églises organisées va de pair avec le rejet massif du monde où règne Satan. Refus de tout compromis avec la culture ambiante, rappel des standards évangéliques, rejet de toute théologie, retour à la pureté de l'Évangile. Il faut se garder irréprochable pour le jour du jugement qui, très bientôt, va s'abattre sur cette société perverse. Ce radicalisme conduit à une raideur morale, à une intransigeance doctrinale, à un anti-oecuménisme farouche, à un anti-intellectualisme néfaste et à une haine du monde.

Parmi les sectes néo-pentecôtistes, il faut ranger le *Tabernacle chrétien,* secte fondée par William Marrion Branham, prophète des derniers temps, venu avec l'esprit d'Élie et de Jean-Baptiste pour annoncer la parole du Christ et dont la doctrine s'articule autour des sept sceaux et des sept Églises de l'Apocalypse. Il y a également le *Temple du réveil,* fondée en 1972 par Claude Gagnon, qui est la parole de Dieu en personne et dont l'anti-catholicisme est d'une virulence extrême. Il y a encore la *Mission du Saint-Esprit,* la *Mission chrétienne évangélique,* la *Maison de l'Agneau,* l'*Église du Réveil,* sans oublier l'*Église des Apôtres de Jésus-Christ* qui rejette la doctrine de la Trinité et ne baptise qu'au nom de Jésus. Toutes ces sectes, indépendantes les unes des autres, sont sous l'autorité incontestée d'un leader très engagé.

V — LE MOUVEMENT POUR JÉSUS

Le mouvement hippie des années '60 a donné naissance à une nouvelle mystique éclectique qui fait flèche de tout bois, qui puise autant dans le mysticisme oriental que dans les sciences occultes. La drogue sous toutes ses formes favorise non seulement les voyages psychédéliques fascinants, mais les expériences spirituelles inédites. La drogue est le sacrement par excellence de la nouvelle mystique. En révélant le monde intérieur, elle manifeste un monde autre que le matériel. L'expérience psychédélique plonge l'être dans une crise spirituelle qui conduit à Dieu et à un niveau de conscience plus riche. Voilà le postulat de base de la mystique hippie.

C'est du hippisme qu'est sorti, à la fin des années '60, le mouvement pour Jésus. Les jeunes, déçus par le mirage prometteur de la drogue et de la libération sexuelle, et ébranlés par les multiples alternatives religieuses, morales et sociales, se sont mis à chercher une réponse en Jésus. Alors apparurent les Posters-Jésus, les T-Shirts-Jésus, les bikinis-Jésus, les collants-Jésus, les chansons-Jésus, les opéras-Jésus, les festivals-Jésus. Jésus a remplacé, pour plus d'un, la drogue et le sexe. Jésus était «in».

La figure de ce Jésus s'articule autour de quatre symboles particuliers. Jésus est l'*Alternative* radicale aux problèmes de la solitude et aux blocages résultant de la drogue et de la société de consommation. Jésus est l'*Expérience* fondamentale qui invalide toutes les expériences antérieures. Jésus est la *Révolution* qui renverse les valeurs conventionnelles symbolisées par la réussite matérielle et qui disqualifie à tout jamais la bonne conscience. Jésus est le *Futur* imminent qui sonne le glas de la société actuelle. Somme toute, le mouvement pour Jésus met l'accent sur l'expérience de Jésus. C'est un mouvement eschatologique, même millénariste.

Le mouvement pour Jésus adopte généralement le dualisme traditionnel du fondamentalisme, selon lequel les réalités sont rangées en deux catégories bien définies: les bons et les mauvais, le bien et le mal, le blanc et le noir, les justes et les pécheurs, l'oeuvre de Satan et l'oeuvre du Christ. De plus, le mouvement est très évangéliste d'inspiration. Dédiant ses efforts à la conversion du pécheur, il déploie tout un arsenal de moyens d'évangélisation: prédication de rues, cafés-chrétiens, chants et spectacles dans les parcs ou sur les places publiques, pamphlets, revues, dépliants, images et journaux. Enfin, le mouvement est résolument pentecôtiste: il insiste sur le rôle de l'Esprit et sur ses manifestations physiques: guérison, glossolalie, etc. Il s'inscrit en faux contre le christianisme libéral et le progressisme religieux; c'est un mouvement foncièrement conservateur du point de vue chrétien.

Le mouvement pour Jésus a emprunté au hippisme l'idéal communautaire. Des centaines de communes chrétiennes de tous genres ont vu le jour au cours de la dernière décennie. Ces communes, généralement critiques des institutions ecclésiales, cherchent à inventer un style de vie où les symboles et les rituels sont adaptés à la sensibilité religieuse de la contre-culture. On y vit généralement une vie simple et dépouillée, et l'on insiste sur les relations fraternelles et la mission. Le partage de biens spirituels et matériels est de rigueur. L'utopie communautaire vise à tirer l'individu de son isolement en le plongeant dans un partage de vie et dans une communion d'espérance.

Dans le mouvement pour Jésus, on distingue habituellement trois familles: les pentecôtistes catholiques, les «Straight people» et enfin les hippies chrétiens.

«Le pentecôtisme est paradoxalement le terrain où la «Jésus-Révolution» atteint non seulement les protestants, mais encore les catholiques, intéressant pratiquement de la sorte toutes les dénominations chrétiennes en un mouvement oecuménique d'une ampleur sans précédent. Ce pentecôtisme catholique n'est pas l'aspect le moins surprenant du «come back» de Jésus»[5]. Il constitue la pointe catholique du mouvement pour Jésus. Il a donné naissance à de nouveaux groupes de rencontre et de prière de type charismatique et il a favorisé l'efflorescence de nombreuses communes chrétiennes dont plusieurs se sont inspirées de la spiritualité de François d'Assise. Au Québec, on a dénombré en 1975, pas moins d'une quarantaine de communes catholiques dans la mouvance du pentecôtisme et du mouvement pour Jésus. Plusieurs de ces communes continuent d'exister. Qu'il s'agisse de la *Tour de David,* de la *Coulée,* du *Désert,* de l'*Alliance,* de l'*Oasis,* de *La Terre,* tous ces groupes entendent mener leur expérience communautaire à l'intérieur de l'Église catholique.

Les groupes pentecôtistes sont, dans le catholicisme, le pendant de ce que sont les «Straight people» dans le protestantisme. Les «Straight people» sont des «gens corrects», par opposition aux hippies ébouriffés et excentriques. Le mot «straight» est utilisé comme antonyme de «beat» et de «hip».

Issus de l'évangélisme et rattachés aux Églises évangéliques, les «Straight people» sont généralement actifs sur le campus des collèges et des universités. Les plus importants des groupes sont le *Campus Crusade for Christ,* lancé par Bill Bright, le *Youth for Christ,* fondé par le célèbre prédicateur baptiste Billy Graham[6], et le *Teen Challenge* de David Wilkerson, dont le livre *Le Poignard et la Croix* se lit comme une légende dorée. La méthode d'apostolat privilégiée de ces groupes, est le témoignage direct et communautaire de l'expérience personnelle. Il y a des *Teen-Centers* un peu partout dans le monde. Et l'on retrouve des *Campus pour le Christ* dans certains de nos collèges et universités.

Enfin les hippies chrétiens. Ce sont eux qui sont à l'origine de l'appellation «Jésus-Révolution». Ils s'appelaient eux-mêmes «Jesus-Freaks». Les Jesus-Freaks ne constituent pas une organisation précise; ce sont des jeunes réunis en communautés hippies pour vivre un christianisme sans concession. En raison de leur intransigeance religieuse, mêlée à un style de vie hippie et contestataire, ces groupes seront qualifiés de «révolutionnaires de Jésus». Ils tentent de faire la jonction entre le christianisme et la contre-culture hippie.

Les hippies chrétiens se veulent indépendants de toutes les Églises, dont ils dénoncent farouchement les compromis hypocrites. Ils se tiennent en marge du système de valeurs conventionnelles et des structures sociales qui les proposent. Ils insistent sur la rencontre affective avec Jésus au détriment de la doctrine, sur les relations inter-personnelles au détriment des institutions, sur le «peace and love» au détriment de l'engagement socio-politique. Qu'ils s'agissent des *Christian Surfers,* des *Jesus People,* des *Street Christians* ou du CWLF (*Christian World Liberation Front*), les Jesus Freaks sont tous des évangélistes sans attache ecclésiale spécifique. Leur zèle missionnaire est infatigable et leur kérygme s'articule autour du «Jésus t'aime».

Les *Enfants de Dieu* constituent sûrement l'organisation la plus célèbre du christianisme hippie. Au nombre d'environ huit mille à travers le monde, ils sont souvent l'objet de vexations et d'accusations de toutes sortes. Les Enfants de Dieu forment une organisation pyramidale — fondée par David Berg, appelé Moïse David — fortement structurée en colonies, districts, régions, évêchés, archevêchés, ministères, ayant chacun à sa tête un berger. Au sommet de la pyramide, Moïse règne en maître absolu et infaillible. Ses fameuses *Lettres de Mo,* écrites dans un langage direct, vert et parfois grossier, constituent la révélation ultime qui vient corriger, interpréter et compléter les Écritures.

Dans les communes des Enfants de Dieu, la vie est sévère. L'idéal communautaire est exigeant. Au point de départ, le candidat doit renoncer au travail ou à l'école et se mettre en marge de la société en décomposition («L'Amérique, cette vieille putain»); il doit se donner totalement au groupe et devenir «brebis» — ce qui implique quitter sa famille et ses amis, se départir de ses biens au profit de la communauté et se soumettre aux bergers et à Moïse. L'amour est le pivot central autour duquel se cristallisent le système doctrinal et l'organisation communautaire. Amour de Dieu et amour du prochain qui peut aller jusqu'à l'expression sexuelle. De toutes les sectes d'inspiration chrétienne, seuls les Enfants de Dieu font l'éloge de l'érotisme, de la sexualité, de la nudité, et s'érigent contre la structure matrimoniale et familiale au nom de l'exigence communautaire.

Les Enfants de Dieu rejettent massivement la société et les Églises et se posent comme les seuls vrais chrétiens. Ils sont millénaristes. La fin, attendue pour 1993, sera une gigantesque catastrophe atomique. Les pauvres se joindront alors aux Enfants de Dieu pour les aider à construire un monde de paix, d'amour, d'abondance, comme aux origines du monde. Les Enfants de Dieu mèneront une existence heureuse dans le paradis terrestre qu'ils auront reconstruit.

La *Famille de Moïse* est une commune hippie typiquement québécoise. Fondée en 1977 à Sainte-Marie de Beauce par Roch Thériault, alias Moïse, la commune s'est installée deux ans plus tard sur la «Montagne de l'Éternel» près de Saint-Jogues en Gaspésie. Entourés de la solitude la plus sauvage et radicalement coupés de la société, les disciples de Moïse s'adonnent à une vie très austère. Les nouveaux adeptes sont baptisés et reçoivent un nom biblique: Boaz, Nathan, Esther, etc. Ils s'appliquent à se détacher du monde (pas de T.V., ni de radio, ni de journaux), de leurs biens (don de toutes possessions, lunettes comprises) et d'eux-mêmes (passions). Dans le travail, le jeûne, la prière et la confession communautaire, ils attendent avec impatience le retour du Christ. Moïse et ses disciples ont eu beaucoup de démêlés avec la justice.

VI — LES SECTES SYNCRÉTISTES

On appelle ainsi les sectes qui juxtaposent à la Bible des doctrines étrangères au judéo-christianisme. À telle enseigne que la révélation biblique est comme submergée par un système doctrinal hétérogène. Les sectes syncrétistes forment un groupe à part. Elles se situent en marge des courants évangélique et pentecôtiste. Nous ne mentionnons ici que les deux plus importantes.

D'abord les *Mormons,* dont l'histoire est étroitement liée à la conquête de l'Ouest américain et à la personnalité de ses premiers leaders. Tout commence avec Joseph Smith, né en 1805 et assassiné en 1844, qui passa sa jeunesse à faire des fouilles pour trouver de l'or ou des trésors cachés. L'année 1820 marque le début de son aventure spirituelle: il eut la vision de

Dieu en forme humaine. Cette expérience est à l'origine de sa vocation prophétique. Mais ce n'est qu'en 1823 qu'il eut l'apparition de l'ange Moroni, fils de Mormon, qui lui indiqua l'endroit où se trouvaient enfouies les fabuleuses plaques d'or sur lesquelles était gravé, en hiéroglyphes égyptiens, un long texte manuscrit qui, «traduit» par Smith, allait devenir le *Livre des Mormons.* Ce livre révélé constitue le document de base (complété plus tard par d'autres révélations comme la *Parole du Grand Prêtre)* de la nouvelle secte qui verra le jour en Ohio en 1830: l'*Église de Jésus-Christ des Saints du Dernier jour.* À la mort du prophète, la majorité des Mormons accepta le leadership de Brigham Young qui établit la jeune secte comme une religion *bona fide.* Nouveau Moïse, Young guida les Mormons au cours d'un long exode de 2 000 kilomètres qui devait les conduire jusqu'à Salt Lake City (Utah), aujourd'hui encore capitale du mormonisme.

Le *Livre des Mormons* brosse à grands traits l'histoire de deux tribus d'Israël, les *Lamanites* et les *Néphites,* qui, en l'an 600 avant notre ère, traversèrent le Pacifique et abordèrent le Pérou. Ce sont les ancêtres des Incas et des Indiens d'Amérique du Nord et du Sud. Les Néphites, race juste et vertueuse, furent défaits et anéantis par les Lamanites en 428 de notre ère à Cumorah (État de New York), là où furent trouvées les fameuses plaques d'or.

D'après le *Livre des Mormons,* Jésus ressuscité vint en Amérique pour se révéler aux Néphites et leur prêcher l'Évangile. C'est là qu'il institua le baptême et la communion, ainsi que le sacerdoce d'Aaron et de Melchisédek. Autant de rites que l'on trouve chez les Mormons, véritables héritiers des Néphites disparus. Au retour du Christ, qui est imminent, les Mormons entreront dans l'héritage promis aux Néphites. Toutes les tribus (perdues ou non) d'Israël se retrouveront dans un nouveau paradis terrestre le long du Missouri. C'est une forme particulière de l'anglo-israélisme.

Les Mormons se caractérisent par leur organisation pyramidale fortement structurée. Leur chef suprême jouit d'une inspiration infaillible. Ils ont un zèle missionnaire à toute épreuve. Tous les jeunes consacrent deux ans au travail de l'évangélisation. Les Mormons pratiquent le baptême pour les morts, par lequel on peut transférer sur les ancêtres les biens du salut. D'où l'importance des généalogies pour identifier les ancêtres. La polygamie permise à l'origine devra être abolie en 1890.

L'Église de Jésus-Christ des Saints du dernier jour favorise une vie austère et prohibe l'usage de l'alcool, du tabac, du thé, du café, du cola. Elle accorde une grande dignité à la famille et condamne avec vigueur l'avortement et le divorce. À la différence des autres sectes qui sont généralement anti-intellectuelles, les Mormons insistent beaucoup sur l'éducation. Ils ont *leurs* sports, *leurs* festivals dramatiques, *leurs* écoles et universités, *leurs* danses, *leurs* chants, etc. Les Mormons forment vraiment une cité dans la cité. Ils peuvent ainsi se garder purs des corruptions du monde et des Églises pour le grand jour de la seconde venue.

Quant à l'*Église de l'Unification*, fondée par Jun Myung Moon en Corée au cours de l'année 1951, elle présente une doctrine syncrétiste inspirée du christianisme, du taoïsme et du mazdéisme. En 1957, paraît le livre de base de la nouvelle secte: *Les explications des principes divins.* Cette nouvelle révélation nous apprend que lors de la création de l'homme, 4 000 ans avant Jésus-Christ, le premier couple humain tomba dans le péché, Ève ayant forniqué avec Lucifer. Livrée à l'empire de Satan, la famille parfaite échoue dans son projet de créer une humanité idéale. Le projet est repris par Jésus qui, à son tour, manque son coup, n'ayant pas pris femme. «À la plénitude des temps, Dieu a envoyé son messager... Son nom est Jun Myung Moon» (*Principes divins*). Le nouveau messie prendra la relève du Christ. Là où Jésus a échoué, lui réussira. Pour devenir le Père de l'humanité nouvelle, Moon doit épouser la nouvelle Ève, jeune étudiante de 18 ans et sa quatrième femme. Ces épousailles furent les «Noces de l'Agneau». Mme Moon est désormais la «vraie mère», la «Mère de l'Univers». Moon et son épouse sont les «vrais parents de l'humanité» et les moonistes forment cette humanité nouvelle. Les néophytes sont confiés à des parents spirituels et Moon lui-même décide de leur mariage. Ainsi se construit l'humanité idéale.

La restauration de l'humanité passe par les États-Unis, nation bénie qui seule peut détruire le communisme. Les moonistes sont farouchement anti-communistes. La lutte contre les idéologies de gauche fait partie de la spiritualité mooniste. L'éclosion de l'humanité nouvelle présuppose la destruction des systèmes communistes qui sont l'oeuvre de Satan. Le duel entre le bien et le mal devient le combat acharné entre l'Occident «chrétien» et le monde marxiste. Des sommes colossales et un zèle fanatique sont engagés dans cette lutte à finir.

L'Église de l'Unification se considère comme le point de convergence, non seulement du christianisme, mais de toutes les religions. Elle est la communauté des derniers temps. Élus du nouveau Messie dont la mission est de sauver le monde, les adeptes doivent mener une vie à la hauteur de leur vocation. Ils se contentent d'un minimum de sommeil et d'une nourriture frugale; ils répugnent à l'usage du tabac et de l'alcool; ils s'abstiennent de toutes relations sexuelles avant le mariage; ils évitent les mondanités. Leur tenue est toujours seyante, leur attitude courtoise et leur action, sans esclandre. Les néophytes sont soumis à une discipline sévère: ils sont encadrés, contrôlés et formés selon des méthodes que d'aucuns qualifient de «lavage de cerveau». Ils donnent leurs biens à l'Église et vivent une rupture radicale avec parents et amis.

Tout cela en a conduit plus d'un à considérer la secte comme dangereuse, neutralisant le sens critique, détruisant le jugement propre et conduisant à l'infantilisme. Elle est bannie dans certains pays, comme Israël et l'Autriche.

Ayant terminé notre survol des groupes d'inspiration chrétienne, sommes-nous en mesure de leur appliquer la typologie de la secte? Quelles que soient leurs formes particulières et les différences qui les spécifient, les groupes présentés ici nous apparaissent comme de véritables sectes, au sens théologique défini plus haut. En elles se réalise le spécifique de la secte: elles sont le fruit de la conjonction de l'eschatologisme et de l'illuminisme. En elles se réalisent également, bien que de façons diverses, les caractéristiques secondaires de la secte: dissidence, dualisme, dépravation de l'homme, insistance sur le mal objectivé, non-sacramentalité, radicalisme éthique, distance avec la société, anti-oecuménisme, prétention à être la seule vraie Église et le décalque parfait du christianisme primitif.

Il faut s'empresser de préciser que plusieurs des groupes exposés ici, sont des sectes *établies* et qu'ils se rapprochent du type Église. C'est le cas en particulier des groupes qui appartiennent au Conseil Oecuménique, comme bon nombre d'Églises Baptistes, ou qui sont du moins ouverts à l'oecuménisme, comme l'Église Mennonite. Tel est également le cas des Assemblées de Pentecôte qui se sont structurées sur le modèle ecclésial, au point qu'elles sont dénoncées par les sectes néo-pentecôtistes qui se présentent comme des mouvements de réveil à l'intérieur du pentecôtisme. Même si elles se rapprochent du type Église par leurs structures et leur configuration générale, les sectes établies n'en demeurent pas moins des sectes: mêmes caractéristiques, mêmes principes fondamentaux, même dynamique de fonctionnement, même refus de la tradition et de l'histoire[7].

V
Les groupes orientalistes

Bouddha, Krishna, Nirvana, Satori, Yoga, Karma, autant de mots qui sont en passe de devenir courants dans notre société. Qui n'a pratiqué quelques techniques de yoga? Qui ne brûle son bâton d'encens à la maison? Qui ne s'interroge sur la réincarnation ou sur ses vies antérieures? Les croyances orientales ont échoué sur nos rives. Pour les uns, elles sont la source d'un réveil spirituel et d'une découverte de sens; pour les autres, elles sont l'occasion d'une mise en question de leurs croyances traditionnelles. D'aucuns y trouvent une nouvelle justification de leur scepticisme religieux. Et la masse des consommateurs d'exotisme et de nouveautés y trouve son compte.

Les nouveaux groupes religieux d'origine hindoue ou bouddhique se sont développés autour d'un maître, détenteur d'une connaissance libératrice et d'une expérience spirituelle intemporelle. Dans cette connaissance, le réel et l'illusion apparaissent, le corps et le soi se dissocient, l'un résorbe les contraires, le soi retrouve la conscience, et l'immense foule d'entités supra-naturelles se dévoile à l'oeil intérieur. Grâce aux diverses techniques proposées, le soi se dégage de l'écrin de chair et retrouve son identité, son irréductibilité et sa liberté éternelle.

Tous les groupes de souche asiatique, qu'ils soient hindous ou bouddhiques, présentent quatre grandes caractéristiques communes. Premièrement, ce sont des groupes axés sur l'expérience mystique, c'est-à-dire sur des états psychiques supérieurs qui évacuent les symboles sensibles et sur le contact direct et expérientiel avec la réalité ultime immanente. Pour l'hindouisme, cette réalité s'identifie au soi, au centre absolu, au fondement métaphysique de l'homme. Quant au bouddhisme, il pose la négation du soi. Pour lui, la réalité ultime s'identifie au vide. Le vide est la nature fondamentale de toute chose, le fondement métaphysique de tout l'homme. Le vide est le lieu de l'expérience mystique, un lieu sans dualité, sans contradiction, où les choses, libérées des apparences, révèlent leur vraie nature.

L'expérience du soi chez l'hindou et l'expérience du vide chez le bouddhiste ne sont pas une descente dans des régions ténébreuses, mais une remontée vers la source, le principe de l'être. Ces expériences sont radicalement ineffables puisque le verbe mental y est exclu. D'où la difficulté de les concevoir intellectuellement et de les articuler dans des catégories rationnelles. D'où la variété des conceptions selon les groupes. Pour les uns, l'âme s'exalte jusqu'à l'Absolu divin; d'autres referment la monade du soi sur elle-même sous prétexte qu'il n'y a rien au-delà du soi, alors que certains l'ouvrent à l'infini en identifiant l'âme individuelle à l'âme universelle, en effaçant les limites de sa finitude, tenues pour irréelles. D'aucuns enfin découvrent la dimension personnelle de Dieu et, avec elle, l'idée de grâce et d'élection auxquelles l'âme répond par un amour non plus seulement ontologique, mais spirituel. Toutes ces conceptions tentent de dire, tant bien que mal, l'essentiel de l'expérience mystique. En ce lieu de profondeur métaphysique, la présence divine d'immensité se laisse mieux pressentir qu'au niveau de la vie mentale et le «mystique» goûte le mystère de ce qu'il est et se fond dans sa source.

Les groupes de type oriental présentent tous une tendance cultuelle plus ou moins prononcée, selon les cas. C'est leur deuxième caractéristique commune. On y rencontre le rite oral (mantra), le culte des images qui adopte un rituel reposant sur une symbolique ésotérique de tendance magique; il y a encore, une gestuelle à signification bien définie, des fêtes rituelles et des symboles graphiques lestés d'un sens secret et investis d'une efficacité magico-religieuse. Le gourou prescrit toujours des rites à accomplir à domicile: méditation matinale, culte de l'image, encens, célébration florale, autel domestique et exercices variés. Tous les groupes d'inspiration asiatique pratiquent l'un ou l'autre de ces rites et souvent plusieurs à la fois.

Il est important de saisir la signification spirituelle de ces pratiques cultuelles. Interprétées à l'occidentale, elles peuvent paraître idolâtres en raison du cérémonial utilisé, des honneurs dus aux gourou et du climat magico-panthéiste. Compte tenu de leur culture, l'hindou et le bouddhiste sentent fortement la distance métaphysique qui sépare de la divinité le symbole matériel, car le monde est illusion et son fondement est le vide. Là réside la vérité. L'image n'est que le support offert aux premiers balbutiements de la prière. Si le dieu vient l'habiter, ce n'est que par condescendance. Le symbole devient alors une résidence divine digne de respect et une manifestation sensible d'une présence invisible.

Les groupes de souche asiatique — et c'est leur troisième trait commun — ont tendance à faire preuve d'ouverture doctrinale. Dans la tradition hindoue et bouddhique, la masse foisonnante des mythes, des croyances, des légendes et des spéculations philosophico-religieuses n'est pas contrôlée par une dogmatique susceptible de les fermer à des idéologies différentes, voire contraires. On parle plus volontiers de «points de vues» doctrinaux (darshana) et de voies complémentaires. Le soi de tous les délivrés est le même soi. Le Christ, le Bouddha sont indistinctement la même personne ayant employé, dans leurs manifestations historiques, des moyens différents pour atteindre le même but. Le gourou ne fait qu'indiquer la route. Son autorité est personnelle et non juridique, et aucun gourou ne pourrait s'imposer à toute la communauté hindoue ou bouddhiste. Malgré cette attitude a-dogmatique et doctrinalement libérale, l'asiatique baigne dans un climat philosophique commun que l'on retrouve chez tous les groupes du Québec, où l'on découvre, sous une grande variété doctrinale, une façon identique d'aborder les questions théologiques et métaphysiques.

Notons enfin que les groupes d'inspiration hindoue ou bouddhique présentent une éthique commune fondée sur la croyance que l'ordre du monde est en même temps un ordre moral, et que le mal ultime réside dans l'ignorance de la réalité primordiale. Le mal est dépassé et aboli par la connaissance libératrice qui dissipe l'ignorance et surmonte l'illusion cosmique. L'éthique devient un moyen pour éloigner l'ignorance, mais elle ne donne pas, de soi, la connaissance. Elle ne fait que maintenir l'équilibre entre le multiple (le monde) et l'Un (le Divin, le mental cosmique, le soi, le Dieu). Chaque violation de la morale est châtiée; la punition ne fait que rétablir la bonne marche de l'univers. Ainsi s'accomplit la loi de la juste compensation. La voie qui mène à la libération est longue, puisque les actes mauvais répercutent leurs résultats néfastes sur les vies futures. L'éthique ne se définit pas en fonction d'un péché originel dont l'effet serait d'obscurcir la conscience et de plonger la grandeur humaine dans la misère; elle se situe au niveau des règles pratiques, des comportements sociaux et des attitudes spirituelles.

I — LES VOIES HINDOUES

Les écritures sacrées

La tradition hindoue prend naissance autour de l'an 2 000, après l'invasion de l'Inde par les Aryens. La littérature védique jaillit de la rencontre de la culture indienne avec les croyances et les rites des Aryens. Considérés par les hindous comme le fruit d'une révélation divine bien antérieure à cette période, les textes sacrés jouissent d'une autorité inconditionnelle. La littérature védique la plus ancienne se compose de quatre recueils formant ce qu'on appelle les *Vedas*[1]. Ces quatre recueils qui contiennent la Révélation reçue par les *Rishis,* les sages inspirés, sont: le *Rig Veda* ou recueil des hymnes en l'honneur des dieux, le *Sama-Veda* ou recueil des mélodies liturgiques, le *Yajur-Veda* ou recueil des formules sacrificielles et enfin l'*Atharva-Veda*. À ce corpus de la Révélation se rattachent les commentaires: les *Brâhmanas* ou traités en prose interprétant le Brahman, les *Aranyakas* appelés aussi *Traités Forestiers* ou enseignements donnés dans la forêt et les *Upanishads* ou traités philosophiques ésotériques. Les *Brâhmanas* commentent spécialement les sacrifices offerts aux dieux et mettent l'accent sur l'énergie cosmique et magique déployée dans la pratique sacrificielle, énergie dont le nom est *brahman*.

Les *Traités Forestiers* sont des oeuvres assez secrètes qu'on récitait, hors communauté, dans l'isolement de la forêt, en raison du pouvoir surhumain de leur mantra. Les *Upanishads* enseignent la libération par la connaissance et non par l'agir, car les oeuvres enchaînent l'homme à l'existence empirique.

La Révélation s'achève ici pour certains hindous, tandis que pour d'autres, elle se prolonge dans certains textes vénérables: les *Sutras* ou collection d'aphorismes, le *Mahâbhârata* qui contient la *Bhagavad-Gîtâ* qui prêche la dévotion à Krishna, le *Râmâyânâ* qui retrace la vie de *Rama,* incarnation de Vishnou et enfin les *Purânas* ou ensemble de légendes qui se rattachent à certains dieux: Vishnou, Shiva, Krishna. Toute cette littérature védique et traditionnelle forme, pourrait-on dire, le corpus scripturaire qui contient la Révélation hindoue[2].

Les systèmes philosophiques (darshanas)

Dans la tradition hindoue, la religion et la philosophie forment les deux aspects, inséparables, d'une même réalité. Les diverses conceptions métaphysiques et cosmologiques sont des développements, des «points de vues» de la même doctrine, dans des directions variées, nullement incompatibles entre elles. «Darshana» signifie justement «point de vue». Les darshanas s'éclairent mutuellement et se complètent. Six de ces darshanas reconnaissent l'autorité du Veda, des Brâhmanas et des Upanishads: le Vaisesika, le Nyâya, le Sâmkhya, le Yoga, la Mimansa et le Vedanta. La somme de ces «points de vues» compose un tableau global de l'Univers.

Le *Vaisesika* a pour but de mettre fin à la douleur des humains en leur donnant la vraie connaissance, c'est-à-dire en leur faisant réaliser leur soi. Il enseigne un pluralisme métaphysique et une physique atomique. Il prétend conduire à la libération par une connaissance fondée sur une classification méthodique des valeurs. Le *Nyâya,* mot qui signifie «logique», offre une méthode de connaissance rationnelle où les êtres sont considérés comme objets de preuve et classés en catégories. Le *Sâmkhya,* ou doctrine de l'énumération, est l'un des systèmes les plus élaborés qui tente de dénombrer et d'analyser les éléments de la nature pour en faire la synthèse. Au plan phénoménal de la nature se juxtapose celui de l'esprit, composé d'une multitude de monades ontologiquement indépendantes et immuables dans leur essence. L'union de la matière et de l'esprit produit des individualités vivantes. Cette union emprisonne la monade spirituelle et la transforme en personnalité vivante et souffrante, dotée d'un karma qui la maintient dans la roue des réincarnations. La délivrance consiste à libérer la monade de la matière, à dégager l'«esprit» des états psycho-mentaux et de l'illusion du monde. Le *Yoga* se servira de cette analyse pour atteindre à la maîtrise psychique et physiologique. La Sâmkhya et le Yoga s'appellent mutuellement et se complète. «Le Yoga et le Sâmkya se ressemblent à tel point que la plupart des affirmations de l'un sont valables pour l'autre. Les différences essentielles entre eux sont peu nombreuses: 1) tandis que le Sâmkhya est athée, le Yoga est théiste, puisqu'il postule l'existence d'un Dieu Suprême; 2) alors que, selon le Sâmkhya, la seule voie de salut est celle de la connaissance, le Yoga accorde une importance considérable aux techniques de méditation; 3) le Yoga apparaît plutôt comme une discipline de recentrement et de spiritualisation plutôt que comme une philosophie[3].» La *Mimansa,* quant à elle, est une exégèse des Brahmânas, alors que le *Vedanta* est une exégèse des Upanishads.

Le Vedanta a été commenté par cinq grands *rishis* ou saints, dont le plus célèbre est Çankara, au VIIIe siècle après Jésus-Christ. Çankara met en évidence la voie de la connaissance enseignée dans les Upanishads: «L'âtman est Brahman». «Je suis celui-là». «Cela, tu l'es toi-même». Son système prouve l'identité de l'âme individuelle et de l'âme universelle. Le substrat permanent qui existe sous de multiples manifestations est toujours le même. La multiplicité se résorbe en unité. Le multiple n'est qu'apparent, l'Un est la seule réalité. Seul, l'être absolu existe: il est unique, éternel, infini et transpersonnel. La réalité empirique n'est qu'une illusion. D'une part, ce monisme absolu relié à la doctrine de l'irréalité du cosmos et de l'identité stricte de l'âme avec l'absolu universel et, d'autre part, une spiritualité d'immanence et de connaissance fécondée par l'amour ontologique de l'être infini constituent en définitive les grandes coordonnées de la pensée hindoue aujourd'hui.

Les voies de libération

Dans l'hindouisme, Dieu est un absolu non qualifié, neutre, impersonnel ou transpersonnel, au-delà de toute distinction et de toute forme. Il est le Brahman: origine et essence même de tout l'univers. Tout ce qui existe est Brahman. Le Brahman connaît plusieurs manifestations divines qui ne sont, en fait, que l'expression de ses divers attributs et fonctions. Dans ses manifestations, le Brahman n'est dieu personnel qu'en apparence. Chacune de ces manifestations divines peut s'épiphanier dans l'histoire par l'intermédiaire d'avatars, c'est-à-dire d'êtres choisis pour transmettre l'énergie et la puissance divines. La *Trimurti* ou trinité domine les multiples manifestations divines. Ces trois principaux dieux se partagent les activités fondamentales du Brahman. Ce sont Brâhmâ, Vishnou (et son épouse Çri) et Shiva (et son épouse Kali). Cette multiplicité des divinités ne compromet en rien l'unité du Brahman. Le Brahman est toujours la seule réalité et le soi (âtman) est identique à lui.

Le Brahman est l'unique substrat du monde. Le monde est sans commencement ni fin; et le temps décrit un cercle qui tourne éternellement sur lui-même, emportant l'homme dans le tourbillon des réincarnations. Le temps se divise en quatre grandes périodes, appelées *Yugas* ou âges. Il y a d'abord l'âge d'or où règne l'harmonie et où l'homme réalise pour un temps la perfection de sa nature. Ensuite vient l'âge où, cette harmonie commençant à se désagréger, l'homme la soutient par la force de sa volonté; puis l'âge d'une nouvelle désagrégation combattue par les règles d'ordre intellectuel. Et enfin l'âge mauvais ou kali-yuga, par lequel passe actuellement le monde, se caractérise par l'ignorance, source de tous les fléaux: guerres, vices, famines, etc. Au cours de cet âge se créent progressivement les conditions nécessaires pour un nouvel âge d'or, une harmonie retrouvée.

La courbe du temps marque une évolution régressive. Le temps est dégradation ontologique. Il faut en sortir, et on en sort en résorbant la succession dans la simultanéité de l'éternel présent. Par son corps, l'homme appartient au temps. Le corps est une limitation; il emprisonne la conscience. Il n'est qu'un moment dans le mouvement perpétuel. Éphémère et précaire, il n'est qu'illusion, maya, comme, du reste, toute réalisé matérielle. L'homme est séduit et asservi par la maya parce qu'il l'identifie à la réalité, alors qu'elle n'en est que l'ombre, le mirage. L'ignorance de l'irréalité de la maya est la source ultime de l'asservissement humain. La connaissance est libératrice: elle délivre de la maya en en démasquant l'irréalité foncière et en rendant l'âme indifférente à ses multiples manifestations. Quand l'homme a compris le caractère illusoire de la matière, il découvre alors qu'il fait partie du Brahman, qu'il est Brahman et s'efforce d'échapper à la ronde des renaissances pour retourner au Brahman. Grâce à sa liberté, il peut acquitter son karma[4] par l'accomplissement de son dharma[5] et ainsi s'affranchir du cycle des réincarnations. Mais par quels moyens cette délivrance peut-elle s'opérer?

L'hindouisme offre quatre voies de salut: la voie de la connaissance, la voie de l'action illuminée, la voie de la dévotion (bhakti) et enfin la voie du yoga, cette dernière n'ayant pu devenir voie de libération qu'en s'alliant à un savoir métaphysique et à une démarche intellectuelle de haut voltige.

La voie de la connaissance consiste à vivre l'expérience spirituelle révélée par le Veda. Cette connaissance n'est pas un savoir scientifique, philosophique ou théologique; elle est une expérience simple et directe du divin, au-delà de toute notion intellectuelle et de toute science objective. Cette expérience consiste à prendre conscience de l'identité du soi et de Dieu, de l'âtman et du Brahman. «Tu demandes ce qu'est le Brahman? C'est ton propre âtman qui est intérieur à tout»[6]. Il y a identité radicale entre la plus profonde intimité métaphysique et l'Âme universelle, l'Absolu divin, le Brahman. Tant qu'on perçoit une altérité entre soi et l'Absolu, on n'est pas encore parvenu à la vraie connaissance. Tant que demeure une distance, une dialectique entre le moi et le toi, on est toujours en route.

Cette grande vérité védantique peut être expérimentée brusquement ou naître lentement au coeur de l'être. Avant de communiquer la connaissance qui conduit à l'illumination, le gourou évalue son disciple: a-t-il assez de discernement pour discriminer l'éternel et l'éphémère? Peut-il renoncer à tout paradis aussi bien céleste que terrestre et se désintéresser totalement du fruit de ses actes? Est-il capable de pacifier et de maîtriser son corps et son esprit afin de parvenir à une concentration mentale adéquate? Après cette vérification, le disciple est introduit par étapes dans la Réalité absolue, le Brahman, jusqu'à l'instant béatifique où il pourra s'écrier: «Je suis Brahman», «je suis identique à l'Absolu». La voie de la connaissance s'est développée en opposition à la voie des actes, caractérisée par l'observance stricte des prescriptions rituelles, des devoirs envers sa caste et des impératifs sociaux.

La *voie de l'action illuminée.* L'hindouisme n'est jamais revenu sur le jugement des premières Upanishads qui dénoncent l'impuissance radicale de l'action, tant rituelle que sociale, à réaliser la délivrance spirituelle. L'homme est-il alors condamné à un non-agir radical? L'Inde a toujours été préoccupée par le problème de l'agir et du connaître et elle s'est interrogée profondément sur le sens et la nature de l'action. Est-ce l'action elle-même qui enferme dans la Roue du Samsàra, le cycle des réincarnations? Ne seraient-ce pas plutôt les motifs (passion, désir, intérêt) pour lesquels l'acte est posé? Il est évident que la méconnaissance de notre vraie nature (âtman-brahman) nous enfonce dans une ignorance néfaste qui vicie et l'action et les motifs qui la sous-tendent. En nous arrachant à cette ignorance fatale, la connaissance de notre identité réelle avec l'Absolu purifie l'action en la délestant des motifs empoisonnants et en lui conférant une visée conforme à la vraie nature de l'être. Ainsi illuminée, l'action devient désintéressée: elle ne se préoccupe absolument pas du fruit qu'elle peut produire. L'action, même illuminée et purifiée, ne possède en elle-même et par elle-même aucune efficacité pour le salut. Ce n'est que dans la mesure où elle est fécondée par la connaissance qui, seule, est libératrice, que l'action participe à l'oeuvre de la délivrance.

La voie de la dévotion (bhakti), ouverte par Krishna, ne laisse plus l'homme à ses seules forces. Dieu est prêt à intervenir en faveur de l'homme en réponse à son abandon et à sa prière. Cette voie insiste sur la dévotion affective, sur les virtualités cognitives de l'amour spirituel et de son rôle de l'expérience de Dieu. Somme toute, elle transforme la connaissance en expérience affective. Cette voie de salut donne accès à une réalité que la méthode d'immanence ou la voie de la connaissance ne peut ouvrir, à savoir l'abandon à la volonté divine et la participation personnelle à la vie personnelle de Dieu.

La voie du yoga. Le yoga est, comme nous l'avons vu, un des six darshanas orthodoxes, c'est-à-dire tolérés par le brahmanisme à la différence des systèmes «hérétiques» comme, par exemple, le bouddhisme ou le jaïnisme. Il n'est pas facile de définir le yoga. Etymologiquement, le terme yoga dérive de la racine *Yuj* qui veut dire «joindre», «tenir serré», «lier ensemble», «mettre sous le joug». Le lien auquel on veut aboutir par le yoga présuppose des liens qui unissent l'esprit au monde. La délivrance n'est possible que si on se «délie», se «détache» du monde, que si on s'émancipe des entraves de la matière, que si on se soustrait au circuit cosmique. L'homme ordinaire est «disjoint», «désuni», «délié». Le yoga a pour but d'unifier l'esprit, d'abolir la dispersion, les conditionnements et les automatismes qui caractérisent la conscience profane. Il permet de joindre toutes les énergies de l'être humain vers le centre, le soi. Le soi entre en communion avec lui-même et se retrouve dans son «esseulement», son éternité, sa pureté, son impassibilité, son autarcie et son irréductibilité.

Ce qui caractérise le yoga, ce n'est pas seulement son côté pratique, c'est aussi sa structure initiatique. On n'apprend pas le yoga tout seul; on s'y fait initier par un maître. Guidé par son gourou, le yogi s'applique à dépasser successivement les comportements et les valeurs propres à la condition humaine. Il s'efforce de «mourir à cette vie» et c'est ici qu'on voit la structure initiatique du yoga. Nous assistons à une *mort* suivie d'une *renaissance* à un autre mode d'être: celui qui est représenté par la délivrance, par l'accès à un mode d'être non profane et difficilement descriptible, que les écoles indiennes expriment sous des noms différents: *moksha, nirvâna, asamskrta,* etc. [7]

Il existe un yoga classique exposé par Patanjali dans son traité *Yoga-Sûtra*[8]. C'est de là qu'il faut partir pour comprendre la place du yoga dans l'hindouisme. Le yoga comprend plusieurs catégories d'exercices physiologiques et spirituels, appelés *angas,* «membres». Ces «membres» peuvent être considérés tout à la fois comme des groupes de techniques déterminées et comme des étapes spécifiques de l'itinéraire ascético-spirituel dont le terme ultime est la délivrance définitive. Les deux premiers «membres» ne sont pas spécifiques au yoga; ils constituent, pour ainsi dire, les préliminaires obligés de toute démarche ascétique. Ce sont, d'une part, le *yama* ou pratique des coordonnées éthiques suivantes: la non-violence, la véracité, la continence, le détachement des richesses et le respect du bien d'autrui et, d'autre part, le *niyama* ou ensemble de disciplines corporelles et psychiques visant la propreté physique et la purification intérieure. Ces deux premiers groupes de pratiques conduisent au seuil de l'état yogique; ils ne le procurent pas.

Ce n'est qu'avec la pratique de l'*âsana* que commence le yoga proprement dit. Asana désigne la posture. Les traités hathayogiques nous fournissent la description des innombrables âsanas. L'âsana donne une stabilité rigide au corps. L'effort pour prendre une posture et la maintenir doit disparaître afin de permettre la méditation et la concentration. La posture méditative opère une certaine neutralisation des sens et du corps. C'est le premier pas vers l'isolement de la conscience, vers l'abolition des modalités de l'existence humaine.

Le quatrième «membre» est le *prânâyâma,* la discipline du souffle. Alors que le commun des mortels respire d'une façon arythmique et irrégulière selon les circonstances et les états d'âme, les techniques yogiques visent à rythmer la respiration en harmonisant l'inspiration, l'expiration et la conservation du souffle. En ralentissant progressivement le rythme, on aboutit à une suspension de plus en plus longue de la respiration[9]. Puisqu'il y a une relation étroite entre le rythme de la respiration et les états de conscience, le contrôle du souffle permet de pénétrer certains états de conscience inaccessibles à l'état de veille. La posture et la discipline du souffle parviennent à suspendre la condition humaine, du moins aussi longtemps que dure l'exercice. Figé dans une âsana et maîtrisant le rythme de la respiration, le yogi commence à devenir autonome par rapport au cosmos. Débarrassé des tensions extérieures, il est devenu impassible. Il n'y a plus ni chaud, ni froid, ni lumière, ni obscurité. L'insensibilité est totale. Le yogi n'est plus projeté au-dehors par l'activité des sens; il est concentré, unifié. Cette retraite hors du cosmos se double d'une descente en soi, d'une plongée dans un lieu intérieur inviolable. Il est devenu, pour ainsi dire, invulnérable.

Le cinquième «membre», le *pratyâhâra,* rend autonome à l'égard du monde extérieur et des dynamismes de l'inconscient. Le yogin peut alors entreprendre les dernières étapes de la technique yogique. Les trois derniers «membres» du Yoga sont directement ordonnés à la délivrance et sont étroitement liés entre eux. Il s'agit d'abord du *dhâranâ* ou concentration qui est la fixation de l'activité mentale en un seul point, comme le nombril, la pointe du nez, le lotus du coeur, la flamme d'une chandelle, etc. Il y a ensuite le *dhyâna* ou méditation yogique qui est une pénétration dans l'essence des choses. Enfin le *samâdhi* ou enstase qui est une concentration sur le noyau divin de l'être. Cette concentration ultime est l'aboutissement d'une longue pratique qui exténue la subjectivité psychologique et place le méditant dans un état de non-dualisme face aux êtres et aux choses, tout en maintenant le dualisme radical entre la matière et l'esprit. Dans le silence intemporel et le vide essentiel, le yogin atteint la liberté primordiale, la parfaite maîtrise de soi et la maîtrise magique du monde. À noter que la délivrance yogique s'opère par le renversement total des comportements normaux: posture cataleptique, arrêt du souffle, fixation du flux psycho-mental, immobilité de la pensée. Ce renversement situe le yogin en dehors de la vie. Il fait le *contraire* de ce qu'exige normalement la vie. Dans ce renoncement à la vie, voire à sa personnalité, s'accomplit une mort initiatique, suivie d'une renaissance à la liberté absolue[10].

L'influence tantrique

Le *tantra* désigne un immense courant philosophique qui, s'amorçant déjà dès le IVe siècle de notre ère, prendra la forme d'une mode pan-indienne à partir du VIe siècle. Ce grandiose mouvement pan-indien va influencer la mystique, la morale, la philosophie, l'iconographie, le rituel et la littérature elle-même. Le tantrisme sera assimilé par toutes les grandes traditions religieuses de l'Inde et par tous les groupes sectaires[11]. Par le véhicule du tantrisme, une foule d'éléments étrangers et exotiques ont pénétré l'hindouisme. Il faut «compter aussi d'éventuelles influences gnostiques qui, à travers l'Iran, auraient pénétré dans l'Inde par la frontière du nord-ouest»[12]. La doctrine tantrique se présente comme une nouvelle révélation de la vérité a-temporelle destinée à sauver les hommes du *kali-yuga,* de cet «âge mauvais» où l'esprit est si profondément voilé par la matière. La révélation tantrique comporte une initiation qui ne peut être effectuée que par un maître. Le gourou peut seul transmettre la doctrine secrète, ésotérique. Le tantrisme présente trois caractéristiques majeures: il insiste sur l'importance du principe féminin, confère aux sons mystiques une puissance de salut et accorde au corps une importance jamais atteinte dans l'histoire spirituelle de l'Inde.

Dans le trantrisme, le Çakti hindou (l'«énergie divine», la «force cosmique») est promue au rang de Mère divine qui soutient, par sa puissance, tous les êtres de l'univers et tous les dieux du panthéon hindou. Cette religion de la mère donne la primauté à la Femme qui incarne le mystère de la création et symbolise l'essence insaisissable de l'Absolu. L'insistance sur le principe féminin et maternel va conduire certaines écoles tantriques à intégrer la sexualité dans le cheminement vers la divinité. La combinaison des postures hata-yogiques et des pratiques sexuelles peut accélérer l'ascension spirituelle. Et l'on va jusqu'à dire que la fusion suprême avec l'Absolu ne s'obtient que dans l'union sexuelle.

De plus, la voie tantrique élève les sons mystiques (mantras) à la dignité d'instruments de libération ultime. Les mantras sont des phonèmes qu'on utilise comme «support» à la méditation, à la concentration. Ces phonèmes n'appartiennent pas au langage profane. On ne peut pas les apprendre dans des livres ou les découvrir par soi-même. On ne peut que les recevoir de la bouche du gourou. Chaque dieu ou chaque état de perfection possède un son mystique. La répétition du mantra, du «son mystique» permet au méditant de s'assimiler au dieu ou à l'état de perfection et de s'approprier l'essence même de son être. Le pouvoir du mantra vient de la «correspondance» occulte qui existe «entre, d'une part, les lettres et les syllabes «mystiques» et les organes subtils du corps humain et, d'autre part, entre ces organes et les forces divines endormies ou manifestées dans le cosmos. En travaillant sur un symbole, on «réveille» toutes les forces qui lui correspondent, à tous les niveaux de l'être... à chaque plan et à chaque degré de sainteté correspond une image, une couleur et une lettre spéciale»[13].

Enfin le tantrisme valorise le corps en le considérant moins comme une cause de souffrance que comme un instrument de conquête spirituelle. Le corps est constitué par six *chakras* (centres) et par un nombre fort considérable de *nâdîs* (canaux, veines, artères et nerfs). L'énergie vitale circule par les nâdîs et l'énergie cosmique et divine repose, latente et endormie, dans les chakras. À la suite de certains exercices yogiques, l'énergie (kundalini) est réveillée et remonte du chakra inférieur, situé dans le plexus sacré au sommet de la tête (le lotus): c'est là que s'accomplit l'expérience de la non-dualité, que s'inaugure l'état nirvanique et que se réalise l'union mystique.

Les résurgences hindoues au Québec

L'hindouisme sous ses différentes facettes a émigré au Québec et s'y exprime dans une foule de groupes, représentant divers courants de la pensée hindoue. Toutes les formes de yoga y sont pratiquées. Le courant philosophique védantique et la tradition upanishadique y sont les plus répandus. Même l'hindouisme dévotionnel (bhakti) vénérant Krishna, comme Dieu personnel distinct du monde et de l'homme, y est représenté. L'influence tantrique se fait sentir un peu partout. Et toutes les voies de salut hindoues sont offertes séparément ou ensemble. Certains maîtres, tels Çri Râmakrishna, Swâmi Vivekânanda et Çri Aurobindo offrent une synthèse syncrétiste qui incorpore à la tradition hindoue des éléments d'autres religions et des idées occidentales. À côté de cet hindouisme occidentalisé, on rencontre un hindouisme très indien, peu soucieux de s'adapter aux coutumes et aux conceptions occidentales, répondant ainsi aux recherches d'exotisme de plusieurs. Nous présentons ici les groupes selon la voie de salut qu'ils proposent.

La voie de la dévotion

Çri Râmakrishna (1836-1886) tenta de réunir dans une synthèse unique, non seulement les différentes traditions religieuses de l'Inde, mais aussi les traditions islamique et chrétienne. Bien qu'il limitât son action au nord de l'Inde, il devint l'instigateur d'un puissant mouvement spirituel dont l'influence gagnera l'Occident grâce à Swami Vivekananda (1863-1902). La puissante personnalité de cet Indien éduqué dans la tradition scientifique occidentale, ses dons oratoires remarquables et son grand sens de l'organisation, en feront le père d'un grand mouvement de fraternité internationale basée sur les principes hindous. Peu après sa participation remarquée au Parlement Mondial des Religions à Chicago en 1893, il fonde la *Société Vedanta* pour perpétuer son enseignement et son action. Il retourne en Inde en 1897 et y fonde l'Ordre Râmakrishna pour venir en aide aux pauvres de son pays. Pour contrer la pauvreté spirituelle de l'Occident, il établit la *Mission Râmakrishna* qui est chargée de pourvoir en swamis ou maîtres spirituels les différentes Sociétés Vedanta réparties à travers le monde.

Les Sociétés Vedanta s'inspirent en particulier des Upanishads et de la Bhagavad-Gîtâ et utilisent le rituel hindou traditionnel. Le culte s'adresse à Kali, l'énergie féminine de Çiva que Râmakrishna appelait sa Mère divine. Le culte combine des éléments du rituel védique, bhaktique et tantrique. La voie spirituelle proposée est axée sur la dévotion et sur l'action illuminée. L'hata-yoga est négligé au profit du jnana-yoga qui a pour but l'obtention de la connaissance. Il s'agit de surmonter l'illusion et d'échapper à la conscience de la multiplicité, du temps et de l'espace pour parvenir à la connaissance de l'Absolu, Brahman, par la connaissance de l'Atman. La dualité étant surmontée, l'homme se reconnaît comme divin et découvre que Dieu lui-même est toutes choses. Cette conception de la présence de Dieu en tout être génère une sympathie pour les infortunés. L'action illuminée au service de l'homme se situe au même niveau que l'adoration et la dévotion. D'où l'importance de l'intervention sociale dans les Sociétés Vedanta.

De tous les nouveaux groupes religieux, le plus en vue est sûrement l'*Association Internationale pour la Conscience de Krishna* (A.I.C.K.). Qui n'a vu ces jeunes garçons et filles, tête rasée et sandales aux pieds, se promener dans les rues de Montréal, vêtus de longues robes jaunes, dansant et chantant «Hare Krishna»,accompagnés de cymbales, de tambourins et de violes? Ils donnent à tout venant, qui prête attention, l'adresse de leur Temple, rue Pie IX, et l'invitent au banquet spirituel du dimanche suivant. Dans le Temple, une photo domine: celle d'un vieil homme chauve, guirlande de fleurs autour du cou et marques verticales du disciple de Vishnou tracées sur le front et le nez. Cet homme est le Maître spirituel et le fondateur de la société: sa divine grâce Bhaktivedanta Swami Prabhupada. S'inspirant de la tradition vishnouite qui affirme que Vishnou s'est incarné en Krishna, Rama et ses nombreux avatars, l'A.I.C.K. se réclame du mouvement krishnaïte de Chaitanaya. En effet, Chaitanaya Mahaprabhu (1486-1533) est considéré comme une incarnation de Krishna. À ses yeux, Krishna est le Dieu suprême et personnel et non seulement une incarnation de Vishnou. C'était une remise en question de toute la métaphysique théophanique hindoue. Le vishnouisme devient krishnaisme. Tous les attributs de Vishnou sont transférés sur Krishna, y compris le privilège de la dévotion. La voix de la bhakti, qui consiste à chanter sans cesse le nom de Krishna, est le chemin le plus sûr pour surmonter l'ignorance et aller vers Dieu. Fondée en 1966, l'A.I.C.K. apparaît comme une résurgence du krishnaïsme de Chaitanaya. Elle soutient que les Vedas, la Bhagavad-Gîtâ et les biographies canoniques de Krishna, sont littéralement vrais. L'A.I.C.K. enseigne que l'âme humaine est emprisonnée dans l'illusion et la matière et que la conscience est foncièrement oblitérée. Le chant répété de Hare Krishna est le processus transcendantal pour accéder à la conscience pure, originelle: la conscience de Krishna. Par son identification à Krishna, l'âme se désidentifie de son corps et se libère du karma. La dévotion est supérieure à la méditation védantique ou au karmayoga; elle déclasse toute philosophie dualiste et impersonnaliste. À noter que l'A.I.C.K. impose à ses adeptes un genre de vie quasi monastique très austère.

La *Mission de la Lumière divine* propose, elle aussi, la voie de la dévotion pour atteindre à la délivrance ultime. Ce mouvement prend naissance en Inde en 1960 avec Sri Hans Ji, «âme illuminée» et maître parfait de son temps. À sa mort, il transmet son pouvoir à son jeune fils Maharaj Ji qui se présente comme le maître parfait de notre époque, venu établir le Millenium et rappeler la connaissance primordiale. Maharaj Ji est le Christ attendu, l'incarnation de Dieu, le restaurateur de l'ordre cosmique, l'avatar par excellence chargé d'inaugurer l'Âge d'Or. Alors que, selon la tradition vishnouiste, Krishna se situe au point de passage du troisième au quatrième âge (kali-yuga), Maharaj Ji vient accomplir la jonction entre le kali-yoga et le premier grand yuga suivant (chatur-yuga: âge parfait). Seule la connaissance de soi peut nous libérer de l'ignorance aliénante et nous arracher à l'âge mauvais. Ce «soi», c'est l'étincelle de Dieu, une énergie divine qui se manifeste en nous sous quatre formes: la lumière, le nectar, le son et la vibration. La méditation conduit à la découverte de cette énergie quadriforme, à la conscience de Dieu en soi et à un bonheur inamissible. Gourou Maharaj Ji s'inspire de la tradition védique, plus précisément de la tradition vishnouite, pour contruire sa métaphysique. Il invite ses disciples à emprunter la voie de la bhakti, cette dévotion n'étant plus centrée sur Vishnou ou Krishna, mais sur le Maharaj Ji lui-même. Celui-ci déclare en effet: «Donne-moi ton amour et je te donnerai la paix. Donne-moi les rênes de ta vie et je te donnerai le salut. Je suis la source de la paix dans le monde» [14].

À l'instar des groupes précédents, le *Centre Sri Chinmoy* propose la voie de la bhakti comme chemin de libération. Né au Bengale en 1931, Sri Chinmoy entra à l'âge de douze ans dans un ashram où il consacra vingt ans de sa vie à la prière et à la méditation. Écrivain prolifique (400 livres) et artiste-peintre pléthorique (130 000 peintures mystiques), Sri Chinmoy a à son crédit, plus de 3 000 chansons et compositions musicales. En 1964, il décide d'apporter le fruit de son expérience spirituelle en Occident où de nombreux Centres Chinmoy verront le jour. Selon Chinmoy, dont l'enseignement s'inspire du Veda, on arrive à la libération par un élan bhaktique vers Brahma. Par la dévotion, le disciple arrive à l'union mystique totale, à la gratuité absolue, à l'état de non-dualité entre lui et l'objet de son culte. Sri Chinmoy enseigne le karma-yoga et le jnana-yoga comme techniques de libération spirituelle.

La voie de la connaissance

Passons maintenant aux groupes qui proposent la voie de la connaissance. Le plus proéminent de ces groupes est l'*Association Internationale de la Méditation Transcendantale,* fondée par Maharishi (grand sage) Mahesh Yogi, disciple de Gourou Dev, leader d'un des vénérables monastères fondés par Çankara. Gourou Dev encourage son disciple à apporter en Occident la richesse du vrai Veda et l'enseignement du Vedanta. Le but des philosophies hindoues et de leur mystique est d'affranchir de l'illusion et de la souffrance. Pour Maharishi Yogi, cette délivrance s'obtient par la connaissance, par la science de l'intelligence créatrice, qui est une forme popularisée et occidentalisée du Vedanta. La méditation transcendantale est une technique de prise de conscience du «soi» ultime, au-delà de toute pensée, de tout sentiment et de tout stimulus extérieur. Elle s'acquiert facilement. L'enseignement personnel ne demande que quelques heures; après quoi l'élève est libre de pratiquer à son gré. La méditation est un moyen qui permet à l'individu de libérer son «soi» qui est une source inépuisable d'énergie, d'intelligence, de puissance et de paix, puisqu'il est divin. En fait, la Méditation Transcendantale prône la pratique du mantra-yoga. Chaque pratiquant reçoit un mantra personnalisé et secret au cours d'une brève cérémonie d'initiation devant l'image de Gourou Dev ou de Maharishi Mahesh Yogi. Le mantra s'inspire généralement du sanscrit, rejoint les vibrations du verbe primordial dans les plans subtils et fait taire les bruits psycho-mentaux. Maharishi établissait en 1972 un *Gouvernement Mondial pour l'Âge de l'Illumination* qui a pour tâche d'accélérer la venue d'un Nouvel Âge (Âge d'Épanouissement et d'Illumination) grâce à la diffusion de la Science de l'Intelligence créatrice et de la pratique de la méditation transcendantale.

Le *Rajneesh Devagar Meditation Gardens* et son pendant francophone le *Centre Sam Buddha* offrent une voie de connaissance par la méditation. Faisant appel au tantrisme hindou, Rajneesh propose une voie de libération anti-ascétique et anti-spéculative. Le tout se ramène à une technique de méditation qui est un alliage syncrétiste de données psychothérapeutiques occidentales (Gestalt, Bioénergétique, Encounter) et d'éléments empruntés aux divers modèles de méditations hindoues traditionnelles. Cette méditation dynamique, chaotique et catharsique comprend cinq étapes: 1) la respiration: rapide, profonde, chaotique; 2) la catharsis: cris, pleurs, rires, chants; 3) l'exhalation puissante laissant sortir un «hou, hou, hou»; 4) l'arrêt-silence à l'écoute des énergies; 5) la célébration: danse, chant, explosion de joie et action de grâce. Cette méditation vise à libérer des blocages de tout acabit, à dissiper les tensions et les angoisses, à réveiller la conscience et à faire vibrer au rythme de la divinité.

D'autres groupes proposent d'autres formes de méditation inspirées de la tradition hindoue. Il s'agit du *Centre de Siddha Yoga de Montréal,* de l'*École Mystique de Swami Shanti Chandrananda Giri,* de l'*Institut International de Méditation* (Shyam) et du *Sawan Kirpal Ruhani Mission* et de son pendant anglais *Kirpal Ruhani Satsang.* Ces deux derniers centres, s'inspirant des enseignements de Kirpal Singh, offrent une voie de libération par la «science de l'Âme». Cette science s'obtient par la pratique du *Surat Shabd Yoga,* yoga du son et de la lumière intérieure. Le Shabd Yoga est une méthode qui permet d'immuniser l'attention contre les stimulis extérieurs et de la concentrer sur le «troisième oeil», siège de la vision intérieure. Son but ultime est la connaissance de soi et la réalisation de Dieu, en d'autres termes l'union avec la source de tout son être.

Le *Centre Çri Aurobindo*, la coopérative de vie communautaire *O-Pti-Zoizo,* la *Fondation Auroville* sont autant de lieux qui s'inspirent de l'enseignement d'Aurobindo. Ce dernier tente d'élaborer une doctrine synthétique qui recueille les richesses de la tradition védique et des autres religions, ainsi que de certaines données occidentales comme le progrès et l'évolution. Au coeur de sa doctrine, on trouve toujours les divers moyens que doit employer l'homme pour rejoindre la réalité ultime (Brahman) et entrer ainsi dans l'état de libéré vivant, c'est-à-dire dans l'état de l'homme affranchi des nécessités et du déterminisme cosmique et jouissant d'une liberté absolue et d'une souveraine maîtrise sur la nature et sur son corps. Toutefois, Aurobindo rejette en partie la théorie de l'illusion cosmique et la loi de la transmigration pour maintenir la réalité de l'esprit et de la matière, de l'un et du multiple, du divin et de l'âme. Pour unifier les deux pôles dissociés, il faut prendre le chemin inverse de celui généralement proposé par l'hindouisme. Ce n'est plus en sortant de son corps, ni en considérant le monde comme illusion, que le dualisme est résorbé; c'est bien plutôt en descendant dans la matière, c'est-à-dire en traversant toutes les couches de conscience et d'habitude qui recouvrent la matière primordiale pour atteindre la conscience cellulaire, supramentale — lieu où monde physique et monde de l'Esprit ne font qu'un. De cette région de l'homme naîtra une humanité nouvelle, sans loi, sans maladie, sans mort. L'émergence de cette sur-conscience s'accomplit par la pratique du yoga intégral, synthèse de tous les yogas, qui conduit à la connaissance intégrale. Le salut ne peut s'accomplir que par cette connaissance de soi et de Dieu qui est la source de l'harmonie ultime.

Avec l'*Aumisme* de Swami Hansananda Sarasvati[15], on entre dans une voie de connaissance fondée sur une métaphysique syncrétiste. Occidental converti à l'hindouisme, Hansananda fut initié par Swami Swananda Sarasvati, moine de l'Ordre monastique de Çankara. Par sa doctrine — de type védantique — il tente de démontrer que toutes les religions sont comprises dans ses spéculations théologiques. Et il accumule tous les arguments imaginables pour convaincre chrétiens, bouddhistes et musulmans de la justesse de ses conceptions. Il enseigne la voie de la connaissance et propose les pratiques yogiques pour y parvenir. L'Aumisme a donné naissance aux *Pèlerins de l'Absolu* et à l'*Ordre Initiatique des Chevaliers du Lotus d'Or*.

La voie du yoga

Le courant hindou qui circule au Québec est alimenté par divers yogas qui, chacun à sa façon, recherchent la délivrance par le moyen de techniques ascétiques et contemplatives, accompagnées ou non d'une métaphysique. Nulle science n'a de valeur si elle ne poursuit pas le salut de l'homme. «En dehors de cela, rien ne mérite d'être connu», disent les Upanishads. En Inde, seule la connaissance métaphysique, la connaissance des réalités ultimes est importante et mérite d'être recherchée, car elle est salvifique.

Le yoga débouche sur la connaissance des réalités ultimes en libérant et de l'illusion due à l'ignorance de la vraie nature de l'esprit et de la fausse identification de l'esprit avec les états psycho-mentaux. Le yoga dissipe ce mirage de confusion qui cache la vraie nature de l'homme. Le yoga qui se réduit à un «exercice physique» ne peut guère trouver sa justification, puisque les exercices physiques yogiques, qui commandent généralement de faire le contraire de ce que la nature réclame normalement, ne recouvrent leur légitimation que par l'objectif unique que poursuit le yoga: l'affranchissement de la condition humaine et la conquête de la liberté absolue. On ne peut pratiquer sérieusement le yoga sans poursuivre son but qui est l'abolition de la multiplicité et du rapport sujet-objet et l'accès à l'unité et à la totalité par le recentrement spirituel. Les exercices physiques du yoga ne trouvent leur sens ultime que dans la métaphysique religieuse où ils s'enracinent et dans la fin poursuivie par le yoga. Beaucoup de postures yogiques découlent d'attitudes religieuses traditionnelles ou de gestes symboliques de certaines divinités. De même, bien des exercices ne trouvent leur sens qu'à la lumière de l'enseignement ésotérique sur la *Kundalini,* les centres psychiques, etc.

Au Québec, nombre de centres, groupes, instituts ou sociétés offrent des cours ou des sessions de yoga qui se restreignent généralement au hata-yoga, en le dissociant de la métaphysique religieuse qui sous-tend tout yoga. Le but poursuivi dans la pratique corporelle de l'hata-yoga n'est plus l'émergence du «soi» et l'union à l'être universel, mais la détente, la relaxation, le bien-être physique et mental, la maîtrise et une certaine cosmicisation de l'homme. Ce yoga-santé débouche un jour ou l'autre sur la métaphysique religieuse; la raison en est qu'il relève non seulement du hata-yoga, mais aussi des autres branches de la complexe tradition yogique (Raja-Yoga, Jnana-Yoga, Laya-Yoga, Karma-Yoga) qui, elles, sont pratiquement indissociables d'une métaphysique et d'une anthropologie religieuses.

À côté de ces centres de yoga-santé, se dressent les groupes qui proposent le yoga comme une voie de délivrance absolue. Il y a d'abord les groupes qui favorisent la pratique du raja-yoga. Celui-ci est comme la somme de tous les yogas: c'est le yoga royal, le couronnement de tous les yogas, la voie d'une élite dotée d'une sagesse profonde et d'une vertu éprouvée. L'entrée dans le raja-yoga exige une longue préparation par la pratique du hata-yoga. Les techniques du raja-yoga commencent par supprimer les habitudes vitales les moins essentielles, pour ensuite unifier les plus importantes fonctions de la vie (respiration, conscience), pour atteindre, grâce à la concentration en un seul point, le recentrement de l'être et la spiritualisation du composé humain. Parvenu au samâdhi, stade final de la réalisation spirituelle, le yogin entre dans l'unité primordiale: il transcende les contraires (vie et mort, être et non-être, multiple et un), en les unissant dans une expérience unique. Il entre dans la plénitude non-différenciée d'avant la création; il abolit le temps et la bi-partition du réel en sujet-objet; en un mot, il coïncide avec le tout.

Au Québec, le raja-yoga est pratiqué au *Centre Sivananda de Yoga Vedanta,* fondé à Montréal en 1959 par Swami Vishnu-Devananda, disciple de Swami Sivananda de Rishikesh, ainsi qu'à son camp de yoga à Val Morin, dans les Laurentides. Le raja-yoga est encore pratiqué à l'*Institut de Yoga Intégral* fondé par Swami Satchidananda, disciple lui aussi de Swami Sivananda, au *Centre de Yoga Sivananda* et au *Centre de Méditation Le Lotus* dont Swami Shraddhananda est le président-fondateur. Le *Centre de Yoga Suzanne Piuze,* l'*Institut de Yoga de l'Est,* le *Centre Collette Maher,* le *Centre Yoga-Soleil,* le *Centre Yoga-Bliss,* le *Centre de Yoga Occidental de Montréal,* la *Société de Yoga du Québec* et le *Centre Canadien de Yoga* enseignent le hata-yoga aux débutants pour ensuite les conduire au raja-yoga, c'est-à-dire à l'entraînement spirituel, tout en proposant aux disciples intéressés, la philosophie du samkya et du yoga de Patanjali.

Quant au kriya-yoga, il est enseigné dans les centres *Self-Realization Fellowship* du maître syncrétiste Paramahansa Yogananda et dans l'*Atma Bodha Satsang,* association pour la réalisation de soi, fondée par Rishi Atri, disciple de Lahiri Mahasaya, le grand maître du kriya-yoga au XIXe siècle. Le kriya-yoga est également enseigné à la *Société Canadienne de Kriya-Yoga* fondé par Yogi Ramaiah. Le plus secret des yogas, le kriya-yoga unit là révélation ésotérique hindoue à l'ésotérisme chrétien. Ce yoga primordial, révélé par Krishna et exposé en termes voilés dans le Bhagavad-Gîtâ et dans l'Apocalypse de Saint Jean, a été tiré de l'oubli par Mahavatar Babaji. Donné par initiation, le kriya-yoga est «une technique psycho-physique qui rend possible pour l'homme une évolution accélérée, lui permettant de transcender sa conscience physiologique et d'atteindre l'Éveil, c'est-à-dire le «soi» immanent qui réside, silencieux, dans la profondeur de son être»[16]. La métaphysique du kriya-yoga est semblable à celle d'Aurobindo, tandis que sa théologie rejoint le Vedanta et que sa pratique se compose de trois yogas de base: karma, jnana et bhakti. La connaissance de soi est l'objectif du pratiquant. La libération finale ne peut s'obtenir sans l'étape préalable de la cosmicisation, car le rythme du cosmos corrige l'arythmie du corps et de la vie. Les astres, spécialement le soleil et la lune, ont un rôle unifiant. Pour suivre ce sentier, il n'est pas nécessaire de se retirer du monde; c'est dans la vie quotidienne que se trouve la voie de recentrement spirituel, du retour à l'unité.

La *Fondation 3 HO (H*ealthy-*H*appy-*H*oly *O*rganization), quant à elle, propose la pratique du yoga kundalini et du yoga tantrique. Fondé par Yogi Bhajan, la Fondation 3 HO est une fusion syncrétiste d'éléments empruntés à la culture américaine et à la tradition Sikh du nord de l'Inde. Enraciné dans l'expérience existentielle de Nanak (1469-1539), le sikhisme s'est développé dans le contexte d'une lutte religieuse et politique entre l'hindouisme et l'islam. Le kundalini-yoga est un amalgame d'exercices physiques, de chants, de méditations, destinés à établir un contrôle sur le corps et l'esprit. L'idée centrale est la suivante: il y a une énergie humaine fondamentale, appelée *prana,* qui contrôle la vie humaine et dont le canal principal dans le corps est la colonne vertébrale. À l'état normal, cette énergie est une énergie dormante et potentielle (kundalini), située à la base de l'épine dorsale. Cette énergie s'exprime inconsciemment dans les centres inférieurs (organes sexuels, nombril, rectum) de telle sorte que l'envie, la luxure, etc. sont des activités normales. Mais par la pratique du yoga kundalini, cette énergie est élevée et s'exprime consciemment dans les centres supérieurs (coeur, gorge, front, dessus de la tête). Ces centres supérieurs sont les canaux pour l'amour, la vérité, la sagesse, la Réalisation de Dieu. Les exercices physiques se doublent d'un chant dont le mantra est considéré comme absolument central dans la vie des membres: *Ek Ong Kar, Sat Nam, Siri Wha Guru* (Un dieu unique a créé ce monde; vérité est son nom; grande est sa sagesse indescriptible). Le nom de Dieu, *Sat Nam,* est au coeur de la théologie et de la praxis de l'adepte de la Fondation [17].

Des gnoses?

Ce pèlerinage au coeur de l'hindouisme au Québec soulève une question: sommes-nous devant des manifestations de la gnose éternelle? Il y a en effet une symétrie troublante entre le schème de la gnose, et la métaphysique et la pratique des différents groupes hindouistes. À telle enseigne qu'on est en droit de se demander si la typologie de la gnose ne peut pas s'y appliquer. À l'instar des gnoses, les groupes hindouistes proposent une connaissance totale qui épuise le mystère et qui se pose comme étant incommensurablement supérieure à la foi et à la raison, car elle se rattache à la sagesse primordiale qui se perd dans la nuit des temps. Leur conception du temps, de la libération, de la matière et de l'homme offre beaucoup de similitude avec celle de la gnose. Leur transtemporalisme, leur dualisme et leur recours à l'ésotérisme et au syncrétisme les rapprochent du type gnostique.

L'expérience intérieure proposée dans les groupes de souche hindoue ne peut se produire sans l'aide d'un gourou qui, par initiation ou révélation, suscite l'éveil, l'illumination et la connaissance. L'homme ainsi éveillé se libère de lui-même en tant que moi psychologique, physiologique et intellectuel pour retrouver son soi profond, pré-personnel, qui a toujours été libre, parfait, irréductible, éternel, mais dont l'homme avait perdu conscience. Ces retrouvailles avec sa nature authentique place l'homme au-dessus, en deçà, au-delà, à côté de tout. Il est conscient d'être une parcelle de Dieu: il est dieu. Il a ainsi réponse à toutes les questions angoissantes de son humanité. Qui suis-je? Je suis dieu, fragment de Dieu. Quelle est mon origine? Je suis sans commencement ni fin, au-delà du temps et de l'histoire. Où vais-je? Je retourne vers ce que je suis: ma divinité possédée dans la pure conscience et la liberté retrouvée. Comment parvenir à ce lieu? Par la sur-connaissance qui me rendra maître des apparences, par les exercices d'ascèse et de méditation qui laisseront émerger le moi profond de mon corps physique.

Cette connaissance et ces pratiques viennent combler l'abîme ontologique entre l'homme et Dieu, entre l'homme et le cosmos, entre l'homme et lui-même. L'expérience de l'Inde se présente comme une expérience du soi, principe transcendant et autonome. L'important n'est pas de connaître l'origine et la cause de l'association du soi et de la matière, mais de se libérer des souffrances et des ténèbres dues à cette alliance funeste. L'expérience spirituelle du soi permet l'intuition de l'Absolu métacosmique, ce Cela suprapersonnel. Nous touchons ici à un monisme de principe et à un dualisme de fait. Le monisme affirme l'identité absolue du soi qui, dans l'homme, est au-delà de la personnalité humaine, du temps et de l'histoire avec l'Absolu intemporel a-personnel. Le dualisme, qui accomplit une coupure radicale entre le réel et le monde des apparences et de l'illusion, se résorbe quand l'identité suprême (Atman-Brahman) se produit. Cela étant dit, nous sommes en droit de qualifier de gnostiques les groupes de souche hindoue.

II — LA VOIE BOUDDHIQUE

Le bouddhisme aurait fait son apparition en Inde vers l'an 500 avant Jésus-Christ. C'est une tentative hasardeuse que d'écrire une biographie du Bouddha. Le bouddha historique Siddharta — Gautama de son nom — naquit d'une famille princière, le clan des Sakyas. À l'âge de 29 ans, l'expérience de la misère humaine lui fit adopter une vie errante à la recherche d'une voie de délivrance. À l'âge de 35 ans, il finit par atteindre son propre éveil, son illumination personnelle, *bodhi,* et devint un *bouddha*, c'est-à-dire un éveillé, un illuminé.

Il est difficile de discriminer l'enseignement du bouddha historique et celui de ses disciples au cours des siècles suivants. Toutefois, on peut reconstituer la doctrine du bouddhisme primitif grâce aux éléments contenus dans les textes sacrés: le *Sutrapitaka* ou discours et entretien du Bouddha avec ses disciples et les *Vinayapitaka* ou discipline et règle monastiques. Entre le IVe siècle avant notre ère et le IIe siècle après, la doctrine bouddhique fut traduite en langage intellectualiste, didactique et impersonnel, et prit la forme d'un système philosophique offrant une exégèse rationnelle des textes sacrés. Cette immense littérature constitue l'*Abhidharmapitaka* dont l'autorité canonique sera largement contestée. De tous ces textes autorisés, on peut dégager l'essentiel de la voie bouddhique.

L'enseignement bouddhique

Au-delà de toute spéculation métaphysique, le bouddhisme enseigne une thérapeutique spirituelle, une méthode de salut articulée autour des quatre nobles vérités. La première consiste à diagnostiquer l'universalité de la souffrance. En quoi consiste le mal? Dans la souffrance. Exister, c'est souffrir. Cette souffrance qui englobe autant les maux physiques, que moraux et existentiels, est aggravée par la loi inexorable du karma qui nous replonge dans la ronde fatale des réincarnations. La seconde vérité porte sur la genèse, l'étiologie de la souffrance. L'origine de ces souffrances, c'est le désir. La soif d'existence, d'immortalité, de pouvoir et de plaisir, s'enracine dans l'ignorance, c'est-à-dire dans la fausse idée d'un moi conçu comme individuel et personnel. Le mal fondamental réside donc dans l'ignorance.

La troisième vérité traite de la guérison, de la cessation de la souffrance. On guérit le mal en tuant la soif de l'existence et en détruisant la fausse croyance au moi illusoire. Il n'y a qu'un remède: le nirvana ou l'extinction du désir. Le nirvana est ineffable, inconcevable; il transcende la vie et la mort, le temps et l'espace, l'être et le néant. On ne peut dire du nirvana que ce qu'il n'est pas. Les symboles qui le suggèrent sont le refuge, l'île, l'autre rive, le calme, le pur, le subtil, le but suprême. Le nirvana est l'arrêt définitif de tous les phénomènes psychiques ét biologiques. Rien n'existe plus, pas même ce soi (âtman) des Upanishads. Dans le nirvana, l'être s'anéantit radicalement: il se vide non seulement des passions, mais de tout contenu psycho-mental, pour atteindre le vide absolu, la vacuité ultime. La quatrième vérité propose une thérapeutique, un moyen d'obtenir la cessation de la souffrance. Le chemin du salut est une voie octuple, c'est-à-dire composé de huit facteurs complémentaires: la compréhension juste et l'intention juste qui sont les facteurs d'ordre cognitif; la parole juste, l'action juste et le mode d'existence juste, qui sont les facteurs d'ordre éthique; l'effort juste, l'attention juste et la concentration juste, qui sont les facteurs d'ordre ascétique.

Telle est la voie octuple qui conduit à l'éveil, à l'illumination. La connaissance, la pratique des vertus et l'ascèse sont toutes trois nécessaires à l'obtention de l'éveil. Le yoga n'est pas éliminé, mais il «n'a de valeur spécifiquement bouddhique que dans la mesure où il aide à faire prendre conscience du caractère transitoire du souffle, et de là, à méditer sur l'impermanence de toutes choses et finalement à saisir le sens des quatre vérités saintes»[18]. Dans son essence, le bouddhisme est une voie de salut qui offre la délivrance aux êtres enchaînés à la souffrance et à la ronde douloureuse des renaissances.

Cette doctrine bouddhique a donné naissance à deux écoles de pensée: le *Stavira* et le *Mahasanhika* qui seront considérés respectivement comme les précurseurs du *Hinayâna* ou Petit Véhicule et du *Mahânâya* ou Grand Véhicule.

Le Hinayâna qui se pose comme le bouddhisme authentique et originel ne comporte ni dieu omnipuissant, ni dogme, ni culte objectif sauf des réunions au cours desquelles on récite les préceptes de l'idéal bouddhique. Il déleste les dieux du brahmanisme de leur caractère absolu et proprement divin pour les enchaîner à la roue des réincarnations. Tout renaît, aussi bien les dieux que les hommes et les animaux. La douleur est ainsi multipliée à l'infini dans le monde des dieux comme dans celui des hommes. Tout ce qui existe n'est qu'un assemblage de phénomènes transitoires, conditionnés, douloureux et vides de «soi» (âtman, âme, identité). La doctrine de l'*anâtman,* du non-soi n'est que la forme négative de la découverte fondamentale des Upanishads, à savoir l'unité de «soi» (âtman) avec l'universel Brahman. Le «soi» séparé, personnel, n'est que le produit des mouvements créés par nos désirs: ce n'est qu'un agrégat de phénomènes physiques et psychiques en perpétuel mouvement; il ne représente qu'un courant continu d'éléments impersonnels. Et puisque l'univers forme un tout indécis «sans Dieu» et «sans soi», il n'existe finalement qu'une quantité infinie, non d'individualités, mais de courants de vie séparés. Les différentes modalités d'existence d'un être ne constituent que les phases d'un processus en éternel mouvement. L'idéal religieux de l'Hinayâna est de conduire à l'état d'*arhat,* c'est-à-dire à l'état du saint qui est entré dans le repos inamissible du Nirvana, dans l'état d'extinction radicale marqué par la cessation de la souffrance et l'arrêt des renaissances. L'*arhat* est le modèle vivant de l'ultime libération.

Le Mahâyâna ou Grand Véhicule représente l'essor illimité de la dévotion populaire et des mythologies sotériologiques que cette dévotion implique. Aux yeux du Grand Véhicule, le Petit Véhicule n'enseigne qu'une partie de la Loi du Bouddha — celle qui est destinée à des hommes dont l'intelligence n'est pas apte à saisir la plénitude de la vérité bouddhique. Les enseignements du Grand Véhicule sont révélés à ceux qui se distinguent par leur maturité intellectuelle, psychique et spirituelle. Le Mahâyâna ne rejette pas le Hinayâna; en le transformant, il prétend le dépasser et l'achever. Le Mahâyâna transforme peu à peu le bouddhisme en une véritable religion avec un culte et un système de prières s'adressant à Bouddha, considéré comme Dieu. En effet, tandis que le Petit Véhicule considère le bouddha comme un homme, le Grand Véhicule divinise le bouddha pour en faire un être primordial supérieur aux dieux et dont les manifestations terrestres ne sont que les phantasmes, les épiphanies du bouddha transcendant et unique. Les multiples bouddhas qui sont apparus dans l'histoire possèdent, chacun, un «paradis». Étant sortis du cycle des renaissances, ils sont devenus des êtres supramondains et éternels, participant à la divinité du Bouddha primordial. Transcendant les conditions terrestres, ils ne peuvent plus aider les humains à faire leur salut. Aussi, leur envoient-ils des êtres intermédiaires — les Bodhisattvas. Ces êtres, qui ont déjà atteint l'Illumination et le Nirvana, sont d'une bonté et d'une compassion telles qu'ils font voeu de ne pas sortir de la ronde des réincarnations, mais de revenir sur terre tant qu'il restera un homme à instruire et à sauver. L'idéal religieux n'est plus l'état d'*arhat* qui ne pense qu'à son propre salut, mais celui de Bodhisattva, d'aspirant-bouddha ou de bouddha en puissance. Tous les hommes sont appelés à devenir des bouddhas. Parvenu à l'ultime étape de perfection, le Bodhisattva est à peine inférieur aux bouddhas. De tous les Bodhisattvas, les plus célèbres sont Maitreya, le futur Bouddha de l'ère cosmique à venir, Avalokiteçvara qui est comme la synthèse des trois grands dieux de l'hindouisme et Manjuçri qui est la personnification de la sagesse absolue[19].

Dans la logique de sa déification du bouddha historique, le Mahâyâna élabore toute une métaphysique sur la bouddhicité, c'est-à-dire sur la nature du Bouddha. Cette métaphysique s'articule autour de la théorie des trois corps du Bouddha: le corps de métamorphose ou corps créé (nirmânakâya), le corps de béatitude ou corps glorieux (sambhogakâya) et le corps de la loi ou corps réel (dhamakâya). Le corps de métamorphose est le corps historique et visible de Siddharta Gautama; ce corps n'est que le reflet, l'apparence du corps réel du Bouddha. Le corps de béatitude est un corps glorifié, puissant et lumineux, qui n'est visible que pour les Bodhisattvas parvenus au seuil du Nirvana. Et enfin, le corps réel n'est autre chose que la nature parfaite du Bouddha, sa véritable réalité spirituelle. Ce corps réel est une sorte de corps cosmique, illimité, coexistensif à l'univers; il est identique à l'essence des choses, à la réalité absolue. Le corps réel du Bouddha, c'est l'absolu. C'est dire que la nature du Bouddha n'est autre chose que l'essence ultime des êtres. La nature du Bouddha est présente en chaque personne et en chaque chose; elle se confond avec la réalité ultime immanente du monde phénoménal. Par là se trouve réintroduit le principe universel (brahman) de l'hindouisme, rejeté par le Hinayâna.

Le Grand Véhicule partage avec le Petit Véhicule la conviction de l'irréalité du monde et de l'absence d'un moi permanent dans l'homme. Mais à la différence du premier qui considère comme réels les éléments ultimes constitutifs de chaque être dont l'existence n'est qu'éphémère et nominale, le second professe l'irréalité de tout existant, même des éléments ultimes. Le corps réel du Bouddha est l'absolu, et l'absolu est vacuité universelle, en ce sens qu'il ne peut être qualifié ni par l'existence ni par la non-existence. L'absolu est vide de toute détermination. Dans cette vision moniste, le nirvana n'est plus l'arrêt des contingences douloureuses du monde des apparences soumis à la loi de la causalité; il est identique à l'absolu, à l'inconditionné et il est vacuité comme lui. La délivrance ne s'obtient pas par l'atrophie du désir et l'arrachement au cycle des renaissances, mais par la connaissance que procure l'illumination. Cette connaissance de la vacuité universelle dissipe l'illusion, favorise le détachement et conduit à l'effacement du moi — but ultime du Bouddha primordial.

Les exercices spirituels qui conduisent à l'Éveil sont les mêmes que dans le bouddhisme du Petit Véhicule. Mêmes techniques, mais visées différentes. Ce sont généralement des exercices psycho-physiologiques propices à la concentration spirituelle. Les plus connus sont les quatre méditations (dhyâna): la première est joie et bonheur, nés de l'éloignement des désirs et des choses mauvaises; la seconde est joie et bonheur, générés par la concentration mentale; la troisième est bonheur en son corps, obtenu par le détachement de la joie; et la quatrième est pureté parfaite, au-delà du plaisir et de la douleur.

Notons ensuite les quatre recueillements qui permettent un vidage progressif de l'esprit en vue de l'obtention de l'état de vacuité totale qui, seul, permet l'entrée dans l'extinction définitive. D'autres exercices proposés sont destinés à la concentration de la pensée sur un seul objet. Cette concentration doit être poussée jusqu'à la création mentale d'images persistantes. Les images horribles correspondent aux premières libérations (diverses formes de désirs charnels), et les représentations mentales de la bonté conduisent à l'extinction de la haine, de la colère et des autres passions du même ordre. Toutes ces pratiques de concentration, de méditation et de recueillement poursuivent un but identique: la quiétude résultant de la disparition des désirs et des passions et la contemplation des quatre nobles vérités.

À ces exercices, il convient d'ajouter les diverses pratiques du tantrisme bouddhique. Comme l'hindouisme, le bouddhisme a été grandement influencé par le tantrisme. À partir du VIIIe siècle de notre ère, le tantrisme submerge le Mahâyâna: il s'introduit particulièrement au Tibet et au Népal où il a donné naissance à de nombreuses écoles toujours vivantes. Fortement marqué au coin de l'ésotérisme, le tantrisme bouddhique propose une mystique articulée autour du principe de l'union de la divinité avec son énergie féminine, représentant les deux grands principes de l'univers — l'Esprit et la Matière — et il se caractérise par un amalgame de rites complexes dont la symbolique repose sur les rapports de l'homme avec l'univers. Ces rites ont tous pour but de conduire l'adepte à s'identifier dans son corps avec l'univers et dans son esprit avec l'un des multiples bouddhas. Ces pratiques tantriques s'articulent autour des trois pôles suivants: la parole, la vision et le geste. La parole fait appel aux mantras qui sont des formules porteuses d'une efficacité magique. Les procédés de vision se servent de dessins complexes, de cercles (mandalas) qui représentent généralement un aspect de l'univers. Enfin, les gestes ou «sceaux» consistent principalement en position de doigts dont la valeur symbolique est semblable à celle des mantras.

Les groupes bouddhistes au Québec

Le bouddhisme, surtout sous sa forme mahayaniste, exerce un attrait considérable en Occident, en Amérique en particulier. Le bouddhisme au Québec s'inspire d'une triple tradition: le bouddhisme tantrique tibétain, le Zen japonais et la tradition de Nicheren Soshu. Avec l'arrivée des réfugiés d'Indochine, on verra probablement surgir des groupes de tradition hinayaniste.

Voyons d'abord les représentants du bouddhisme tibétain. Ce bouddhisme a opéré un choix décisif, après le concile de Lharsa au VIIIe siècle, en faveur du Mahâyâna tantrique.

Au cours des ans, le tantrisme tibétain s'est particularisé en absorbant divers éléments du bouddhisme ancien et en s'assimilant des données animistes, chamaniques, spirites et magiques. Ce bouddhisme éclectique et ésotérique a donné naissance au XVe siècle au Lamaïsme: le Dalï-Lama exerce le pouvoir temporel et le Pantchen-Lama, le pouvoir spirituel.

Le premier rejeton du bouddhisme tibétain au Québec a été le *Dharmadhatu de Montréal* qui est un des cinquante centres Dharmadhatu fondés par Chogyam Trungpa et ses disciples. Chogyam Trungpa est la onzième incarnation de Trungpa Tulku qui fut l'abbé suprême des monastères de Surmang dans le Tibet occidental. Forcé par les communistes chinois de quitter le Tibet, il vint, en 1959, s'établir en Écosse, puis aux États-Unis. Chogyam Trungpa est considéré comme le grand maître du tantrisme bouddhique en Occident. Ses centres présentent un programme complet de méditation, de pratiques et d'études bouddhistes. Nous retrouvons une démarche analogue au *Centre Dharma Milarepa* fondé en 1975 par Kalu Rimpaché. Milarepa est le nom du plus grand saint tibétain. À sa mort en 1135, ses disciples fondèrent l'*Ordre Karma Kagyu* afin de répandre ses enseignements. Le Centre Dharma Milarepa est affilié à la Société Karma Kagyu du Canada et cette dernière est sous la régence du seizième Gwala Karmaja, chef actuel de l'Ordre Karma Kagyu. De son côté, le *Centre Atisha Dharma* s'inspire de l'enseignement d'Atisha (979-1054), grand savant indien, réformateur du bouddhisme, qui émigra au Tibet où son autorité fut vite reconnue. Le Centre Atisha Dharma fut fondé par le moine tibétain Geshe Lama Khenrab Gajam qui, après treize années de recherches et d'enseignement en Inde, émigra à Montréal en 1972. Il est le chef spirituel de la communauté tibétaine du Québec[20].

Quant au Zen, il forme le courant bouddhiste le plus populaire en Occident. Introduit au Japon au XIIe siècle, le Zen est une extension du bouddhisme mahayaniste, marqué par la philosophie chinoise et le taoïsme classique[21]. Il se divise en deux branches principales: le Rinzai qui professe la doctrine de l'éveil instantané et le Soto qui favorise une démarche progressive vers l'illumination. Le Zen fut introduit en Amérique au début du siècle. Après quelque cinquante ans d'incubation, et plus précisément après la guerre du Pacifique, il connut un essor prodigieux. Grâce aux efforts de Shigetsu Sasaki et de son épouse Ruth Fuller, le Zen fut établi aux U.S.A. sur une base solide. Mais l'étonnante floraison contemporaine du Zen occidental est dû à l'apport conjugué du maître japonais O.T. Suzuki et de sa femme Béatrice Lane, et des zennistes occidentaux comme Edward Conze, Hubert Benoît, Christmas Humphreys, et surtout Alan Watts et Philip Kapleau.

Le Zen enseigne la concentration spirituelle, grâce à laquelle on se libère de la funeste croyance en la réalité du monde et on accède à la conscience de l'identité foncière de sa propre nature intérieure avec celle du Bouddha. Tout homme possède la nature du Bouddha et peut atteindre un certain degré de bouddhicité, c'est-à-dire de perfection et d'éveil. Cette nature du Bouddha ne se dévoile qu'en dépassant les limites et l'illusion de la conscience personnelle et qu'en s'éveillant à la conscience universelle. Le moi est une illusion. Il faut émonder notre être de toute idée personnelle pour que la pensée se pense elle-même. La pensée mal employée donne l'impression d'une conscience personnelle. Le soi est au-delà de la personnalité. C'est un espace ouvert sans dualité. Tout objet de conscience doit être méthodiquement neutralisé, c'est-à-dire amené à n'être «ni ceci, ni cela», par des pratiques méditatives auto-centrées. Devant toute chose, on doit reconnaître la coïncidence des opposés pour que se révèle l'ultime réalité. Cette présence à la réalité ultime du soi ne peut être reçue ni dans le passé, ni dans le futur, ni dans le présent historique qui est toujours le point de tension entre le passé et le futur. Elle ne peut être vécue que dans l'instant. Il faut saisir l'instant. «Quelle merveille! Je puise l'eau; je ramasse du bois», dit un poème zen. Celui qui saisit l'instant pénètre le grand vide d'où sont sorties les «dix mille choses», c'est-à-dire tout ce qui constitue le monde des phénomènes.

Le passage d'une existence prisonnière des contraires et des oppositions à une existence «transparente» dans l'instantanéité exige et l'abandon à la réalité de la vie et la direction d'un maître. Le maître n'est qu'un guide (roshi); il ne remplace ni la loi des choses, ni l'expérience. L'instant vécu se trouve dans le quoditien: là est le chemin de l'illumination. Cette illumination est la perception immédiate et informelle de l'existence dans l'instant; elle est l'appréhension, dans l'instant, du soi noumenal, originel, sans forme, indifférencié; elle est une prise de conscience vitale de soi-même et de l'univers, une sorte d'intégration de l'homme dans l'univers, une cosmicisation. Cette expérience se nomme satori. Bien qu'il puisse prendre la forme d'une expérience soudaine, d'un éclair de lucidité ou d'un bref éblouissement, le satori ne se produit généralement qu'au terme d'un long effort de concentration.

Pendant que le bouddhisme tantrique vit à l'intérieur d'un appareil complexe de rites et de cérémonies, le Zen refuse, pour sa part, tout rituel mystique; et c'est dans ce refus que réside sa véritable spiritualité. Les principales techniques proposées pour parvenir au satori, sont le *koan,* le *zazen,* le *dokusan* et le *sesshin.* Le koan, littéralement «jugement faisant autorité», désigne une anecdote relative à un maître, un propos paradoxal, une question déroutante, ou encore un dialogue entre un maître et ses disciples. Le *koan* vise à ouvrir l'esprit à la vérité du Zen. Conçu pour barrer la route à la rationalisation, «le koan n'est ni un rébus, ni une énigme, ni un propos humoristique. Il a un objectif bien précis: faire naître le doute et le pousser à ses extrêmes limites... Le koan est un mur de fer contre lequel se brisent tous les efforts intellectuels»[22]. On estime traditionnellement à 1 700 le nombre de koans. Il en suffit de quelques-uns, voire d'un seul, pour ouvrir l'esprit à la vérité ultime du Zen. Toutefois, l'école Rinzai professe qu'on n'atteint à l'illumination que par la résolution progressive de koans successifs.

Le *zazen,* ou son équivalent sanscrit *dhyâna,* désigne littéralement «l'action de s'asseoir les jambes croisées, dans la quiétude et la contemplation profonde». Originaire de l'Inde, cette pratique s'est répandue dans tout l'Orient depuis des siècles et les adeptes du Zen l'observent scrupuleusement. Associé à l'exercice du koan, le zazen prend un caractère particulier: il devient le moyen privilégié pour résoudre le koan. Une fois le koan compris, sa vérité profonde ne peut pénétrer l'esprit que par la pratique continue du zazen. L'endroit où l'on pratique le zazen s'appelle *dojo.* Le *dokosan,* lui, est un dialogue quotidien entre le maître et son disciple dont le but est de contrôler le progrès spirituel. Enfin le *sesshin* est une session de méditation communautaire intensive qui dure normalement une semaine entière. Les différentes pratiques du Zen visent au dépassement de la conscience objectivante et rationnelle pour pénétrer la vérité jusque dans son fond ultime. La concentration peut encore se pratiquer en tirant de l'arc, en agençant des fleurs, en pratiquant les arts martiaux. Tous ces exercices poursuivent un unique objectif: libérer l'homme d'une conscience limitée et d'un moi rétréci et l'ouvrir à la conscience cosmique.

La pensée Zen s'est développée en Occident à tel point qu'elle est devenue un facteur important dans la vie spirituelle, intellectuelle et artistique du monde occidental. Le Québec n'échappe pas à cette influence. Les écrits des maîtres et des parangons du Zen y sont largement diffusés, surtout auprès de la jeunesse. Les deux principaux centres Zen à Montréal sont le *Dojo Zen de Montréal,* fondé par Taisen Deshimaru, de la tradition Soto comme O.T. Suzuki, et le *Groupe Zen de Montréal,* affilié au *Rochester Zen Center* de New York qui est sous la direction de Philip Kapleau, de la tradition Rinzai. Par l'usage exclusif de la méditation où se conjuguent la posture adéquate, la respiration correcte et la pensée juste qui achemine vers la non-pensée, ces centres visent à conduire leurs adeptes au satori, à la conscience cosmique pré-personnelle, à la saisie de la condition même de la bouddhicité. Un autre courant Zen circule au Québec: le Zen macrabiotique, fondé par G. Oshawa. Ce Zen accorde une grande importance à l'hygiène alimentaire et à la mastication. Plusieurs restaurants et coopératives de produits alimentaires ont surgi de ce mouvement. Notons enfin dans la mouvance de la pensée Zen, les nombreux centres de judo, d'aikido, de budo, de karaté, d'initiation au tir à l'arc, de kendo dont la visée originelle est de favoriser la concentration de l'esprit et la maîtrise du corps.

Le bouddhisme au Québec est encore représenté par le groupe *Nicheren Soshu.* Nicheren Daishonin (1222-1282), moine nationaliste et fanatique, fut l'instigateur d'un courant religieux inédit qui liait la foi bouddhique à la cause de la prospérité nationale. Inspiré par la tradition ésotérique Tendai, il crut trouver dans le sutra «Le Lotus de la Bonne Loi» le véritable enseignement du Bouddha. Ce sutra, dont l'imagerie rappelle celle du livre de l'Apocalypse, postule l'existence de myriades de bouddhas et affirme que le bouddha historique n'est qu'une manifestation de la nature éternelle du Bouddha. À ce sutra s'ajoute la doctrine des trois grandes lois secrètes: 1) un mandala (gohonzon), qui est la représentation graphique du Bouddha éternel et de ses avatars; 2) une formule sacrée à chanter (daimoku); 3) un programme: faire du Japon le centre mondial du bouddhisme authentique, ce qui implique le rejet fanatique de toutes les autres traditions bouddhiques. La dévotion est une clé de salut aussi sûre que la connaissance et la concentration. Il suffit pour être sauvé de chanter le daimoku (*Nam Myoho Renge Kyo*) devant le gohonzon. Cet exercice met en contact avec l'énergie des bouddhas et permet de s'harmoniser à la bouddhicité.

Cette tradition radicale fut ravivée de nos jours par T. Makiguchi qui fonda en 1930 la *Soka Gakkai*. Sous l'égide de J. Toda (1900-1958), la Soka Gakkai connut une croissance spectaculaire après la guerre du Pacifique. La pointe séculière de ce développement religieux fut la création d'un parti politique, le *Komeito*, qui est le troisième en importance de la Diète japonaise. Ce n'est qu'en 1960 que la Soka Gakkai émigra aux États-Unis et plus tard au Canada, où elle est connue sous le nom de Nicheren Soshu.

La Soka Gakkai est une religion expansionniste enracinée dans la philosophie traditionnelle de Nicheren. Elle promet le bonheur immédiat. En lisant des extraits du sutra «Le Lotus de la Bonne Loi» et en chantant le daimoku devant le gohonzon, on retire toutes sortes de faveurs matérielles et spirituelles et on accède à la connaissance du principe universel par laquelle on parvient à la nature du Bouddha. La Soka Gakkai prétend dépasser le matérialisme et le christianisme qui, tous deux, ont fait faillite. Elle se pose comme la religion universelle appelée à supplanter toutes les autres et à fournir les bases d'une «troisième civilisation» dans laquelle bouddhisme et société ne feront qu'un.

Dans la mouvance du bouddhisme zen, le mouvement *Mahikari* est un amalgame syncrétiste des grands courants asiatiques, hindous, confucianistes, shintoistes, auxquels se greffent certains éléments puisés à même le fond islamique et judéo-chrétien. Fondé à Tokyo en 1960 par Okada, un industriel japonais au bord de la faillite qui fut gratifié de révélations divines, Mahikari (mot japonais qui signifie lumière divine) est un mouvement spirituel qui entend conduire ses adeptes à la libération grâce à une connaissance supérieure acquise par clairvoyance. Mahikari accorde beaucoup d'importance aux vibrations, aux expériences de conscience, à l'imposition des mains en vue de la guérison et au port de l'*omitama,* talisman qui assure le bonheur. Il s'agit de parvenir à la purification spirituelle et à la guérison, grâce à la transmission de la lumière divine qui rayonne de la main gauche.

En terminant cette section sur le bouddhisme occidentalisé, posons-nous la question: les divers groupes québécois d'inspiration bouddhiste ne sont-ils pas des gnoses? La typologie gnostique ne peut-elle pas leur être appliquée? Sans pouvoir peut-être partager les vues de E.M. Mendelson selon lesquelles «le bouddhisme dans sa totalité fut une gnose dès les origines»[23], nous exprimons cependant notre accord avec les vues de Edward Conze qui affirme le caractère gnostique du Mahâyâna, Grand Véhicule. Dans un article fort documenté[24], il établit pas moins de huit points de similitude et de convergence entre le bouddhisme et la gnose: 1) le salut par la seule connaissance, l'ignorance étant la racine de tout mal; 2) la différence qualitative entre les éveillés ou parfaits et la masse ignorante et mondaine; 3) le rôle cosmogénésique du principe féminin, de l'énergie (divinité) féminine; 4) l'indifférence à l'histoire et la tendance à la remplacer par le mythe; 5) l'antinomisme théorique et pratique; 6) la distinction entre le Dieu absolu ineffable et les dieux «créateurs» qui sont ravalés au rang des démiurges inférieurs; 7) l'ésotérisme; 8) et enfin le monisme philosophique. «Je pense, conclut E. Conze, que les similarités entre le gnosticisme et le bouddhisme Mahâyâna sont remarquablement étroites et qu'elles ne touchent pas seulement des détails accidentels, mais l'essence et la structure elles-mêmes»[25]. À côté de ces ressemblances fondamentales, l'auteur note des similitudes secondaires: le syncrétisme, l'importance du serpent, de la lumière, de l'astrologie et des formules secrètes.

À cela il faut ajouter une remarque importante. «Alors qu'il correspond en Orient à des traditions religieuses et à des cultes déterminés, variables selon les écoles et les scolastiques, en Occident, au contraire, le bouddhisme n'a pas de contour défini. Le bouddhisme parfois primaire proposé à l'Occidental mériterait mieux le nom d'orientalisme en ce sens que sont greffés sur lui des éléments de traditions populaires védiques et brahmaniques, d'origine indienne ou taoïque, d'origine chinoise, sans oublier le shintoïsme japonais, l'occultisme et le christianisme. La liste est loin d'être exhaustive. Cet orientalisme passe en outre à travers le prisme, sinon déformant du moins opaque en certains points, de la conscience et du maître qui l'introduit et du disciple qui le reçoit... La pénétration du bouddhisme en Occident ne peut être réduite à l'introduction anodine d'un transplant»[26]. Ce bouddhisme syncrétiste à l'occidentale nous frappe par son allure encore plus gnosticisante. On est donc en mesure d'affirmer que les groupes d'inspiration bouddhiste sont des points d'émergence contemporains de la gnose éternelle.

III — LA VOIE SOUFIE

Notons enfin parmi les gnoses orientalistes, que nous considérons dans ce chapitre, celles qui s'inspirent de l'Islam. La foi musulmane s'articule autour de cinq pôles fondamentaux: la profession de foi au Dieu unique et transcendant, Allah, ainsi qu'à Mahomet son prophète, la prière rituelle qui se fait cinq fois par jour, le jeûne, l'aumône et le pèlerinage à la Mecque, une fois dans la vie.

«L'Islam peut se définir comme une immense communauté — *Umma* — autour d'un centre constitué par le *Coran* et dont le nom même d'Islam définit parfaitement l'idéal. L'Islam, étymologiquement, c'est la soumission à la volonté de Dieu ou, en précisant pour éviter toute équivoque, une soumission active et patiente à la volonté du Dieu tout-puissant telle qu'elle apparaît dans le Coran»[27]. L'islam est donc la religion du livre. Le Coran est constitué des oracles prononcés vers l'an 610 par Mahomet au cours de ses visions. Il comprend 114 Sourates divisés en 6 226 versets. Il n'existe aucune instance souveraine ayant l'autorité de donner au Coran une interprétation absolue, normative. On trouve cependant dans l'Islam une tradition interprétative remontant aux dits de Mahomet et conservée scrupuleusement au cours des siècles. Considérée comme l'explication autorisée du Coran, cette tradition règle la vie de la très grande majorité des Musulmans qui sont des Sunnites, c'est-à-dire «des hommes de la tradition».

À l'encontre des Sunnites pour qui l'autorité repose dans la tradition, les *Chi'ites,* nombreux surtout en Iran, prétendent que l'autorité repose sur les *Imams*, qui sont les descendants légitimes de Mahomet. La tradition chi'ite se divise en deux courants principaux: les *Imamites* et les *Ismaéliens.* Alors que les Imamites reconnaissent à l'origine douze Imams, les Ismaéliens n'en reconnaissent que sept. Le dernier de ces Imams — le douzième ou le septième, selon l'une ou l'autre tradition — a échappé à la mort; il est toujours vivant, attendant le jour de son retour. La tradition chi'ite est donc foncièrement eschatologique. Le dernier Imam, «celui qui doit venir», est caché mystérieusement auprès de Dieu et doit se manifester au moment opportun. Cette attente a donné naissance à toutes sortes de prophéties et a fourni des modèles théoriques aux protagonistes de nouvelles révélations.

C'est ainsi qu'en 1844 en Iran, un jeune marchand du nom de Mirza Ali Muhammed (1819-1850), surnommé par la suite le Bab (la Porte) annonça la venue imminente de l'Élu tant attendu. Il fut martyrisé pour sa prétention. En 1863, l'un de ses disciples se présente comme le Promis annoncé par le Bab et prend alors le nom de Baha'u'llah (ce que signifie «Gloire de Dieu»). Il meurt à Acre en 1892 après un long séjour dans une maison de détention. Le Bab et Baha'u'llah sont les co-fondateurs de la *Foi Universelle Baha'ie.* Baha'u'llah représente le point culminant de la nouvelle révélation et se présente comme le dernier messager de Dieu qui vient compléter la révélation de tous les envoyés divins qui l'ont précédé: Krishna, Bouddha, Zoroastre, Moïse, Jésus, Mahomet. Il est celui qui accomplit la promesse de toutes les religions. Le message de Baha'u'llah s'articule autour de l'idée de l'unité fondamentale des religions et des races humaines. La Foi Universelle Baha'ie vise l'établissement d'une communauté mondiale définitivement unifiée.

À côté du chi'isme eschatologique, s'est développée dans l'Islam une autre tradition, de type mystique celle-là, qu'on appelle le soufisme. Le soufisme est une protestation contre le formalisme juridique et la mondanité résultant des conquêtes musulmanes. Il donne la primauté à l'amour de Dieu, à la religion du coeur, à la contemplation et à l'ascèse. Le soufisme, écrit Émile Dermenghem, «est moins une école d'extase passive qu'une voie d'initiation à une doctrine métaphysique traditionnelle et une méthode de réalisation spirituelle (méditation, retraite, lutte contre le moi, litanies, poésie, musique, danse et, dans certaines confréries, jeu du fer et du feu), très originale malgré son caractère traditionnel et les influences adventices chrétiennes, néo-platoniciennes, hindouistes. Le tout ayant dû avoir comme point de départ la méditation de certains versets coraniques et présentant un certain aspect d'ésotérisme et d'initiation graduée»[28]. Le soufisme pose une connaissance secrète, un sens ésotérique caché au coeur même de l'Islam.

Selon le soufisme, l'univers est créé par Dieu et l'homme est un être théomorphique qui possède en lui la puissance et les attributs de la divinité. L'homme pêche en ignorant ou oubliant sa propre nature divine et en suivant ce qui, en lui, correspond aux plans cosmiques inférieurs. Le soufisme insiste sur l'harmonie et l'unité de l'univers et sur la nécessité pour l'homme de prendre conscience de sa véritable essence divine. Le soufi accompli est celui qui est parvenu à l'état de «divine connaissance».

Le soufisme a poussé ses racines jusqu'au Québec où nous rencontrons des succursales de l'*Ordre Soufi du Canada* et le *Centre Sophia Aeterna*. À côté de ces groupes qui se réclament d'un soufisme assez traditionnel, mais adapté au monde occidental, nous trouvons des formes soufies plus erratiques. Les adeptes du *Soufisme Réorienté* vénèrent Meher Baba — qui garda le silence absolu jusqu'à sa mort en 1969 — comme le grand avatar du présent cycle cosmique. Par ailleurs *Subud* est fortement marqué par l'influence derviche et chamanique.

Fondé par un Indonésien du nom de Muhammed Subud, généralement appelé Bapak («père»), Subud compte un grand nombre de centres en Occident. Le mot subud dérive du sanscrit *susila* (vie selon la volonté de Dieu), *budhi* (principe d'illumination dans l'homme) et *dharma* (enseignement). Pour parvenir à l'état de surconscience et d'union au divin, Subud propose le *latithan* qui est une technique qui se rapproche des méthodes thérapeutiques les plus récentes comme la thérapie primale. Le latithan se veut «une mise sous la motion de l'esprit». Ses manifestations extérieures sont: cris, plaintes, glossolalie, vagissements, pleurs, sauts, cris d'animaux, bruits étranges, chants bizarres. La pratique du latithan conduit à la connaissance, à la maîtrise de soi et à l'harmonie cosmique.

Les groupes québécois d'inspiration musulmane sont-ils des gnoses? On sera d'accord avec nous pour reconnaître dans la Foi Universelle Baha'ie une secte islamique syncrétiste en passe de devenir une véritable religion monothéiste, plutôt qu'une manifestation de la gnose éternelle. Il en va autrement pour les groupes nés sous la mouvance du soufisme. Ces groupes possèdent assez de points de similitude avec la gnose pour être qualifiés de gnostiques. Leur insistance sur les expériences de conscience, leur recherche d'harmonie cosmique, leur ésotérisme et leur syncrétisme et enfin leur doctrine du salut par la connaissance, tout cela nous permet d'appliquer à bon escient la typologie de la gnose aux groupes d'inspiration soufie.

VI
Les gnoses occidentales

À côté des groupes orientalistes qui trouvent leur inspiration dans les différentes traditions religieuses d'Orient, d'autres groupes gnostiques contemporains puisent à même le fond d'une tradition plus ou moins ésotérique qui, en Occident, s'est développée d'une façon parallèle à l'histoire officielle, à la culture dominante et au christianisme établi. Ce courant parallèle a côtoyé, depuis les origines chrétiennes, la tradition historique, culturelle et religieuse dominante. Cette dernière, se nourrissant de la conjonction de la pensée hébraïque et de la philosophie grecque, est marquée par les coordonnées de la personnalité individuelle, de l'histoire collective, de la domination et de l'organisation du monde, ainsi que d'une éthique d'action et d'engagement.

Par contre, la tradition parallèle — remontant aux premiers contacts de la Grèce avec l'Inde et le chamanisme asiatique — considère l'âme comme séparée du corps et voit l'homme comme une partie de la nature. Elle est dominée par une vision moniste du monde, par la recherche d'une union mystique avec la nature, par la connaissance initiatique, par l'expérience d'états de conscience supérieurs, par l'importance accordée aux entités invisibles et par la maîtrise des lois occultes. Ce courant parallèle a toujours été mal toléré par les tenants de la tradition dominante, et cela davantage depuis l'avènement des sciences et de la technique. En dépit des vexations de toutes sortes dont elle fut victime, la tradition parallèle s'est toujours maintenue, ne sortant de la clandestinité qu'à l'occasion de conjonctures historiques favorables. Les gnoses occidentales actuelles nous apparaissent comme des manifestations spécifiques — pas les seules — de cette tradition parallèle.

Même s'il est difficile de saisir plus que des indices concordants de cette tradition, il est du plus grand intérêt pour notre propos de tenter de présenter un film, même discontinu, de ses principales manifestations.

I — LA TRADITION PARALLÈLE

La période hellénistique, qui va d'Alexandre le Grand à la chute de l'empire romain, est marquée par ce qu'on appelle généralement la culture méditerranéenne. Cette culture, née de la confrontation de la pensée grecque avec la civilisation d'Egypte et du Proche-Orient, fut, à cause de son caractère syncrétiste, mystique et cosmopolite, un milieu favorable à l'éclosion et au développement de la tradition parallèle. L'efffloraison des religions à mystère, la fascination des dieux étrangers, l'importation de certaines idées de la Perse et de l'Inde, l'influence de Pythagore et de son école se sont conjuguées à l'hermétisme[1] et au néo-platonisme de Plotin et de ses disciples pour constituer les éléments de base de la tradition parallèle. Le gnosticisme des premiers siècles chrétiens apparaît comme une manifestation particulière de cette tradition et comme l'ultime effort pour la «christianiser».

Au Moyen Âge la tradition parallèle s'enrichit de données nouvelles qui viennent se mêler au vieux fond hellénistique. Le Moyen Âge fut une période où ont proliféré les cultes secrets, les sciences occultes et les doctrines ésotériques. Citons d'abord la kabbale qui est l'expression privilégiée de la tradition ésotérique hébraïque. La kabbale est un système de connaissance fort compliqué qui a pour fondement la signification des lettres hébraïques. Elle considère la Bible comme un système de symboles qui contient une vérité cachée dans la valeur allégorique et numérique des mots et des lettres hébraïques. La kabbale a donné naissance à de nombreux écrits dont les plus connus sont le *Sepher Yetsirah* (ou *Livre de la formation*) et le *Sepher Ha-Zohar* (ou *Livre des splendeurs*).

Quant à l'alchimie, ses doctrines et ses pratiques ne cessèrent de se développer au cours du Moyen Âge. Aventure aussi bien spirituelle que matérielle, l'alchimie est une recherche de la plénitude et de la totalité humaine et cosmique par un double procédé: la *conjunctio* qui est le mariage des contraires et la *transmutatio* qui est la transformation de la réalité vers son stade ultime de perfection. La recherche de la pierre philosophale n'est que la recherche du processus par lequel le cosmos et l'homme accomplissent cette transmutation en vue de leur accomplissement intégral.

La sorcellerie, pour sa part, vint enrichir la tradition parallèle de vieilles croyances émanées de l'Europe du Nord. Par ses pratiques de magie, d'incantation et par ses rites secrets d'invocation des morts, la sorcellerie constitue une sorte de culte, une forme d'initiation archaïque et un type de sagesse populaire et rudimentaire. Les pratiques de sorcellerie ont été abondamment décrites dans des ouvrages spécialisés.[2]

Toutes les doctrines et les pratiques occultes de cette époque furent propagées par de nombreuses organisations initiatiques tentant d'opérer la synthèse de courants de pensée extrêmement divers. Il y eut notamment de nombreuses associations d'alchimistes, de kabbalistes et d'hermétistes. Parmi les multiples *groupements* médiévaux, les plus célèbres sont les *Ghildes* ou corporations de métier dans lesquelles existaient des signes de reconnaissance et des rites initiatiques d'affiliation. Quant à l'Ordre des Templiers, son ésotérisme est encore une énigme. Il semble bien toutefois que les Templiers aient eu un culte secret et des doctrines réservées aux initiés. De leur côté, les *Cathares*, appelés aussi *Albigeois* poussèrent à l'extrême le principe du dualisme et eurent des cérémonies, des rites initiatiques et des pratiques occultes diverses, destinées à libérer l'esprit de la matière et à dégager l'âme, captive du corps. Le catharisme a perduré jusqu'à nos jours comme un mouvement clandestin. Il a refait surface au XXe siècle grâce à la *Société du Souvenir et des Etudes Cathares* et aux *Cercles d'études et de recherches cathares* fondés l'un et l'autre par Déodat Roché en 1948[3].

La Renaissance devait apporter des conditions idéales à une prodigieuse efflorescence de la tradition parallèle et à la multiplication des sociétés secrètes. «Le déclin de la puissance de l'Église catholique permettait à la curiosité intellectuelle, qui n'était plus tenue en bride par le dogme, de se développer de plus en plus, entraînant un grand essor des doctrines les plus hétérodoxes»[4]. Néoplatonisme, occultisme, alchimie, astrologie, kabbale, numérologie pythagoricienne fleurirent en Europe comme jamais auparavant. Il ne s'est agi nullement d'un retour à de vieilles superstitions pré-rationnelles, mais d'une réaction contre le réalisme et le rationalisme myope de l'aristotélisme scolastique et d'une plongée dans les profondeurs de l'inconscient et des symboles qui cherchent à l'exprimer. Le plus grand témoin de la tradition parallèle à cette époque fut le mage Paracelse dont les doctrines exercèrent une influence considérable, en particulier sur les auteurs rosicruciens.

Au cours de la période moderne, soit à compter du XVIIe siècle, la tradition parallèle fut enrichie considérablement par l'apport de deux importantes associations secrètes: les Rose-Croix et la Franc-Maçonnerie. C'est vers 1615 que la Fraternité de la Rose-Croix manifesta publiquement son existence par la publication de deux ouvrages de J.V. Andreae, la *Fama Fraternitatis Rosae Crucis* (1614) et la *Confessio Fraternitatis* (1615)[5]. Les Rose-Croix furent, selon H. Hoefer, «des alchimistes qui mêlaient des questions politiques et religieuses à leurs doctrines hermétiques»[6]. L'inspiration rosicrucienne initiale semble avoir été puisée, pour l'essentiel, dans les doctrines élaborées par les disciples allemands de Paracelse. La doctrine rosicrucienne originale, telle que systématisée par son plus remarquable auteur Robert Fludd, apparaît comme «un vaste système théosophique, un christianisme ésotérique fortement influencé par l'hermétisme, la kabbale juive, le néoplatonisme et la gnose; c'est une synthèse composite qui a rassemblé les vestiges de toutes les traditions plus ou moins secrètes qui avaient cheminé souterrainement durant tout le Moyen Âge et la Renaissance»[7].

La Franc-Maçonnerie moderne a repris et continué l'ésotérisme des Rose-Croix, adoptant leurs symboles hermétiques les plus typiques, comme le pélican, le phénix qui renaît de ses cendres, l'aigle bicéphale, etc. La Franc-Maçonnerie moderne fut inaugurée en 1717 lorsque quatre loges de Londres fondèrent la Grande Loge d'Angleterre, chargée d'unifier les règlements ou constitutions de la Maçonnerie. C'est alors que s'accéléra le passage de la Maçonnerie «opérative», composée de gens de métier, à la Maçonnerie dite «spéculative», c'est-à-dire à la Maçonnerie moderne dans laquelle l'initiation à la «construction» est devenue purement symbolique, l'édifice à construire n'étant plus une cathédrale, mais le temple de l'univers dont Dieu est le Grand Architecte.

La tradition parallèle sera enrichie à partir de la seconde moitié du XVIIIe siècle par l'ésotérisme chrétien des théosophes, tous marqués par le pythagorisme, la kabbale et la pensée hermétique de Jacob Böhme (1575-1624), ainsi que par la théorie du langage et le goût de la recherche analogique de Fabre d'Olivet et de Court de Gébelin. Qu'il s'agisse de Franz Xaver Von Baader (1765-1841), de Pierre-Simon Ballanche (1776-1847), de Joseph Balsamo, comte de Cagliostro (1743-1795), de Karl Von Eckartshausen (1752-1803), de Johann Caspar Lavater (1741-1801), de Joseph de Maistre (1753-1821), de Johann Friedrich Oberlin (1740-1826), de Martinez de Pasqually (1710-1774), de Louis-Claude de Saint-Martin (1743-1803), de Jean-Baptiste Willermoz (1730-1824), d'Emmanuel Swedenborg (1688-1772), de Novalis (+ 1801), tous ces théosophes illuminés, qui se considèrent comme faisant partie de l'Église «intérieure», mettent l'accent sur le concept de Totalité, regardent l'univers comme un être pourvu d'une âme vivante et posent une relation d'universelle sympathie qui régit toutes les manifestations de la vie. Ils croient dans la magie et l'arthmosophie, donnent une grande importance aux êtres intermédiaires et rêvent à l'infini de la situation de l'homme avant la chute, de sa vocation et de son androgynéité. En somme, ils passent insensiblement de la doctrine d'un salut historique à une cosmogonie: le salut consiste à réintégrer l'état qui a précédé la chute de l'homme[8].

Au cours du XIXe siècle, la tradition parallèle a profité de l'apport des religions d'Extrême-Orient, de l'hindouisme en particulier. Les indianistes français et anglais commencèrent à traduire les oeuvres hindoues et à publier des ouvrages sur les religions orientales et sur la sagesse de l'Inde. Les tenants de la tradition parallèle se voyaient confirmés dans l'idée de l'unité fondamentale des religions du monde et dans celle d'une révélation primitive. L'engouement pour l'orientalisme donna naissance à toutes sortes de contre-façons caricaturales dont les ouvrages d'Eliphas Levi sont les moins mauvais exemples.

On ne saurait terminer cet excursus sur la tradition parallèle sans mot dire de l'oeuvre magistrale de René Guénon dont la pensée a tous les traits d'une gnose de type intellectuel. Dès vingt ans, Guénon avait traversé tous les milieux spiritualistes et ésotériques. C'est ainsi par exemple qu'il devint membre de l'*Église gnostique de France* fondée en 1906 par Jules Doinel et dont il dirigea la revue officielle, *La Gnose*. L'intuition fondamentale de Guénon est celle d'une tradition primordiale et universelle d'où seraient issues toutes les religions et dont les philosophies ne seraient qu'une expression partielle et dégradée. Grâce à une connaissance approfondie des traditions arabe, hindoue et chinoise et grâce à la profondeur et à la clarté de son exposé métaphysique, Guénon put renouveler le concept de Révélation Primordiale et étendre la notion d'orthodoxie à toutes les religions de l'humanité. Le traditionalisme de René Guénon sera repris par de nombreux disciples, entre autres par Frithjof Schuon, dont les oeuvres n'ajoutent rien d'original aux thèses fondamentales du maître[9].

Le milieu du XXe siècle a été témoin d'une puissante émergence de la tradition parallèle dans le mouvement hippie. Né en Californie en 1966, le «hippisme» vise à libérer l'individu de tous les tabous sociaux et moraux et des divers refoulements qui l'empêchent d'être spontané et créateur. L'art de vivre hippie comporte la recherche d'une certaine expérience spirituelle et mystique. On prétend atteindre à l'extase, à la fusion avec Dieu sans passer par les épreuves de l'ascèse, mais par l'usage de drogues. La mystique hippie s'inspire autant du cynisme grec et du gnosticisme ancien que du mysticisme médiéval et des religions orientales. Les maîtres à penser de la génération hippie sont, à côté des gourus importés d'Asie, des hommes de tout acabit comme Timothy Leary, Aldoux Huxley, Allan Watts, Allen Ginsberg, Bob Dylan et Ken Kesey. On doit reconnaître dans le «hippisme» une explosion de la tradition parallèle qui a donné naissance non seulement à des festivals, à des happenings, à la pop musique, à la recherche dissolue de sensations, mais à un nouvel art de vivre allant à contre-courant de la culture dominante. R. Ruyer a montré que la

Gnose de Princeton est un «mouvement apparenté en profondeur aux communes hippies et aux sécessionistes de la société industrielle»[10].

Cette tradition parallèle, évoquée à trop grands traits, constitue un immense réservoir de connaissances d'où les gnoses contemporaines occidentales puiseront un grand nombre de leurs symboles fondamentaux, de leurs idées philosophiques et religieuses, de leur théurgie et de leur rituel initiatique.

II— LA MONTÉE DU SPIRITUALISME

La foi spiritualiste

L'idée centrale du spiritualisme réside dans la conviction que les esprits des morts peuvent entrer en communication avec les vivants grâce à des médiums, c'est-à-dire des individus particulièrement sensibles aux «vibrations» du monde des esprits.

Cette communication comporte des manifestations physiques variées, telles que la télékinésie, la matérialisation, les coups répétés (poldergeist), les tables tournantes. À la différence du spiritisme qui est une recherche de ces phénomènes pour eux-mêmes, le spiritualisme les utilise comme des moyens en vue du développement et de l'apprentissage de la vie physique et spirituelle.

Le spiritualisme se présente comme une religion, il est même un des plus anciens cultes religieux du monde. Il est connu de toutes les civilisations. Les médiums et les esprits sont mentionnés dans beaucoup de sources anciennes, égyptiennes, babyloniennes, hébraïques, grecques, chinoises. Cependant le spiritualisme — considéré comme mouvement religieux bien déterminé — est un produit du XIXe siècle. Le spiritualisme moderne, en effet, est né en 1848 à Hydeville (N.Y.) sous l'impulsion des soeurs Margaretta et Kate Fox qui, encore toutes jeunes, entendirent des coups frappés. Aussitôt connue, la nouvelle fit sensation et suscita un enthousiasme délirant. Propagé par les soeurs Fox, devenues médiums, et supporté par d'éminentes personnalités, tel Abraham Lincoln, le mouvement spiritualiste se répandit comme une nuée de poudre, aux États-Unis d'abord, puis en Europe.

La pensée spiritualiste a été articulée par Andrew Jackson Davis (1826-1910), le plus important écrivain spiritualiste américain. Hyppolyte Léon Denizard Rivail (1803-1869), mieux connu sous le pseudonyme d'Allen Kardec, fut le grand penseur du spiritualisme français. Avec lui, le spiritualisme se hissa au niveau d'une philosophie religieuse, mieux d'une religion proprement dite. Kardec introduisit l'idée de réincarnation dans le spiritualisme. Son ouvrage, *Le Livre des Esprits* (1857) est considéré comme l'évangile de la religion spiritualiste. Son successeur Léon Denis ne fera que reprendre et développer ses thèses fondamentales. Le spiritualisme apparaît comme une application cultuelle des enseignements d'Emmanuel Swedenborg concernant les différents plans spirituels.

Aujourd'hui, la pensée spiritualiste est fort répandue de par le monde. Les adeptes du spiritualisme se regroupent en de multiples associations nationales et internationales, chaque association ayant ses notes caractéristiques. Les divers groupes spiritualistes du Québec sont affiliés à l'une ou l'autre de ces associations.

Les différents systèmes doctrinaux du spiritualisme, malgré leurs éventuelles différences, sont fondés sur des principes fondamentaux reconnus par tous, tels l'existence de Dieu, Energie suprême et Intelligence créatrice, pluralité des mondes habités, permanence de l'identité personnelle après la mort, possibilité d'entrer en communication avec l'esprit des morts, nécessité d'obéir aux lois de la nature pour être heureux, perfectionnement illimité de l'être humain et solidarité universelle[11].

Les groupes spiritualistes

À l'intérieur de ce credo commun, chaque groupe développe ses doctrines et ses techniques particulières. C'est ainsi qu'au Québec l'*Église de la Guérison spirituelle* et le *Sanctuaire Spirituel* insistent, l'un et l'autre, sur la guérison. Quant au *Cercle Spirite Québécois*, son activité principale consiste en la réception de communications spirites spontanées par la *voix* d'un médium. Le *Temple international de révélations spirituelles* met l'accent sur la clairvoyance. La *Fraternité des sciences spirituelles* donne beaucoup d'importance aux pouvoirs psychiques, à la clairaudience et à la psychométrie. L'*Association spiritualiste de Montréal* privilégie l'enseignement des principes de la philosophie spiritualiste. L'*Église spirituelle de Montréal* donne beaucoup d'importance au chakras, aux couleurs et aux sons. Quant à la *Première Église spiritualiste de Montréal*, elle poursuit l'harmonie entre le monde spirituel et le monde matériel.

Tous les groupes spiritualistes présentent des traits communs: la présence d'un médium qui, à l'état de transe, communique avec les esprits, la prière, qui crée un chemin fluidique dans l'espace et permet ainsi d'atteindre les esprits les plus élevés, les études et discussions de groupes, les exercices de détente en vue de la méditation collective et de la communication avec les esprits, les exercices de développement des facultés extra-sensorielles latentes (clairvoyance, clairaudience, inspiration spirituelle, perception et sensation réelle des personnes invisibles); les transes chamaniques et les cantiques spirituels, la guérison par l'imposition des mains, l'utilisation des écritures sacrées de toutes les religions établies, la mise en oeuvre d'un rituel qui rappelle — parfois à s'y méprendre — celui du protestantisme traditionnel.

Le spiritualisme exerce une influence considérable en dehors des groupes constitués. Ils sont de plus en plus nombreux les gens qui s'adonnent aux différentes pratiques spirites, qui s'intéressent aux phénomènes psi dans une perspective spiritualiste, qui jouent au médium et tentent de découvrir la face médiumnique de certains objets: croix, boule de cristal, etc.

Notons pour terminer que le spiritualisme a grandement influencé plusieurs courants gnostiques contemporains. En effet, Mme Hélèna-Petrowna Blavatsky débuta comme médium et fonda au Caire une société spirite (en 1870), avant de lancer avec le colonel Olcott, médium lui aussi, le mouvement théosophiste, poussant ainsi jusque dans ses conséquences extrêmes l'enseignement spiritualiste nouvellement révélé. Par ailleurs, Mary Baker Eddy, fondatrice de la *Science chrétienne*, débuta, elle aussi, comme médium, donna des consultations et organisa des séances spirites. Mme Winifred G. Barton, fondatrice de l'*Institut de métaphysique appliquée*, a découvert ses qualités médiumniques et sa mission cosmique au cours d'une séance de communication à l'Eglise spiritualiste locale.

Une même conviction traverse tous les groupes spiritualistes: les esprits, étant des émanations de Dieu, jouissent des attributs de l'énergie divine. Par leur intervention, ils distribuent leur énergie créatrice à travers le cosmos, influencent les lois de la nature et exercent une influence bénéfique sur les hommes. Rien dans l'univers n'est assez opaque pour faire écran à leur influence. La communication médiumnique est l'instrument privilégié d'évolution humaine, de transformation spirituelle et de libération intégrale.

Le spiritualisme est-il une gnose? Comme tous les groupes gnostiques, il professe le principe de l'émanation, il pose de nombreux plans spirituels et de multiples hiérarchies célestes, il fait appel aux sciences ésotériques, il accorde une place prépondérante aux phénomènes de conscience et au développement des facultés extra-sensorielles, il se pose comme la religion universelle de l'humanité, transcendant toutes les religions établies et il se présente même comme une révélation apportant la vraie connaissance spirituelle. C'est une religion cosmique et non historique, fortement influencée par les principes théosophiques. Son anthropologie dichotomique, qui lui permet de poser la séparabilité et l'autonomie de l'esprit, le conduit logiquement à prôner la doctrine de la réincarnation, même si cette doctrine n'est pas partagée par tous les courants spiritualistes.

Tous ces traits apparentent grandement les groupes spiritualistes aux gnoses contemporaines. Toutefois, on ne peut les assimiler à la gnose pour la bonne raison que le spécifique du type gnostique ne paraît pas être complètement réalisé en eux.

III — LE PENSER NOUVEAU

Le système doctrinal

Le Penser Nouveau (New Thought) enseigne les lois de la puissance créatrice de la pensée.

L'intelligence est le fondement du monde physique et la cause réelle des événements. Un changement dans la pensée entraîne un changement correspondant dans l'ordre physique. La pensée de la santé entraîne la guérison, celle du succès provoque la réussite; celle de l'argent génère la fortune. Le Penser Nouveau met l'accent sur la guérison de l'esprit et du corps. Puisque la maladie est une pensée fausse, la vérité, qui est une pensée juste, a la puissance de guérir.

L'intelligence cosmique, cause de l'univers et source de la vie, est l'énergie qui meut l'univers par le jeu naturel et harmonieux des lois qu'elle a conçues. Dieu — le Cela, la Chose, la Nature, le Souffle — est perçu comme la Pensée universelle, le Mental-Un, l'Esprit du Tout, le Conscient infini. L'accent est mis sur la puissance créatrice de cette intelligence omnisciente. Cette énergie mentale divine est la cause de tout: elle est à l'origine de tout, elle est en tout, elle est Tout. Elle est l'unique agence créatrice de l'univers.

Dieu ne se manifeste que par le jeu des lois cosmiques. Et son oeuvre n'est que perfection et harmonie. Dans la chaîne immensément longue de la vie, l'Intelligence cosmique arrive — en passant par d'innombrables espèces végétales, puis animales — à inventer des organes de plus en plus perfectionnés et des systèmes nerveux de plus en plus complexes, pour aboutir finalement à l'homme, cet être doté de facultés mentales et psychiques créatrices dont les lois sont encore ignorées de la masse. L'homme est une entité spirituelle disposant d'un système directeur et «mouleur» de l'Énergie vitale et cosmique. Cette Energie est *en* nous; elle est nous. Nous sommes *un* avec elle. L'Intelligence créatrice trouve en nous des centres conscients et individualisés d'expression.

Dieu est l'unique Intelligence et l'intelligence de l'homme n'est qu'une parcelle de cette Intelligence unique. L'homme est de nature divine; il est divin. Dieu et l'homme ne font qu'un. Chaque fois que l'homme pense, il met l'Intelligence créatrice en action. En s'exprimant en nous et par nous, cette Intelligence devient plus pleinement consciente de sa propre essence. En nous, l'énergie mentale — qui est impersonnelle — accède à la conscience et devient la loi de la vie. Nous n'avons pas à produire l'énergie cosmique; elle est là, en nous, prête à agir. Nous n'avons qu'à l'utiliser et à la diriger dans le respect de ses lois. Notre mental fournit le mécanisme par lequel l'Intelligence créatrice produit son effet dans le monde.

Le malheur de l'homme, c'est d'ignorer qu'il est émané de Dieu. Le mal, c'est l'erreur, le mensonge, le sommeil, l'ignorance. Ignorance de ce que nous sommes en profondeur: des étincelles conscientes de l'Intelligence créatrice. Ignorance de ce que nous avons la possibilité de connaître toute chose dans cette Intelligence. Le mal est toujours une erreur; la maladie, toujours une pensée fausse. Ernest Holmes écrit: «Chaque homme, dans son état natif, est une part, une manifestation de ce Principe éternel et tout le problème de la limitation, du mal, de la souffrance, de l'incertitude, n'est pas ordonné, voulu par Dieu, mais il est dû à notre ignorance» [12]. Dans notre ignorance de la vérité, nous mésusons du pouvoir que nous possédons et nous produisons des oeuvres qui rompent l'harmonie cosmique.

L'homme est l'unique responsable de son destin et de sa propre libération — physique, mentale, spirituelle. La voie libératrice passe, non par des procédés mystérieux, mais par l'emploi intelligent de l'Énergie cosmique et des lois de la nature. La loi du mental est une loi naturelle dans le monde spirituel. En prenant conscience de l'Énergie créatrice qui repose en lui et en se branchant sur elle, l'homme met à sa disposition une puissance créatrice qui peut le rendre parfait lui-même et exercer une influence bénéfique sur les autres. L'homme qui a saisi son moi divin, devient christ ou christique ou christifié: il est comme un puissant poste émetteur-récepteur de l'Énergie cosmique.

La libération consiste à prendre conscience de l'unité ontologique de l'intelligence humaine et de l'Intelligence divine cosmique, et à utiliser sciemment la puissance créatrice de cette Intelligence infinie. En s'abouchant avec le réservoir de l'Intelligence cosmique, l'homme met à son service une puissance créatrice capable d'accomplir tout ce qu'il veut: guérison physique, libération psychique, développement spirituel, succès dans la vie et réussite dans les affaires. Ce processus de libération s'effectue au cours de nombreuses existences terrestres, la réincarnation étant généralement admise chez les tenants du Penser Nouveau.

Mieux que toutes les autres écritures sacrées, la Bible enseigne que l'homme est divin et qu'en lui réside une énergie toujours disponible. Le Penser Nouveau se réclame d'un enseignement caché de la Bible. Cet enseignement aurait été perdu ou ignoré depuis les origines chrétiennes. Même si elle n'est généralement pas l'ouvrage de référence exclusive, la Bible n'en reçoit pas moins, dans le Penser Nouveau, un statut tout à fait privilégié. À telle enseigne que le réseau sémantique, le vocabulaire et la symbolique utilisés, sont judéo-chrétiens.

Pour le Penser Nouveau, la Bible est une somme de psychologie spirituelle dynamique, un manuel de créativité psycho-spirituelle, un résumé de la science de l'âme et de ses possibilités infinies. La Bible est un livre essentiellement symbolique. Elle enseigne toutes les lois de la puissance créatrice de la Pensée, sous le couvert combien impénétrable de symboles, de légendes, de paraboles et de contes. Rédigée selon un code fermé, resté secret jusqu'à l'apparition du Penser Nouveau, la Bible propose une doctrine ésotérique que seuls les initiés comprennent. La Bible est une immense allégorie dont le Penser Nouveau nous fournit la clé d'interprétation. Et cette interprétation n'est pas théologique, mais psychologique.

Jésus est le plus grand psychologue jamais vu. Connaissant parfaitement les lois de l'Intelligence cosmique, il a utilisé à volonté l'Énergie créatrice pour recréer l'harmonie autour de lui: guérisons, exorcismes et miracles montrent à l'évidence qu'il a été le praticien par excellence qui a su canaliser l'Énergie universelle pour la mettre au service des autres dans l'amour.

Plus qu'un personnage historique, «Jésus est un *nouveau* mode de penser»[13]. Il n'est pas le Christ; il est christ comme tout homme parvenu à la conscience cosmique. La venue du Christ n'est rien d'autre que la découverte de l'identité de notre intelligence avec l'Intelligence suprême. Le Christ en nous, c'est notre moi divin. C'est ça le salut, le royaume des cieux: devenir christique, se perdre dans sa Source.

Les écoles

Les racines du Penser Nouveau peuvent remonter à Hegel et Emerson, mais le vrai père du mouvement est Phinear P. Quimby (1806-1866) qui, le premier, eut l'idée de retrouver la puissance de guérison de l'Évangile[14]. Quimby était préoccupé par le problème de la guérison. Selon lui, la maladie avait ses causes dans la pensée et l'intelligence. Derrière chaque maladie, se trouve une idée erronée. Influencé par le mesmérisme français de Charles Poyen, Quimby mit au point un système de guérison par le mental, appelé «Science de la santé» ou «Science chrétienne». Au départ, guérisseur par hypnose, Quimby eut l'intuition qu'il n'est pas nécessaire de débrancher le conscient pour obtenir la guérison, car tout être humain possède en lui une énergie toute-puissante.

La *Science chrétienne*. Guérie par la technique de Quimby dont elle fut la secrétaire pendant une décennie, Mary Baker Eddy devint une ardente protagoniste du quimbyisme. Femme forte, autoritaire et doctrinaire, Mary Baker Eddy reprit l'enseignement de Quimby en y injectant une forte dose religieuse. De 1866 à 1882, elle diffusa les principes de la Science chrétienne et, en 1877, fonda l'Association de la Science chrétienne qu'elle incorpora juridiquement en 1879 sous le nom de *Église du Christ, Scientiste*. Le système doctrinal de Mary Baker Eddy est exposé dans son livre *Science et santé avec la clé des Écritures*. Ce livre se présente comme l'ultime révélation de Dieu et la seule interprétation valable de la Bible. Il n'est pourtant qu'un étrange amalgame d'éléments de la philosophie de Hegel et de Berkeley et de la thérapie mentale de Franz Mesmer et de Phinear P. Quimby. La Science chrétienne propose une vision moniste et émanantiste du monde:

elle enseigne le caractère illusoire de la matière, qui n'est qu'une projection de l'esprit, et du mal, qui n'est qu'une projection de la fausse conscience. Puisque Dieu, source de tout, est Esprit, tout est Esprit; et puisque Dieu est bon, le mal n'existe pas. *La Première Église du Christ, Scientiste*, compte aujourd'hui plus de 3,000 branches et pas moins de 8,000 praticiens de la Science chrétienne. Avec la Science chrétienne, les principes du Penser Nouveau sont encore profondément marqués par les idées chrétiennes et restent dans la sphère d'attraction du christianisme.

Unité est une école indépendante de la Science chrétienne. Fondée par les époux Fillmore vers 1885, le mouvement Unité puise aux mêmes sources que la Science chrétienne. Mary Baker Eddy s'objectant à ce que le mouvement des Fillmore portât le nom de Science chrétienne, on le nomma Unité en 1895. Le système doctrinal d'Unité est une combinaison syncrétiste d'éléments de la Science chrétienne, du Spiritualisme, de la Théosophie et des enseignements de Swami Vivekananda. À l'instar de la Science chrétienne, Unité met l'accent sur la guérison par la pensée, mais, contrairement à la première, elle enseigne que la matière, le mal et la maladie sont réalités et qu'ils peuvent être surmontés par une pensée droite et une vie correcte. Même si Unité se réfère aux écrits de toutes les religions, elle se pose comme chrétienne et porte le nom d'*École du christianisme*[15]. Aussi, avec Unité, le Penser Nouveau s'éloigne-t-il davantage de la sphère du christianisme.

Avec la *Science divine*, mouvement lancé par les soeurs Brooks, le processus de «déchristianisation» du Penser Nouveau s'accentue, mais ne permet pas encore l'adhésion sans réserve des non-chrétiens. Emmet Fox, leader d'une Église de la Science divine — l'*Église du Christ, Guérisseur* — est un des grands porte-parole du Penser Nouveau du milieu du XXe siècle. Nul n'ignore le rôle important joué par Fox dans l'Association rosicrucienne de Max Heindel et dans le mouvement spiritualiste américain. C'était un grand admirateur d'Allan Kardec et de Léon Denis. Conférencier au Carnegie Hall de New York pendant une décennie, Fox, un ancien ingénieur électricien, publia une foule d'ouvrages dans lesquels il expose, à sa façon, les grands principes du Penser Nouveau, en insistant particulièrement sur la réincarnation considérée par lui comme une doctrine essentielle de son système. Contemporain de Fox, Joseph Murphy, lui aussi de la Science divine, s'est fait le vulgarisateur extrêmement prolifique du Penser Nouveau. Ses ouvrages qui connaissent un immense succès au Québec, sont diffusés par le *Centre Joseph Murphy*. Dans une langue farcie d'exemples concrets, ils démontrent la puissance de la Pensée créatrice dans tous les domaines: spirituel, corporel, financier, etc.

Dans l'*Église de la Vérité*, la recherche personnelle et l'initiative individuelle prévalent sur l'organisation et la référence à des écrits particuliers. Le représentant le plus remarquable de la psychologie dynamique de la Bible est Erwin Seale qui a succédé à Fox au Carnegie Hall. Son enseignement prétend reprendre le message perdu de Jésus. Ce message, non-religieux selon lui, «réconcilie les exigences impérieuses de la raison et de l'intelligence, stimulées par les découvertes scientifiques de notre ère atomique, avec les aspirations spirituelles qui jaillissent du tréfonds de l'être et, aussi, avec les élans du coeur pour faire toujours plus de bonheur individuel et collectif» [16].

La *Science religieuse* est une autre expression importante du Penser Nouveau. Ami de Fox et de Seale, Barker en est la personnalité la plus marquante. Son enseignement reprend les principes du Penser Nouveau et les expose avec une logique froide et cartésienne. Barker pousse, à leurs conclusions extrêmes, le principe moniste de l'unité ontologique de l'homme avec Dieu et les corollaires découlant de cette unité. L'homme a tous les attributs divins quand il en prend conscience — ce qui le rend capable de supprimer toute souffrance et d'établir l'harmonie universelle dans le cadre des lois cosmiques. Barker raisonne en mécanicien spirituel. En toute rigueur logique, il utilise l'énergie créatrice pour obtenir un manteau de fourrure, pour se trouver une épouse, pour se défaire d'un ennemi ou d'un imposteur.

Dans la mouvance de la Science religieuse, Ernest Holmes fonde son *Institut de Sciences religieuses* à Los Angeles. Avec lui se trouve achevée l'universalisation du principe de la

Puissance créatrice de la Pensée. L'enseignement de Holmes a obtenu une audience remarquable non seulement dans les milieux «religieux» et «confessionnels», mais surtout dans le monde de la science et des affaires. Holmes présente la doctrine du Penser Nouveau sur une base «scientifique». Tout individu, où qu'il se trouve et quelles que soient ses convictions religieuses, peut utiliser la loi du Mental universel et obtenir des résultats infaillibles. Le manuel, la *Science du Mental*, reste la base de l'enseignement de Holmes[17]. Par amitié pour son Maître, F. Bailes donna le nom d'*Église de la Science du Mental* à l'organisation qu'il fonda dans la foulée des enseignements de Holmes.

Originaire d'Alsace-Lorraine, Auguste Berg introduisit en France, dans les années '50, le Penser Nouveau sous le nom de *Psychosynthèse spirituelle pratique*. La Psychosynthèse, ou la technique spirituelle de la Science du Mental, est une transposition française des enseignements de Holmes. Berg déclare que c'est le «souci de trouver une terminologie assez souple pour n'indisposer ni le croyant, ni l'incroyant, qui nous a fait nous aligner sur les théories nettement universalistes de la Science du Mental de l'Institute of Religious Science, de Los Angeles»[18].

Les écoles du Penser Nouveau, mentionnées ici selon l'ordre chronologique de leur émergence, se présentent souvent comme des Églises pour pouvoir jouir d'avantages fiscaux et d'une plus grande liberté financière. Ces Églises ne se distinguent souvent que par la terminologie. Leur enseignement est essentiellement le même. Aussi, chaque Église du Penser Nouveau — sauf, peut-être, l'Église du Christ, Scientiste — vend-elle volontiers la littérature des autres écoles qui, toutes, préconisent l'étude des ouvrages de Thomas Troward. Celui-ci fut le premier à présenter, dans des écrits de style géométrique, les lois qui régissent la créativité cosmique et psychospirituelle. S'appuyant, comme Fabre d'Olivet, sur le symbolisme des lettres hébraïques, Troward a su retrouver, au travers des mythes et des symboles hermétiques de la Bible, le fil d'Ariane, c'est-à-dire la psychologie du salut.

De ce qui précède, il nous paraît évident que le Penser Nouveau entre dans la typologie de la gnose. L'élément spécifique de la gnose est la constante fondamentale du système doctrinal du Penser Nouveau. L'homme est un fragment émané de Dieu, une étincelle de l'Intelligence créatrice. Il est de nature divine. L'ignorance est non seulement la source de tout mal, mais le mal lui-même dans son essence: elle est le mal unique d'où tous les maux découlent. En prenant conscience de sa nature divine, l'homme s'exhausse au-dessus de la souffrance et du mal, s'approprie les attributs divins et atteint à l'harmonie et à la perfection. Le Penser Nouveau propose une voie de libération gnostique: le salut par la connaissance du soi, considéré comme étincelle divine.

Nous trouvons également, dans le Penser Nouveau, bien des caractéristiques secondaires de la gnose: le caractère illusoire de la matière, la non-réalité du péché, l'ésotérisme, la doctrine de la réincarnation, l'éclectisme. Nous pouvons à bon droit classer le Penser Nouveau dans la catégorie de la gnose. L'emballage y est judéo-chrétien. Le Penser Nouveau sonne chrétien au point de donner le change aux non-avertis. Vocabulaire, symboles, mythes, analogies, légendes, références, sont empruntés au monde biblique et intégrés dans une synthèse gnostique, après avoir été décapés de leur signification chrétienne traditionnelle.

Le Penser Nouveau occupe une place importante sur la scène religieuse au Québec. Toutes les écoles y sont représentées, et leurs livres connaissent une audience considérable auprès des différentes couches de la population. La maladie est un fardeau commun et l'angoisse qu'elle provoque trouve, dans les gnoses curatives, une réponse sécurisante. Le Penser Nouveau a réponse à tout... ou presque. À vos problèmes de santé et d'argent. À vos peurs et aux ennuis que vous cause le voisin. C'est avec raison qu'on a parlé du Penser Nouveau comme d'un «culte de succès»[19]. Culte de la réussite, le Penser Nouveau est une gnose à succès. Il se veut dynamique et pragmatique. Il communie aux valeurs d'efficacité du continent nord-américain où il est né et où il a grandi.

IV — L'EMERGENCE «SOPHIOLOGIQUE»

Le mouvement «sophiologique» est une émergence de la tradition parallèle. Ce mouvement, très fécond, a donné naissance à une famille de groupes qui veulent apporter une sagesse de vie capable de satisfaire aux aspirations les plus intimes de l'âme contemporaine. Ces groupes entendent contrecarrer la poussée du matérialisme positiviste de la société actuelle, et établir une jonction entre la science et la religion.

Principales caractéristiques

1 — Les groupes sophiologiques parlent tous, ou peu s'en faut, d'initiation. L'initiation peut se définir comme «*un processus destiné à réaliser psychologiquement chez l'individu le passage d'un état, réputé inférieur, de l'être à un état supérieur*», la transformation du «profane» en «initié»; par une série d'actions symboliques, morales et physiques, il s'agit de *donner à l'individu la sensation qu'il «meurt» pour «renaître» à une vie nouvelle* (d'où l'expression fréquemment employée de «seconde naissance»)»[20].

L'initiation est l'entrée dans un état psychique plus parfait, dans un monde supérieur réservé aux seuls élus. Dans l'initiation, les possibilités latentes de l'individu s'actualisent; l'être «se réalise» dans ce passage à la lumière.

L'individu ne peut s'initier lui-même. Il reçoit l'initiation d'un maître, d'une organisation. Cette initiation s'accomplit par des rites secrets qui agissent sur le psychisme et que le néophyte s'engage à ne jamais révéler aux profanes. On accorde à ces rites une efficacité inhérente, à condition toutefois qu'ils soient accomplis dans les moindres détails et que le néophyte soit initiable, c'est-à-dire pourvu des qualifications requises, physiques et morales. Une fois reçue la première initiation, le néophyte n'acquiert que graduellement la connaissance. La voie initiatique est longue et laborieuse. D'où l'existence d'une hiérarchie initiatique dans laquelle les divers échelons marquent les degrés de «réalisation» auxquels l'initié est parvenu.

Les divers rites, cérémonies, symboles et techniques initiatiques utilisés dans les groupes sophiologiques contemporains se rejoignent tous sur le plan de la méthode de pensée et d'action. «La méthode initiatique consiste d'abord à créer chez le néophyte une rupture avec sa vie antérieure. Par cette rupture, il faut entendre à la fois le choc psychologique de l'initiation elle-même, le vocabulaire nouveau et particulier au groupe qu'il découvre et dont il s'imprègne, l'effort d'introspection qui lui est imposé par les messages qu'il entend. Ensuite, la méthode initiatique polarise la réflexion du néophyte sur tel ou tel objet symbolique ou sur tel ou tel événement mythique dont il doit par lui-même extraire le sens pour s'imprégner d'une leçon. Enfin la méthode initiatique n'est concevable que dans un groupe»[21]. La méthode initiatique s'est diversement développée dans les groupes sophiologiques: on y trouve un éventail de formes d'initiation qui va des plus élémentaires aux plus sophistiquées.

2 — L'initiation est le portique qui donne sur une connaissance supérieure et ésotérique qu'on ne peut acquérir par le seul jeu de la raison discursive. D'autant qu'il s'agit d'une sagesse perdue qu'il faut redécouvrir. En effet, le thème de connaissance primordiale se retrouve généralement dans les groupes sophiologiques contemporains. Aussi chaque groupe sent-il le besoin de se réclamer d'une tradition antique, antérieure même au monde dans lequel nous vivons. Les groupes tentent de prouver, chacun à sa manière, sa fabuleuse antiquité en faisant appel soit à une transmission «horizontale» dans le temps et l'histoire, soit à une transmission «verticale», intemporelle. La transmission horizontale s'accomplit par la succession ininterrompue d'adeptes alors que la transmission verticale se réalise par la mise en oeuvre de pouvoirs psychiques supérieurs: clairvoyance, clairaudience, contacts médiumniques avec des entités supérieures. La connaissance ainsi acquise recevra les noms les plus divers: «science de l'intelligence créatrice», «science spirituelle», «science de l'âme», «science cosmique», «arthéologie», etc.

3 — En bonne logique, le thème de la connaissance perdue, inaccessible à la raison pure, postule l'existence d'une hiérarchie d'entités supérieures ou de maîtres invisibles qui, pos-

sédant la totalité de la connaissance, peuvent la révéler aux initiés et aux maîtres terrestres. Ces maîtres forment la Grande Loge blanche. Ou bien ce sont des individus plus évolués qui vivent cachés, quelque part au Tibet, au Népal, en Inde, en Égypte ou encore en Occident, et qui sont parfois d'un âge extrême — plusieurs centaines d'années. Ou bien ce sont des grands hommes du passé (Pythagore, Krishna, Moïse, Jésus, etc.) qui habitent les plans subtils supérieurs d'où ils se manifestent aux hommes. Ou bien ce sont des extraterrestres qui habitent des planètes aux noms les plus bizarres et qui viennent visiter les hommes en engins volants.

La manifestation de ces maîtres est toujours merveilleuse et leur message est sagesse profonde. Ces «Grands Initiés» font la synthèse de l'Orient et de l'Occident. Par exemple, les maîtres tibétains, Kuthumi et Morya, sont de tradition bouddhique; Loliad, de tradition atlantéenne; Sérapis, de tradition égyptienne; Hilarion, de tradition néo-platonicienne; Jésus, de tradition hébraïque; Paracelse et le Comte de Saint-Germain, de tradition chrétienne. Et la liste continue...

4 — Grâce à la connaissance recouvrée, l'adepte parvient à des niveaux de conscience supérieurs. Tous les groupes sophiologiques insistent sur l'expérience d'états de conscience supra-normaux. «Conscience cosmique», «conscience christique», «conscience bouddhique», «conscience universelle», «surconscience», «conscience divine», autant d'expressions qui désignent l'expérience directe du contact conscient avec l'énergie universelle qui pénètre le cosmos et réside, toujours disponible, au fond de l'être humain. Tout est question de conscience. Toute libération individuelle, tout changement physique et social est affaire de conscience personnelle. «Si tu veux te changer et changer le monde, change ta conscience.» C'est par la mutation de la conscience et par l'accès à des états supraconscients qu'on parvient à l'harmonie et à la maîtrise cosmiques.

5 — Cela dit, il s'agit de se rendre sensible aux vibrations des plans supérieurs, de devenir davantage réceptif aux ondes de plus en plus subtiles et ainsi de découvrir qu'un vaste univers jusque-là inaperçu enveloppe l'être humain et l'affecte de mille

manières. Les groupes sophiologiques insistent volontiers sur les sons, la lumière, les couleurs, qui jouent un rôle important dans la démarche spirituelle qu'ils proposent. Il s'agit de syntoniser les sons mystiques, de capter la lumière divine, de recomposer la lumière blanche à partir des couleurs du spectre qui sont comme des émanations du blanc primordial.

6 — Autre caractéristique des groupes sophiologiques: tous s'accordent pour dire que nous sommes parvenus à la fin d'une période de dégradation et de ténèbres, d'objectivations et d'extériorité. Nous sommes à l'aube d'une ère nouvelle, appelée selon les cas «Ere du Verseau», «Âge d'Or», «Nouvel Âge», «Âge de l'Illumination», «Retour du Christ», «Millenium», «Âge de l'Apocalypse», «Ere des Mutants», etc. Les groupes se présentent comme des instances qualifiées pour préparer les temps nouveaux; et leurs adeptes se considèrent comme des *mutants* qui, anticipant le monde à venir, accélèrent l'évolution du genre humain. Ces premiers évolués constituent les arrhes d'une civilisation nouvelle.

7 — Enfin, les groupes sophiologiques refusent généralement de se considérer comme des religions et ils se hérissent lorsqu'on leur applique l'épithète de «religieux». Ils tiennent volontiers ce discours: «Nous ne sommes qu'un groupe de recherche; aucun credo n'est imposé à nos adeptes. Vous pouvez vous joindre à nous sans abandonner aucune de vos croyances antérieures; vous pouvez rester chrétien et adhérer à notre groupe. Bien plus, en souscrivant à notre groupe, vous deviendrez meilleur chrétien, chrétien accompli, parfait». Il n'y a pas lieu de discuter ici de cette prétention. Nous le ferons plus tard. Disons seulement, pour l'utilité de notre propos, que tout se ramène à une question de vocabulaire et de sémantique, c'est-à-dire au sens que l'on donne au mot religion. Nous estimons quant à nous que ces groupes sont des religions, au sens que nous avons établi au départ, c'est-à-dire des voies humaines de libération ultime qui proposent un univers de sens englobant et mettent l'homme en contact avec le sacré.

On peut classer les groupes sophiologiques selon plusieurs familles: les groupes de type théosophiste, les ordres initiatiques, les groupes psychosophiques et les groupes de sciences cosmiques[22].

Les groupes de type théosophiste

À l'instar de la pensée philosophico-religieuse des grands théosophes des XVIIIe et XIXe siècles, ces groupes se posent comme des représentants de la religion intérieure et se méfient des médiations proposées par les Églises constituées; ils rêvent de la situation primordiale de l'homme, développent une cosmologie, où l'univers est vu comme un être vivant pourvu d'une âme et d'une conscience, et confèrent aux événements une signification cosmique qui tend à les déshistoriciser. En ce sens, ils méritent bien le nom de «théosophistes».

Les groupes de type théosophiste sont marqués au coin de l'éclectisme. Ils forment des systèmes syncrétistes où les doctrines hindoues ou bouddhistes voisinent avec la kabbale, l'alchimie et l'astrologie et s'ajustent aux données de l'ésotérisme chrétien, de l'hermétisme grec et de la sagesse égyptienne. Puisque chaque groupe entend détenir une sagesse intégrale, il se doit de puiser à toutes les traditions qui en peuvent receler des parcelles.

Les groupes de type théosophiste accordent une importance considérable à l'expression verbale. L'accent est mis sur la lecture et la discussion en groupe. Les rituels et les techniques occupent généralement peu de place. Dans ces groupes on parle plus d'initiation et d'état de conscience supérieur qu'on en fait l'expérience concrète. L'atmosphère qui y règne est froide et intellectuelle. On y poursuit plus la connaissance que la mystique. Parfois on se croirait plutôt devant des groupes d'étude que devant de nouvelles religions. Et cela peut donner le change.

En tête de liste des groupes de type théosophiste, mentionnons la *Société théosophique*, fondée en 1875 par Mme H.P. Blavatski et le colonel Olcott. Russe de naissance, Mme Blavatski fut une femme puissante dont la vie est une aventure palpitante. On la trouve au Tibet où elle contacte les maîtres, en Égypte où elle donne des séances spirites, à Londres où elle enseigne le piano, en Italie où elle guerroie aux côtés de Garibaldi. Ses oeuvres *Isis dévoilée* et *La Doctrine secrète* ont exercé une influence déterminante sur plus d'une nouvelle gnose. À sa mort, survenue en 1891, Annie Besant lui succède avec un dynamisme sans pareil, s'acharnant jusqu'en 1904 à démontrer le caractère anti-chrétien du théosophisme[23]. Mme Besant donna à la société théosophique une tournure plus spéculative. Sur la base des lectures psychiques de son assistant C.W. Leadbeater, elle finit par croire que Krishnamurti, alors jeune adolescent, était la nouvelle incarnation de l'Instructeur du monde, le Christ[24].

Le théosophisme est un système cosmogonique articulé autour de trois grandes vérités primordiales: l'existence d'un Dieu impersonnel dont l'énergie pénètre l'univers et dont le logos assure l'harmonie des divers plans; l'essence divine de l'homme dont le passé est chargé et dont l'avenir est sans limite; la loi de la juste compensation selon laquelle l'homme est son propre juge, «l'arbitre de sa propre vie, se dispensant à soi-même gloire ou obscurité, récompense ou châtiment»[25]. Toute cette métaphysique est présentée dans une synthèse syncrétiste, inspirée de la tradition parallèle, des religions hindoues, des sciences ésotériques et des données spirites.

C'est en opposition aux idées d'Annie Besant sur le Christ et le christianisme, et à l'orientalisme échevelé du théosophisme que Rudolf Steiner quitta la Société théosophique pour fonder en 1913 la *Société anthroposophique* à laquelle de nombreux groupes théosophiques allemands se rallièrent aussitôt. Esprit puissant, Steiner créa un vaste système de «science spirituelle» visant l'intégralité du savoir: l'art, la science et la religion. L'anthroposophie essaie d'articuler toute une vision du monde autour d'une lecture ésotérique de l'acte du Golgotha, qui est le mystère initiatique par excellence. L'anthroposophie est la science des forces et des êtres spirituels qui pénètrent le cosmos. Ces forces supra-matérielles s'identifient pratiquement à l'énergie christique, si bien que le monde est sous «l'impulsion du Christ» dont les anthroposophes préparent le retour imminent. Cette impulsion libère l'homme de l'enlisement définitif dans la matière.

L'anthroposophie se veut une étude scientifique du monde spirituel. On pourrait peut-être considérer l'anthroposophie comme une «théosophie démythologisée», car elle garde de la théosophie, la métaphysique et l'aventure initiatique en en rejetant les éléments qui personnifient les mystères cosmiques, pour les transformer en récits narratifs. Au Goetheanum, à Dornach en Suisse, centre mondial de la Société anthroposophique, on a développé, à partir des principes anthroposophiques, une danse nouvelle appelée eurythmie, une médecine particulière, une pédagogie nouvelle, une méthode d'agriculture biologique-dynamique dont les produits sont connus aujourd'hui sous le nom de «Produit Demeter». Au Québec, la Société anthroposophique est en train de mettre sur pied une «communauté de chrétiens», centrée sur le culte eucharistique, qui est «l'acte de consécration de l'homme». De plus, existe à Montréal l'*Association pour la pédagogie Waldorf* qui tente de mettre en application les principes pédagogiques de Steiner. L'influence de l'anthroposophie se fait encore sentir sur l'*Astrosophie* qui aborde l'étude des astres et des rapports entre l'homme et le cosmos sous l'angle anthroposophique.

Comme l'anthroposophie, le néo-rosicrucianisme de Max Heindel déleste le théosophisme de son orientalisme indu. D'abord membre très en vue de la Société théosophique, Max Heindel élabore un système gnostique à partir du théosophisme et de la philosophie des Rose-Croix du XVIIe siècle. Sa *Cosmogonie des Rose-Croix* constitue l'oeuvre maîtresse de sa pensée et sert de fondement doctrinal à l'*Association rosicrucienne* qu'il a fondée en 1908. La doctrine fondamentale de l'Association est résolument théosophiste cependant que l'atmosphère générale y est plus «occidentale». On y donne une importance particulière aux guérisons, à l'astrologie et aux symboles initiatiques. Les membres de l'Association sont végétariens et s'abstiennent de tabac et d'alcool. L'enseignement est individuel et gratuit et se fait par courriers mensuels depuis le siège mondial à Mount Ecclesia en Californie.

Avec Alice Baily, le théosophisme prend une tournure franchement eschatologique. Mme Baily devint membre de la Société théosophique de Krotona en Californie. Très tôt, elle produisit des écrits qu'elle présenta comme venant du Tibétain, ce maître mystérieux qui vivait dans quelque mystérieuse lamaserie. Désavouée par nombre de théosophistes, Mme Baily fonda son propre mouvement qui devait répandre de par le monde l'enseignement du Tibétain.

Mme Baily accorde une importance énorme aux hiérarchies spirituelles et insiste sur la doctrine des avatars, ces êtres capables de transmettre l'énergie divine. Dernier des avatars, le Christ doit se manifester bientôt. Sa parousie ouvrira l'Ere du Verseau. À l'instar de tous les avatars, le Christ ne peut apparaître que suite à l'invocation instante de l'humanité. D'où l'importance de la *Grande Invocation*, cette prière universelle que le Christ lui-même utilisa pour la première fois à la pleine lune de juin 1945[26].

Pour contrer l'inertie universelle et préparer le retour du Christ, un groupe devait être créé qui réunirait les hommes et les femmes de bonne volonté: c'est le *Nouveau Groupe des Serviteurs du Monde* qui, en 1950, prit le nom de *Bonne Volonté Mondiale*. Ce groupe, dont le siège social est en Suisse, a des ramifications partout dans le monde. Ces rameaux portent différents noms. En France, c'est la *Fraternité des Serviteurs du Monde Nouveau* et au Québec, c'est l'*Association Québécoise de Bonne Volonté*. Existent encore, au Québec, l'*École Arcane* et le *Groupe de Semence du Nouvel Âge* qui se chargent de répandre l'enseignement du Tibétain.

Dans la foulée du théosophisme, l'*Église Universelle et Triomphante* se réclame de l'enseignement des maîtres de la Grande Loge blanche, en particulier d'El Morya. Ces maîtres dictèrent une révélation à leurs messagers Mark et Elizabeth Prophet qui la consignèrent dans le livre *Pearls of Wisdom*. Cette révélation, qui reprend les grands thèmes théosophistes, s'inspire de l'alchimie, de l'astrologie, de la kabbale et de l'ésotérisme oriental. Elle se singularise par l'importance donnée à la guérison et à la «visualisation», cette dernière étant considérée comme la clé de la libération spirituelle pour l'ère du Verseau. La démarche proposée conduit à la conscience divine et fait de nous des «disciples du Grand Soi de Tout».

De son côté, Omraam Mikhael Aivanov, bulgare comme son maître Peter Deunov (de son vrai nom Bienço Douno), dispense un savoir secret et sacré qu'il prétend tenir, lui aussi, d'un maître tibétain. En 1977, il fonde sa propre *École-Divine*, ainsi que la *Fraternité Blanche Universelle* qui se veut la réplique terrestre de la Grande Loge blanche céleste. La doctrine d'Aivanov emprunte au théosophisme, aux religions orientales, à la tradition parallèle et aux sciences occultes. La Fraternité propose, entre autres, comme méthode de libération, la paneurythmie qui consiste en une série de mouvements rythmés par des chants et destinés à harmoniser les forces cosmiques. Elle insiste sur l'importance de s'abreuver à l'énergie solaire en contemplant le soleil à son lever.

S'inspirant des enseignements de Mikhael Aivanov, le *Mouvement d'Arthéologie du Pentagramme d'or*, fondé à Montréal en 1974, vise à faire communier ses adeptes aux forces primordiales du mouvement créateur et aux énergies premières du Soleil, de la Mère Terre et des différents éléments.

Quant à *La Société de Métaphysique du Québec*, fondée par Margot Cardin, elle propose une doctrine qui se présente comme la synthèse d'éléments tirés du théosophisme, de l'ésotérisme tibétain et du Huna, qui est un système initiatique polynésien. Au moyen d'exercices de yoga et de radiesthésie, la Société entend conduire ses adeptes à l'expansion de la conscience et à la réalisation spirituelle.

Dans la lignée du théosophisme, on peut également classer le groupe *Eckankar*, fondé par Sri Paul Twitchell qui reçut son enseignement du grand maître tibétain Rebazar Tarzs qui vécut plusieurs centaines d'années dans le même corps physique. Twitchell se présente comme le 971e descendant de Gakko, le premier maître Eck qui, il y a six millions d'années, enseigna sur la terre de Muj (Lémurie) la science du voyage de l'âme. Actuellement Sri Darwin Gross est le Maître Eck vivant, «l'homme-Dieu», «le Eck personnifié», «le fils de Dieu» qui travaille à la libération des âmes prisonnières en se rendant présent partout où se trouve un chéla, un disciple de Eck. Le voyage de l'âme hors du corps est la voie qui conduit à la réalisation de soi et au royaume de Dieu. Cette projection de l'âme dans les plans supérieurs permet d'échapper aux conditionnements néfastes du temps, de l'espace et de la matière et conduit à l'état de conscience totale. La pensée imaginative, la lumière cosmique et le son divin HU constituent les trois pôles principaux du système d'Eckankar.

Á ces groupes on pourrait peut-être joindre le *Mouvement du Graal* fondé par Oskar Ernst Bernhardt (1875-1941) qui, prenant le nom de Ab-Ru-Shin, se présente comme le Fils de l'homme annoncé par Jésus et se réclame d'une connaissance ancienne dont le Graal est le symbole. La *Société montréalaise d'ontologie*, sous l'impulsion d'Henri Gaston, vise la maîtrise du corps par le yoga et le zen, le développement mental par la télépathie, la clairvoyance et la sensibilisation à l'aura et la libération spirituelle par le développement d'une «connaiscience (sic) totale». L'*École de spiritualité vivante*, fondée en 1951 par Sundari, a produit de nombreux livres de haute spiritualité syncrétiste. Quant à la *Grande Alliance* et aux *Ouvriers du Millénium*, ce sont des archiconfréries sans frontières qui, ayant accédé à la conscience divine, travaillent à l'évolution des autres. *Ora*, fondé en 1974 par Denis Robert, entend conduire l'homme à la conscience universelle grâce à une science totale puisée dans le livre de la nature et dans la sagesse pharaonique, dont Anubis Schénuba est le principal porte-parole au Québec.

Les Ordres initiatiques

Dans ces groupes, le système initiatique est généralement fort développé, le secret revêt une importance primordiale et l'influence maçonnique y est évidente. De tous ces ordres, mentionnons d'abord celui qui est le mieux connu: l'*Ordre rosicrucien A.M.O.R.C.* (Antiquus mysticus ordo rosae crucis), qui se présente comme l'héritier de l'antique Rose-Croix. L'Ordre fait remonter ses origines aux anciennes écoles de mystères d'Égypte vers l'an 1500 avant J.C. En réalité, l'Ordre a été fondé en 1909 par Spencer Lewis. Selon la doctrine rosicrucienne, il ne s'agit pas d'une fondation, mais d'une résurgence de l'Ordre. D'après la loi des cycles de 108 ans, l'Ordre devait se manifester au grand jour en 1909 après 108 ans de vie occulte. Le Siège mondial de l'Ordre est à San José, Californie, où se trouvent temple, musée, bibliothèque, université, imprimerie. L'Ordre présente une structure pyramidale très hiérarchisée. Gouverné par un Imperator, l'Ordre est divisé en juridictions linguistiques dirigées, chacune, par un Grand Maître. L'Ordre comprend douze degrés initiatiques. Les réunions collectives, réservées aux seuls membres, sont tenues dans les *pronaoi*. L'enseignement, confidentiel et privé est «une philosophie initiatique vivante et pratique» qui conduit à l'harmonie cosmique et à la maîtrise de soi, grâce à la connaissance des lois secrètes du macrocosme et du microcosme.

Outre l'Ordre rosicrucien A.M.O.R.C. et l'Association rosicrucienne, il existe au Québec *La Rose-Croix d'Or*, connue sous le nom de *Rose-Croix de Haarlem* et l'*Ordre Kabbalistique de la Rose-Croix* dont on dit de Robert Ambelain qu'il fut le grand maître. Il y a aussi des mouvements dissidents, parallèles, «hérétiques» pourrait-on dire, comme *Esor-Croix Esor... Rose* qui se veut une société rose-croix négative, une contre-société où la doctrine de Satan est proposée.

Pour sa part, le martinézisme, qui engendra plus tard le martinisme, a poussé plusieurs rejetons au Québec. En 1754, le théosophe Martinez de Pasqualy, franc-maçon et kabbaliste érudit, érigea l'armature d'un ordre initiatique dont les rites et le système de grades puisaient largement à la tradition maçonnique: c'est l'*Ordre des Chevaliers Elus-Cohens de l'univers*. Son enseignement, inspiré de la doctrine mystique de Swedenborg, visait à dégager l'homme de l'illusion de la matière et de l'emprise des forces occultes. En 1768, Martinez initia Louis-Claude de Saint-Martin, dit le philosophe inconnu, qui tenta de débarrasser l'Ordre de ses aspects magico-théurgiques et de son cérémonial pour établir un système mystique plus contemplatif. En 1781, l'Ordre se désagrégea: ce fut la fin des établissements des Elus-Cohens (prêtres élus). Toutefois des Elus-Cohens continuèrent à pratiquer la théurgie martinéziste et à procéder à des ordinations. Par ailleurs, l'enseignement théosophique de Martinez ne fut pas perdu après la mort de ce dernier. Louis-Claude de St-Martin continua à proposer un enseignement qui se voulait la synthèse du système de Martinez et de celui de Jacob Böhme; et Jean-Baptiste Willermoz injecta la théosophie de Martinez dans son système maçonnique.

Le martinézisme constitue la souche commune de tous les Ordres martinistes actuels. L'*Ordre Martiniste Traditionnel*, dont une loge est active à Montréal, prétend remonter, selon une transmission initiatique d'une absolue régularité, aux sources les plus pures du martinisme originel. Le gouvernement de l'Ordre est confié à l'Imperator de l'Ordre rosicrucien A.M.O.R.C. Pour sa part, l'*Ordre Martiniste du Canada* dont le siège social se trouve à Rimouski, est une résurgence du martinisme papusien. S'inspirant des enseignements de Gérard Encausse, alias Papus, lui-même fondateur d'un *Ordre Martiniste*, l'Ordre Martiniste du Canada est une société initiatique et mystique, une chevalerie chrétienne ésotérique qui, au moyen de pratiques spiritualistes et d'un symbolisme élaboré, vise à transformer l'homme-animal en Homme-Esprit. Une scission produite au sein du martinisme papusien fut à l'origine de l'*Ordre Martiniste et Synarchique*. Cet ordre est actif à Montréal, ainsi que l'*Ordre Martiniste des Elus-Cohens* qui n'est ouvert qu'aux personnes ayant déjà appartenu à un quelconque ordre martiniste. C'est le stade initiatique ultime. La doctrine des Elus-Cohens s'inspire des enseignements de Swedenborg et se présente comme un agrégat d'éléments puisés autant à la cosmologie kabbalistique et gnostique qu'au cérémonial maçonnique et à la théogonie chrétienne. Les ordres martinistes poursuivent tous un même objectif fondamental: l'éveil initiatique du Christ en soi, c'est-à-dire du moi suprême.

Parmi les ordres initiatiques, il convient de mentionner les ordres du Temple. Ils sont légion à se réclamer de la succession de l'Ordre du Temple dissous en 1312 par Philippe Lebel qui jeta au bûcher Jacques de Molay, le 22e Grand Maître. En 1952, se leva un 23e Grand Maître («Jean») qui se posa comme l'héritier de la tradition des Templiers et fit renaître l'Ordre du Temple sous le nom d'*Ordre Souverain du Temple Solaire*. Installé au Québec depuis 1978, l'Ordre Souverain propose un enseignement syncrétiste inspiré de l'ésotérisme chrétien et travaille à préparer le retour du Christ en gloire solaire. En 1968, un autre Grand Maître français fonde l'*Ordre Rénové du Temple* qui se présente comme une résurgence de l'ancien Ordre Initiatique des Templiers, adapté au monde actuel. L'Ordre Rénové se veut le gardien de l'ésotérisme chrétien, c'est-à-dire de l'ésotérisme universel, et son enseignement s'inspire de l'alchimie, de la kabbale, du yoga, de l'astrologie et des mystiques orientales et occidentales.

De son côté, l'*Ordo Templi Orientis*, fondé par Karl Kellner en 1895, s'inspire non pas de la tradition des Templiers du Moyen Âge, mais de celle des *Illuminés de Bavière*, cet ordre fondé en 1776 qui avait pour but ultime l'*anarchie*, c'est-à-dire la libération de tous les préjugés religieux et l'affranchissement de tout ce qui fait obstacle à la liberté et à l'égalité. En 1922, la direction de l'Ordo Templi fut confiée à Aleister Crowley qui le transforma en un corps d'initiés dévoués à l'établissement de la loi de *Thelema* (en grec: volonté). Thelema est le leitmotiv du *Livre de la Loi*, petit texte cryptique «qui établit les bases de tout un édifice mystique théurgique, philosophique et social, destiné à remplacer les systèmes initiatiques traditionnels rendus démodés par l'avènement de la Nouvelle ère»[27]. L'essentiel de la doctrine du *Livre de la Loi* est repris dans un petit manifeste d'apparence licencieuse, intitulé *Liber Oz*. Le courant occulte de Thelema est aussi propagé dans le *Cercle de l'Étoile* qui vise à sensibiliser le monde francophone aux oeuvres d'Aleister Crowley.

Les groupes psychosophiques

Ces groupes, qui retiennent l'essentiel du schème sophiologique, se caractérisent par l'importance considérable qu'ils accordent à l'exploration des pouvoirs psychiques supranormaux et au développement des facultés extra-sensorielles. Sous cet aspect, ils ressemblent aux groupes de potentiel humain au point qu'ils peuvent parfois donner le change. La parapsychologie, qui a pour objet spécifique la perception extra-sensorielle (PES) et la psychokinésie (PK), est ici mise au service de l'expérience spirituelle et religieuse. Les phénomènes psi ouvrent l'être humain et le font accéder à la conscience supranormale.

Les groupes les plus caractérisés sont les *Cercles Gurdjieff*. George Ivanovitch Gurdjieff (1872-1949) est l'exemple par excellence du mage moderne qui a beaucoup voyagé en

Asie et y a rencontré des représentants de la Fraternité Cachée, gardienne d'une tradition secrète. Plus que tout autre, à l'exception peut-être de Mme Blavatski, Gurdjieff a exercé une influence marquée sur l'ésotérisme occidental et sur les différents groupes gnostiques contemporains. Ses écrits ne sont pas des exposés métaphysiques, mais des satires fantastiques et allégoriques visant à réveiller les hommes et à les sortir de l'erreur fondamentale qui consiste à croire qu'ils peuvent s'arracher à leur condition aliénante en changeant seulement leur environnement sans se transformer eux-mêmes. Les théories de Gurdjieff, largement répandues par son disciple P.D. Ouspenski (1878-1947), sont mises en pratique à l'*Institut pour le développement harmonieux de l'homme,* à Fontainebleau, et dans les nombreux *Cercles Gurdjieff* à travers le monde. La démarche proposée est partout la même: grâce à des techniques appropriées et à des pratiques adéquates, l'individu développe des pouvoirs psychiques supérieurs et devient plus conscient de lui-même, de sa réalité ultime. Les Cercles Gurdjieff centrent leur effort sur l'éclatement du «je» personnel et sur l'expertise du monde para-psychique.

Pour sa part, l'*Église de Scientologie* ou *Église de la Nouvelle Compréhension* veut, en augmentant le quotient intellectuel, apporter un changement de vie et une meilleure santé. Et cela, grâce à la dianétique qui est la science moderne de la santé mentale. Fondée par Ronald Lafayette Hubbard en 1954, l'Église de Scientologie conduit l'adepte à contrôler son corps, à voyager dans le temps et dans l'espace, à retrouver les souvenirs de ses vies antérieures, à entrer en contact avec la divinité. Selon la scientologie, le Thétan (principe spirituel de l'homme) a enregistré, au cours de ses nombreuses réincarnations, des impressions pénibles, des «mémoires» négatives appelées engrammes. Par le moyen de l'électromètre, instrument qui ressemble au détecteur de mensonge, et grâce à l'auditing, la dianétique permet de localiser et d'effacer ces engrammes qui assombrissent la clarté originelle, et amène ainsi l'adepte à l'état de «clair». Le psychisme ainsi libéré, on parvient à la conscience spirituelle globale. Sous un vocabulaire souvent difficile, on retrouve un ensemble d'idées issues de l'ésotérisme chrétien, de la psychanalyse, ainsi que de l'hindouisme et du bouddhisme[28].

Par la mise en oeuvre de diverses techniques occultes, l'*Association gnostique internationale de recherche anthropologique* poursuit, elle aussi, le développement des potentialités cachées dans l'inconscient. Fondée au Mexique par Victor Manuel Chavez qui prit le nom de Samuel Aun Weor, l'Association gnostique propose une doctrine où les éléments tibétains, hindous et bouddhistes sont mêlés aux traditions anciennes des Aztèques, des Incas, des Mayas, aux enseignements de Gurdjieff et à l'ésotérisme chrétien. Une grande importance est accordée au tantrisme et à l'énergie sexuelle. L'enseignement est progressif et comprend deux degrés, appelés «chambres». En 1978, le Québec a été choisi comme base de lancement du mouvement dans le monde francophone et anglophone.

Avec l'*Institut de Métaphysique appliquée,* nous entrons dans la tradition atlantéenne. La vérité de la Métaphysique fut révélée à la canadienne Winifred G. Barton par un grand maître atlante, Loliad-R. Khan. L'homme contemporain, menacé de destruction, doit retrouver les pouvoirs psi des atlantes. L'Institut de Métaphysique a été fondé pour «développer les pouvoirs psychiques: perception extra-sensorielle, voyance, précognition, psycho-kinésie, etc.»[29]. Pour ce faire, on utilise la technique des rêves et des couleurs et on compte sur la présence continuelle d'un guide. Le but de la démarche est de recouvrer les pouvoirs perdus des Atlantes, de devenir atlante.

La tradition atlantéenne inspire également la *Société Atlantis,* ainsi que l'*A.R.E. Cayce* (*A*ssociation for *R*esearch and *E*nlightment). Considéré comme le grand prophète de l'Atlantide, Edgar Cayce, né en 1877, a pratiqué toute sa vie le sommeil hypnotique. Sous hypnose, il se transformait en visionnaire, en médecin et en interprète de la Bible. Au début, il faisait des «lectures (readings) physiques» dans lesquelles il émettait des diagnostics de maladie et prescrivait des traitements appropriés. En 1923, commencèrent les «lectures de vie» au cours desquelles il répondait aux questions fondamentales de l'origine et de la signification de la vie. De 1924 à 1944, ce furent les si nombreuses «lectures de l'Atlantide»: en tout, 2 500 lectures dans lesquelles il décrit les moeurs, les pouvoirs psychiques, l'histoire et la destruction de l'Atlantide. L'A.R.E. compte neuf groupes actifs au Québec. À partir du livre *A Search for God,* chaque groupe approfondit le système de Cayce en vue de la réalisation spirituelle et du développement psychique.

Les groupes de sciences cosmiques

Les sciences cosmiques proposent une philosophie de vie qui postule au départ que l'homme est un produit de l'univers et qu'il appartient à la totalité cosmique. Il importe donc, pour parvenir à la liberté et à l'harmonie, de bien connaître les lois de l'univers et de les utiliser judicieusement. Les sciences cosmiques sont à la fois une théorie cosmogonique et une praxis existentielle: aux grands courants cosmiques correspondent les lois éthiques. Les grands protagonistes des sciences cosmiques au Québec sont Mme Adela T. de Sergerie, Mme Natacha Kolesar Laska — qui s'inspire volontiers des enseignements cosmiques de Mikhael Aivanov — et Bernard de Montréal qui puise largement aux cosmogonies traditionnelles et les enrichit de données inspirées des sciences actuelles.

La vision de l'univers proposée par les sciences cosmiques est foncièrement ésotérique. Cette vision ne s'embarrasse pas des précisions d'ordre astronomique ou astrophysique. La cosmogonie des sciences cosmiques ne s'élabore pas à partir des données scientifiques actuelles, mais à partir de principes puisés à la métaphysique ésotérique. La structure de l'univers correspond à des coordonnées théogoniques, numérologiques et astrologiques. Le nombre des univers ou des super-univers, les rapports qui existent entre eux, et la nature des entités spirituelles qui les régissent sont dépendants du modèle ésotérique qui les inspirent.

Les groupes de sciences cosmiques entendent mettre les lois, les courants et les rythmes cosmiques au service du développement spirituel de l'homme. Même s'ils se plaisent à manier les procédés de l'architechtonique cosmique, ils s'intéressent moins au cosmos en lui-même qu'aux rapports de l'homme avec l'univers et à l'influence de ce dernier sur l'effloraison psychique et spirituelle des individus. Grâce aux sciences cosmiques, l'homme peut prendre conscience du potentiel inexploré qu'il recèle et faire l'expérience de l'absolu.

Mentionnons d'abord les *Groupes de sciences cosmiques* de M. de Sergerie dont la cosmogonie, s'enracinant dans une théogonie trinitaire, postule et l'existence de sept super-univers — auxquels correspondent les sept couleurs du spectre — et celle de douze courants cosmiques auxquels se rapportent les douze lois cosmiques qui doivent régir l'existence. Le *Centre Cosmique,* quant à lui, s'inspire des enseignements de Mme Kolesar Laska. L'*Association des chercheurs en sciences cosmiques du Québec,* le *Réseau cosmique du Québec* et les *Écouteurs du Cosmos* veulent par des moyens, propres à chacun, favoriser l'épanouissement de l'être profond par la captation des forces cosmiques. L'*Institut de recherche en sciences cosmiques* — qui est en étroite relation avec *Les Compagnons de la Santé* — utilise la numérologie pour découvrir quelles vibrations cosmiques sont en harmonie avec tel individu: ce qui permet de se connaître en profondeur et de découvrir sa mission, sa vocation dans la présente incarnation. Le *Groupe des Serviteurs Unis* s'inspire des enseignements de Natacha K. Laska, des cosmogonies traditionnelles et des enseignements du *Book of Urantia.* Il chiffre à sept mille milliards le nombre des planètes habitées.

Pour sa part, *Tersac* propose une doctrine fort syncrétiste où sciences cosmiques, kabbale, orientalisme et catharisme sont mêlés à l'hypnotisme, au spiritualisme, au magnétisme et à l'occultisme. La *Chaîne télépsychique Tersac* met une force télépsychique au service de l'évolution spirituelle de ses membres. Il suffit, pour établir le contact avec les énergies cosmiques, que tous les membres, où qu'ils soient, prononcent le mot prescrit aux heures fixées. La *Société Tersac* a comme unique but de favoriser le développement intégral de l'homme à partir des principes de l'occultisme et des sciences cosmiques. La *Chevalerie Tersac* regroupe des initiés qui se consacrent à l'évolution de la planète et à l'éclosion des valeurs cosmiques. Le Chevalier Tersac sera éventuellement appelé à entrer dans l'*Ordre mystique et religieux Tersac* qui est une communauté vouée à l'Évolution. Enfin, l'*Union Magnétique Tersac,* qui vise à créer un enseignement unique dans le monde de l'hypno-

tisme, regroupe des hypnotiseurs, des sophologues, des hypno-
thérapeutes et des parapsychologues du monde entier.

On peut classer *Urantia* parmi les groupes de sciences
cosmiques à cause de la place prépondérante que le système
urantien accorde à la théogonie et à la cosmogonie. Le *Book of
Urantia*, traduit en français sous le titre de *Cosmogonie
d'Urantia,* se présente comme une révélation sur l'homme et
ses origines, sur l'univers et sa constitution. Cette révélation
fut dictée de 1925 à 1935 à une personne-contact de Chicago
par douze *médians* — ces êtres immortels et invisibles qui,
ayant été témoins de tout ce qui s'est passé dans l'histoire, sont
en mesure d'apporter une révélation authentique. Le *Book of
Urantia* apporte la cinquième révélation[30].

La théogonie et la cosmogonie d'Urantia sont d'une rare
complexité. On pose une continuité physique entre l'univers
central où se trouve le Paradis de Dieu, le maître univers, les
sept super-univers et les univers locaux. Dieu et les êtres spirituels sont localisés dans les univers; ils ont un point d'insertion
dans le monde matériel. Une hiérarchie céleste flamboyante —
conçue comme une armée — assure la direction des univers.
Chaque univers local est «créé» par un Fils Micael qui procède
du Père et du Fils éternels. Jésus est le 611, 121e Christ-Micael:
il préside aux destinées de notre univers local; notre planète-
terre s'appelle Urantia.

La révélation urantienne se présente comme une gnose
«scientifique» qui fait éclater le schème étroit des cosmogonies
traditionnelles, comme une gnose «théologique» qui réinter-
prète le mystère trinitaire et le salut chrétien et comme l'authentique religion chrétienne qui rétablit la religion de Jésus
dans sa pureté originelle. La révélation urantienne est entre les
mains de la *Urantia Foundation* de Chicago, qui contrôle étroitement la formation des groupes urantiens de par le monde.

Aux groupes des sciences cosmiques, on pourrait à la
rigueur greffer les groupes «soucoupistes» qui originent tous
d'une expérience de contact avec des extra-terrestres. Ces
extra-terrestres peuvent aussi bien être des matérialisations
d'entités spirituelles supérieures que des êtres en chair et en os
venus d'une autre planète. Toujours est-il que nombre de per-

sonnes prétendent soit avoir vu des soucoupes volantes, soit avoir rencontré des extra-terrestres.

L'ère spatiale ouvre des possibilités extraordinaires à l'imagination furibonde. Une nouvelle symbolique est en train de naître. Des héros sauveurs sont créés de toutes pièces, des «rencontres de troisième type» sont «arrangées avec le gars des vues». La science-fiction est un puissant créateur de mythes nouveaux qui, à l'instar des mythes anciens, expriment certaines dimensions du subconscient. Point n'est étonnant qu'en pareil contexte la question des OVNIS prenne un relief insoupçonné. La présence d'objets volants non-identifiés exerce une profonde fascination sur les esprits, suscite mille hypothèses et déclenche toutes sortes de fantasmagories: ces OVNIS ne seraient-ils pas des soucoupes volantes transportant des extra-terrestres? Que viennent faire ces êtres sur notre planète? Ont-il des intentions bonnes ou maléfiques? Et les spéculations vont bon train dans l'esprit des gens.

On peut regrouper en trois catégories les personnes qui s'intéressent aux OVNIS. La première catégorie rassemble des gens, amateurs et professionnels, qui tentent d'effectuer une étude scientifique du phénomène à partir des données vérifiables. Formant des associations, telle *UFO Canada,* ces gens recueillent les témoignages, analysent les documents et font connaître le fruit de leurs recherches. Sur 100 cas rapportés, 70 sont expliqués par la supercherie, les causes naturelles, etc.; les 30 autres restent inexpliqués. Au *Center for UFO Studies* en Illinois, U.S.A., on a colligé 60 000 cas qui demeurent inexpliqués. Au Québec, on a recueilli depuis 15 ans, 1 500 témoignages concernant les OVNIS.

La deuxième catégorie regroupe tous ceux qui cherchent à intégrer le phénomène des OVNIS dans des modèles religieux, ésotériques, voire scientifiques existants. Dans leur impatience, ils anticipent le résultat des recherches scientifiques et cherchent à introduire cette nouvelle donnée à l'intérieur de leur réseau mental et de leur vision du monde. Interprétant une coordonnée scientifiquement non prouvée et non expliquée, ils risquent fort de transformer cette donnée en élément de preuve pour leur système de pensée. Cette approche, la plus répandue, offre un large éventail de spéculations sur la provenance, la signification et l'histoire des OVNIS. Ces spéculations puisent généralement aux domaines de la religion, de l'ésotérisme, de la science-fiction et de la métaphysique.

La troisième catégorie, qui offre un intérêt plus immédiat pour nous, inclut ceux qui érigent de nouvelles structures religieuses à la suite de soi-disant «contacts» avec des extra-terrestres. Encore une fois, ce courant vient des États-Unis. Si notre information est correcte, le mouvement a pris son essor avec George Van Tassell qui de 1954 à 1970 organisa annuellement un congrès de soucoupistes à son aéroport de Giant Rock, près de Yucca Valley, en Californie. En 1952, Tassell publie son livre *I Rode in a Flying Saucer.* C'est dans le désert, au milieu de la nuit, qu'une soucoupe volante s'approche de lui et que des extra-terrestres lui parlent. Tassell pense que la région de Giant Rock est une zone propice à la venue des soucoupes et à l'échange de messages, par télépathie, avec les extra-terrestres. Le 23 mai de la même année 1952, Orfeo Angelucci rencontre un homme et une femme venus d'une autre planète en soucoupe volante. À plusieurs reprises, il monte dans le vaisseau spatial et visite la planète paradisiaque. Le tout finit par un mariage spirituel avec la femme de l'espace, appelée Lyra[31].

Vers la même époque, Daniel Fry rencontre un engin spatial en plein désert au cours de la nuit. Au cours d'un voyage en soucoupe volante, l'extra-terrestre, appelé Alan, lui communique un message socio-religieux destiné à tous les hommes. La télépathie sera le moyen habituel d'entrer en contact avec les extra-terrestres. Le face-à-face est toujours exceptionnel. Du message adressé à Fry, naîtra le groupe *Understanding Inc.,* dont les quartiers généraux sont en Oregon.

Un peu plus tard, Gabriel Green, l'une des figures les plus éminentes de la communauté soucoupiste, reçoit la visite de Rentan, un extra-terrestre de la planète Clarion. Ses contacts avec les habitants de Clarion sont fréquents et se font par télépathie. Le message reçu est à l'origine de l'*Almagamated Flying Saucer Club of America.*

Le 13 décembre 1973, Claude Vorhillon, journaliste, rencontre un extra-terrestre au cratère du Puy-de-la-Sola dans les récifs volcaniques, près de Clermont-Ferrand, en France. Il reçut des extra-terrestres le nom de Rael, ce qui veut dire lumière de Dieu. Rael est l'envoyé des extra-terrestres, «le dernier de la lignée des prophètes, le prophète de l'Apocalypse, c'est-à-dire de l'époque où tout peut être compris»[32]. Rael fut enlevé par une soucoupe volante sur une autre planète où vivent 700 Elohims éternisés. Là, il a fait l'amour avec des femmes robotisées; il a rencontré Bouddha, Moïse, Jésus et Mahomet qui, scientifiquement maintenus en vie avec 8 400 autres terriens, reviendront un jour sur la terre. Ces grands prophètes furent choisis, chacun à son époque, par les extra-terrestres pour préparer les hommes à accueillir le message de Rael, fondateur «de la religion finale, de la religion des religions»[33]. Cette religion hédoniste trouve son expression privilégiée dans la pratique de la méditation sensuelle qui vise à satisfaire tous les sens[34].

L'année 1946 marque le début de l'ère raélienne, l'Âge de l'Apocalyspse. Le *Mouvement raélien* sonne le glas de l'Ère du Poisson. L'Église a caché la vérité; elle doit disparaître; elle n'a plus sa raison d'être. Le raélisme croit qu'il y a des traces de la vérité dans toutes les religions, surtout dans la kabbale. Toutes les écritures sacrées font allusion aux extra-terrestres. L'Âge de l'Apocalypse dont Rael est le prophète sera une ère de paix, de fraternité et d'amour. Finies les guerres et les divisions. Grâce à la vérité raélienne et aux connaissances scientifiques, le paradis terrestre sera reconstruit. Il faut dès maintenant supprimer les frontières entre les pays: une seule monnaie, une langue unique, un gouvernement mondial. Les génies doivent être portés au pouvoir: la géniocratie est le seul régime politique capable de conduire l'humanité à l'Âge d'Or. Alors se fera le retour des Elohims sur terre. Rael doit leur construire une ambassade somptueuse où ils pourront résider.

L'ouvrage de Rael sur la géniocratie, *Le Génie au pouvoir,* publié en 1977 a donné naissance à un mouvement autonome et indépendant du mouvement raélien: c'est le Mouvement pour la géniocratie mondiale dont le *Mouvement canadien pour la géniocratie mondiale* n'est qu'une manifestation.

Dans le mensuel raélien *Apocalypse,* on déclare «qu'il n'est pas utile aux Raéliens d'adhérer à ce mouvement»[35]. Cette mise en garde s'explique par le fait que le Mouvement géniocratique ne se fonde pas sur la révélation raélienne. Seule l'idée géniocratique est empruntée à Rael; les fondements doctrinaux du Mouvement canadien pour la géniocratie mondiale, tels que présentés par le président Gaétan Grenon dans son message *Aux Génies*[36] s'inspirent de présupposés ésotériques tirés de l'alchimie et de la kabbale. Le gouvernement mondial géniocratique est le «système sauveur de l'humanité».

Quels sont les traits communs de cette tradition soucoupiste?

1— Les extra-terrestres sont des anthropomorphes, à l'intelligence supérieure, qui possèdent toutes les réponses. Grâce à leur omniscience, ils appartiennent à une supercivilisation où l'utopie se trouve réalisée: paix, fraternité, harmonie, plénitude, longue vie et même immortalité. Ils éprouvent soit de la sympathie, soit de l'amour pour les pauvres humains qu'ils considèrent comme des barbares. Les extra-terrestres sont des sauveurs qui «apparaissent» à certains élus pour apporter aux hommes un message de salut. Ces apparitions ont généralement lieu la nuit, en privé et le plus souvent dans un endroit solitaire (désert, montagne, forêt). Ils attendent que le niveau de conscience universel soit plus élevé pour entrer en contact avec l'ensemble des humains. La grande différence de vibrations entre eux et nous pourrait être néfaste. La télépathie est le moyen ordinaire d'établir le contact entre eux et nous.

2 — Le message des extra-terrestres se présente selon un canevas stéréotypé: «Nous possédons la superscience, disent-ils, et nous nous intéressons à vous, les humains. Nous voulons vous aider à résoudre vos problèmes socio-politiques, à devenir des êtres créateurs et bienfaisants, et à atteindre le degré de développement qui vous rendra dignes d'entrer dans notre univers. Vous pouvez, grâce à la télépathie, établir des contacts avec nous. Vous pouvez tirer grand profit des connaissances que nous vous apportons: élimination de la maladie et de la pauvreté, bonheur et longévité, sinon immortalité, abondance et sécurité, respect des droits et des libertés, fraternité univer-

selle.» Ce message de salut, unique en son genre, peut se mouler dans des doctrines fort diverses.

3— Les extra-terrestres proposent généralement une lecture «matérialiste» et «pseudo-scientifique» de la Bible. Le mythe et le mystère sont évacués au profit des extra-terrestres. Par exemple l'arche de Noé est une fusée placée en orbite autour de la terre pour permettre aux hommes d'échapper aux missiles nucléaires lancés de planètes lointaines. Sodome et Gomorrhe ont été détruites par une bombe atomique. Le buisson ardent est une soucoupe volante; la manne, un aliment chimique pulvérisé; le bâton de Moïse, un détecteur de nappe d'eau; l'Arche, un laboratoire d'appareils émetteurs-récepteurs à pile atomique; le Temple, une résidence somptueuse pour les extra-terrestres; le char d'Ezéchiel, un engin volant; la baleine de Jonas, un sous-marin atomique. Jésus est issu de la liaison de Marie avec un extra-terrestre. Doté d'un pouvoir télépathique extraordinaire, il fut initié aux connaissances scientifiques au cours d'un voyage sur les planètes lointaines. Ses miracles ne sont que la mise en oeuvre des enseignements scientifiques prodigués par les extra-terrestres.

4 — La religion soucoupiste accorde une place prépondérante au livre de la Genèse. Elle pose au départ une révélation de type ésotérique conférée à un élu dans un lieu secret (désert, montagne, forêt). La notion gnostique de connaissance primordiale est omniprésente. Cette révélation conférée par les extra-terrestres apporte une «connaissance scientifique» qui est salvifique et ouvre une ère nouvelle. Cette révélation est un assemblage composite de notions judéo-chrétiennes, de données scientifiques, d'éléments de science-fiction et d'emprunts à l'ésotérisme.

Les groupes sophiologiques sont-ils des gnoses? De toute évidence, la typologie gnostique s'applique parfaitement à ces groupes. Le spécifique de la gnose s'y trouve réalisé: ce sont des voies de salut par la connaissance du soi considéré comme fragment divin. S'y retrouvent également toutes les caractéristiques secondaires de la gnose: l'ésotérisme, le syncrétisme, un certain dualisme, le thème de la connaissance primordiale, ainsi qu'une conception cyclique du temps qui commande l'idée de réincarnation — sauf pour le raélisme qui est une gnose matérialiste d'où la réincarnation est exclue. À n'en pas douter, nous avons affaire à des groupes gnostiques.

VII
Les groupes
de potentiel humain

Prisonnier de l'impitoyable cercle sans fin de la production et de la consommation, l'homme contemporain se sent tenaillé par un sentiment lancinant d'inquiétude et d'angoisse. Depuis une décennie, des personnes — de plus en plus nombreuses — ont voulu neutraliser ce sentiment en cherchant des expériences variées à travers les groupes de croissance, les techniques de sensibilisation corporelle, les thérapies et les disciplines orientales. Les «pratiquants» les plus engagés se considèrent volontiers comme les représentants d'un mouvement général d'expansion de la conscience, que l'on a appelé: mouvement de développement du potentiel humain. Plutôt que d'entreprendre une action directe de réforme des structures socio-politiques et de proposer une contre-société exemplaire, le mouvement de développement du potentiel humain cherche le dépassement des tendances oppressives de la culture ambiante, par la transformation de l'individu lui-même et la croissance du potentiel énorme qu'il recèle.

Ce potentiel couvre tous les niveaux de l'être, tant physique que psychique et spirituel. Aussi son développement favorise-t-il une meilleure connaissance de soi, une plus grande harmonie psychique, une conscience plus aiguë du corps et une meilleure relation aux autres. Dans sa pointe la plus avancée, le mouvement de développement du potentiel humain vise l'émergence d'une conscience spirituelle supérieure par la mise en oeuvre d'expériences de fusion cosmique.

I — LA CONSCIENCE GESTALT

De leur littérature publicitaire, on peut induire que les groupes de potentiel humain visent la croissance intégrale de l'être humain. Au niveau physique, on vous apprend «à contrôler la douleur et activer la guérison», «à perdre du poids», «à améliorer votre vue et votre audition». Au niveau social, on vous propose «de vous sortir de l'isolement», «d'étendre et d'explorer vos relations et vos possibilités de communication», «d'acquérir une plus grande efficacité» et «d'améliorer vos affaires». Au point de vue moral, on vous apprend «à vous débarrasser de vos mauvaises habitudes, comme le tabac et la drogue», «à acquérir la paix intérieure», «à transformer vos attitudes et vos émotions négatives en énergies positives», «à vous mettre dans une position apte à faire des choix constructifs», «à vivre pleinement dans le présent», «à vous libérer du stress», «à développer un optimisme tranquille», et «à vivre de façon créatrice et heureuse». Au point de vue psychologique et psychique, on vous promet de «contacter votre flot intérieur d'énergie et d'expérimenter le libre échange avec la vie», «d'éliminer les tensions et les charges accumulées à chaque niveau de conscience», «de prendre contact avec les zones potentielles qui dorment au fond de vous», «de libérer l'énergie psychique des blocages qui entravent son flot», «d'accéder à une nouvelle conscience», «de développer vos pouvoirs paranormaux en vue d'une action positive». Quant au plan spirituel, on vous promet des expériences trans-personnelles et cosmiques et un contact direct avec l'Un.

Somme toute, il s'agit de délivrer l'individu de ses conditionnements, de ses blocages et de ses handicaps physiques, moraux et psychiques, et de développer toutes les potentialités qui sont en lui. Cette libération ne peut se réaliser que par l'émergence et le développement d'une nouvelle perception de la réalité et d'une nouvelle vision du monde. Cela suppose la saisie en profondeur de ce que l'on est, l'éveil des énergies latentes, l'expansion de la conscience, et même l'accès à des niveaux supérieurs de conscience. En dernière analyse, tout se ramène à une question de conscience. Seule une conscience nouvelle peut libérer les flots d'énergies endiguées par les émotions, la maladie, les blocages psychologiques et les conditionnements sociaux, et transformer l'individu en centre de créativité. À la suite de Donald Stone[1], appelons «conscience gestalt» cette conscience qui est la base expérientielle commune de tous les groupes de potentiel humain.

La conscience gestalt est un état d'esprit, une vision du monde et un ensemble de présuppositions théoriques. Elle est, à la fois, attitude et pensée, praxis et théorie, comportement et idéologie. C'est un état de conscience analogue à celui que produit la méditation orientale. C'est une façon directe, non cognitive et non évaluative, de regarder l'expérience en cours, d'être attentif au réel «ici et maintenant». C'est une fixation de tout l'être sur le flot de conscience et d'énergie qui s'écoule dans l'instant. Toute l'attention est braquée sur les processus mentaux et psychiques et sur les émotions physiques éprouvées dans le maintenant. Les stimulis usuels du corps et de l'esprit une fois calmés, l'individu peut explorer les sensations physiques, les émotions et les images mentales ainsi que les couches intérieures de son vrai «je», situé au-delà des multiples visages du quotidien. Il est ainsi conduit à une prise de conscience de son être profond.

L'expérience subjective de la conscience gestalt varie grandement selon les techniques employées. Mais à travers ses formes multiples, cette expérience poursuit un seul but: développer une nouvelle configuration globale de la perception en faisant éclater les vieux schèmes qui immobilisent l'individu et le tiennent captif de ses blocages et de ses limites. La conscience gestalt brise la distinction habituelle entre le bien et le mal, l'important et l'accessoire, le vrai et le faux. Libéré pour un instant, l'individu peut prendre une nouvelle décision devant ses habitudes passées ou développer une attitude différente face à ses expériences présentes. Ainsi se trouvent transformés le sens de ces expériences et, partant, la vision qu'il a de lui-même. D'où un sentiment de soulagement et de totalité: l'expérience antérieure, incomplète et souvent inconsciente ou fausse, est amenée à sa plénitude.

L'expérience de la conscience gestalt n'est ni «mystique» ni «cosmique»; elle n'implique pas, de soi, le sentiment exaltant d'unité avec l'univers et la perception de l'harmonie de toutes choses. En aucun cas, les épithètes de «mystique» et de «cosmique» ne pourraient qualifier la conscience gestalt. Celle-ci n'est pas une expérience extatique. Elle est un processus simple et contrôlé par lequel remontent à la surface certaines données expérientielles, jusque-là jugées négatives et disqualifiées. Cette remontée à la surface est libératrice. En intégrant des événements passés et des expériences cachées, elle favorise l'émergence d'une expérience complète, d'une image globale, d'un paysage mental totalisant, au-delà de la simple connaissance rationnelle. Ainsi se trouvent mises en liberté créatrice des énergies et des potentialités qui, jusque-là, étaient inhibées, bloquées ou distordues.

La conscience gestalt découvre que la réalité n'est pas aussi impitoyable, ni ses ordres aussi irréfragables qu'ils paraissent. Ce qui a été fixation, blocage, fait historique, est foncièrement malléable. Le rigide devient flexible; l'intangible, maniable; l'immuable, changeant. Réalisant que le réel est personnellement construit et reconstruit en tout temps, l'individu acquiert, dans l'expérience de conscience gestalt, la conviction d'être l'artisan de son existence et de sa destinée, l'agent de son propre développement et le potier qui remodèle le «vieil homme» selon des formes toujours nouvelles.

La conscience gestalt — commun dénominateur de tous les groupes de potentiel humain — est, dans certaines écoles ou disciplines du mouvement, le point de départ ou la plate-forme d'où on peut explorer son moi transcendantal et accéder à une conscience supérieure que d'aucuns appellent conscience «transpersonnelle» ou «cosmique»[2]. Les termes «cosmique» et «transpersonnel» évoquent toute une gamme d'expériences «transcendantes» et couvrent un large éventail de phénomènes psychiques, «mystiques», chamaniques et parapsychologiques. Dans l'expérience transpersonnelle, l'individu s'abouche avec l'énergie universelle et cosmique et se sent un avec le cosmos. Alors s'accomplissent une dés-identification du «je» avec le corps, l'intelligence et les sentiments, et une ré-identification du «je» comme source d'être et de décision.

Au moment de l'expérience transpersonnelle et cosmique, l'univers apparaît comme un tout si parfait dans ses différentes parties, qu'il n'a besoin d'aucune autre légitimation que le simple fait d'exister. L'existence cesse d'être un problème et l'esprit est émerveillé de l'harmonie de toutes choses. L'expérience cosmique est une illumination qui découvre le sens et la direction de l'univers. Le voyant cosmique réalise «que le cosmos est en toute vérité une présence vivante; il voit que la vie de l'homme est éternelle comme toute vie est éternelle; que l'âme est immortelle comme Dieu; que l'univers est construit et ordonné de façon à ce que toute chose travaille pour le bien de chacun; que le principe qui fonde le monde est ce que nous appelons l'amour; et que le bonheur de chacun est à long terme absolument certain»[3].

Le coeur de l'expérience cosmique semble être, selon Alan W. Watts, «la conviction ou l'intuition que le *maintenant* immédiat — quelle que soit sa nature — est le but et la plénitude de tout vivant. Enveloppent cette intuition et découlent d'elle, une extase émotionnelle, un sentiment de soulagement intense, la liberté, la lumière et souvent un amour presque in-supportable du monde (qui est toutefois secondaire)»[4]. À cela viennent s'ajouter la joie, l'assurance, le triomphe et le salut. La conscience transpersonnelle et cosmique libère du sentiment et de la croyance reçue que l'organisme humain forme un être séparé et indépendant de l'univers. La multiplicité des êtres n'est qu'une illusion, l'homme n'étant qu'une parcelle inséparable du grand tout cosmique[5].

II — L'IDÉOLOGIE SOUS-JACENTE

Le mouvement de développement du potentiel humain repose sur un système rationnel qui offre un cadre explicatif aux expériences gestalt et transpersonnelles. Ce système idéologique se ramène à quelques principes généraux qui sont, en fait, des présupposés heuristiques.

1— L'hypothèse de départ pourrait se formuler de la façon suivante: il y a en chaque être humain un énorme potentiel inexploité. L'homme est un animal sous-développé. «Einstein utilisait seulement 10% de son esprit et le public en général n'en use que 3% ou 4%»[6], affirme une réclame de Silva Mind Control Method. Des énergies latentes sommeillent en nous et ne demandent qu'à être éveillées: pouvoirs mentaux, psychiques, spirituels et parapsychologiques. Ces pouvoirs sont pratiquement illimités. «Quant à savoir jusqu'où vous pouvez aller, il n'y a pas de limite; il n'y a pas de limite à ce que vous pouvez faire parce que le pouvoir de votre mental ne connaît pas de limite»[7].

L'homme a non seulement la capacité de transcender le monde spatio-temporel, mais encore le pouvoir de maximaliser son potentiel; il peut mener son essence à la pleine floraison malgré les limites apparentes du monde matériel. Cela n'est possible que parce que l'homme est fondamentalement bon: il est lumière, chaleur et amour. Il n'est corrompu ni par le mal ni par le péché. Le mal ne l'atteint pas dans son essence, ne le rejoint pas jusque dans ses racines. L'homme n'est pas radicalement blessé, il n'est qu'inhibé. Le mal s'identifie au blocage des énergies positives qui bouillonnent en chacun. L'individu n'a qu'à faire sauter les digues pour permettre à l'énergie créatrice d'achever son oeuvre en lui.

2 — L'idéologie des groupes de potentiel humain assure — et c'est le deuxième présupposé — que le corps et l'esprit sont des valeurs positives que l'on peut mettre au service de l'être profond et du moi authentique. L'être humain n'est victime ni de son corps ni de son esprit, pas plus qu'il ne l'est de l'univers matériel. Il doit, au contraire, travailler en synergie harmonieuse avec eux. L'esprit n'est néfaste que si le cérébral l'emporte sur l'intuitif. Et le corps n'est le havre des forces chaotiques qu'aussi longtemps que celles-ci sont réprimées. Le corps sert d'instrument par lequel l'individu se met en harmonie avec le cosmos, et de canal par lequel l'énergie cosmique le rejoint. D'où l'importance d'identifier les chakras, les points d'énergie, et de les stimuler. Le corps est vraiment la porte d'entrée de l'expérience gestalt et transpersonnelle.

3 — Le monisme est le troisième postulat du mouvement de développement du potentiel humain[8]. Il n'y a qu'une seule énergie universelle qui est le tissu ultime de l'univers. L'être

humain est un point d'émergence de cette énergie créatrice qui est cause explicative de toutes choses. Il n'y a aucune distinction entre le monde et sa cause. La raison d'être du monde est identique au monde lui-même. Il y a unité essentielle du Tout, derrière la multiplicité apparente des parties. Cette unité substantielle dissout les polarités dialectiques. Aussi les groupes de potentiel humain insistent-ils sur la fusion de l'homme avec l'âme du monde et sur «la communion expérientielle avec le «soi» global latent qui s'identifie au «soi universel» ou à la conscience universelle»[9]. Tout effort de croissance s'avère futile s'il ne jaillit d'une connaissance adéquate de la nature humaine considérée dans sa relation avec l'univers. L'unité cosmique n'est pas un simple concept, mais la réalité ultime du monde.

4 — De plus, les groupes de potentiel humain réduisent tout à la conscience. Tout est affaire de conscience. L'être humain est inconscient des richesses qu'il recèle. Sa vie se déroule dans le rêve et le somnambulisme. Il ignore tout de sa véritable nature et de ses relations avec l'univers. L'ordre établi, la philosophie ambiante, le système de production et de consommation, l'organisation de la vie sociale le maintiennent à un très bas niveau de conscience. Et encore, si cette conscience obscurcie n'était pas défigurée par les pulsions passionnelles, les blocages psychologiques et les tendances égoïstes! La source du mal, c'est l'inconscience. La libération des énergies latentes ne peut s'obtenir que par l'expansion de la conscience. Seule la prise de conscience de soi peut nous libérer de l'illusion de nos imperfections. Par la conscience, la liberté; par la conscience, l'harmonie universelle. Avoir conscience de soi, c'est accéder à la créativité, puisque la conscience nous met au diapason de l'énergie créatrice universelle. La maîtrise de soi est proportionnelle au niveau de conscience obtenu.

5 — Enfin, le mouvement de croissance du potentiel humain affirme que l'évolution de l'humanité passe par la conscience. L'évolution s'oriente vers l'apparition d'une conscience nouvelle éclatée, sorte de superconscience dont la conscience transpersonnelle et cosmique n'est qu'une émergence anticipée. L'histoire de l'évolution est l'histoire de la genèse et

du développement de la conscience. Une conscience toujours plus organisée de l'univers passe de main en main et son éclat grandit sans cesse. Rien n'indique que cette évolution doive s'arrêter. Le processus évolutif tend à la production d'un état noosphérique de conscience où l'esprit sera pour toujours libéré de la matière matricielle. Richard M. Bucke parle, quant à lui, d'une nouvelle race-à-conscience-cosmique, dont les pouvoirs sur la matière seront tout à fait extraordinaires et dont les meilleurs spécimens présents et passés n'auront été que de pâles reflets [10].

Les groupes de potentiel humain se considèrent volontiers comme des agents de cette évolution vers la superconscience. L'eschatologie du mouvement de développement du potentiel humain s'exprime en termes conscientiels. L'émergence de cet état noosphérique et superconscientiel n'est que la reprise — style Âge du Verseau — de la vieille utopie millénariste et de l'antique espérance du petit reste de sauvés oeuvrant à la grande oeuvre alchimique de la mutation psychique [11].

III — DISCIPLINES ET TECHNIQUES

Les groupes de potentiel humain utilisent un éventail stupéfiant de disciplines et de techniques: disciplines d'inspiration asiatique, techniques psychothérapeutiques occidentales, procédés métapsychiques. Souvent, ces disciplines ou techniques se compénètrent au point de former des symbioses plus ou moins harmonieuses d'éléments asiatiques, thérapeutiques et psilogiques.

Disciplines d'inspiration asiatique

Mentionnons d'abord la méditation à l'orientale. Méditer, c'est se rendre présent à son univers intérieur, grâce à un effort de concentration sur un point particulier du corps, sur un aspect de son existence ou sur un acte précis. La méditation est une attention dirigée sur la vie organique et psychique, une entrée lucide et sereine dans l'essence de la vie et des choses. Concentration et prise de conscience, la méditation est présence à soi, réintégration de l'être en lui-même, découverte du moi profond. Bien pratiquée, elle est apte à produire un état physiologique de profonde relaxation accompagnée d'un état d'éveil psychique. La réponse physiologique à la méditation est l'apparition d'un état hypermétabolique qui est la conséquence d'une baisse du coefficient métabolique et du rythme cardiaque, ainsi que d'une diminution de la consommation d'oxygène et de la production de gaz carbonique. La réponse cérébrale à la méditation est l'apparition d'ondes *alpha* stabilisées et d'ondes *thèta* — ce qui produit un état de bien-être et de calme. La réponse psychique à la méditation, c'est la création d'un état d'éveil de la conscience.

Les techniques de méditation sont multiples. Pour les uns, il s'agit de fixer son attention sur un simple objet (bougie, image, mandala, croix, boule de cristal, fétiche), sur une partie du corps physique ou astral (coeur, nombril, troisième oeil) ou sur une couleur, chaque couleur possédant un magnétisme particulier, apte à éveiller inconsciemment certaines réactions nerveuses ou psychiques. Pour les autres, il s'agit d'une concentration sur la vacuité (le vide des choses), le sans-signe (le caractère non apparent, invisible des choses) ou le sans-but (choses indignes d'être recherchées). Pour d'autres encore, il suffit de rester là, en silence, debout, à genoux ou assis dans la posture du lotus ou du semi-lotus. Pour d'autres enfin, il s'agit de répéter de façon continue, en silence ou à haute voix, un son magique, un mantra caché, une formule hermétique.

Quelles que soient ses formes, la méditation orientale accorde une importance primordiale à trois choses: le souffle, la posture et le son. Toute méditation suppose une discipline de la respiraton, car c'est par elle que s'exerce un contrôle de l'énergie vitale. Le flux et le reflux de la respiration s'harmonisent avec le rythme binaire de l'oscillation cosmique — inspiration et expiration de l'univers. M. Eliade écrit: «La concentration sur cette fonction vitale qu'est la respiration, a pour effet dans les premiers jours de pratique une inexprimable sensation d'harmonie, une plénitude rythmique, mélodique, un nivellement de toutes les aspérités physiologiques. Ensuite elle fait voir un sentiment obscur de présence dans le corps, une calme conscience de sa propre grandeur»[12].

Le son, quant à lui, a une extraordinaire puissance sur le psychosomatique. La pratique des mantras s'accompagne, par l'expulsion du son, d'un mouvement respiratoire rythmé. Le mantra est un son primordial, un logos préexistant au monde, une énergie mystique incluse dans une structure sonore. Pour relâcher l'énergie du son, il faut apprendre à le répéter sur un certain rythme; cela amène un schème de pensée spécifique. «Les sons et la forme sont comme les deux côtés d'une pièce. Quand vous répétez un mantra, la forme vient à l'esprit; celle-ci crée un schème de pensée spécifique dans l'esprit. Les schèmes de pensées créés par les mantras sont positifs, calmants, bénéfiques» [13]. Pour l'hindouisme, le son primordial est OM qu'on prononce souvent AUM. OM est le son totalisateur de toutes les vibrations et le pouvoir vibrateur derrière toutes les énergies. Il est donc en harmonie avec tout ce qui existe. Aussi peut-il être le véhicule de la paix et de l'harmonie. Tous les sons dérivent leur énergie de ce son primordial. Et tout mot articulé avec concentration possède une vertu créatrice.

Enfin, sans une posture appropriée, la méditation est impossible. La posture ferme et confortable — colonne vertébrale et tête bien droites — facilite la concentration de l'esprit. Les techniques de méditation varient selon les groupes de potentiel humain: méditation hindoue, méditation taoïste, méditation tibétaine, ki-méditation, méditation transcendantale, méditation occulte, méditation alchimique, méditation psychique.

Parallèlement aux diverses voies de méditation, les techniques du yoga — surtout l'hata-yoga — sont largement utilisées dans le mouvement de croissance du potentiel humain. Le yoga y est surtout pratiqué sous sa forme de gymnastique en vue d'un mieux-être corporel et psychique. Vu sous cet angle, c'est-à-dire dégagé de son substrat métaphysique, il reste un système efficace de libération des angoisses quotidiennes et une technique d'apprentissage de la sérénité. C'est dans cette optique que les groupes de potentiel humain utilisent les techniques yogiques. En réveillant les centres d'énergie radiante (chakras), elles permettent à l'énergie cosmique de pénétrer le corps et la psyché et d'y produire un équilibre harmonieux.

À cela il faut ajouter les pratiques de médecine orientale, japonaise et chinoise, dont le postulat fondamental est le suivant: la santé et la vitalité résultent du fonctionnement harmonieux des organes internes. Chaque organe est représenté par une ligne d'énergie magnétique appelée «méridian». Quand l'énergie d'un organe est débalancée, le méridian qui lui correspond reflète ce déséquilibre. Alors apparaissent les malaises, les tensions, les maladies. Utilisant le système du yin et du yang, la médecine orientale remonte aux causes du déséquilibre. Il s'agit de diagnostiquer et de traiter aussi bien les méridians super-actifs que les méridians faibles. La guérison — qui est un retour à l'harmonie originelle — présuppose une relation de confiance entre le patient et le traitant. Acupuncture, acupression, schiatsu, massage oriental: toutes ces manipulations sont utilisées dans le but de conduire l'individu à une santé intégrale (holistic health).

Les arts martiaux japonais ont, eux aussi, leur place dans le mouvement de développement du potentiel humain. Les plus connus des arts martiaux sont le judo (voie de la douceur), le karaté (art des mains vides) et l'aikido (voie de l'harmonie avec l'énergie universelle). Dans les arts martiaux, il s'agit moins de savoir se battre que d'établir l'harmonie et l'équilibre en soi; il s'agit moins de vaincre les autres que de se vaincre soi-même; il s'agit moins de neutraliser les forces extérieures que de maîtriser l'agressivité intérieure. Essentiellement, les arts martiaux proposent une voie d'harmonie où le corps et l'esprit sont intégrés de façon à développer le contrôle de soi et la maîtrise de la situation. Cet apprentissage de la vigilance et de la tension juste, de la concentration et de la réaction opportune, développe à la fois les qualités du corps et la connaissance de soi-même et, partant, aide à assumer la vie quotidienne. Malheureusement, trop de dudos (lieu où l'on pratique l'art martial) ne sont souvent que des endroits où l'on défoule son agressivité. On ne retient souvent, de l'art martial, que l'aspect sportif, oubliant trop la philosophie qui le sous-tend.

Les techniques psychothérapeutiques

Les techniques psychothérapeutiques occidentales utilisées dans les groupes de potentiel humain servent d'appoint aux disciplines d'inspiration orientale et souvent forment avec elles une synthèse syncrétiste plus ou moins harmonieuse.

D'une part, la psychologie humaniste constitue, pourrait-on dire, la discipline de base du mouvement de croissance du potentiel humain. La psychologie humaniste est l'étude scientifique et la recherche appliquée «de ces capacités et potentialités qui n'ont systématiquement pas de place dans la théorie positiviste ou behavioriste, ou dans la théorie psychanalytique classique, e.g. la créativité, l'amour, le soi, la croissance, l'actualisation de soi, etc.»[14]. Cette psychologie n'est pas purement descriptive et académique: elle propose un agir et aide à générer une façon de vivre. Elle est, écrit A. Maslow, «une facette d'une *weltanschauung* générale, une nouvelle philosophie de la vie, une nouvelle conception de l'homme»[15].

D'autre part, la gestalt thérapie — développée par Fritz et Laura Perls — peut être considérée comme le commun dénominateur de tous les groupes de potentiel humain. La gestalt est une théorie et une approche visant l'intégration de la personnalité. Elle poursuit les objectifs suivants: aider chacun à retrouver sa *vie* (éviter de souffrir, réapprendre à sentir, à risquer, à agir) et sa *totalité,* à se rendre *présent à soi,* à ce qui se passe en soi, à *devenir responsable,* à se prendre en charge et enfin à établir un vrai contact avec le monde extérieur[16]. La gestalt thérapie s'intéresse à l'organisme humain dans son ensemble, en interaction constante avec un environnement. Elle tient compte des composantes autant fantaisistes qu'émotives et sensorielles. Son point d'application n'est pas la situation ou le problème, mais la personne elle-même. Un axiome gestalt important: la réalité est ce qu'elle est; je n'ai de pouvoir que sur moi.

La gestalt thérapie consiste donc à aider le participant à utiliser la prise de conscience de soi et l'interaction avec les autres comme instruments de développement de la personnalité. Le point de départ de l'apprentissage, c'est toujours ce qui — dans l'ici-maintenant subjectif — est un point d'intérêt ou d'inquiétude pour l'individu: un rêve, une fantaisie, un souvenir, une imagination, une interaction avec autrui. L'individu est invité à parler au «je», à s'exprimer au présent, à dire ce qu'il ressent, à remplacer le «je ne peux pas» par le «je ne veux pas»[17].

La psychologie humaniste et la gestalt thérapie constituent l'arrière-fond sur lequel se dessinent les diverses disciplines thérapeutiques à la mode dans le mouvement de croissance du potentiel humain. Mentionnons en premier lieu les techniques de sensibilisation corporelle (manipulations, massages, danses, postures, touchers), la thérapie par la musique subliminale et la couleur, la thérapie par les fleurs[18], les procédés de visualisation et de suggestion, les techniques du psycho-drame et de la régression, les informations graphologiques, chirologiques et astrologiques, et enfin l'atelier mental qui est une technique destinée à activer l'imagination passive en proposant les images appropriées.

Mentionnons en outre, à titre d'exemple, la bioénergie qui considère le corps comme un processus énergétique et cherche à développer le champ d'expression de l'individu en utilisant ce processus[19]; la biorythmie qui est l'étude systématique de l'aspect cyclique du comportement humain, établie à l'aide des mathématiques et des sciences naturelles; et le biofeedback qui est une autorégulation des processus biologiques par le cerveau (amplification électrique des changements du corps: électro-cardiogramme, électro-encéphalogramme).

Mentionnons encore la thérapie primale. La thérapie primale force le patient à revivre les moments difficiles de son enfance, moments qui ont été source de blocage et de fuite. Un des principaux signes que le patient re-expérimente ces refus d'antan et que la délivrance est en vue, c'est l'émission d'un cri primal effrayant qui vous donne la chair de poule. Le «mind clearing,» quant à lui, est un processus catharsique qui utilise les attitudes négatives, les émotions réprimées et les expériences passées et les ramène au niveau de la conscience, opérant ainsi une libération de l'énergie émotionnelle et psychique.

Mentionnons enfin les thérapies par le massage et les manipulations (polarité thérapie[20], schiatsu[21] et «rolfing»[22]), les thérapies par la respiration (thérapie reichienne et «rebirthing»)[23], les thérapies par la posture et le mouvement (technique d'Alexander et méthode de Feldenkrais) et, parfois, les techniques d'hypnose ou d'auto-hypnose.

Les techniques parapsychiques

Ces techniques occupent, dans le mouvement de développement du potentiel humain, une place dont l'importance varie considérablement selon les groupes. Certains les utilisent peu ou prou; d'autres en font un emploi plus généreux. La psilogie est une science nouvelle qui se consacre à l'étude de phénomènes dits paranormaux ou parapsychiques, phénomènes qui échappent à la perception sensorielle ordinaire et aux lois physiques et psychiques connues. Elle n'entend pas développer des pouvoirs occultes mais plutôt élargir la conscience de l'homme et lui permettre éventuellement d'accéder à une nouvelle représentation du monde.

La psilogie classifie les phénomènes en deux catégories. Il y a d'abord la psiesthésie (PE) qui se situe dans l'ordre de la connaissance métapsychique et qui comprend principalement la télépathie[24], la précognition[25], la rétrocognition[26] et la clairvoyance[27]. Il y a ensuite la psikinésie (PK) qui se situe dans l'ordre de l'agir humain. Elle comprend la télékinésie qui est une action directe sur des objets extérieurs sans aucune médiation physique et la matérialisation qui est un processus par lequel la pensée d'une chose matérielle produit la chose elle-même. Les groupes de potentiel humain utilisent, selon des degrés forts divers, les techniques psiestésiques et psikinésiques comme moyens de contrôler le mental, de développer la conscience et la personnalité, et de rétablir l'harmonie énergétique.

Utilisées séparément ou plus souvent en symbiose synergétique, toutes ces techniques, orientales, psychothérapeutiques et métapsychiques poursuivent un même objectif: refaire la santé, calmer l'angoisse, accroître l'attention, dégager l'esprit, élargir le champ de perception, en un mot, dilater la conscience et générer une meilleure connaissance de soi. La mise en oeuvre de ces techniques réclame la confiance et l'abandon de l'apprenti. Elle se fait souvent dans un climat hypnotique où la suggestion, le regard, les paroles, les sons (micro), les symboles, la relaxation favorisent un contrôle toujours plus grand des maîtres-animateurs sur leurs clients. Aussi la participation à certains groupes s'avère-t-elle périlleuse pour certains individus.

Quelles que soient les techniques employées, les conditions préalables à tout apprentissage sont toujours sensiblement les mêmes. L'apprenti doit faire *confiance* à son guide et s'en remettre à lui sans réticence et sans résistance. Puis, il doit *désirer* profondément que se produise l'événement imaginé et souhaité (guérison, déblocage, nouvelle habitude, etc.). Il doit ensuite *croire* sans hésiter que la chose arrivera infailliblement, et *voir*, *visualiser* l'événement ou la chose qui est en train de se produire. Il faut, enfin, que la chose désirée soit *mise en relation* avec la conscience et l'énergie universelles. Ces conditions doivent être respectées pour que se produise le résultat escompté. Aucune technique n'est efficace sans ce conditionnement psychique préalable.

L'apprentissage se fait au cours de week-ends dans un hôtel ou ailleurs, de soirées hebdomadaires, de séminaires d'une semaine ou de sessions de 40 jours. Les frais sont généralement assez élevés.

IV — ÉVENTAIL DES GROUPES

Historique

Les disciplines et techniques, utilisées dans les groupes de potentiel humain, correspondent à l'évolution du mouvement, dont l'origine remonte au «Sensitivity Training» des années '50. Les dynamiques de groupes et les mouvements d'encounter sont devenus très populaires au Québec dans les années '60. Les écoles, les entreprises, les corporations, les Églises se ruèrent sur le «sensitivity training» comme moyen d'améliorer le rendement de leurs membres. Devant les succès obtenus, les groupes encounter ont pris une orientation plus explicitement thérapeutique et ils ont intégré graduellement dans leur démarche la dimension corporelle (conscience du corps, sensibilisation physique, manipulations, massages). C'est au cours des années '70 qu'on commença, aux U.S.A., à désigner le mouvement sous le nom de *Human Potential Movement* et que l'insistance fut mise sur l'expérience transpersonnelle et spirituelle, grâce à l'adoption des disciplines et des techniques orientales.

L'évolution du mouvement au cours des vingt dernières années révèle un déplacement d'accent: de l'arrachement au quotidien et à ses handicaps, on est passé à une recherche d'auto-transcendance par la mise en contact avec l'énergie cosmique. La poursuite de l'auto-transcendance n'a toutefois pas évacué la recherche de dépassement du quotidien; elle l'a complétée en lui offrant une base plus large et un horizon plus ouvert. Le transpersonnel ne remplace pas le gestaltique; il le couronne. Plusieurs groupes de potentiel humain insistent davantage sur le transpersonnel et présentent une vision du monde plus élaborée et globalisante que les groupes encounter.

L'*Association pour la psychologie humaniste*, fondée en 1962, est le cerveau du *Human Potential Movement* aux États-Unis, et l'*Institut Esalen* en est la mecque, c'est-à-dire le centre mieux connu et le plus important[28]. L'Institut, qui compte pas moins de 20 000 personnes annuellement inscrites à ses programmes, symbolise la confluence de la psychologie humaniste, des thérapies occidentales et des disciplines orientales[29].

Au Québec, le *Centre international de recherche spirituelle* peut être considéré comme le principal carrefour du mouvement de développement du potentiel humain. Fondé par Bernard Ozoux et René-Yves Hervé, le centre qui, en plus de son quartier général de Montréal, compte des maisons dans onze villes du Québec, est un «lieu de rencontre de personnes engagées sur le chemin de la spiritualité, de l'ésotérisme et du paranormal»[30]. Il met à la disposition de chacun les moyens de connaître les lois inexpliquées de la nature et de développer des pouvoirs latents et paranormaux. «À long terme, il vise à préparer l'homme à vivre une vie saine, complète et heureuse d'homme du XXIe siècle (spiritualité élevée, pouvoirs paranormaux développés, pleine santé physique et mentale)»[31]. À cette fin, le centre offre un nombre considérable d'activités: ateliers de recherche, séances de groupe, conférences, séminaires. La revue mensuelle publiée par le centre, *Spiritualité-Québec,* se veut ouverte à toute information favorisant l'accès à la paix intérieure et à la conscience élargie.

Les groupes thérapeutiques

Ces groupes s'intéressent au bien-être psychique et mental, à la santé holistique et à la rencontre interpersonnelle (encounter). L'encounter exige que les participants soient ouverts et honnêtes et qu'ils évitent de théoriser au lieu de parler de leurs sentiments et de leurs émotions. Les groupes encounter s'appliquent à explorer les relations interpersonnelles. Les groupes de santé holistique s'intéressent plus particulièrement à la santé physique. La conception holistique de la santé repose sur le postulat suivant: essentiellement, la maladie n'est pas matérielle mais spirituelle et la santé physique est d'abord un processus mental et une affaire de conscience. Quant aux groupes qui insistent sur le mieux-être psychique et mental, ils visent la connaissance intérieure, la confiance en soi, la maîtrise et l'harmonie.

Parmi ces groupes d'expérience gestalt mentionnons, à titre d'exemple, le *Centre des arts de la santé de Montréal,* dirigé par Edward Fanaberia, qui utilise la méthode du schiatsu assaisonné d'éléments yogiques et soufis, et de l'enseignement gurdjieffien. Il y a également *Ressource-Vie* avec ses séminaires Arc-en-ciel, et *Obetex* (observer, étudier, expérimenter) qui propose un entraînement au dynamisme, à la connaissance de soi et au bonheur, et qui s'exprime dans le bulletin officiel PEP (*p*rogramme d'*é*panouissement *p*ersonnel). Il y a encore l'*Institut national de recherche pour la connaissance de soi,* fondé en 1972 par Granshyam Singh Birla, où l'on utilise de façon privilégiée — sinon exclusive — la chirologie et la chiromancie.

Mentionnons aussi *Le Corps éveillé* où l'on pratique la polarité thérapie, ainsi que le *Centre Thèta* et *La Maison, Atelier de transformation personnelle* où l'on utilise le rebirthing. Le *R.K.P.* fondé par Rooshikumar Pandya privilégie l'hypnothérapie et la thérapie sexuelle. *Surya* insiste sur la méditation

197

et les enseignements ésotériques. Le *Groupe Aikido* pratique l'art martial du même nom. Le *Groupe de développement d'assurance personnelle,* le *Centre Phoenix,* la *Fondation canadienne d'exploration psychique,* le *Centre de Synthèse* et l'*Institut de psychologie en communication subliminale* rassemblent tous des personnes désireuses de travailler au développement intégral de leur être, et réalisent cet objectif au moyen de cours, de séminaires, d'ateliers et de techniques variées.

Surpassant tous les groupes susdits par la qualité de leur organisation et le sérieux de leur démarche, le *Centre de croissance et d'humanisme appliqué* et les *Ateliers de développement humain de Montréal* se présentent comme des organismes de développement intégral où l'approche gestalt — combinée parfois avec la théorie de la transformation symbolique et la méthode de Feldenkrais — détermine le genre de fonctionnement et l'élaboration des programmes d'activités. L'ensemble de ces activités vise à libérer les capacités créatrices de l'individu, à accroître son mieux-être psychologique et à lui permettre une prise de contact avec les zones potentielles qui sommeillent au coeur de son être.

Les groupes de contrôle mental

Alors que les groupes thérapeutiques proposent une simple expérience de conscience gestalt, les groupes de contrôle mental offrent une démarche qui pointe vers l'expérience de conscience transpersonnelle.

Le *Silva Mind Control,* fondé par José Silva, est une méthode d'apprentissage qui utilise un ensemble de techniques d'autohypnose, de visualisation, d'éveil sensoriel, de symbolisation, dans le but de conduire l'apprenti au niveau mental alpha. Cette méthode entend développer le potentiel intellectuel et conscientiel de la personne et lui donner accès aux perceptions extra-sensorielles et à la communication avec les «absents».

Nous retrouvons dans l'*Atelier du contrôle mental de Montréal,* qui a des maisons dans plusieurs villes du Québec, le même apprentissage que dans le Silva Mind Control dont il est un rejeton. On y a ajouté de nouveaux symboles — comme les mains jointes et la cathédrale — ainsi que certaines activités comme la fixation du regard, le visionnement d'une étoile, le claquement du pouce et du majeur. Pour le reste, c'est la même méthode de publicité et les mêmes apprentissages: écran mental, atelier mental, contact avec les minéraux, les végétaux, les animaux, les humains.

Dans la foulée du contrôle mental il faut mentionner le *Laboratoire mental* dont Serge Marchand est le directeur, l'*Institut de développement Méta*, le *Centre du Nouvel Âge*, le *Centre Coresprit* et le *Centre de la pensée*. Quant au *Mouvement Alpha* et à *E.B.B.* (*e*ffective - *b*eing - in - *b*usiness), ce sont des mouvements basés sur l'alphagenics, cette science nouvelle qui essaie de détecter, de mesurer et de contrôler les ondes du cerveau.

Les groupes de contrôle mental pourront éventuellement conseiller l'usage d'appareils destinés à accélérer l'obtention du rythme alpha qui est le rythme de la relaxation, de la méditation et de la pensée. *Alpha-plus* est le nom d'un petit appareil qui envoie au cerveau un signal composite grâce à deux électrodes fixées à la boîte crânienne. Cette stimulation électromagnétique produit «des états privilégiés de même nature que ceux obtenus avec peine par le hata-yoga, le zen ou l'oraison, etc., mais plus facilement et plus rapidement»[32]. Le même résultat peut être obtenu par le *Graham Potentializer* qui n'est rien d'autre qu'un lit «valsant» qui décrit un mouvement circulaire dans un champ électro-magnétique et sur lequel on s'allonge en écoutant une musique appropriée.

Les groupes de contrôle mental habilitent les apprentis à la manipulation psychique. Les «gradués» sont des opérateurs psychiques: ils peuvent se contrôler, dominer les autres et maîtriser les événements, grâce à leurs pouvoirs psychiques et aux méthodes de télépathie, de clairvoyance et de psychokinésie (transfert de la pensée). Il y a, dans le contrôle mental, un vieux fond spiritualiste. On y propose une expérience métapsychique qui dépasse la simple expérience gestalt.

Certains groupes de potentiel humain offrent une démarche qui débouche carrément sur la conscience cosmique. Mentionnons les plus importants et les mieux organisés. À côté de l'*Institut international des sciences humaines intégrales de Montréal,* de l'*Atelier mystique de la pensée* et du *Centre d'étude et de recherche universelles* qui font un usage généreux des sciences ésotériques, il y a *Est* (*E*rhad *s*eminar *t*raining) et l'*Union universelle pour le Nouvel Âge* dont les objectifs sont de vous mettre en contact avec cette partie de vous-même qui, le plus souvent, n'a jamais été explorée, et de vous exhausser à un niveau supérieur de conscience. Par ailleurs, *Arica*[33] et *Le Village planétaire* utilisent toute une gamme de techniques empruntées à de nombreuses disciplines : yoga, ching, tarot, biorythmie, rebirthing, etc.

Le *Centre de psychosynthèse* et l'*Institut canadien de psychosynthèse de Montréal* utilisent la psychosynthèse de Roberto Assagioli, psychiatre italien. La psychosynthèse se veut une approche dynamique de l'homme visant au développement harmonieux de sa personnalité. Elle fait usage de plusieurs grilles d'analyse en vue d'une meilleure intelligence de ce qui se passe dans la personne: grille des sub-personnalités (nombreux petits «je»), grille des véhicules de la personnalité (corps, émotions, mental), grille du soi-je (soi transcendant et moi conscient), grille des qualités personnelles. Par une série de techniques (technique des «yeux ouverts» et des «yeux fermés», technique des imageries guidées, technique des sièges multiples, techniques corporelles), la psychosynthèse cherche à dés-identifier l'individu de ses faux «je» pour le ré-identifier avec son être profond. Ainsi se réalisent l'intégration et la synthèse des éléments conflictuels de la personnalité.

V — UNE QUÊTE RELIGIEUSE?

La recherche psychique est-elle une quête religieuse? Telle est la question que se pose l'astronaute Edgar Mitchell dans son livre *Psychic Exploration*[34].

Un mouvement religieux?

Le mouvement de développement du potentiel humain est-il un mouvement religieux? Dans la mesure où ce mouvement dépasse l'expérience gestalt pour favoriser des expériences de conscience transpersonnelle ou, encore, des expériences du vide ou du soi au-delà du soi, ne peut-on pas le considérer — au moins implicitement — comme une quête religieuse?

Qu'en est-il au juste? Plusieurs auteurs prétendent que «nous sommes au coeur d'une renaissance religieuse, mais que c'est religieux par un tout autre nom et d'une tout autre manière. Regardez attentivement et vous pourrez découvrir qu'une quête essentiellement religieuse est en cours dans les plus imprévisibles recherches qui se déroulent sur la scène contemporaine»[35]. Cette opinion est-elle justifiée?

1 — Nous aimerions proposer ici quatre réflexions susceptibles d'éclairer cette question. Disons d'abord que le discours des groupes de potentiel humain est analogue au discours religieux. Qu'est-ce à dire? Il y a deux grands modes de connaissance: l'observation objective, suivie du raisonnement logique, et la perception immédiate. Ces deux modes d'appréhension du réel sont évoqués dans les expressions stéréotypées: raison versus intuition, rationalité versus non-rationalité, connaissance objective versus connaissance subjective, concept versus mythe, technique versus art, science versus religion. Le discours scientifique, avec son dogmatisme positiviste, s'est érigé en maître absolu dans la société moderne. Le discours de l'expérience directe et subjective est disqualifié au point d'être réduit à une rêverie enfantine ou à une forme d'expression surannée. Le mouvement de développement du potentiel humain conteste résolument cet absolutisme du discours objectif, scientifique et se situe de plain-pied au niveau du discours intuitif et existentiel qui est proprement celui de la religion.

2 — De plus, les groupes de potentiel humain proposent des voies de libération. Les voies sont multiples et les libérations sont variées. Il y a autant de voies que de disciplines et de techniques utilisées. Il y a autant de libérations que de formes d'aliénation à éliminer. Libération physique par la guérison holistique; libération morale par l'accès à la confiance en soi;

libération mentale par le dépassement d'une vision étriquée du monde; libération psychique par la levée des blocages et des inhibitions; libération existentielle par l'accès à la conscience gestalt; libération essentielle par l'éclosion de la conscience cosmique. Il va sans dire que, rendue à ce niveau qui englobe tous les autres, la libération se rapproche de la libération ultime, caractéristique du salut religieux. On peut donc affirmer que, dans sa pointe la plus avancée, le mouvement de développement du potentiel humain propose un type de libération qui offre plus d'un point de similitude avec la libération religieuse.

3 — Faisons un pas de plus. Le monisme, on l'a vu, est l'un des présupposés fondamentaux du mouvement de développement du potentiel humain. L'univers est identique à son fondement ultime. L'apprenti se découvre un avec le tissu cosmique. La conscience de cette unité transforme sa vision du monde et influe grandement sur son existence. Quelle est la nature de cette réalité métaconsciente atteinte dans l'expérience cosmique? Certes, le mot «Dieu», surtout dans ses traductions anthropomorphiques (Père, Roi, Seigneur) trouve peu ou prou de résonnance dans le discours des groupes de potentiel humain, qui préfèrent parler du divin en termes de «fondement de l'être», de «soi impersonnel», d'«énergie ultime», de «vraie nature». «L'image la plus commune de Dieu est la notion d'énergie cosmique, conçue comme force vitale à laquelle on a part. Plutôt que quelque chose de tout-autre, c'est une réalité ouverte et accessible. Dieu est plus un processus qu'une déification»[36].

Toutes les choses sont des manifestations d'une seule substance cosmique, divine. Dieu est homogène au tissu dont l'univers est formé. Quelle que soit la représentation qu'on s'en fait, l'idée de Dieu s'accompagne le plus souvent de la notion de karma et de son corollaire obligé, la réincarnation. Deux attitudes antithétiques peuvent dériver de l'expérience que proposent les groupes de potentiel humain: ou bien un regain d'intérêt pour le christianisme et la mystique orientale, ou bien une désaffection graduelle pour les formes religieuses établies et un abandon progressif de tout discours sur Dieu. Tout cela laisse entendre qu'il existe des rapports étroits entre le domaine religieux et le mouvement de développement du potentiel humain.

4 — Enfin, même si les groupes de potentiel humain n'insistent guère sur les bases ontologiques des expériences qu'ils proposent, il n'en demeure pas moins qu'ils font montre «d'une confiance considérable dans les différentes techniques qu'ils considèrent comme des moyens de parvenir aux buts désirés»[37]. Or, ces techniques sont-elles vraiment dissociables du cadre philosophique qui les a fait naître et qui les justifie? Et lorsque ces techniques et disciplines sont orientales, sont-elles séparables de la métaphysique hindoue ou bouddhiste d'où elles ont émergé? Peut-on vraiment les disjoindre du terrain mystique et religieux qui leur servent de sol nourricier et de légitimation? Peut-on isoler le fond de la forme, la matière de l'esprit, la pratique de la théorie? Nous ne le croyons pas. Les méthodes orientales ont été élaborées à partir d'une métaphysique religieuse qui les propose comme des voies destinées à l'obtention d'un salut conçu d'une manière bien spécifique. Ces méthodes sont, en tout état de cause, dominées par les buts à atteindre et elles baignent dans une atmosphère religieuse particulière. Quant à savoir si on peut les pratiquer sans poursuivre les objectifs religieux pour lesquels elles ont été originellement conçues et vers lesquels elles sont structurellement orientées, et sans glisser imperceptiblement dans la métaphysique religieuse qui les a fait naître, nous nous pencherons plus loin sur cette question. Pour le moment, qu'il nous suffise de savoir que ces disciplines, même si on les dissocie de leur cadre philosophique, restent structurellement orientées vers un type bien précis d'expérience mystique et religieuse.

Compte tenu de tout ce qui précède, force nous est de considérer le mouvement de développement du potentiel humain, non comme un mouvement religieux au sens strict, mais comme un mouvement para ou quasi religieux. Loin de nous la pensée de récupérer ce mouvement à l'intérieur d'une religion établie ou de l'Eglise chrétienne. Les adeptes des groupes de potentiel humain ne sont, en tant que tels, ni des chrétiens qui s'ignorent, ni des religieux anonymes. Ils poursuivent une démarche qui s'apparente de bien des façons à la démarche religieuse.

Un mouvement gnostique?

Le mouvement de développement du potentiel humain est-il un mouvement gnostique? Il est certain qu'un regard un peu attentif peut y discerner des tendances gnosticisantes. Aussi, certains auteurs se croient-ils justifiés de qualifier de gnostiques les groupes de potentiel humain. Ils font remarquer que le concept de potentiel humain présente une étroite analogie avec la notion spécifique de la gnose, à savoir l'idée du fragment divin emprisonné dans la matière. Comme le fragment divin, le potentiel humain est lui aussi prisonnier de l'inconscience, des blocages et des conditionnements. L'homme n'accède à la liberté créatrice et à l'épanouissement de son potentiel latent que dans la mesure où il prend conscience de son unité avec la conscience cosmique et où il est branché sur l'énergie universelle. Nous sommes en pleine thématique gnostique.

De plus, le gnosticisme ancien classait les humains en deux catégories: les parfaits (ceux qui savent, les pneumatiques) et les imparfaits (ceux qui ne savent pas, les hyliques et les psychiques). Les parfaits seuls peuvent accéder à la plénitude de leur être authentique qui est divin. Les adeptes des groupes de potentiel humain ont souvent tendance à se considérer comme des gens O.K., des parfaits, des évolués: ce sont des «mutants» en train d'accoucher d'un nouveau monde. De là à considérer les autres comme des «retardés» inconscients ou des malheureux qui ne comprennent pas, il n'y a qu'un pas qui est vite franchi.

Enfin on pourrait faire des rapprochements suggestifs entre la croissance du potentiel humain et l'ascension gnostique de l'âme; entre le réveil du potentiel endormi et l'éveil du moi divin dans la gnose; entre le contrôle de «soi» gestalt et la «négation» du monde dans la gnose; entre la liberté gestalt et l'antinomisme gnostique. De part et d'autre, on parle un langage analogue, on utilise les mêmes techniques et on fait appel aux mêmes «philosophies» religieuses[38].

Un halo gnostique entoure les groupes de potentiel humain. Les similitudes que nous avons relevées et les rapprochements que nous avons esquissés nous permettent d'affirmer que le mouvement de développement du potentiel humain est un mouvement para ou quasi-gnostique.

Troisième partie

Schèmes théoriques de la secte et de la gnose contemporaines

VIII
Le schème
de la secte contemporaine

La secte désigne un groupe de personnes qui marchent à la suite d'un maître inspiré qui se réclame du plein Évangile. Avant d'être scission et protestation, elle est essentiellement «suite», itinéraire spirituel. La dissidence n'apparaît et ne s'explique que comme la conséquence de cette donnée fondamentale. La secte se veut un nouveau départ, un re-commencement, un retour à l'origine. Elle correspond à une façon originale de comprendre et de vivre l'Évangile. Les sectes du passé, comme celles d'aujourd'hui, entendent proposer et encadrer une expérience évangélique authentique. La seule vraie et pure, à leurs yeux.

Peut-on dégager les éléments communs de l'expérience qu'articulent les sectes contemporaines? De notre étude monographique des divers groupes sectaires, se dégage un canevas commun autour duquel les sectes développent leurs théories particulières. Malgré ces singularités doctrinales, il est possible d'esquisser un schème générique de la secte contemporaine. D'une façon générale, notre présentation s'abstiendra de souligner les points de divergence — ce qui nous égarerait dans mille méandres inutiles; et elle citera rarement les écrits des sectateurs — ce qui aurait l'heur de confirmer nos dires, mais entraînerait une extension indue de notre discours. Nous tenterons, autant que faire se peut, de rester collé aux textes et témoignages que nous avons sous les yeux.

I — LE CANEVAS THÉORIQUE

La voie de la foi pure

«Ça va mal dans le monde», crie le sectateur pour dire le sentiment qui est à l'origine de sa démarche spirituelle. Cette expérience existentielle d'un monde corrompu, voué au brasier cosmique, est sous-jacente à l'itinéraire salvifique que la secte propose à ses adeptes. Sentiment aigu de l'omniprésence du mal et de la perdition universelle. Le monde est mauvais; il ne correspond pas à la volonté de Dieu. Partout la haine, la violence, l'injustice, l'impiété. Les hommes rivalisent de méchanceté et de cruauté; leur iniquité et leur malveillance sont à leur comble.

Les institutions sont à l'image des hommes. Les systèmes politiques et économiques oppriment l'humanité et sont le théâtre de luttes cupides pour le pouvoir et pour l'argent. Au mépris de tous les principes moraux, les états piétinent les consciences individuelles et la dignité humaine. Les villes sont des jungles aliénantes, des géhennes de pollution, des lieux de débauche. Les institutions les plus sacrées, comme la famille, sont en état de décomposition avancée. Même les Eglises sont en proie au ver rongeur de la tiédeur, de l'affadissement, du compromis et du libéralisme corrosif.

À cela il faut ajouter la course aux armements, l'hystérie de la guerre, les génocides collectifs, les famines, les camps d'extermination, sans oublier les souffrances causées par les cataclysmes naturels. Enfin les développements frénétiques de la science, de la technologie et de l'industrialisation sont sources d'incroyance et d'aliénation. Oui, l'homme est emprisonné dans des cercles infernaux qui le vouent à la perdition.

Il n'y a plus rien à attendre de ce monde inique. Ça ne peut plus durer. La marmite va sauter dans une explosion colossale. Les vieilles outres vont crever; les systèmes minés, corrodés vont s'effondrer; les impies, desséchés par le mal, seront consumés par le feu du ciel. De cet immense amas de cendre naîtra un monde nouveau, une terre nouvelle, une société de paix et d'harmonie d'où l'injustice sera bannie à jamais. Le monde est à l'aube d'une ère nouvelle. Un monde nouveau est en parturition: il souffre les douleurs de l'enfantement. Ces jours sont les derniers. Les bastions de l'iniquité seront renversés. La destruction de ce monde mauvais est certaine. La fin est proche. La patience divine est épuisée. La coupe de la colère va déborder. Par une intervention subite de Dieu, les méchants périront dans le cataclysme final avec le monde inique qu'ils ont construit. Alors le Christ glorieux apparaîtra pour instaurer son royaume et prendre ses amis — les sectateurs — auprès de lui.

Telle est la promesse de Dieu révélée dans les Ecritures. Nombreuses sont les paroles de Jésus et des apôtres annonçant la Parousie et la fin de ce monde. «On verra le Fils de l'homme venir, entouré de nuées, dans la plénitude de la puissance et de la gloire. Et il enverra les anges et, des quatre vents, de l'extrémité de la terre, il rassemblera ses élus» (Mc 13, 26-27). Alors «les cieux disparaîtront à grands fracas, les éléments embrasés se dissoudront et la terre avec ses oeuvres sera mise en jugement» (2 P 3,10). Le sectateur est habité par cette «promesse des cieux nouveaux et d'une terre nouvelle où la justice habite» (2 P 3,13). C'est un homme mordu, «poigné» par une espérance qui est le dynamisme de sa vie, le moteur de son agir et la cause explicative de ses comportements. Cette espérance, inviscérée au coeur du sectateur, s'épanouira en système doctrinal et en code moral.

Dans le clair-obscur de leurs visions, les prophètes ont entrevu les événements apocalyptiques qui marqueraient le commencement de la fin. Ce qui arrive aujourd'hui correspond aux prophéties de l'Ancien et du Nouveau Testament. Est-il meilleur signe avant-coureur de la fin que la conjoncture mondiale actuelle? Paroxysme de l'immoralité et de la méchanceté, guerres, cataclysmes naturels, calamités, dépravation de la connaissance, etc.: autant d'événements annoncés par Jésus et les prophètes comme prodromes de la fin. «Quand vous verrez ces choses, sachez que le Fils de l'homme est proche, qu'il est à vos portes» (Mt 24,34). «Quand ces événements commenceront à se produire, redressez-vous et relevez la tête, car votre délivrance est proche» (Lc 21,28).

Que faire dans une telle conjoncture? «Prenez garde et restez éveillés, car vous ne savez pas quand ce sera le moment» (Mt 13,13). Le réveil est une coordonnée importante de l'expérience du sectateur. Le sommeil est comme un linceul qui recouvre le pécheur et lui masque son péché et sa situation périlleuse. Celui qui dort est inconscient de ce qui advient dans le monde; il vit d'illusions et de rêves. Le dormeur est une proie facile pour l'Adversaire infernal. Le veilleur, lui, marche dans la lumière; il ne se laisse pas assoupir par le rêve; il est conscient de la réalité. C'est un homme debout. Veiller, c'est se tenir prêt. L'expression «se préparer» est formée de deux mots latins (*prae - parare*) qui signifient «être prêt avant»; il faut être «prêt avant» qu'il ne soit trop tard, avant que la mort ne nous frappe, avant que Jésus ne revienne. L'imminence de la fin crée un état d'urgence. Il faut choisir tout de suite, aujourd'hui. C'est maintenant l'heure du salut. Dieu dit: «aujourd'hui», Satan dit: «demain».

D'où l'importance de la conversion. Don de l'Esprit Saint, la conversion est aussi décision personnelle. Décision de faire la volonté de Dieu, de collaborer avec son Esprit et de se mettre en harmonie avec son dessein éternel, tel qu'il se révèle dans la Bible. La conversion est un retournement existentiel, une recentration de tout l'être sur Dieu, par l'entremise de l'unique médiateur et sauveur Jésus. Accepter Jésus dans sa vie, devenir son disciple, se soumettre à sa loi et se tourner vers le Royaume qui vient: voilà le premier aspect — lumineux — de la conversion. Et le second — ascétique — s'exprime dans le *contemptus mundi*, c'est-à-dire le refus du jeu social, la rupture avec le mal et le péché, la décentration de son moi égoïste.

La conversion présuppose ou accompagne la *foi*. L'expérience du sectateur est essentiellement une expérience de foi. Le salut par la foi seule. C'est la foi qui sauve, non les oeuvres. L'oeuvre bonne découle du salut reçu dans la foi, elle n'en est pas la cause. Le sectateur n'observe pas la loi pour se sauver, mais parce qu'il est sauvé. Ce ne sont pas ses actes qui le justifient, c'est lui qui sanctifie ses actes. La foi est un don de Dieu qui opère en l'homme l'ouverture par laquelle le salut peut l'atteindre.

Du côté de l'homme, la foi est une confiance absolue en Dieu et une certitude inébranlable. La foi est une mise de fond de tout l'être, une gageure absolue sur l'invisible, un cri ultime vers Dieu. C'est un acte de volonté plus que d'intelligence, un geste de confiance plus que de connaissance, une conviction plus qu'un savoir. L'aspect cognitif de la foi et la recherche de son intelligence et de ses fondements (*fides quaerens intellectum*) sont généralement dépréciés, sinon tenus en complet discrédit. Honte aux théologies qui polluent la Parole sainte! A la limite, la foi devient fidéisme. D'après le fidéisme, «n'est efficace pour le salut, que la conviction et l'abandon du coeur, et non pas une connaissance de foi raisonnable et appuyée sur des preuves»[1]. Par la foi-confiance, le sectateur s'ancre à un Rocher, défiant vents et marées. S'il est fidèle, il est sûr d'échapper à la colère qui vient. C'est un rescapé de dernière heure, tourné vers le jour «J» du grand Retour et de sa propre délivrance.

Tout cela, à condition toutefois de faire partie de la secte qui, elle, a les garanties de la vie éternelle et de la pure vérité. La secte est l'arche de salut sur la mer tumultueuse et polluée. Embarquement immédiat par l'unique porte d'entrée qu'est le baptême par immersion. La conversion à Dieu s'exprime par l'adhésion à la secte, à ses lois et à ses autorités. La foi en Dieu et en sa parole se concrétise dans l'assentiment aux principes et aux doctrines de la secte. L'appartenance à Dieu passe par l'adhésion à la secte, et la suite de Jésus devient suite du prophète fondateur. Le «hors de la foi, pas de salut», équivaut au «hors de la secte, pas de salut».

Certes l'arche est sûre; mais la traversée est difficile et tourmentée. Les temps actuels sont des temps de mise à l'épreuve. Le salut n'est qu'un gage, qu'une espérance. Le sectateur est sauvé parce qu'il sera sauvé. Le navire qui le conduit au port est insubmersible. Le sectateur doit être vigilant et alerte pour ne pas succomber à la tentation. D'où les exhortations à la persévérance dans la foi et à la constance dans l'épreuve. D'où les nombreuses mises en garde contre le retour subtil de l'esprit malin. Le sectateur ne doit pas perdre le salut qui lui est acquis par la grâce de Dieu. Puisse chaque jour le trouver prêt pour la venue du maître!

II — LES PRESUPPOSES DOCTRINAUX

La voie proposée par la secte s'articule autour de trois grandes coordonnées doctrinales: une conception dramatique de l'histoire du salut, une vision historiciste de la révélation, et une «théologie» puriste de l'Eglise. De cette trilogie découle une praxis radicale.

L'histoire du salut

La secte voit l'histoire du salut comme la lutte gigantesque de Dieu contre les forces du mal. Dieu est un être éminemment personnel. Il est certes le Père de toute miséricorde; mais il est avant tout le juge dont les décrets et les verdicts sont équitables. Dieu est un Maître exigeant qui récolte où il n'a pas semé, qui chasse de la salle du festin l'intrus qui ne porte pas le vêtement de fête, qui jette au feu les impies.

Ce Dieu personnel est le principe de toutes choses. Tout ce qui existe a été créé par lui *ex nihilo*. Tout a un commencement absolu. La nature, le cosmos, l'homme sont des créatures. N'ayant pas en eux-mêmes leur raison d'être, ils reçoivent à tout instant leur essence et leur existence de la main de Dieu. En tant que créature, aucun être n'est ontologiquement autonome. Tout être créé est essentiellement relationnel: il n'existe qu'en dépendance du libre vouloir du Créateur. Dans ce monde, créé selon le dessein bienveillant de Dieu, chaque chose a sa place et chaque événement arrive à point, si bien qu'il en résulte un ordre nécessaire et intelligible. Pris dans son ensemble, le monde est un cosmos organisé selon un plan préétabli. Il est le reflet de Dieu et l'expression de ses volontés. Il ne connaît pas de devenir. Il n'y a donc pas d'évolution. La secte est farouchement anti-évolutionniste.

Au coeur du monde, l'homme, créé à l'image de Dieu, est naturellement mortel et dans son corps et, selon plusieurs sectes, dans son âme. Créé bon et quasi-parfait, il y a 6,000 ans, l'homme a connu à l'origine un état édénique. Mais sous l'influence des forces du mal, il est devenu mauvais: se détournant de Dieu, il a échangé sa nudité, sa pureté royale pour un manteau vermineux. Le bris de sa relation au créateur a provoqué le déséquilibre dans ses rapports avec les autres et avec le monde. L'homme pécheur est un idolâtre qui a la frénésie des idoles, un suicidaire qui court à sa propre perte, un meurtrier qui opprime son frère, un destructeur qui dévaste la nature. Le mal de l'homme a atteint un point de non-retour. L'homme est une créature déchue qui nie ses origines. *Corruptio optimi pessima.* Le meilleur est devenu le pire. Le plus beau des êtres est devenu un laideron fieffé, et l'image de Dieu, un bourbier infect. La secte insiste à outrance sur la méchanceté et la perversité de l'homme. Rien d'intègre en son sein. Devenu foncièrement mauvais, l'homme est un être voué à la perdition.

D'où cela peut-il bien venir? De Satan, répond la secte. Satan est un ange supérieur qui, séduit par sa propre beauté, s'est détourné de Dieu, entraînant dans sa révolte des myriades d'êtres semblables à lui. Satan n'est pas seulement la personnification de toutes les forces du mal; c'est un être personnel dont la puissance maléfique ne peut être contrée que par Dieu. Satan omniprésent, toujours actif au coeur de l'homme et de la société. Ce grand séducteur plein d'artifices tente d'aguicher l'homme par ses appâts. Le monde est la geôle de Satan et l'homme en est le prisonnier.

Fidèle à lui-même et à son dessein bienveillant, le Créateur se fait sauveur. Il intervient dans l'histoire humaine pour apporter le salut. Toute l'aventure du peuple d'Israël est ponctuée par ces actes sauveurs. Election d'Abraham, exode, table des commandements, alliance, prophétisme: tous ces événements, qui constituent l'histoire du salut, ne sont que promesse et préparation de la venue de Jésus, le Fils de Dieu, dont la secte nie parfois la qualité divine. Divin ou non, Jésus est vénéré comme l'unique agent de salut, le rédempteur, le médiateur, celui qui, grâce à l'Esprit, peut seul nous libérer de l'emprise de Satan et nous réconcilier avec Dieu. Mort pour nos péchés, Jésus accomplit l'oeuvre salvifique de Dieu et prépare le royaume de justice où seront admis ceux qui attendent son avènement. La parousie sera l'acte final qui viendra sceller l'histoire du salut. C'est dire que le présent est un temps de tribulation et de lutte. Deux protagonistes livrent une lutte à finir: le Christ et Satan ont engagé le grand duel eschatologique. Le combat céleste se déroule sur la terre; et l'homme en est le théâtre. Tout se joue au coeur de l'histoire. La lutte entre le bien et le mal, la guerre entre les bons et les méchants n'est que la transposition historique de cette bataille céleste. Les hommes sont les suppôts du Christ ou de Satan. L'histoire du salut est un drame où les vrais personnages sont cachés derrière le décor.

L'homme pourtant n'est pas une marionnette, encore moins un spectateur neutre. Il est lui-même engagé dans cette lutte. Il est coupable de ses défaites et comptable de ses victoires. Sa liberté et sa responsabilité sont entières. Il mérite sa perte, mais non son salut, qui est toujours un don gratuit. La secte abhorre la notion de mérite et d'oeuvres méritoires. L'homme est partie prenante dans le combat que se livrent le Christ et Satan. En ce qui le concerne, personnellement, l'issue du combat ne dépend que de lui. Cette issue est certaine pour Dieu puisque Dieu est le plus fort; mais elle est toujours problématique pour l'homme, dont la fragilité peut ébranler la fidélité, en dépit de la grâce salvifique déjà octroyée et des garanties infaillibles qu'offre la secte, arche insaubordable.

Et le drame se transmue en tragédie, car le dénouement est terrible: peu seront sauvés soit à cause de l'inconstance des élus, soit à cause de la mauvaise volonté de la masse. Le Christ respecte la liberté des hommes et sa puissance ne peut rien contre elle. A cause de leur propension au mal, les hommes tombent massivement dans les pièges de Satan et se complaisent dans leur péché. Ils se vouent eux-mêmes à leur propre perdition. Quelques rares privilégiés (on va même jusqu'à risquer un chiffre) parviendront au havre et «forceront» l'entrée du royaume. Pour certaines sectes, ce royaume est un règne transcendant et, pour d'autres, un réaménagement paradisiaque de la terre. Le Christ introduira ses élus dans son royaume de bonheur. Puis viendra l'épilogue: Satan sera anéanti avec ses démons et la masse incalculable des impies sera ou bien anéantie (dans les sectes où l'on nie l'existence du châtiment éternel) ou bien projetée au fond de l'étang igné.

Cette lecture dramatique de l'histoire du salut — on l'aura pressenti — présuppose une conception particulière de la révélation judéo-chrétienne. Au coeur de sa doctrine, de son culte et de sa praxis, la secte pose la Parole de Dieu. Certes Dieu a laissé son empreinte sur la création dont les lois sont le lointain reflet de ses volontés. Un certain logos se trouve gravé dans le livre de la nature. Les lettres de cette parole cosmique de Dieu se sont oblitérées; il n'est plus guère possible d'en déchiffrer le sens. Cette révélation cosmique est reléguée au second rang, sinon simplement laissée aux oubliettes.

Au centre de l'expérience religieuse, la secte pose la révélation historique. Dieu a parlé au cours de l'histoire à des hommes et à des femmes, choisis et oints de son Esprit. Cette parole a retenti au coeur d'Israël: Abraham, Moïse, les prophètes ont été les garants et les témoins de la parole révélée. En Jésus, la parole de Dieu retentit avec un éclat inégalé.

Cette révélation est enchâssée dans un livre. La Bible *est* la Parole de Dieu. Le texte biblique s'identifie au logos divin; les mots du texte sont les mots de Dieu. Cette identification des Ecritures saintes à la parole de Dieu se fonde sur la conviction que la Bible est un livre divinement inspiré. Cette inspiration est généralement conçue comme appel téléphonique ou comme un influx électromécanique. Le texte de la Bible est intégralement dicté par Dieu. La lettre est tout aussi révélée et inspirée que le sens qu'elle contient. Puisque tout dans la Bible est parole de Dieu, tout est également vrai et rien n'est faux. L'inerrance biblique doit être entendue littéralement.

La secte propose une interprétation littérale de la Bible: les textes doivent être compris comme ils sonnent. Les textes racontent une histoire terrestre ponctuée de faits merveilleux, d'incessantes interventions d'êtres célestes. Toute la Bible, du premier mot de la Genèse à la dernière lettre de l'Apocalypse, est d'une seule coulée. Aussi doit-elle recevoir un même traitement herméneutique basé sur le sens obvie du texte qu'il faut prendre à la lettre. Toute interprétation allégorique et toute démythologisation sont trahison et tricherie, car elles émascu-

217

lent le texte et, en le soumettant à la raison humaine, le vident de son caractère absolu. L'obéissance à la parole doit primer sur l'intelligence de la Bible. Obéir pour comprendre. Toute relativisation du texte rend l'obéissance impossible.

La Bible n'est ni un discours sur le mystère intime de Dieu, ni un enseignement sur les voies intérieures ou sur l'expérience mystique. Ce que la secte cherche dans la Bible et dans l'histoire du salut qu'elle décrit, c'est le dessein salvifique de Dieu qui s'y laisse deviner. D'une part, ce que Dieu a accompli dans sa sagesse et ce qu'il promet dans sa bienveillance et, d'autre part, ce qu'il exige de l'homme; voilà l'essentiel de l'enseignement biblique. La Bible est moins un livre de doctrine que d'action. Dieu y agit plus qu'il n'y enseigne. Et sa parole est un commandement. La Bible dit ce qu'il *faut* faire pour être sauvé. Le croyant doit moins chercher à comprendre le vouloir divin qu'à s'y soumettre.

Cela étant dit, il faut vite ajouter que la révélation divine n'est pas tarie avec le dernier livre de la Bible; elle rejaillit sporadiquement dans l'histoire. Les sectes se réclament, chacune, d'une révélation particulière d'où elles tirent leur origine. Le prophète fondateur prétend avoir entendu la voix de Dieu au cours d'une vision ou d'une illumination. C'est un charismatique ou un illuminé qui se réclame d'une parole divine et revendique l'autorité de Dieu. Son enseignement se veut original. Sa nouveauté consiste, selon les cas, soit en une réinterprétation de la Bible adaptée à la conjoncture historique, soit en un message qui vient compléter la révélation biblique. Quoiqu'il en soit, le message du fondateur, lesté d'un poids d'absolu, devient normatif pour la secte. À ce titre, il jouit d'une valeur herméneutique exclusive. La parole fondatrice de la secte devient l'unique voie d'intelligence de l'écriture sainte. Aussi les sectes visent-elles à avoir leur propre Bible. L'enseignement de la Bible passe pour la parole normative du fondateur. Loin d'en être émoussé, le caractère absolu des Écritures s'en trouve accru.

Une Eglise...

Enracinée dans sa propre révélation et dans son interprétation spécifique de la Bible, chaque secte se pose en *Eglise*. La secte se présente non comme une Eglise parmi les Eglises, mais comme l'Eglise du Christ. La secte est la véritable Eglise, composée de purs et de saints, et possédant la vérité infaillible.

Sur ce point, deux conceptions s'inscrivent dans le schème de la secte. Ou bien la vraie Eglise est visible: elle se réduit alors aux dimensions de la secte. Seuls forment l'Eglise pure et sainte, ceux qui font partie de la secte. La secte est donc l'Eglise, au sens absolu. En dehors de la secte, point d'Eglise. Ou bien la vraie Eglise est invisible: elle est la communion de tous ceux qui adhèrent sincèrement à Jésus-Christ. La secte devient alors le signe visible de l'Eglise invisible, son lieu d'insertion historique, et les sectateurs sont comme les représentants privilégiés de tous les chrétiens authentiques, ceux-ci étant bien entendu à l'image du sectateur. Le sectateur anonyme ignore qu'il porte la robe nuptiale de la secte et la secte l'ignore également. C'est un adepte potentiel qui un jour peut-être reconnaîtra ses propres traits dans l'image que lui renvoie la secte. Son entrée dans la secte ne sera que la reconnaissance de ce qu'il était.

Indépendamment de l'une ou de l'autre de ces conceptions, la secte se considère toujours comme la seule Eglise authentique, divinement revêtue du manteau de la sainteté. Elle est la communauté non des pécheurs, mais des purs qui ont fait l'option radicale pour Jésus. L'entrée dans la secte n'est pas un droit de naissance, mais la décision libre d'une personne adulte. Le sectateur est un volontaire: on ne l'introduit dans la secte aucunement à son insu. Il y vient librement et en connaissance de cause. La secte ne traîne pas de «bois mort». Y entre et y demeure qui *veut* suivre la loi du Seigneur et la doctrine de la secte. En sort ou s'en fait expulser qui n'en assume plus les exigences.

Rassemblement de purs, la secte est une communauté radicalement eschatologique. Cambrée vers l'avant, elle attend le retour glorieux du Christ dont l'imminence ne saurait faire de doute. Pour la secte, il n'y a, à vrai dire, pas de présent, tout est à venir. Le présent est vide, le futur est lesté de toute la réalité. Les temps sont mauvais. Le présent est un temps de tribulations et d'épreuves. Il ne s'y passe rien. Le présent n'accouche pas du futur. L'avenir est l'affaire de Dieu seul.

On ne prépare pas l'avenir; tout au plus peut-on par une vie sainte se préparer pour l'avenir. Tous les efforts humains en vue de l'édification d'un monde meilleur sont vains et ne font en aucune façon advenir le futur. Discontinuité radicale entre le présent et l'avenir. L'action future de Dieu ne vient pas à la rencontre de l'effort présent de l'homme.

Le sectateur tire son épingle du jeu dans son attente de l'avenir et laisse courir le temps présent. La seule valeur du présent, c'est qu'il offre aux méchants la possibilité de la conversion et, aux justes, l'occasion d'être éprouvés. La morale trouve sa justification dans l'imminence du retour du Christ. La vie droite est une exigence de l'attente eschatologique. Il faut se garder irréprochable pour le grand jour.

En sa qualité de communauté eschatologique, la secte se laisse fasciner par l'image de l'Église primitive et en veut reproduire tous les traits. La secte entend être le décalque contemporain de l'Église primitive. Elle refuse la grande tradition des Églises et rejette leur confession de foi commune. Elle veut revenir à la ferveur et au radicalisme des premiers chrétiens qui vivaient dans ce monde comme des pèlerins et des étrangers, cherchant les choses d'en haut et attendant le retour du Christ glorieux. Sautant à pieds joints par-dessus deux millénaires de tradition[2], elle prétend s'aboucher directement avec l'Église apostolique; elle prétend *être* cette Église aujourd'hui. S'il est une exigence de fidélité à la Bible, ce retour aux origines est encore davantage une conséquence de l'attente impatiente du Royaume. Le regard vers l'avenir s'accomplit par un retour au passé. Pour être communauté de la fin, la secte doit être communauté des origines. Les extrêmes se touchent, dit-on. C'est en puisant aux origines qu'on touche à la fin.

... anti-oecuménique et missionnaire

Dans son mouvement de retour aux sources, la secte rencontre les grandes Églises sur sa route. En disqualifiant la tradition ecclésiale, ce sont les Églises elles-mêmes qu'elle discrédite. Aux yeux de la secte, l'évolution doctrinale est une trahison et le développement dogmatique un ajout; et tout ajout est une corruption. La parole de Dieu ne change pas; la tradition est répétition. Toute adaptation dégénère en compromis. Les Églises établies, surtout l'Église catholique, sont des Églises déchues. Elles masquent la parole de Jésus sous un amas de superfétations doctrinales. Elles émoussent l'exigence éthique de l'Evangile par leur compromis avec le monde et la culture ambiante. La licence, la tiédeur, l'esprit séculier est leur lot.

Elles sont corrompues et infidèles à la vérité. Est fausse toute religion dont la doctrine, la structure et les exigences éthiques sont en désaccord avec la lettre de la Bible. L'Église catholique est dans l'état le plus déplorable. Il n'y a plus guère en elle de vestige de la véritable Église. Plusieurs sectes la considèrent comme le suppôt collectif de Satan, la Babylone vouée à la destruction, ou la grande prostituée. Sur son front est gravé le chiffre de la bête de l'Apocalypse.

Si tel est l'état des Églises établies, la secte ne peut avoir de part avec elles. Convaincue de la pureté de sa doctrine et de la droiture de sa conduite, la secte se doit d'éviter tout contact avec les Églises afin de se protéger contre toute contamination éventuelle. Comment l'Église pure ne se souillerait-elle pas en tendant la main à des cultes plus ou moins dégénérés? La secte est foncièrement anti-oecuménique. Elle ne partage pas les principes de l'oecuménisme et n'établit aucun pont avec les Églises instituées. La secte ne dialogue pas, elle dénonce et convertit. Cet anti-oecuménisme doctrinal et pratique ne l'empêche pas d'exercer la miséricorde envers les Églises, de les prendre en pitié et de prier pour elles.

La secte n'est pas oecuménique; elle est missionnaire. Elle cherche à convertir chrétiens et incroyants, à «dépaganiser» le christianisme et le monde. Elle se sent envoyée pour ramener les hommes dans le droit chemin. Les sectes ont développé un éventail de techniques missionnaires. Publicité, propagande, pamphlets, moyens audio-visuels, porte-à-porte, dialogue de rue: autant de moyens mis en oeuvre pour gagner des adeptes. Les sectes plus évoluées possèdent des écoles de formation apostolique ou offrent des stages de formation missionnaire. Tous les sectateurs se doivent de collaborer au travail apostolique soit comme missionnaires rémunérés, soit comme intervenants bénévoles.

Quelle que soit la diversité des pratiques mises en oeuvre, la mission constitue la tâche primordiale de la secte. La mission doit viser à l'efficacité. À cette fin, le missionnaire doit être adéquatement préparé, bien éduqué, affable et vêtu selon les convenances. Par sa mise, il doit inspirer la confiance; par son sourire, attirer la sympathie; par sa parole, convaincre l'interlocuteur; par son attitude générale, témoigner du salut reçu et du royaume à venir.

... non cléricale

La secte est généralement une communauté de laïcs. Même si elle parle parfois d'évêques, de prêtres, de diacres ou de pasteurs, ces titres n'indiquent pas une hiérarchie d'ordre sacramentel. Inspirés des Écritures, ces termes désignent uniquement des fonctions au sein de la communauté. Il ne peut y avoir d'ordination dans la secte puisque le principe sacramentel y est rejeté. Quand la secte parle de sacrements, elle désigne des rites symboliques accomplis en souvenir de Jésus et en signe de la conversion du coeur. Ces rites ne sont pas des moyens efficaces de salut; ce ne sont pas, *in se*, des instruments de la rencontre de Dieu et de l'homme; ce ne sont donc pas des sacrements, au sens théologique du terme.

L'absence du principe sacramentel n'est pas synonyme de carence d'organisation. La secte est toujours une communauté bien organisée, bien disciplinée où les rôles sont clairement définis. Rien n'y est laissé au hasard ou à l'inspiration du moment. Les contours sont précis et les instances d'autorité bien identifiées. Bien que laïque, la secte n'est pas foncièrement démocratique. La chaleur des relations amicales horizontales peut masquer le verticalisme structurel fondamental. Les décisions viennent d'en haut; les grandes politiques sont définies aux niveaux supérieurs. Comme le prophète fondateur, ses successeurs jouissent d'une immense autorité, voire d'une certaine infaillibilité. Parfois le charisme de l'inspiration passe du fondateur à ses successeurs, chargés de dire à leur tour la parole révélée. D'où le caractère irréfragable de leurs décisions. À mesure que la secte s'éloigne de ses origines et qu'elle élargit ses frontières, l'autorité s'y exprime en termes de plus en plus juridiques.

Les instances de consultation et de recours font souvent défaut. L'adepte est un volontaire. Son adhésion libre à la secte implique l'acquiescement à la doctrine et aux règles en vigueur. Le sectateur est invité à se soumettre avec foi et sans houspiller aux diktats de l'autorité dont le rôle n'est pas seulement d'exercer le gouvernement, mais de maintenir et de surveiller l'orthodoxie. Toute dissidence doctrinale fondamentale, toute violation flagrante de la loi de Dieu, toute insoumission ouverte à la discipline de la secte est frappée d'excommunication, à moins que le coupable revienne à résipiscence ou décide de se retirer de son gré. Le coupable est d'abord averti par deux ou trois frères. S'il ne se repent pas, il est blâmé par toute la communauté. S'il s'obstine, il est exclu de la participation active à la vie de la communauté. Et si son attitude est cause de scandale, il est excommunié de la secte.

La secte est un mileu vivant: les relations y sont personnelles et chaleureuses, le partage et le service mutuel y sont à l'honneur, et la prière y est enthousiaste et fervente. Des groupes bibliques se réunissent régulièrement pour étudier la Parole de Dieu. La pratique religieuse est intense. Les réunions de prières se composent de cantiques, de témoignages, de discours et d'intercessions spontanées. La Parole est au coeur de la liturgie. Les rites principaux sont l'imposition des mains, la cène du Seigneur et le baptême par immersion. Réservé aux adultes (et aux enfants ayant l'âge de raison, dans certaines sectes plus institutionnalisées), le baptême est le rite d'entrée dans la communauté. Le baptême ne sauve pas. Il symbolise la conversion intérieure et le désir de vivre en harmonie avec le dessein de Dieu.

Une fois devenu membre, l'adepte verse à la secte une contribution volontaire ou une dîme obligatoire, dont le montant peut aller jusqu'à 10% des revenus. Dans les sectes qui exigent la communauté de vie, la remise de ses biens est obligatoire. Ces sommes constituent un capital qui sert à couvrir les coûts de l'administration, de la mission, des immobilisations ou des rémunérations, et plus rarement les dépenses encourues par les oeuvres de bienfaisance dont le financement vient d'ailleurs. La richesse des groupes est vue comme un gage de la vitalité spirituelle et de la bénédiction de Dieu.

III — UNE ÉTHIQUE RADICALE

Ces remarques sur l'orthodoxie et la pratique religieuse nous amènent à un dernier point — central dans l'expérience de la secte — celui de l'orthopraxie, c'est-à-dire de l'adéquation du comportement socio-éthique avec la doctrine enseignée. La secte escamote l'expérience intérieure et mystique pour fixer son attention sur la pratique. La secte est moins une religion de l'intériorité qu'une religion de la praxis et du comportement. L'*êthos*[3] y est si spécifique que c'est à lui plutôt qu'au schème doctrinal qu'on reconnaît la secte. La logomachie du sectateur ne doit pas nous donner le change. Même s'il présente parfois des allures doctrinaires, le sectateur se veut avant tout un praticien de la Parole de Dieu. Sa dispute théorique est moins une recherche de la vérité qu'une exigence éthique. La visée de son discours est pratique: amener les gens à vivre selon la loi de Dieu. Il proclame la vérité moins par amour du vrai que du bon, moins pour instruire que pour exhorter, moins pour faire reculer l'ignorance que pour faire avancer le bien. Pour lui, la vérité est droiture; et la connaissance, obéissance.

L'*êthos* de la secte est caractérisé par le radicalisme évangélique et par l'application rigoriste des exigences pratiques découlant du corpus doctrinal. Une froide austérité et une rectitude sans faille s'allient à une activité fiévreuse et à un zèle ardent. Le comportement du sectateur a une allure un peu mécanique. Sa tendance au légalisme et au puritanisme apparaît subtilement dans sa stricte observance de la loi et des commandements, dans son dévouement empressé, dans son attitude prude et pudique, dans sa conception étroite de la morale. Aveuglément rivé aux exigences radicales de l'Evangile, le sectateur fait la sourde oreille aux appels de l'humanisme et de la culture ambiante.

Le sectateur réprouve le laxisme, le compromis et le relâchement des moeurs. C'est un être irréprochable. Sa vie est caractérisée par la modestie, la régularité, la modération, la sobriété, la mesure, l'ascétisme et la simplicité de vie. Il est soucieux de sa santé et des règles de l'hygiène: nourriture saine, propreté, sommeil et repos suffisants. Le tabac, la drogue et l'alcool sont, dans plusieurs sectes, rigoureusement interdits. Le sectateur est maître de soi en toute occasion. Il bannit de sa vie tout ce qui peut exciter les passions et induire en tentation. Très attentif au choix de ses lectures et de ses récréations, il s'abstient volontiers des spectacles et des jeux et fuit toute mondanité. Le cinéma, les clubs et les salles de danse lui sont interdits ou déconseillés. Il nourrit une sainte horreur pour la prostitution, le libéralisme sexuel, l'homosexualité et les pratiques spirites ou occultes.

La femme doit être pudique dans sa démarche et se soucier peu de la mode. Le port du pantalon lui est déconseillé ou interdit, de même que l'usage des fards et des produits de beauté. Le vêtement doit être décent et discret, aux couleurs seyantes. La simplicité plutôt que l'originalité est la règle de vie. Tenue ni négligée ni huppée, visant davantage à témoigner de l'engagement personnel qu'à frapper les regards. Somme toute, le sectateur est un ami de l'ordre, de la moralité et de la droiture; son style de vie est marqué au coin de la retenue et de l'austérité.

Sauf de rares exceptions, le mariage et la famille sont vus comme des institutions indispensables pour l'accomplissement de l'individu et le progrès de sa vie spirituelle. La secte lutte avec acharnement contre tout ce qui peut corroder la cellule familiale. Premier lieu d'exercice de la mission, la famille doit favoriser l'éducation chrétienne des enfants. L'organisation de la famille est très conventionnelle. Le mari est le chef de la maison; c'est à lui que reviennent les grandes décisions et sur lui que repose la responsabilité de la subsistance. La femme doit soumission à son mari; et les enfants, respect et obéissance à leurs parents. La secte ne déroge pas à ce modèle traditionnel, sauf évidemment dans les groupes de vie commune.

Face à la société, la secte est globalement hostile. Le mot d'ordre est la distance et, dans les cas extrêmes, la rupture absolue. La société est mauvaise en son fond. C'est la demeure de Satan. La secte n'a aucune visée sociale transformatrice. Dieu ou César. La secte est pour Dieu. Son rôle n'est pas de changer les structures socio-économiques en vue d'une plus grande justice. La secte transforme le coeur. Son action vise l'individu. La transformation sociale ne passe que par la conversion du coeur. Le rôle de la secte est d'être le sel de la terre. Aucun compromis n'est possible avec la culture et la société.

La secte se tient à l'écart du monde. Son idéal de pureté exige la distance. La culture lui est suspecte, la science également. Et que dire de l'économie et de la politique? C'est le terrain d'une lutte acharnée pour le pouvoir et la richesse. Le Christ ayant établi une distinction radicale entre l'Eglise et l'Etat, la secte ne s'occupe pas de politique. Tout en prêchant la soumission loyale aux gouvernements, la secte recommande souvent l'abstention de l'usage du droit de vote et parfois l'objection de conscience. Ni révolte, ni sujétion béate. La secte est a-politique; elle mène une existence parallèle à la société et réduit au minimum les interférences inévitables.

IX
Les grands axes
de la secte contemporaine

L'étude monographique des différentes sectes contemporaines nous a permis de dégager un canevas commun dont il convient maintenant d'identifier les grands paramètres. Ces paramètres définissent le réseau herméneutique et l'espace spirituel de la secte. Ils en déterminent la configuration globale et influencent chacune de ses composantes. Ils se recoupent à différents niveaux et concourent à durcir les traits spécifiques de la secte. Ce sont le fondamentalisme, l'eschatologisme et le radicalisme.

I — LE FONDAMENTALISME

La secte contemporaine est fondamentaliste. Le fondamentalisme est à la fois une attitude globale devant le réel et une interprétation doctrinale. Comme attitude globale, il désigne une façon particulière d'aborder le monde, selon laquelle la réalité est considérée comme une donnée univoque. C'est une approche spécifique du réel où le blanc est blanc partout, pour tous et tout le temps, où le vrai est vrai partout, pour tous et tout le temps. Comme donnée univoque, le réel ne peut supporter plusieurs niveaux complémentaires et concurrents d'interprétation. Partant il ne peut commander qu'un modèle unique d'action et de comportement valable pour tous et en toutes occasions. Ce qui valait hier, vaut aujourd'hui et vaudra demain. Le fondamentalisme rend la secte peu sensible aux circonstances de lieux et de temps et peu soucieuse des cheminements des individus. Il est une négation pratique de l'évolution et du devenir historique. La secte ne prise guère le principe de l'analogie et ne le met guère en oeuvre dans son approche globale de la création et de Dieu. Dieu n'est pas comme un père; il est Père. Le règne de Dieu n'est pas comme une terre nouvelle; c'est cette terre remodelée, etc. Apeurée par l'analogie, la secte se réfugie dans l'univocité, se privant ainsi d'un moyen privilégié de connaissance spirituelle.

Comme interprétation, le fondamentalisme propose une lecture particulière des Ecritures saintes, selon laquelle la Bible est vue comme un bloc monolithique directement tombé du ciel. Cette approche isole la Bible de ses attaches historiques: ce qui permet d'absolutiser le texte. L'interprétation fondamentaliste présente les caractéristiques suivantes: elle est anti-traditionnelle, anti-scientifique, raidement littérale, objectivante, concordiste et sélective.

Tendue vers la parousie, en dissidence avec les grandes Eglises et en rupture avec la société, la secte entend s'abreuver directement à la Parole de Dieu. La référence à la Bible devient capitale et normative. La Bible est isolée de la tradition qui l'a fait naître et de la tradition qu'elle a engendrée. Elle n'est vue et comprise qu'à travers le prophète fondateur dont l'enseignement sert de clé d'interprétation exclusive. La doctrine du fondateur est considérée comme une «nouvelle» révélation qui vient éclairer, sinon corriger et compléter les écrits bibliques. La Bible se trouve mise au service de la révélation du fondateur. Ainsi s'opère une inversion du rapport herméneutique. La lecture fondamentaliste s'inscrit en faux contre l'interprétation des grandes Eglises qui, elles, lisent la Bible à la lumière de la tradition séculaire. Le fondamentalisme refuse l'éclairage de la tradition chrétienne: il est, en ce sens, anti-traditionnel.

L'interprétation fondamentaliste exclut tout de go l'utilisation des méthodes historico-critiques ou structurales et rejette volontiers l'apport des sciences auxiliaires (archéologie, histoire du judaïsme, études des langues). Pour la secte, il n'y a pas d'histoire des formes et des traditions, pas de champ sémantique, pas de déterminations historiques, linguistiques, socio-politiques et symboliques. Autant d'éléments qui offriraient les matériaux à l'aide desquels le texte aurait été rédigé.

Le fondamentalisme refuse encore de distinguer les genres littéraires: historiographique, prophétique, apocalyptique, parénétique, épistolaire, sapientiel, etc. S'il n'y a pas de genre littéraire, il n'y a pas non plus d'horizon d'attente et de signification pour le lecteur, ni de modèle d'écriture pour l'auteur. On ne peut parler non plus d'intention de l'auteur. Pour la secte, la Bible n'est pas un produit de l'histoire: elle ne jaillit pas d'une expérience religieuse collective. Elle n'est pas un document d'histoire. La Parole de Dieu n'est pas historique; elle ne participe pas de la contingence de l'historicité. Le texte tient par lui-même, indépendamment de toute conjoncture historique. La lecture fondamentaliste répudie l'exégèse scientifique.

Il ne faut pas s'en étonner. La Bible ne sourd en aucune façon de l'histoire. La Parole de Dieu tombe massivement du ciel; elle est directement révélée et inspirée. L'inspiration est comme un influx spirituel ou un message-radio, capté par les auteurs de la Bible. La Bible s'identifie à la Parole de Dieu. L'écriture est essentiellement une dictée divine; Dieu en a soufflé le texte. Ce texte, d'une seule coulée, a donc une valeur absolue. Il forme un tout homogène qui doit recevoir une interprétation univoque. Il est clair et on doit l'entendre comme il sonne, le comprendre comme il se présente, dans sa teneur littérale. Le fondamentalisme exclut toute interprétation allégorique, symbolique ou démythologisante et s'engage dans une voie herméneutique raidement littérale.

Confondant le fond et la forme, le coeur et l'écorce, le sens et l'énoncé, le fondamentalisme débouche forcément sur une interprétation objectivante, axée sur la lettre. Le texte est compris dans sa teneur matérielle; son contenu est toujours objectivé. Cela est patent surtout dans les écrits apocalyptiques où les «visions» sont traitées comme des descriptions factuelles et où les «révélations» sont vues comme des données objectives. Dans sa pratique discursive, le fondamentalisme considère que la réalité qu'évoquent les textes apocalyptiques, est celle-là même qu'ils représentent sous une forme imaginaire et mythique. La vision apocalyptique n'est plus une fiction littéraire, une réponse imagée à une question angoissante de l'existence croyante; elle devient une description matérielle de ce qui est et de ce qui sera.

Tout cela aboutit à une lecture concordiste de la Bible. Le discours fondamentaliste comprend le réel à partir de la Bible, mais non la Bible à partir du réel — alors que toute bonne herméneutique suppose le va-et-vient interprétatif qui va du texte au réel et du réel au texte. L'herméneutique est-elle autre chose que l'intelligence du rapport entre l'écriture et l'événement? Et cette relation peut-elle se comprendre autrement que comme un aller-retour perpétuel de l'écriture à l'événement et de l'événement à l'écriture? Le fondamentalisme se contente d'aller du texte au réel. D'où une exégèse concordiste qui ressemble plus à un placage du texte sur le réel qu'à une véritable interprétation et du texte et de la réalité. Il s'agit, pour la secte, d'ajuster la vie au texte et non de comprendre le texte à partir de la vie. Le texte biblique est un calque qu'on applique à l'histoire, moins pour la comprendre que pour la juger, l'évaluer et la conformer à la lettre sacrée. On verra dans tel événement contemporain une actualisation d'un passage prophétique ou apocalyptique; on cherchera une concordance entre ce qui arrive et ce qui a été annoncé.

Enfin, le fondamentalisme favorise une lecture sélective de l'Écriture. Il met certains textes de l'avant et en relègue d'autres dans l'ombre. Le discours fondamentaliste s'articule autour de textes choisis qui sont enfilés les uns à la suite des autres, comme les grains d'un chapelet. Un texte en appelle un autre; et celui-ci un troisième du même acabit. Et le raisonnement se déroule comme une mécanique bien montée, avec une logique cohérente, mais parfois simpliste. Aussi le sectateur peut-il mener sa controverse en sautant allègrement d'un texte à un autre, sûr de toujours trouver une plate-forme toute préparée. Il ne dévie jamais de son raisonnement, même s'il a du mal à intégrer les passages étrangers à sa cohérence.

Somme toute, l'interprétation fondamentaliste ne distingue pas entre la forme de l'énoncé et la doctrine, entre le texte et la question objectivée dans le texte. «Elle ne tient pas compte du genre littéraire et méconnaît la contingence d'un langage et sa fonction. Le genre littéraire et le langage, qui ont un rôle fonctionnel, sont compris comme portant des énoncés objectivants. Mais quand le fonctionnel devient du substantiel, la reprise est éventuellement méprise. On se porte alors vers ce que le texte dit et non vers ce sur quoi il dit. On ne suit pas le mouvement du sens vers la question originelle qui le sous-tend. On ne cherche plus les modes possibles d'être-au-monde que le texte ouvre et découvre»[1]. L'interprétation fondamentaliste, qui est sensée résister à l'interrogation et répondre à toutes les questions, n'engendre plus de sens que comme une forme ambiguë, voire dérisoire, qui redouble l'écriture qu'elle lit.

Le fondamentalisme apparaît comme un des paramètres fondamentaux qui définissent l'espace spirituel et le réseau herméneutique de la secte. La vision du monde qu'il suppose, la conception de l'Ecriture sainte qu'il implique, l'approche globale des réalités qu'il commande et l'attitude pratique qu'il favorise, voilà autant d'éléments qui pénètrent de part en part la doctrine, l'*êthos* et la praxis de la secte.

II — L'ESCHATOLOGISME

L'eschatologisme de la secte s'abreuve à l'eschatologie d'Israël. L'eschatologie est une composante essentielle de la foi d'Israël en Yahvé. Une alliance, due à l'initiative divine, lie Yahvé et Israël comme deux partenaires. Yahvé s'engage envers son peuple et celui-ci lui promet obéissance. Cette expérience d'élection et d'alliance est porteuse d'une promesse dynamisante. Si le Dieu d'Israël est l'unique Seigneur du monde, tout devient possible. L'avenir est ouvert, le futur est assuré. Celui qui trône sur les peuples, est roi d'Israël et son règne n'aura pas de fin.

De toute évidence, cette foi au règne de Dieu vient en contraste flagrant avec l'expérience concrète: le déroulement de l'histoire semble obéir davantage à des puissances maléfiques qu'au vouloir divin. Dieu est roi, mais il ne règne pas. L'expérience de cette antinomie amène Israël à projeter dans l'avenir la réalisation du Règne. La foi se mue en espérance. Le règne cru devient le règne attendu. Le Royaume est désormais en avant. Le «Dieu règne» devient «Dieu règnera». L'affirmation du présent du règne passe désormais par la proclamation du règne futur. C'est le processus d'eschatologisation du règne de Dieu.

Israël devient le peuple de l'espérance: l'attente est le dynamisme de son existence et la tête chercheuse de son action. Elle permet de surmonter l'échec, de poser la possibilité de l'impossible, d'affirmer un sens à l'histoire et d'orienter l'action. Tour à tour les prophètes ont proclamé le futur de Dieu. Ce qui est promis va se réaliser. Petit à petit, grâce aux multiples désillusions, l'espérance va déboucher sur l'attente d'un nouvel éon. Ainsi s'amorce un processus de transcendantalisation du règne qui n'est plus guère attendu comme une grandeur intramondaine, mais comme une réalité transcendante, fruit d'une action transformatrice de Dieu.

L'eschatologisation et la transcendantalisation du règne se sont produites sous l'influence du mouvement apocalyptique. L'adjectif «apocalyptique» qualifie deux réalités: un mouvement socio-religieux et une littérature conséquente. Comme phénomène socio-religieux, le mouvement apocalyptique — qui couvrira une période de trois siècles environ — est l'action utopique, critique, voire fanatique de personnes ou de groupes incapables de se résigner à la mort physique et spirituelle et à la ruine culturelle. Comme littérature, l'apocalyptique est l'expression écrite de cette protestation, de ce non catégorique à la mort. C'est une littérature où le mythique et l'imaginaire empruntent à la logique du rêve et s'expriment en termes de «visions» et de «révélations». Apocalypse signifie révélation.

L'apocalyptique projette dans l'au-delà le futur de l'en-deçà. Son discours, dramatique et catastrophique, cherche à découvrir dans l'histoire les symptômes du drame céleste et les signes avant-coureurs de la fin. Pour l'apocalyptique, l'éon nouveau ne peut advenir que moyennant la destruction du monde ancien. Dans ce contexte, tout craquement de civilisation, toute situation paroxystique et toute catastrophe sont-ils considérés comme des évocations de la fin. Aussi sont-ils de nature à exacerber le sentiment d'urgence eschatologique. Le futur est alors dans l'immédiat; le Règne de Dieu devient imminent.

Cette conception du Règne de Dieu pose l'histoire, la rend possible. On ne peut assigner un terme au temps sans lui attribuer un commencement, car la fin suppose un sens et une orientation, initialement inscrits dans l'être. L'eschatologie présuppose la protologie; l'idée d'accomplissement parousiaque implique l'idée de création. Le temps n'est plus cyclique. On ne peut plus le représenter comme un cercle fermé ou comme une roue qui tourne éternellement sur elle-même, mais comme un vecteur orienté.

Imbu de cette tradition apocalyptique, Jésus proclame que le Règne, promis et attendu pour la fin, s'est rapproché au point d'être si imminent que «certains ne mourront pas avant de voir le Règne de Dieu venu avec puissance» (Mc 9,1). Toutefois, à l'encontre de l'apocalyptique qui annonce la proximité du Règne à partir d'événements soi-disant annonciateurs du cataclysme final, Jésus dissocie la venue du Règne, de la fin du monde. Pour lui le Règne futur est imminent parce qu'il est déjà là: il est si proche que son action se fait déjà sentir dans le présent de Jésus, un peu comme l'énergie solaire est à l'oeuvre avant que le soleil ne pointe à l'horizon. «Le Règne de Dieu est arrivé pour vous», dit-il (Mt 12, 28): «Le Règne de Dieu est parmi vous» (Lc 17, 21). Les signes de la proximité du Règne doivent être découverts, non dans les fléaux cosmiques et les catastrophes historiques, mais dans l'histoire même de Jésus. Le Règne est une donnée présente qui se manifeste dans le dire et le faire de Jésus. Jésus a lié la venue du Règne au temps de sa propre existence historique. Il existe une coïncidence entre sa vie terrestre et mortelle et le Règne qui vient. L'être-là de cet homme est l'être-là du Royaume. Tandis que Jésus avance dans son devenir historique, le Règne advient dans le temps. Tandis qu'il s'en va, le Règne vient. Cela signifie que le Règne futur détermine entièrement le présent historique.

La communauté chrétienne primitive a partagé l'attente de Jésus. Elle s'est résolument tournée vers l'avenir, attendant le Retour imminent du Christ. En tant que communauté eschatologique, elle a témoigné, dans un monde en perdition, d'une espérance dynamisante. La prorogation de la Parousie et le déclin graduel des persécutions ont estompé progressivement l'aspect futur de l'eschatologie au profit de son actualisation, de la «spiritualisation» du salut et du développement cultuel et doctrinal.

La secte se veut une reprise de l'eschatologie judéo-chrétienne primitive. Elle assume toute cette tradition en l'isolant, en la radicalisant. Ce faisant, elle transforme l'eschatologie en eschatologisme. Qu'est-ce à dire? D'une part, l'eschatologisme isole le principe eschatologique de son contrepoids obligé, le principe sacramentel; d'autre part, il réduit l'eschatologie à l'un de ses pôles, le pôle du futur. Puisque nous avons traité — au chapitre III — du premier aspect de l'eschatologisme, nous nous bornerons ici à ne parler que du second.

La réduction de l'eschatologie au futur, détruit l'eschatologie elle-même et la dialectique historique qu'elle fait naître. Enracinée dans le passé d'Israël et de Jésus, l'eschatologie fixe le présent en regardant le futur. Ce n'est pas le Règne présent qui est futur; c'est le Règne futur qui est anticipé dans le présent. Le futur détermine le présent et le fonde. Le présent n'a de sens que par le futur. Le déjà-là du Royaume donne au présent sa densité parce qu'il est l'anticipation du pas-encore.

Dans son essence même, l'eschatologie est une dialectique entre le présent de l'homme et l'avenir de Dieu. L'eschatologisme est la neutralisation de l'eschatologie par la résorption du pôle du présent historique. En posant en exclusivité le pôle du futur, l'eschatologisme nie le présent en le réduisant à un temps d'épreuve. Coupée de son futur, l'histoire perd sa densité, le présent se vide de son contenu. À vrai dire il ne se passe plus rien dans l'histoire. Il n'y a pas d'évolution, pas de devenir historique. Vaines sont toutes les tentatives pour faire advenir le monde nouveau. Celui-ci est une grandeur indépendante et opposée au système actuel.

Pour l'eschatologisme, le temps n'est plus une ligne pleine où rien n'est vain, mais un pointillé où les interventions de Dieu viennent combler les vides énormes en pointant vers le futur. Dans l'eschatologie, le futur est pour le présent, alors que dans l'eschatologisme le présent est pour le futur — et encore uniquement dans le sens où il est un temps de préparation individuelle au monde à venir.

L'eschatologisme pose une discontinuité radicale entre le Retour du Christ et les efforts humains d'édification d'un monde nouveau. Pour lui l'histoire du salut est parallèle à l'histoire des hommes. L'une est sainte, l'autre pécheresse. Les points d'interférence sont rarissimes et servent de prétexte pour exhorter, stimuler et réconforter en vue de la fin. L'eschatologisme introduit un hiatus entre la protologie et l'eschatologie, entre les données créationnelles et les données rédemptionnelles, entre la nature et la grâce, entre le monde de l'homme et le monde de Dieu. Le Royaume ne peut s'édifier que sur les ruines de la nature et de l'histoire. Ainsi, par le biais de son eschatologisme, la secte glisse volontiers dans le refus de l'histoire.

L'eschatologisme de la secte se caractérise souvent par l'objectivation millénariste. Nous entendons par là la tendance à «matérialiser» les descriptions apocalyptiques et sa propension au millénarisme. L'objectivation repose sur une interprétation qui considère les textes apocalyptiques comme le résultat d'une vision objective et comme la révélation d'une donnée «réelle». L'apocalyptique est un discours mythique qui exprime l'expérience de foi en termes cosmiques et historiques. Sa lettre raconte une *histoire* céleste ponctuée de catastrophes cosmiques. Mais son contenu est une interrogation sur l'expérience angoissante de la foi en butte à la contradiction.

L'objectivation identifie la lettre et le contenu, et traduit le mythe en histoire vraie, l'image en réalité, l'imaginaire en factuel, le rêve spirituel en chose matérielle. Ce faisant, la secte réduit le mythe au logos et le ravale au niveau de l'objectivité «scientifique». Résultat: le futur est mis en bandes dessinées. Faut-il s'étonner dès lors que les sectes puissent parfois fixer sans broncher la date du Retour du Christ, décrire avec force détails le scénario de la Parousie, dire le nombre exact des élus, brosser le tableau du combat eschatologique, dépeindre la vie bienheureuse dans le Royaume et pointer certains événements historiques comme des prodromes de la fin?

Dans la secte, l'objectivation s'allie volontiers au millénarisme. Les représentations du Règle de Dieu sont loin d'être uniformes dans la littérature apocalyptique; leur contenu imaginaire diffère grandement. On peut distinguer quatre modèles: le règne de Dieu et des élus sur la terre[2]; le règne purement céleste[3]; le règne de Dieu dans une nouvelle création, dans un monde entièrement transformé[4]; enfin le règne intermédiaire du Messie. Cette dernière représentation est la résultante de la difficile juxtaposition des différentes conceptions eschatologiques et du conflit qui en jaillit. Comment, en effet, concilier le règne terrestre avec l'attente d'un règne purement céleste ou d'un monde totalement transfiguré? Tout simplement en introduisant l'idée d'un règne temporaire qui aura une fin et devra céder la place au règne définitif de Dieu. Ce règne intermédiaire est intercalé entre la fin de ce monde-ci et l'inauguration du royaume final. La durée de ce règne varie selon les écrits. L'Apocalyspe de Jean parle d'un règne de mille ans.

La secte est volontiers millénariste, c'est-à-dire qu'elle opte pour la dernière de ces représentations eschatologiques. Pour sûr, les scénarios eschatologiques varient d'un groupe à l'autre, mais ils sont toujours influencés par l'attente d'un millénium de paix. Au-delà des divergences, ces différents scénarios prévoient un drame final en cinq actes: 1) enlèvement des élus par le Christ lors de sa parousie; 2) enchaînement de Satan et de ses suppôts démoniaques; 3) règne de paix de mille ans du Christ avec les ressuscités sur la terre; 4) destruction des méchants et anéantissement de Satan et de ses acolytes (seconde mort); 5) enfin établissement du règne définitif de Dieu.

Il va sans dire que cette objectivation millénariste est séduisante pour les esprits simples et droits. Elle présente le salut comme un renversement de la situation actuelle. Dans l'état actuel des choses, les justes sont humiliés, contredits; le pouvoir et la richesse sont dans les mains des méchants. Dans le royaume à venir, les justes seront exaltés et posséderont la terre, tandis que les riches s'en iront les mains vides et que les puissants mordront la poussière. Cette vision dynamisante ne risque-t-elle pas cependant de favoriser le ressentiment? Sous un déguisement pieux, le ressentiment n'est rien d'autre que l'assouvissement de l'envie ou du désir de vengeance. Le recours au jugement et à la colère de Dieu peut devenir une façon d'avoir raison de ceux qui nous contredisent, de prendre sa revanche sur ceux qui nous humilient, de s'élever au-dessus de ceux qui nous écrasent, de se sentir juste au milieu des pécheurs.

Quelles que soient ses formes, l'eschatologisme de la secte produit toujours le même résultat: il vide le présent de son contenu. Le futur absorbe la totalité de la temporalité: le passé et le présent s'y réduisent. Tout est donné dans le futur: le présent n'a d'existence que pour l'avenir. Mieux, c'est un temps d'attente au cours duquel il ne se passe rien. L'eschatologisme conduit au refus du présent. Ce refus préserve la secte de toute corrosion.

III — LE RADICALISME

Le radicalisme de la secte s'enracine dans la radicalité évangélique elle-même. La radicalité évangélique désigne l'exigence absolue posée sur l'homme par l'événement-Jésus. Cet événement commande, d'une part, une confiance absolue au Père céleste qui connaît les besoins de ses enfants et exauce toujours leur prière et, d'autre part, une conversion intégrale aux exigences de l'amour divin qui est comme un «feu dévorant». L'homme doit chercher le royaume de Dieu et sa justice: tout le reste lui est donné par surcroît. La radicalité évangélique s'exprime dans les antithèses bien connues comme «Dieu ou Mammon», «Dieu ou César», la «chair ou l'esprit», et aussi dans une panoplie de paroles incisives dont la dureté fait scandale: «haïr sa propre vie», «se défaire de tous ses biens», «haïr sa femme et ses enfants», «arracher son oeil», «se couper les mains», «présenter la joue à celui qui frappe», «aimer ses ennemis», etc. Ces expressions évoquent crûment ce qu'est la radicalité évangélique.

Le radicalisme de la secte nous apparaît comme un durcissement de la radicalité évangélique. Ce durcissement apparaît d'abord comme la résultante du fondamentalisme. En proposant une exégèse raidement littérale et objectivante, le fondamentalisme exige une application littérale des prescriptions morales et disciplinaires du Nouveau Testament. Il favorise ainsi l'éclosion d'une éthique rigide, marquée davantage par la conformité à la lettre que par la poursuite des valeurs. L'éthique de la secte est une éthique de l'acte et non de la personne. La loi y a le primat sur la liberté; l'ordre et la discipline, sur l'initiative. D'où la tendance à réduire le rôle de la conscience individuelle.

À cela s'ajoute un second durcissement provoqué celui-là par l'action conjuguée du fondamentalisme et de l'eschatologisme. Le fondamentalisme refuse de reconnaître le caractère historique des textes bibliques et l'eschatologisme a tendance à évacuer l'histoire. Or, qui dit histoire dit contingence et processus évolutif. Toute vérité religieuse et morale est historique: elle est forcément liée à une conjoncture particulière qui en relativise l'énoncé. Refuser de tenir compte de l'histoire, c'est ou bien généraliser indûment le particulier ou bien absolutiser ce qui est essentiellement relatif. Cette absolutisation nie l'historicité de l'être humain, son devenir individuel et son cheminement existentiel. Ce faisant, elle risque de provoquer la ruine de l'être. On impose sur des épaules trop frêles, des fardeaux qui oppriment; on propose à des esprits immatures des vérités qui les «charrient»; on donne de la nourriture solide à des enfants à la mamelle. Au lieu de libérer, la vérité écrase; au lieu d'épanouir, elle aliène.

Le radicalisme de la secte est la négation du principe de l'économie. L'économie est la dispensation graduelle et adaptée de la vérité. L'économie est un régime pédagogique qui tient compte de la situation concrète et du cheminement de la personne plus que de l'intégrité de la vérité. La vérité peut être erreur pour celui qui l'accueille; le bien peut être mal pour celui qui n'est pas prêt. L'opportunité est la première qualité de la vérité. Le bien s'oppose souvent au meilleur et le vrai peut être demi-vérité. Telle est l'économie divine, mise en oeuvre dans la révélation biblique.

Or, le radicalisme est une radicalité sans économie. Il oublie la personne concrète au profit des principes abstraits, l'individu au profit de la loi universelle, l'être historique au profit de la vérité éternelle. Il se tourne contre l'homme qu'il veut servir. Il est souvent une source de déséquilibre et de fanatisme. Certaines sectes, hélas! nous en fournissent de vivantes illustrations.

En résumé, le radicalisme engendre la pureté doctrinale et le rigorisme moral. Il produit un état d'asepsie totale en tuant tout germe de corruption: laxisme, compromis, adaptation. Le radicalisme rejette farouchement toute forme d'erreur et de mal. Il s'érige sur l'absence de dialogue avec l'histoire, la science et la culture. Il se caractérise par une volonté inflexible de réaliser l'idéal du Sermon sur la Montagne dans toute sa pureté et de revenir à la loi naturelle dans son intégrité absolue.

Aux yeux de la secte, la loi naturelle a été obscurcie et altérée par un long processus de contamination historique. À telle enseigne qu'elle a été relativisée par les hommes, surtout les hommes d'Église, pour tenir compte de la situation existentielle de l'être humain. Dans son radicalisme, la secte considère cette relativisation comme une trahison, comme une compromission qui énerve dangereusement la loi naturelle. Car cela conduit soit à une permissivité déplorable, soit à un agir contraire aux prescriptions de la loi elle-même.

La loi naturelle a un caractère absolu. Par exemple, elle interdit le meurtre. Le «tu ne tueras point» signifie «tu ne tueras *jamais*». Or voici que, par compromis ou lâcheté, on s'empresse de relativiser cette loi, en l'adaptant aux circonstances concrètes: «tu pourras tuer en cas de légitime défense, en état de guerre, pour punir un criminel, etc...» On en vient ainsi à tout légitimer: la guerre, la potence, le port d'arme, l'avortement, les films de violence...

Il en est de même dans le domaine de la sexualité. Selon la secte, la loi naturelle réserve les relations sexuelles aux personnes mariées — et encore, dans le but de la procréation. Cette loi se trouve énervée par les adaptations ambiguës qui, à la limite, légitiment tout: le mariage à l'essai, les relations prémaritales, le coït pour le seul plaisir érotique, les méthodes de régulation des naissances, voire les relations homosexuelles. C'est naturel, dit-on. On glisse rapidement dans la morale du «Y a rien là».

La secte reste convaincue que l'adaptation de la loi naturelle conduit à un cul-de-sac ou à un compromis qui n'est en définitive que la négation pure et simple de la loi elle-même. La secte refuse de s'engager sur la voie de la compromission; elle entend retourner à la loi naturelle intégrale et radicale. Ce qui suppose évidemment l'hypothèse soit d'un état primitif idéal, soit d'une loi naturelle statique, conservée — tel l'étalon métrique au pavillon de Breteuil — dans un empyrée intemporel aseptisé.

Les trois grands paramètres de la secte permettent d'en délimiter l'espace spirituel et d'en définir le champ herméneutique. C'est à travers eux que la réalité est appréhendée et organisée en un réseau conceptuel cohérent. Et c'est par eux que toute chose et tout événement prennent leur sens. À l'intérieur de son champ sémantique et sémiotique, la secte sait tout et a réponse à tout. Le mystère est évacué. Le sectateur ne cherche pas la vérité: il la possède.

X
Le schème
de la gnose contemporaine

Notre long excursus à travers les nouveaux groupes religieux nous a permis de constater que plusieurs d'entre eux sont des gnoses. Dans ses multiples manifestations, l'attitude gnostique se révèle comme un type constant, cohérent et spécifique de la religiosité. Le phénomène gnostique contemporain ne manifeste son essence et sa nature que s'il est pris dans sa totalité. Notre étude monographique des divers groupes gnostiques nous permet-elle de découvrir une structure commune? Nous le croyons. Un schème générique sert de canevas unique aux différents groupes gnostiques qui, de prime abord, semblent si disparates.

Le temps est venu de faire un retour de la multiplicité concrète à l'unité abstraite, des différentes incarnations à l'unique modèle théorique. Ayant arpenté en long et en large les différentes demeures gnostiques contemporaines, nous sommes en mesure de constater que, sous des revêtements extérieurs diversifiés et malgré la variété des aménagements intérieurs, l'inspiration et l'architectonie sont identiques. La pensée gnostique se développe méthodiquement à partir de quelques principes. «Quelques réponses-clés à quelques questions-clés fournissent l'armature du système qui permet de s'y retrouver dans l'infini labyrinthe des interprétations de textes, de mythes et de rites»[1].

Dans ce chapitre, nous tenterons de découvrir la structure de la gnose contemporaine, les éléments communs qui la composent, les mécanismes auxquels elle obéit et les exigences qu'elle entend satisfaire. Malgré la difficulté de l'entreprise, nous devons tenter cette esquisse du schème gnostique dans lequel, nous l'espérons, les divers groupes reconnaîtront leur visage. Telle gnose pourra s'inscrire en faux contre tel point de notre schème. Chaque groupe, ayant ses enseignements particuliers, pourra diverger sur un quelconque élément de notre exposé. Nous n'avons pas l'intention de signaler ces divergences, pour la simple raison que cela alourdirait notre exposé et risquerait d'en voiler les lignes directrices.

Nous tenterons de dégager les grandes articulations du modèle gnostique. Plus qu'au détail des doctrines et des rites, nous resterons attentif à l'expérience spirituelle sous-jacente à l'armature des idées et des symboles.

I — LA VOIE GNOSTIQUE

L'étranger

«Ça va mal dans le monde», disait le sectateur pour exprimer son expérience initiale. «Je me sens mal dans le monde», crie le gnostique pour dire le sentiment qui est à l'origine de sa démarche spirituelle. Il se sent littéralement aliéné et emprisonné dans une multitude de cercles infernaux concentriques: celui de l'injustice et de la violence, celui de l'oppression politique et économique, celui du racisme et des idéologies totalitaires. Ces conditionnements l'emmurent au point de mettre en cause sa liberté et sa possibilité de choix. Il est «agi» plus qu'il n'agit. Aliénations politique, économique, psychologique, religieuse, le gnostique les éprouve toutes. À la limite, toute structure d'objectivation est, à ses yeux, génératrice d'aliénation. C'est au niveau même de son existence que le gnostique se sent aliéné. Il est comme «jeté» dans le monde. Son être-au-monde n'est pas un être-pour-le-monde. Le monde est autre et il est autre que le monde. Le gnostique se sent autre que lui-même. Il est perdu dans les multiples «je» qui font surface en lui et qui oppriment son moi authentique. Il se sent dépouillé de sa personnalité véritable. Son être profond lui échappe. Il se sent expatrié de lui-même, chassé du paradis de sa propre identité. C'est un exilé planétaire. Il est étranger au monde et le monde lui paraît étrange. D'où le besoin de «s'évader» du monde, de le «quitter» pour retrouver sa vraie patrie.

Le gnostique est celui qui, secouant sa torpeur, prend conscience de son aliénation et de son étrangeté foncière. En découvrant l'étrangeté de sa condition, le gnostique franchit la première étape de la longue marche au terme de laquelle il espère redécouvrir son être profond par-delà les apparences d'un monde qui l'aliène. Cette prise de conscience initiale l'amènera à réfléchir sur sa nature, ses origines et son statut terrestre. Elle sera l'aiguillon de sa démarche et de sa réflexion. Il lui faudra bien expliquer son sentiment d'aliénation et sa condition d'étranger. Viendront alors les constructions théoriques qui tenteront d'expliquer cette situation existentielle insolite. «La gnose répond toujours à une angoisse de l'individu obsédé par les grandes questions métaphysiques»[2].

Du sentiment d'étrangeté, jaillit la grande question gnostique: «Qui suis-je? D'où viens-je? Où vais-je? Qui suis-je donc moi qui me sens étranger, «jeté» dans le monde?» Cette question invite le gnostique à comprendre sa condition actuelle en référence à une situation antérieure et à un état postérieur, c'est-à-dire à déterminer son être authentique d'après ce qu'il croit avoir été avant son existence terrestre et ce qu'il imagine devenir ou redevenir à la fin de son périple sur terre. C'est ainsi que la recherche d'identité tourne l'être vers le passé et le futur, vers l'origine et la fin. Le «Qui suis-je?» se développe en «Qui étais-je?» et en «Qui serai-je?».

La gnose entend apporter la réponse à ces questions angoissantes. Le gnostique puise dans cette réponse l'assurance de sa préexistence et de sa propre éternité. Il sait maintenant pourquoi il se sent étranger: c'est qu'il vient d'ailleurs, d'un autre monde. Il est autochtone d'une patrie invisible, en exil forcé dans un monde d'illusions. Sa terre natale est la demeure du divin. Il appartient à l'Au-delà et son être véritable est dans les cieux. Il vient d'en haut et il est destiné à retourner là d'où il est venu. Il est donc par nature étranger et supérieur au monde des apparences. Étranger finit donc par signifier «divin», «transcendant», «éternel». Point n'est étonnant dès lors que l'existence actuelle apparaisse comme un étrange paradoxe, une étonnante anomalie — conséquence de quelque catastrophe mystérieuse dont les effets néfastes ne peuvent l'atteindre dans son essence ni de façon irrémédiable. L'homme est resté identique à ce qu'il était à l'origine. Et ce qu'il deviendra ne pourra être qu'identique à ce qu'il a été initialement. «Principe et fin se confondant dans une même essence intemporelle, l'avenir rejoignant le passé et se conjoignant avec lui dans l'actualité d'un éternel présent»[3]. Telle est la réponse que la gnose apporte à l'angoissante question qui sourd du sentiment d'aliénation et d'étrangeté.

Ce sentiment d'étrangeté s'accentue à mesure que le gnostique poursuit son itinéraire vers la libération. Il se sent de plus en plus étranger à ce monde des apparences qu'il regarde de haut dans une attitude de dédain et de suffisance. Ce monde des apparences ne vaut pas qu'on s'y intéresse. Tout l'effort gnostique vise à s'en libérer et à s'élever sur les plans supérieurs. Le gnostique se sent différent de la masse des hommes qui sont «poignés» dans le monde des apparences et enlisés dans la matière. Un fossé le sépare d'eux; un mur l'isole. Le gnostique ne veut rien savoir des institutions des hommes: Église, système politique et économique. Il crée à la limite ses propres institutions. Le gnostique paraît étrange et étranger aux gens ordinaires. C'est un homme qui est ailleurs, qui parle de monde astral, d'expérience insolite, de surconscience, qui utilise des techniques qui viennent d'ailleurs et qui se réclame d'un savoir puisé à des archives secrètes. Le gnostique reste un éternel étranger. Il est étranger au monde et le monde lui est étranger.

La voie de la connaissance

Aussi longtemps qu'il n'a pas la gnose, l'homme reste dans les ténèbres et l'ignorance. Il ignore qui il est, d'où il vient et où il va. Il ne connaît ni son identité profonde, ni les grandes lois cosmiques. Cette ignorance est la source de tous ses malheurs et la cause ultime de son aliénation. S'il savait... Ce serait la libération et la plénitude. La gnose prétend conduire à la libération par la connaissance, et non par la foi. La foi ne donne pas accès à la vraie connaissance. Elle est tout au plus une étape antérieure à la connaissance, qui doit la supplanter. Là où il y a connaissance, il ne peut y avoir foi, dit l'adage gnostique. La connaissance chasse la foi.

L'expérience gnostique est une expérience de connaissance. Le vrai gnostique n'accepte aucun credo: il ne peut avoir de croyance, car la croyance implique une carence de connaissance. Le gnostique sait, connaît. Pour lui, il n'y a pas de mystère auquel seule la foi peut donner accès. Pas de mystère, pas de foi; pas de foi, pas de mystère. La notion de mystère répugne au gnostique. Tout est accessible à la connaissance gnostique. Chez le gnostique accompli, le mystère est complètement évacué et la foi est transformée en pure connaissance. Le credo du gnostique n'est pas une profession de foi, mais une profession de connaissance. Comme exemple typique: la profession de foi du rosicrucien dont chacun des sept articles commence par «Je sais»... «Je sais»... «Je sais»... [4]. Cette connaissance est principe et instrument de libération ultime.

Mais de quelle connaissance s'agit-il? Cette connaissance n'est pas acquise par l'exercice de la raison critique. Elle n'est pas un savoir scientifique au sens commun du terme. La science est à base d'observation et de raisonnement: elle s'intéresse à ce qui se voit, se mesure, c'est-à-dire aux phénomènes. Elle fournit, sur la structure physique et sur la fonction des choses, une information cohérente qui permet d'expliquer les apparences. La science ne nous conduit qu'à la connaissance d'un univers objectif, froid, non humain. Pour la science, le monde est une énorme mécanique à expliquer et à domestiquer — et non un réservoir de signification. Le savoir scientifique n'atteint pas au niveau de la finalité et du sens. De plus, même à son propre questionnement, la science n'offre que des informations provisoires et ne parle qu'en termes de théories ou d'hypothèses.

Aux yeux du gnostique, la science est impuissante à fournir, à ses interrogations métaphysiques, une réponse globale, définitive et absolue qui soit apte à lui procurer une certitude inébranlable. Tout au plus cherchera-t-il dans la science des preuves venant étayer et confirmer sa connaissance. La science n'est pas la source de sa connaissance, mais l'instrument de sa vérification. Il y cherche moins un savoir qu'une *confirmation*. Les gnostiques modernes clament à qui veulent les entendre qu'il n'y a rien dans la science qui soit en opposition avec leur enseignement. Au contraire, les découvertes scientifiques viennent à la rencontre de leur connaissance qui, elle, vient d'ailleurs. Ainsi la gnose contemporaine prétend briser l'antithèse traditionnelle «science-religion» et faire le pont, la synthèse entre les deux. Ce qui peut souvent donner le change, c'est que les gnostiques d'aujourd'hui se plaisent parfois à exprimer leur connaissance dans un langage «scientifique». L'emballage peut être «scientifique», mais le contenu ne l'est pas.

La connaissance gnostique serait-elle de nature philosophique? La philosophie se veut une recherche critique de la vérité, mettant en oeuvre les lois de la logique, du raisonnement et de la démonstration. Elle cherche à vérifier la valeur des connaissances humaines et scientifiques en examinant le fonctionnement de la raison et l'aptitude de l'esprit à percevoir le monde. Elle tente surtout à résoudre l'énigme de l'homme et de l'univers en posant résolument la question du sens. Synthèse logique et rationnelle, la philosophie n'épuise pas toute la pensée humaine; elle ne saurait apporter une réponse immédiate et absolue au mystère de l'existence.

L'homme a besoin d'une réponse définitive et close qui échappe à la contingence historique et dont il puisse d'ores et déjà avoir la possession. La gnose, savoir suprême, doit par conséquent «échapper aux principes de la raison critique et à la contrôlabilité scientifique. C'est-à-dire que le gnostique se tournera toujours, d'une façon ou d'une autre, vers la mythologie. Il définira celle-ci comme *illumination* ou *intuition transcendante* ou *révélation*. Avec «son savoir» le gnostique se retranche dans un ghetto inexpugnable, qui échappe d'avance aux questions de la raison ou au contrôle scientifique, et qui est donc assuré contre toute faille ou fissure. Le savoir gnostique, à l'état idéal, est clos, étanche, définitif et sûr. L'abandon angoissant qu'impose l'acte de foi est rendu superflu, tandis que les exigences de la critique rationnelle sont éliminées. Rien n'est plus capable de ronger la paix intérieure ou la certitude du salut»[5].

Essentiellement mythique, la connaissance gnostique est de l'ordre de l'intuition; elle est sagesse et mystique; elle est sapience et expérience de conscience. C'est un mode de connaissance par lequel sont appréhendés, de façon immédiate, le but et la place de l'homme dans l'univers, ainsi que la dimension spirituelle et invisible du cosmos. C'est une connaissance par communion aux êtres et à l'Être, une connaissance par expérience. On ne connait vraiment que ce que l'on expérimente. La connaissance gnostique est une entrée dans le sens des choses que cèle le caractère objectif de l'univers. C'est une connaissance existentielle qui abolit le mur dressé entre un «en-deçà» connaissable et un «au-delà» inconnaissable. C'est dire qu'elle englobe tout: Dieu, l'homme et l'univers. C'est un savoir suprême, une mystique rationnelle absolue, une pansophie (sagesse universelle).

De plus, la connaissance gnostique abolit encore la séparation entre le sujet connaissant et l'objet connu, entre la subjectivité et l'objectivité. Ainsi se trouve créée une nouvelle relation entre le connaissant et le connu. Ainsi se trouvent dissoutes les antithèses sémantiques «pensée versus sentiment», «raison versus émotion», «intellect versus intuition», «imagination versus raisonnement», «mythe versus concept». Cela conduit à des formes non rationnelles (mais non irrationnelles) de raisonnement et de logique qui sont, non plus linéaires, séquentielles ou antithétiques (ou bien, ou bien), mais simultanées et intégrées, tout en étant à plusieurs niveaux.

Étant une appréhension primitive et pré-scientifique (mais non anti-scientifique) de la totalité de l'existence et de l'univers, la connaissance gnostique se veut globalisante au sens où elle part de l'intuition de la totalité et de l'unité fondamentale qui règnent partout dans l'univers. Cette unité assure une interdépendance absolue et de multiples correspondances de toutes les sphères de la vie humaine entre elles (économique, religieux et socio-politique), de toutes les sphères de l'univers entre elles (minéral, végétal, animal, divin) et enfin de toutes les sphères humaines, cosmiques et divines entre elles. La gnose est donc une sorte de pensée moniste et synthétique qui procède essentiellement par correspondance. Elle met en oeuvre des comparaisons, fait des rapprochements, découvre des concordances. Elle présuppose une ressemblance entre les êtres et un parallélisme entre les lois qui les régissent. La poursuite rigoureuse des correspondances entre le divin, le cosmique et l'humain, et le dépistage inlassable des harmonies qui les commandent, voilà le trait fondamental de la logique gnostique. Convaincu de ce parallélisme, le gnostique peut tout connaître en se connaissant lui-même. Celui qui se connaît, connaît Dieu et l'univers.

Les concordances pressenties entre l'homme et la nature, entre la «révélation» et le savoir humain exigent une contre-épreuve critique dans tout le champ du réel. Aussi la connaissance gnostique cherche-t-elle à tirer confirmation et validation de ce que l'observation et la science peuvent lui apporter. À cette fin, le gnostique utilise non seulement les données des sciences exactes, mais encore les informations fournies par l'ésotérisme et la psilogie, par la mystique des lettres et des nombres, et par les textes sacrés de toutes les traditions religieuses. Toutes ces données sont soumises à un traitement herméneutique destiné à les faire entrer — de gré ou de force — dans une cohérence pré-établie.

Une telle attitude est en harmonie avec la pensée gnostique, qui repose essentiellement sur l'expérience d'une concordance immédiate — descendant jusqu'au plus petit détail — entre les différentes sphères de l'univers: homme et nature, monde intérieur et monde extérieur, bas et haut, histoire personnelle et histoire collective. Le discours gnostique peut choquer l'esprit logique et cartésien, car il lie dans un même souffle le logos et le mythos — deux modes de pensée que la pensée rationnelle juge incompatibles et opposés.

Par quelle voie l'homme a-t-il accès à la connaissance gnostique? La gnose est le fruit d'une *révélation*. Chaque groupe gnostique se réclame d'un maître qui est ni plus ni moins une incarnation de Dieu, un être divin ou quasi-divin, un avatar dont la personnalité spirituelle est hautement évoluée. Le maître est généralement un clairvoyant, parfois un médium. Il est médiateur de révélation. Grâce à sa connaissance des lois spirituelles et à ses pouvoirs secrets, le maître jouit d'une autorité indiscutée et exige la confiance absolue de la part de ses disciples. Par son entremise, le disciple entre dans la gnose grâce à une illumination intérieure ou à un processus d'initiation.

En réalité, le maître ne révèle que ce que le disciple pourrait découvrir de lui-même — mais au prix d'un long effort et de bien des méprises. Le maître ne fait qu'accélérer le processus de révélation. La révélation n'est pas le dévoilement de vérités surnaturelles humainement inaccessibles; elle consiste dans la découverte de la vérité cachée au fond de soi. C'est une auto-révélation par laquelle le disciple apprend à découvrir et à reconnaître la vérité qu'il portait en lui, qu'il pré-connaissait. Il s'agit pour lui d'exhumer la vérité de la gangue qui l'enveloppait. Somme toute, la révélation est l'auto-découverte du moi profond. Le vrai gourou est à l'intérieur de soi.

Sagesse révélée, la gnose est une connaissance ésotérique. *Esoterein:* entrer dedans. L'ésotérisme prétend que la vérité est au-delà de toute formule, de tout symbole, de toute structure, de toute religion. Tout ce qui est extérieur masque la vérité. Aux yeux de nombreux gnostiques contemporains, l'ésotérisme fournit la clé d'interprétation qui conduit à la seule herméneutique valable des textes sacrés, des mythes et des symboles religieux. Sans cette clé tout reste clos, tout est muet. Les Écritures saintes, étant l'oeuvre de grands maîtres spirituels, ne sont accessibles qu'aux initiés. Leur sens mystérieux demeure caché à quiconque ne possède pas la gnose. L'interprétation gnostique décape les Écritures saintes de leur écorce historique pour ne retenir que la vérité supra-temporelle et immuable qui s'y dissimule.

Même si elles recèlent des parcelles de la vérité éternelle, les Écritures sacrées — la Bible y compris — ne sont pas à proprement parler, «source» de connaissance. Les livres saints contiennent ce qu'indépendamment d'eux la recherche gnostique a découvert par clairvoyance. Le fait qu'une chose soit contenue dans les livres saints ne constitue pas une preuve qu'elle soit vraie. N'est vrai que ce qui recoupe les vérités que l'investigation gnostique a découvertes par ailleurs.

La gnose ne puise pas ses informations dans les documents écrits; elle l'obtient directement par la clairvoyance. Mode de vision directe, la clairvoyance permet de capter les révélations des maîtres invisibles, habitant les mondes supra-sensibles, et donne accès aux archives mystérieuses du monde astral. Ces archives akashiques ne sont rien d'autres que les annales indélibiles «écrites» par l'intelligence cosmique. Tout ce qui se produit s'inscrit dans ces archives car tout arrive par loi cosmique. Et, consulter les archives akashiques, c'est se mettre en harmonie avec l'intelligence cosmique omnisciente. À ces archives du monde astral, s'ajoutent d'autres archives secrètes conservées au Tibet, en Inde, ou dans quelque mysté-rieux monastère d'Occident.

Si toutes ces archives sont source de connaissance ésotéri-que, c'est que l'ésotérisme postule une sorte de vérité primor-diale révélée aux hommes à l'origine de l'humanité. Cette con-naissance globale et synthétique du divin, de l'humain et du cosmique s'est perdue soit graduellement par lente dégénéres-cence, soit subitement au cours d'une catastrophe (par exemple effondrement de l'Atlantide et de la Lémurie). Depuis ce jour, la vraie connaissance — celle qui perce les apparences et rejoint la vérité cachée sous toutes les formes extérieures — a quitté la place publique pour se réfugier dans les cercles hermétiques et les cénacles initiatiques, laissant dans son sillage des vestiges impressionnants (Pyramides, Stèles de l'Île de Pâques, Sages et Initiés du passé: Bouddha, Jésus, etc.). Une chose demeure certaine pour tous: nous vivons présentement dans un âge noir (kaliyuga, ère du Poisson), mais cet âge tire à sa fin. Déjà s'an-nonce l'aube d'une ère nouvelle, ère du Verseau où fleurira la vraie connaissance. Les gnostiques représentent la pointe anti-cipée de cette ère nouvelle.

Tous les gnostiques sont à la recherche de cette vérité per-due. Toute gnose est tournée vers un éden originel, un état pri-mordial qu'il faut retrouver. La gnose porte en elle le souvenir d'un état antérieur où la connaissance était maîtresse. La gnose est viscéralement nostalgique.

Connaissance de la vérité transtemporelle, la gnose entend ramener l'homme à l'origine de son être, en lui faisant prendre conscience de sa réalité ultime. L'essentiel n'est pas le contenu de la connaissance, mais la *conscience* de la connais-sance. L'essentiel n'est pas de devenir «savant», mais conscient. La gnose contemporaine vise au développement d'une conscience nouvelle, d'une surconscience qui pénètre le temps et l'espace, et que l'on désigne d'une foule de noms: satori, samadhi, fana, conscience transcendantale, conscience cosmique. Les gnoses contemporaines sont des religions de la conscience. La démarche gnostique est un processus de surgissement d'une conscience supérieure dans laquelle le gnostique fait l'expérience de son appartenance au cosmos et de son unité avec le divin. L'expérience de la conscience cosmique est donc un accomplissement unifiant et libérateur. C'est dans cette expérience de conscience que réside le coeur de la connaissance.

II — LA VISION DU MONDE

La gnose n'est pas seulement une expérience de conscience; elle est également un savoir «objectif» et, en tant que tel, elle s'épanouit en un discours mythico-philosophique qui emprunte ses éléments à tous les systèmes de pensée. La gnose fait flèche de tout bois; elle prend son bien, là où elle le trouve. Le discours gnostique est foncièrement éclectique et syncrétiste. Grâce à sa puissance d'assimilation, la gnose peut développer un système doctrinal cohérent. Le contenu théorique de la gnose se veut globalisant. La gnose sait tout et a réponse à tout. Les groupes gnostiques contemporains présentent un enseignement qui vise à englober tous les aspects du réel. Les gnoses les plus évoluées vont même jusqu'à développer une médecine, une pharmaceutique, une agriculture, une musique, une pédagogie, etc., en correspondance avec leurs principes fondamentaux. Aucun domaine ne reste étranger au savoir gnostique.

Les gnoses contemporaines présentent toutes, au moins embryonnairement, une vision englobante du monde où l'anthropo-logie et la sotério-logie s'articulent autour d'une théo-logie et d'une cosmo-logie conséquentes. Cette vision du monde est commune à toutes les gnoses, même si les catégories logiques, le vocabulaire, les symboles utilisés peuvent varier à l'infini. Derrière l'éventail multicolore des spéculations gnostiques, l'oeil exercé reconnaît en filigrane une même perception du réel et une même conception du monde.

Le divin

La gnose contemporaine ne s'intéresse guère à la nature et aux attributs de Dieu, pas plus qu'elle n'insiste sur le caractère ineffable et transcendant du divin. La gnose ne se préoccupe pas de l'en-soi de Dieu; elle ne voit Dieu qu'en relation avec le monde et qu'en fonction de l'homme. À telle enseigne qu'on a nettement l'impression que l'immanence a totalement absorbé la transcendance, que le Tout-Autre est devenu l'autre, et l'Au-delà, l'en-deçà. Il n'y a pas de discontinuité entre Dieu et l'univers. Dieu est le plus grand dans la hiérarchie graduée des êtres. Dieu est le tissu même de l'univers, le fond ultime de toutes choses. Le discours gnostique est foncièrement moniste. Il n'y a aucune distinction entre Dieu et le monde; au contraire, la raison d'être du monde est identique avec le monde.

Dieu reçoit les noms les plus divers: Esprit infini, Souffle, Cela, Sugmad, Brahman, Grande Réalité, Mental-Un, Énergie universelle, Énergie cosmique. À cela s'ajoutent des formules trinitaires: Père-Fils-Esprit, Amour-Sagesse-Volonté, Chaleur-Lumière-Vie, Rouge-Jaune-Orange. La gnose insiste sur le principe féminin. Le mythe de la Mère divine ou de la mère-terre y trouve place. Sont généralement exclus du vocabulaire gnostique, les thèmes du «Dieu juge», du «Dieu créateur», et les expressions anthropomorphiques comme «la colère de Dieu», la «patience de Dieu», etc. Dieu est toujours présenté en termes impersonnels et en notions philosophiques abstraites. Le Dieu de la gnose serait-il au-delà des catégories du personnel et de l'impersonnel? Une chose est certaine: l'impression générale qui se dégage du discours gnostique donne à penser que le Dieu de la gnose appartient à la sphère de ce que nous appelons couramment l'impersonnel.

La gnose contemporaine privilégie l'image de la force pour parler de Dieu. Dieu est l'Énergie universelle, l'Énergie cosmique. Il n'est pas créateur, mais simplement organisateur du cosmos. La gnose actuelle ne professe pas la doctrine de la création *ex-nihilo.* La création n'est que l'organisation de la matière, qui est éternelle. Sous l'action puissante du premier Principe, le chaos est devenu cosmos, c'est-à-dire univers organisé selon un plan intelligent et dirigé selon des lois et des principes infaillibles.

Aux yeux de la gnose, Dieu est insouciant de l'univers. Il n'a pas à s'en préoccuper, car tout est à sa place et tout est réglé par sa volonté. Celle-ci s'identifie aux lois qui régissent tous les plans de la vie et de la nature. Le cosmos est une machine trop bien montée pour que Dieu ait à y intervenir. Le monde prend soin de lui-même. Dieu est détaché et indifférent à l'égard de l'homme et il n'intervient pas dans la liberté humaine. Dieu ne peut poser ni geste de pardon ni acte de miséricorde. Il n'agit que selon des principes permanents et des lois mathématiques. Dieu est le réseau énergétique qui mène l'homme et le monde. Il est cette énergie cosmique déposée au coeur de toutes choses selon une densité proportionnelle au degré d'émanation.

L'univers

Cela nous conduit à la cosmologie gnostique. L'univers procède par émanation. Ce terme désigne le processus par lequel toutes choses découlent, émanent de la substance divine. Les êtres sont des émanations de Dieu. Plus ils sont éloignés de la Source divine, plus ils sont imparfaits. Toute chose est une incarnation de Dieu. Aussi bien, l'univers représente le corps de Dieu; et Dieu, l'esprit de l'univers. Tout est fait de Dieu. Le tissu ultime de l'univers est divin. La matière sort de l'esprit. Elle n'est que l'envers de l'esprit, mieux la condensation de l'esprit.

La séparation des êtres en différents corps est une illusion. L'esprit divin, âme du monde, est un en son essence. De même que l'homme est composé de millions de cellules qui ont chacune sa vie et son unité dans la grande unité du moi, ainsi l'univers est composé d'une infinité d'êtres qui possèdent chacun son autonomie et son évolution dans l'unité universelle. L'univers est d'une seule venue: un manteau sans couture.

C'est un être unique tissé à même une substance identique. L'unité est organique. La multiplicité n'est que l'apparence. La réalité, c'est l'unité de l'être. Tout l'univers est un grand être aux mille surgissements, dont la substance de base est l'énergie. Tous les êtres sont des formes d'énergie, existant au sein de modules énergétiques plus grands qui agissent comme émetteurs d'énergie.

Cette énergétique générale implique un mouvement alternatif de bas en haut et de haut en bas. «À l'intention du sujet réplique à tous les niveaux une intention du monde qui cesse dès lors d'être réduit à sa matière minérale, «inertie», et se charge lui aussi de vie et de pensée en toutes ses parties»[6]. Pour la gnose, l'univers est organisme vivant; la matière est douée de vie, de pensée, de conscience. La pierre elle-même n'en n'est pas dépourvue. L'énergie qui est la base de l'univers est vivante et consciente. Le monde est organisé à la façon d'un superpsychisme interconnecté. L'énergie consciente est le principe d'interconnection entre les êtres. Puisqu'il y a une conscience commune dans laquelle toute chose existe et agit, le monde est donc tout à la fois, mais sous des angles différents, un monde d'objets et un monde de sujets conscients. Le réel est ce qui est conscient en toutes choses et ce dont toute chose est consciente. Les multiples formes de conscience, minérale, végétale, animale, humaine, cosmique forment le spectre d'une unique conscience universelle divine.

Ce cosmos vivant et conscient constitue une admirable hiérarchie. La formation de l'univers est le fruit d'une projection, d'une émanation divine dans les profondeurs infinies de l'espace. Dieu se projette sur sept plans différents. Dans ce processus d'émanation, l'esprit divin ou l'énergie universelle consciente se matérialise graduellement jusqu'au moment où il atteint le point le plus bas, le niveau physique. La matière est le point de chute ultime de l'esprit qui est alors crucifié dans la matière. La croix symbolise la chute de la monade divine dans la matière: ce que la gnose appelle l'incarnation. La descente graduelle de l'esprit est souvent décrite comme une condensation progressive de l'esprit en une matière de plus en plus dense — l'état matériel absolu formant une limite qui ne peut être atteinte. Cette descente doit être regardée comme une régression, comme une involution.

L'être s'étale et s'étage, selon les sept plans d'émanation, sur les échelons d'une échelle infinie: échelle de la matière, échelle des vibrations, échelle des consciences. Cette échelle explique l'unité et la liaison de toutes choses. L'échelle de la matière dont nous connaissons trois degrés dans le plan physique (solide, liquide, gazeux) continue au-dessus des formes gazeuses et passe aux formes supérieures des six autres plans pour atteindre l'esprit pur. De même en est-il pour l'échelle des vibrations et l'échelle des consciences. Là aussi l'échelle continue au-delà du plan physique jusqu'au plan divin. L'esprit et la matière ne sont que les deux pôles extrêmes d'un même continuum. Cela veut dire que tout ce qui est en bas est comme ce qui est en haut, le monde physique étant le reflet du monde spirituel et divin.

L'homme

Au coeur de ce cosmos hiérarchisé, se dresse l'homme. Il récapitule en lui les sept degrés de l'univers, les sept plans d'émanation. Enraciné dans la matière, il s'élève jusqu'au monde de l'esprit. Il est le miroir où l'on peut découvrir l'image réduite et condensée du monde spirituel et divin et de l'univers matériel. L'homme est le microcosme d'un vaste macrocosme qui renferme toute chose. Au-dessous de lui, se trouve la hiérarchie des êtres qui s'échelonnent jusqu'à la matière la plus opaque. Au-dessus de lui, se trouve la hiérarchie des êtres qui s'étalent jusqu'à l'esprit divin. Le ciel gnostique est peuplé de myriades d'êtres supérieurs qui exercent des fonctions précises dans l'univers physique et dans les affaires humaines. «Ces êtres qui prolongent l'échelle du cosmos par-delà l'homme et l'achèvent dans un sens supra-sensible ne sont pas, pour le gnostique, une simple fiction de l'esprit: ce sont des puissances et des forces personnelles et réelles qui, non seulement dépassent l'homme en dignité, mais occupent au sein du monde un lieu plus élevé»[7].

Ce cosmos vivant et hiérarchisé est régi par un système unique de lois immuables. Une même loi régit le monde matériel, le monde humain et le monde divin. Il n'y a qu'un seul univers et qu'un seul système de lois cosmiques. Ces lois inviolables s'appliquent à tout et en tout temps. Elles garantissent l'ordre et l'harmonie dans la hiérarchie des êtres. En étudiant les lois du monde visible, on découvre celles du monde invisible. En apprenant à maîtriser les lois universelles, telles qu'elles se manifestent dans le monde matériel, on apprend à les utiliser au niveau spirituel et divin. La découverte de lois du microcosme conduit à la connaissance des lois du macrocosme. «Veux-tu te faire une idée vraie du monde, écrit Rudolf Steiner, regarde aux profondeurs de ton âme; veux-tu te connaître toi-même, regarde le monde sous tous ses aspects [8]». De cet unique système de lois universelles découle la loi des correspondances, dont nous avons parlé plus haut.

Les lois cosmiques universelles et les entités spirituelles supérieures président à l'évolution du monde. La gnose contemporaine s'inscrit en faux contre la conception courante de l'évolution, selon laquelle l'évolution se déroule en ligne droite, des formes les plus grossières aux plus élevées. La perfection est à la fin. Au terme du processus évolutif, il y a un plus-être. La pensée gnostique, en tant que mystico-mythique, n'est pas rectiligne, mais circulaire. Pour elle, l'évolution va de l'esprit à l'esprit en passant par la matière. L'un produit le multiple et le multiple redevient l'un. Invariablement le terme rejoint le début. C'est le sens du symbole ophite de l'aurouros, du serpent qui se mord la queue. Le parfait est à l'origine. L'évolution n'est pas un devenir authentique, car elle ne fait pas surgir du plus-être. L'évolution gnostique se produit en deux temps: elle est d'abord une descente, une régression, une involution, puis une remontée, une progression, une évolution. Cette conception commande une vision cyclique du temps, considérée comme un éternel retour.

Qu'en est-il de l'homme dans cette cosmogonie gnostique? L'homme est esprit, âme et corps. Cette conception trinitaire est fort répandue dans les gnoses contemporaines. L'esprit est l'homme réel. Il est le principe divin immortel, relié au corps mortel par une âme séparée, plus subtile que les corps inférieurs, mais moins spirituelle que les corps supérieurs. L'homme est un esprit *possédant* une âme et un corps. Il y a deux natures en lui: l'une, éternelle, qui est formée de la même essence que l'esprit divin; l'autre corruptible, créée de matière périssable. Le corps ne fait pas partie de l'essence de l'homme; il n'entre pas dans la définition de son identité personnelle. Il n'est que le vêtement, l'enveloppe, le véhicule transitoire de l'être véritable de l'homme qui est d'essence divine.

La gnose subdivise généralement la constitution tripartite de l'homme en une corporéité septuple. En voici quelques exemples:

Société Théosophique	Société Anthroposophique	Fraternité Blanche Universelle
Corps physique	corps physique	corps physique
corps astral	corps éthérique	corps éthérique
corps mental	corps astral	corps astral
corps bouddhique (ou christique)	forme du moi	corps mental
corps atmique	moi spirituel	corps bouddhique
corps monadique	esprit de vie	corps atmique
corps adi	homme-esprit	corps de l'esprit pur

Ces nomenclatures, malgré leurs divergences, manifestent une même préoccupation: montrer la correspondance entre les corps de l'homme et les plans du cosmos. Structuré de façon identique à l'univers, l'homme peut communier à toutes les manifesttions de l'énergie universelle qui meut le monde. Grâce à ses corps multiples, il est en mesure de se laisser pénétrer de part en part par toutes les énergies cosmiques. À travers les chakras, l'être humain capte les énergies qui lui proviennent de tous les plans de l'univers. Au cours de son développement spirituel, il développe de nouvelles facultés captatives d'énergie et devient plus conscient des forces qui le pénètrent et galvanisent sa personnalité.

C'est à travers l'homme que s'accomplit le double mouvement cosmique: l'involution par laquelle l'esprit se condense en matière, et l'évolution par laquelle la matière s'affine progressivement pour remonter à l'esprit. L'homme est le lieu où se fait la rencontre entre la matière s'exhaussant jusqu'à l'esprit divin et l'esprit divin tendant la main vers la matière. Il existe dans l'homme des lignes de force qui vont des corps inférieurs aux corps supérieurs et divins, de la matière la plus opaque jusqu'à l'esprit le plus subtil. De ce fait, la démarche spirituelle de la gnose sera étroitement liée au corps. Le gnostique prendra appui sur le monde physique pour développer sa vie spirituelle. Il utilisera le son, la lumière, la couleur pour affiner le corps et remonter vers l'esprit. Il saura tirer profit de pratiques alimentaires et d'exercices physiques pour délier l'énergie spirituelle.

Le mal

Pourquoi le gnostique se sent-il étranger à ce monde pourtant si merveilleux? Où est la cause de son malaise? Qu'est-ce qui ne tourne pas rond sous le soleil? Pourquoi l'homme est-il aliéné? Où est le mal? Le monde serait-il donc mauvais? L'homme vivrait-il sous un mirage trompeur? Pour la gnose, le mal n'est pas une notion abstraite et impersonnelle, mais une réalité d'expérience. Et cette réalité d'expérience c'est sa propre existence, telle qu'elle est donnée dans le présent avec ses disgrâces, ses échecs, ses souffrances et ses injustices. L'existence est mauvaise du fait qu'elle paraît enclose dans le monde de la matière, de l'espace et du temps. L'homme est captif de son corps et de la matière qui l'enserrent comme les murs d'une prison. Le corps est le point de chute temporel et cosmique de l'âme et du moi spirituel. Le gnostique pense que son malheur découle de l'enfouissement de son moi divin dans la matière. La vie dans le corps est une limitation et, partant, une calamité. L'involution de l'esprit dans la matière est une dégénérescence, car l'homme y a finalement perdu l'usage des facultés spirituelles qui lui donnaient accès aux mondes suprasensibles.

Certes la matière n'est pas mauvaise en elle-même, puisqu'elle est la manifestation visible de l'esprit aux confins de son rayonnement et de son émanation. Mais elle est forcément mauvaise *dans sa relation* au moi ultime. Et cela, pour deux raisons: d'une part, à cause de la lourdeur de la matière qui éloigne l'homme de sa propre identité, et, d'autre part, à cause du nuage d'illusions dont elle enveloppe l'existence humaine.

Ce monde dans lequel nous vivons est appelé *maya*. C'est un monde trompeur. L'individu y est berné. L'existence humaine est duperie et mensonge. Exister, c'est être dans l'erreur, c'est être trompé. L'homme dupé finit par nier les réalités supérieures, victime qu'il est des séductions du monde matériel.

Pour le gnostique, le mal est une relation fausse, brisée. Le gnostique ne connaît pas la notion du péché. Celui-ci se définit comme un bris de relation avec un Dieu d'alliance dont on répudie ou trahit l'intervention prévenante. Le gnostique, étant un par essence avec le divin, ne peut en aucun temps être coupé de Dieu. Le mal, pour lui, est l'altération de sa relation au monde. L'univers matériel est devenu la geôle dorée dans laquelle l'homme vit une existence malheureuse. Le mal, c'est d'être dupé, de vivre dans l'erreur, de confondre l'illusion et la réalité, de prendre des vessies pour des lanternes. Plus précisément, le mal consiste moins dans le fait d'être dupé, que dans l'inconscience de l'être. Nous voilà arrivés au coeur de la notion gnostique du mal: le mal c'est l'ignorance, l'inconscience, le sommeil. L'ignorance est le mal capital, la matrice de tous les maux.

III — LA LIBÉRATION ULTIME

Le salut par la connaissance

Le salut c'est la gnose, la connaissance. La gnose est une connaissance qui, en elle-même et par elle-même, apporte la libération. Tel est le statut particulier de la connaissance gnostique: elle est essentiellement libératrice. La connaissance ne fait pas qu'indiquer la route à suivre, elle est elle-même voie de salut. Si l'ignorance aliène radicalement, la connaissance sauve totalement. Pour le gnostique, connaître, c'est se connaître; et se connaîre c'est tout aussi bien se retrouver dans l'entière vérité de son être personnel que prendre possession de soi. Par la connaissance, le gnostique «revient à soi», est rendu à soi-même. La gnose effectue la métamorphose du moi apparent, trompé et trompeur, au moi réel et permanent; elle accomplit le retour de soi à soi. La libération est une opération toute intérieure, mais de portée ontologique. Se libérer, c'est devenir soi-même, c'est reprendre contact avec son être.

La visée ultime de la connaissance gnostique est d'amener l'individu à prendre conscience de son origine et de sa nature divines. L'homme est un fragment de Dieu, une parcelle lumineuse prélevée sur la divinité. Le salut consiste pour lui à prendre conscience de sa vraie nature divine, à «réaliser» sa propre divinité, à échapper à un être-dans-le-monde éprouvé comme étranger au soi authentique. Ce faisant, l'homme s'arrache au royaume de l'illusion et réintègre son état primordial inamissible. Se sachant dieu, né de Dieu, le gnostique entre, par cette connaissance même, dans la liberté divine; il jouit des prérogatives de Dieu et participe aux attributs divins.

L'homme est une émanation de Dieu. Par un processus d'involution, le moi divin, émané de Dieu, est enclos dans la matière opaque: par un processus d'évolution, il s'exhume de l'épaisseur matérielle et remonte vers sa source divine. L'itinéraire gnostique consiste à remonter la pente fatale pour regagner les mondes supérieurs. La libération est un processus d'ascension spirituelle. Se sauver, c'est s'évader du monde des apparences, s'arracher à l'alourdissement du corps et se désolidariser de la relativité historique.

Grâce à la gnose, l'homme apprend non seulement à connaître son identité transcendante, mais encore à découvrir les lois universelles et les principes permanents qui règlent l'énergie cosmique et règnent sur tout l'univers; il apprend aussi à utiliser des techniques pouvant développer ses facultés latentes et le conduire à la maîtrise et à l'harmonie. En se situant en symphonie avec le divin, en se mettant au diapason de l'esprit universel, en se branchant sur l'énergie cosmique, le gnostique participe à la maîtrise de l'esprit sur la matière. Petit à petit, il accède à la liberté absolue.

Les gnoses contemporaines se plaisent à parler du salut en termes de maîtrise et d'harmonie. Maîtrise sur la matière et harmonie avec la conscience cosmique: ce qui permet de vivre en communion avec les lois créatrices de l'univers. L'harmonie désigne «l'unité de pensée, la similitude des buts, la communion ou la parenté directe des âmes. Appliqué aux rapports du cosmique avec l'âme humaine, ce mot désigne l'état d'extase dans lequel l'homme devient conscient de l'union des forces naturelles de son être avec l'Absolu, avec la source d'où elles émanent»[9]. Comme le dit Laotseu: «Connaître l'harmonie, c'est connaître l'Éternel; connaître l'Éternel, c'est être illuminé»[10].

Une auto-libération

Le parfait gnostique ne connaît plus la loi. La loi — qu'elle soit morale ou physique — n'existe plus pour lui; il est sans loi, parce qu'il est au-dessus de la loi. Cela explique l'élément de «rébellion» qui marque la mentalité gnostique. La seule loi est le dynamisme intérieur qui est au coeur de l'être. L'unique souci du gnostique est de satisfaire aux exigences de ce principe intérieur, de répondre aux appels de son moi divin. Le bien est ce qui est exigé par sa nature transcendante; le vrai, ce qui est ressenti comme bien. Est vrai ce qui est expérimenté comme bienfaisant; est bienfaisant ce qui est conforme à la vérité de l'être profond. À la limite, on pourrait dire du gnostique qu'il est à lui-même son propre législateur et l'arbitre de sa vie, comme il est le dispensateur de sa propre gloire.

C'est dire que l'homme a la possibilité d'accomplir par lui-même sa propre libération. Sur qui d'autre que lui pourrait-il compter? N'est-il pas lui-même de race divine? La gnose ignore généralement la notion de grâce. Le gnostique n'attend le salut que de lui-même. Sa prière est soliloque et non pas dialogue; elle n'est rien d'autre chose qu'une mise en harmonie avec les lois et les idéaux cosmiques. Dans sa quête de libération ultime, le gnostique est laissé à ses propres ressources. Son salut ne dépend que de sa décision et de ses efforts. Le gnostique est son propre libérateur.

Et pourtant, le chemin est long et la route escarpée qui va de l'inertie du corps à la subtilité de l'énergie divine. Le gnostique est un marcheur solitaire. L'action du maître se borne à indiquer la route à suivre et les moyens pour parvenir au terme. Le gnostique ne peut compter que sur soi. Il possède, caché au fond de lui-même, le dynamisme suffisant pour s'exhumer du monde des apparences et se hausser jusqu'à la sphère divine.

La réincarnation

Cependant, l'aliénation et l'ignorance humaines sont si profondes que les hommes ne peuvent généralement pas accomplir leur ascension spirituelle au cours d'une seule existence terrestre. La doctrine de la réincarnation appartient quasi essentiellement au schème gnostique. On la retrouve chez presque tous les groupes actuels[11]. La doctrine de la réincarnation enseigne que l'homme connaît plusieurs existences successives sur la terre. Il vit et il meurt; puis il renaît, vit et meurt à nouveau pour renaître encore et encore jusqu'à l'accomplissement intégral de son être spirituel. L'homme peut se réincarner des milliers de fois dans des corps différents. Le cycle des réincarnations ne s'achève que lorsque le processus de libération est terminé. Au cours de ses vies successives, l'être humain garde son identité personnelle. Le même esprit perdure sous diverses enveloppes corporelles. Ce qui diffère, c'est le véhicule physique ainsi que la situation existentielle et le statut social. Une incarnation dans la richesse, l'autre dans la misère; l'une dans le succès, l'autre dans l'échec; l'une en Chine, l'autre au Zaïre. Ainsi va le cycle des réincarnations qui a l'heur de corriger le sort inégal des humains et de rétablir la justice pour tous au cours des générations[12].

Pourquoi les hommes connaissent-ils des sorts différents au cours de leurs naissances successives? La raison ne se trouve ni en Dieu, ni en Satan; elle est à chercher dans la loi du karma. Le karma est la loi sans exception qui régit l'univers. Selon cette loi, toute cause produit son effet sans que rien ne puisse empêcher l'effet de se produire. Appliquée à l'existence humaine, la loi du karma signifie que toute action engendre une conséquence infaillible. Un acte bon donne de bons fruits; une action mauvaise produit de mauvais résultats. La loi du karma est une loi de compensation et d'équilibre. C'est la loi de l'enchaînement illimité des actions, selon laquelle tout ce qui arrive est en même temps l'effet d'une série de causes et la cause d'événements ultérieurs. Le karma est aussi implacable que les lois en mécanique: il est aveugle et automatique. Ce qui est fait est fait. Aucune volonté humaine ou surhumaine ne peut altérer le cours des choses. Le repentir et le regret ne peuvent rien racheter. Il n'y a ni pardon, ni indulgence, ni rédemption.

Le karma est essentiellement lié à la réincarnation. Il peut seul expliquer les différentes modalités existentielles de nos vies successives. Selon la loi karmique, notre existence actuelle est le résultat direct et fatal de nos actions, bonnes ou mauvaises, accumulées au cours de nos vies antérieures. Toute parole, tout sentiment, toute pensée et toute action charrient — d'une vie à l'autre — des conséquences heureuses ou fâcheuses, selon qu'ils sont bons ou mauvais, c'est-à-dire selon qu'ils sont en harmonie ou non avec la conscience et la loi cosmiques. Celui qui croit au karma croit nécessairement au destin que chacun ourdit autour de lui comme un cocon, fil après fil, de la naissance à la mort. Une fois tissé le dernier rang, l'homme se trouve enveloppé des liens qu'il a façonnés et il demeure entièrement sous l'emprise du destin qu'il s'est fabriqué. Au moment de renaître à une existence nouvelle, il est sous la coupe de ce destin. L'existence actuelle est la conséquence des vies passées. On sème dans une incarnation et on récolte dans une autre. L'homme est fatalement lié par son passé, et son présent lie son futur.

Tout homme doit accomplir son destin et payer sa dette karmique jusqu'au dernier centime. Il ne peut s'arranger à l'amiable. La vraie libération consiste à payer la dette karmique. L'homme devra se réincarner aussi longtemps qu'il n'aura pas acquitté sa dette. Pour s'arracher au cycle fatal des réincarnations, l'homme doit faire à rebours le chemin de la descente qui est dégénérescence, et entrer dans le processus spirituel et mystique que lui propose la gnose. Ce processus de libération peut être lent. Mais le vrai gnostique ne peut que progresser d'une réincarnation à l'autre. Pour lui, le processus de réincarnation est positif et libérateur: il aboutit infailliblement au havre de la liberté totale.

Une fois satisfaites les exigences du karma et levés les empêchements que le corps impose, l'homme est arraché au cercle de l'éternel retour et à la force centripède de la roue de

Samsâra (roue des renaissances) et va se fondre dans la mer divine. La périlleuse odyssée de l'âme exilée s'achève lorsque le fragment divin rejoint le Tout transcendant d'où il est sorti; et il ne se réincarne plus.

Cependant certains êtres, au lieu de jouir immédiatement du bonheur de la fusion avec la divinité, se prennent de pitié pour les hommes et décident librement de redescendre sur la terre pour les aider. Ils s'infusent alors dans un homme et traversent encore une fois toutes les étapes de l'existence. Leur retour sur la terre n'est plus commandé par le karma, mais par l'amour. Ces êtres parfaits reviennent sur la terre pour éclairer, par leur parole et leur exemple, les hommes aveuglés par l'ignorance. Parmi eux se trouvent Bouddha, Zoroastre, Hermès, Jésus... et évidemment le gourou fondateur de chaque groupe gnostique.

Les gnostiques prétendent tenir leur doctrine de la réincarnation de la sagesse primordiale et universelle telle qu'elle s'est exprimée surtout dans les religions hindoues, dans la philosophie pythagoricienne et hermétique, et dans l'ésotérisme en général. Tous, d'un commun accord, prétendent trouver les traces de cette doctrine dans l'Ancien Testament, le Nouveau Testament et l'Église chrétienne des premiers siècles. Ils citent comme preuve, certains textes bibliques qui reviennent sans cesse sur leurs lèvres, comme par exemple, Sg 8,19-20; Mt 17,11-12; Mc 6,14-16 et 8, 27-30; Jn 9,1-2. Certes, les chrétiens s'inscrivent en faux contre cette utilisation de la Bible et de certains textes patristiques, en particulier ceux d'Origène[13].

IV — LA PRAXIS GNOSTIQUE

Tout groupe religieux, nous l'avons vu, tente spontanément de dépasser l'expression doctrinale en élaborant des coordonnées pratiques selon les axes du temps et de l'espace. Il y aura des temps, des lieux, des personnes et des actions qui seront considérés comme «sacrés», c'est-à-dire comme directement reliés au but poursuivi par le groupe. Chaque groupe développera une praxis en référence à ces instances «sacrées», et cherchera à articuler concrètement sa relation au monde et à la société d'une façon qui soit cohérente à son idéologie.

Bien des adeptes des groupes gnostiques se disent a-religieux et critiquent les liturgies des religions établies. Il n'en demeure pas moins que, en règle générale, ces adeptes pratiquent en privé et collectivement certaines activités stéréotypées dont on admet la valeur intrinsèque. L'ensemble de ces pratiques forme un rituel qui emprunte généreusement aux grandes traditions religieuses orientales et occidentales[14].

Ces pratiques rituelles présentent certaines caractéristiques communes. L'attention est généralement fixée sur la conformité extérieure avec le rite prescrit, plutôt que sur les conséquences de l'acte posé. De plus, les pratiques ne constituent pas seulement une sorte de performance, mais une forme de communication. Le «liturge» utilise, avec régularité et redondance, un nombre limité de mots ou de sons dans le but de rendre certaines images ou réalités présentes à l'esprit ou à la conscience.

Le modèle rituel de la gnose ne se construit pas en référence à un drame paradigmatique (historique ou mythique), pas plus qu'il ne vise à la célébration des temps de l'année et des événements de la vie. Il n'offre pas davantage une gestuelle pour la confession, le pardon, la pénitence. Il s'articule essentiellement selon des séquences caractéristiques, comme par exemple: «J'étais endormi et je me suis réveillé»; «j'étais inconscient et je suis devenu conscient; «j'étais impuissant et j'ai reçu la force», «j'étais aliéné et me voilà en liberté». Les pratiques rituelles visent à protéger l'adepte des menaces intérieures et extérieures par la prise de conscience de sa propre valeur, de son identité et de ses pouvoirs. L'objectif de ces pratiques est moins la socialisation que la légitimation personnelle.

F. Bird écrit: «Je suggère l'idée que l'attrait de ces différents mouvements religieux réside dans le fait suivant: les participants trouvent que les pratiques rituelles de ces mouvements leur fournissent, de multiples façons, une expérience d'auto-légitimation et une espèce d'armure auto-protectrice»[15]. Le rituel sert à favoriser, à procurer des expériences de dépassement de soi, à promouvoir le sens de l'identité et à protéger le moi profond contre les adversaires de tous ordres. Dans ce contexte, on comprendra l'importance que la gnose accorde aux rites de méditation, aux rites d'initiation et aux rites de purification et de guérison.

Les *rites de méditation*. La plupart des groupes gnostiques actuels proposent à leurs membres des rites de méditation qui peuvent épouser les formes les plus diverses: le chant, la répétition silencieuse d'un mot, l'émission intérieure ou extérieure d'un son, les exercices de respiration, les postures ou les mouvements du corps. Certains groupes insistent sur la méditation individuelle, alors que d'autres encouragent la méditation en groupe. Par ailleurs, certains groupes proposent un style de méditation qui favorise le calme de l'âme, tandis que d'autres développent des techniques visant à développer des états de transe. Quoiqu'il en soit, les rites de méditation poursuivent tous un but non cognitif: ils visent à mettre l'être tout entier en harmonie avec certaines réalités cachées, qui sont ressenties comme source de paix, de maîtrise et de puissance.

Une fois le contact établi avec ces réalités cachées, la méditation libère le méditant de deux états d'esprit délétères: l'état de trouble, d'anxiété et de stress, occasionné par les soucis de la vie quotidienne et l'état de culpabilité provoqué par l'échec ou le clivage entre l'idéal projeté et l'étape accomplie. La méditation libère des faux «je» façonnés par les rôles et les fonctions sociales, et met l'individu en syntonie avec son être profond. La méditation «dés-identifie» pour «réidentifier». Alors que la vie sociale fait passer l'individu par divers rôles et différents personnages, les rites de méditation amènent l'individu à s'identifier à son âme. Les revendications des faux «je» se taisent; l'attention et l'énergie sont captées par le chant, la respiration, la posture, etc. Par la méditation, se développe l'expérience de sa propre transcendance et de son appartenance au monde du divin.

Les *rites d'initiation* sont largement pratiqués dans les nouveaux groupes gnostiques. Ils servent soit à marquer l'entrée dans la voie spirituelle, soit à indiquer le passage d'une étape à l'autre. La symbolique sous-jacente à tous ces rites évoque la réalité de l'éveil, de l'illumination, de la re-naissance. La connaissance gnostique ne pouvant s'acquérir que par le truchement de la relation à un maître, les rites d'initiation indiquent moins le changement du statut social des membres que le changement du statut personnel par rapport à un maître, à une discipline ou à une connaissance.

Enfin les *rites de purification et de guérison* sont pratiqués dans les groupes qui se préoccupent de santé intégrale, holistique. Par la médiation de ces rites, les énergies curatives de l'univers sont captées par un individu, pour son profit personnel, ou sont orientées par lui vers d'autres personnes. Les groupes qui ne possèdent pas de rites explicites de guérison prétendent tous avoir une influence bénéfique directe sur la santé physique et psychique de leurs membres. Les rites de guérison sont élaborés à partir soit d'une conception ésotérique du corps humain, soit de certains principes de la médecine orientale, soit des données de la médecine holistique. Jamais à partir de la médecine scientifique dont la perspective sectorielle et parcellaire répugne profondément à la visée intégrative de la pensée gnostique.

Parallèlement à cet intérêt pour la santé holistique et pour la guérison, plusieurs groupes accordent une importance spéciale aux rites destinés à purifier l'individu de différents polluants comme le bruit, l'anxiété. Ils encouragent les exercices de respiration qui chassent les impuretés des poumons, les régimes alimentaires qui éliminent les toxiques, et les mantras qui purifient l'esprit du stress, des anxiétés et des pensées «bruyantes».

La praxis sociale

Les groupes gnostiques n'arrivent pas à intégrer une théorie sociale à l'intérieur de leur système doctrinal. La démarche gnostique est centrée sur la transformation de l'individu et non sur celle de la société; sur le changement de la conscience personnelle et non sur celui des structures sociopolitiques. Les groupes gnostiques n'ont pas de pensée sociale structurée, ne proposent aucun modèle d'intervention sociale directe et n'ont pas d'oeuvres sociales spécifiques. Ils se signalent généralement par leur quiétisme politique. Hormis quelques cas d'espèce, les groupes gnostiques sont a-politiques. L'engagement socio-politique est laissé à l'initiative personnelle.

En tant que corps sociaux, les groupes gnostiques s'interdisent toute prise de position sociale et toute action ayant un rapport direct avec la politique. Le gnostique serait-il un a-social qui ne se soucie guère du sort des autres? Mérite-t-il d'être traité d'égoïste et de narcissique, comme on le fait souvent?

S'il considère que le socio-politique n'a rien à voir avec la croissance spirituelle, le gnostique n'en reste pas moins convaincu que sa démarche individuelle a une portée sociale. Pourquoi? La gnose postule une unité sociale cachée dans les profondeurs de l'être humain: le Soi universel est immanent à tous les êtres particuliers. En conséquence, ceux-ci sont harmonieusement reliés entre eux dans la totalité de l'univers visible et invisible. Cette unité fondamentale au-delà de la multiplicité des formes, assure une interconnection entre les êtres et fonde la loi des correspondances. Cela veut dire que les lois de l'invisible et de la conscience ont leur correspondance dans le domaine économique et socio-politique. Connaître les lois de la conscience, c'est connaître du même coup les lois socio-économiques et politiques. En conséquence, toute transformation de la conscience provoque un changement dans l'ordre social.

Il est donc inutile de s'attaquer directement aux structures sociales injustes puisqu'elles sont le produit d'une conscience déformée et faussée. C'est la conscience qu'il faut viser. Il est utopique de vouloir transformer les structures sans changer la conscience. Tout passe par la conscience. Le monde ne sera changé et sauvé que par la mutation des consciences. L'action politique, le travail social, les *ismes* et les *logies* sont futiles s'ils ne sont fécondés par une nouvelle conscience. Le changement de conscience est une action éminemment politique.

En bonne cohérence gnostique, la vraie révolution est révélation, prise de conscience de soi. L'épanouissement d'une conscience nouvelle à l'échelle mondiale entraînera l'évanouissement des injustices, des préjugés et des aliénations. Ce sera la naissance d'une société idéale, d'une ère nouvelle: l'âge de l'illumination et de la paix. Cette vision utopique n'est que la gnosticisation de l'eschatologie chrétienne. Chaque personne qui accède à une nouvelle conscience est un mutant: il fait advenir l'âge d'or, l'anticipe pour lui-même, pour son pays et pour le monde entier. Il devient par conséquent un agent de transformation socio-politique.

Pour bien comprendre l'attitude sociale du gnostique, il faut se rappeler ses convictions fondamentales. Le gnostique se sent prisonnier dans l'existence; il cherche sa libération dans la connaissance de soi. D'où la primauté accordée à l'individu sur la société, à l'invisible sur les apparences, à la contemplation sur l'action, à l'éthique individuelle sur la praxis sociale, à l'expérience de conscience sur l'oeuvre objective, à la connaissance sur l'amour. La connaissance est une fin.

Cela explique la place centrale de la concentration, de la méditation dans l'éthique gnostique. Le gnostique est un contemplatif qui cherche le divin dans les replis de son être profond et silencieux. S'il a tendance à s'abstraire de la vie sociale et à se replier sur lui-même, c'est pour consacrer toutes ses énergies à s'affranchir des apparences et des fausses sollicitations. C'est le désir, l'élan passionné de la concupiscence qu'il faut éviscérer. Cette éradication suppose une purification graduelle, une ascèse particulière, la pratique de certaines vertus et la mise en oeuvre de techniques particulières. Tout cela, afin de parvenir à l'état d'*apatheia,* de non-désir. Cet état s'exprime, d'une part, dans l'indifférence et l'insensibilité en face des événements qui affectent la personne et, d'autre part, dans le détachement à l'endroit du monde des apparences. L'éthique gnostique est sans *pathos,* un peu froide sinon désincarnée. Le gnostique parfait est «fixé dans un état qui le rend hors d'atteinte des événements, heureux ou malheureux, dont le déroulement se fait sous le signe de la fatalité»[16].

L'*apatheia* colore tous les aspects de l'éthique gnostique, en particulier la réalité de l'amour qui se résume souvent à un principe universel ou à une énergie cosmique distillée dans tous les êtres. Les gnoses exténuent la réalité concrète, l'aspect passionné, dramatique et parfois tragique de l'amour et finissent par le dissoudre en un médium supérieur (principe, énergie, etc.). «Discernant la substance incarnée de l'amour, elles en distillent une sérénité du coeur, une bienveillance indulgente, compatissante, qui perce les barrières fermées, autrement dit ce qui est apparemment le plus semblable à l'absolu, dans ce qui peut être tiré de la subtance humaine. Finalement, cette substance transfigurée, supérieure au destin est renversée dans toutes les situations finies»[17].

Une fois entré dans l'*apatheia* et dégagé du mirage des apparences et des sollicitations du désir, le gnostique peut, sans danger d'erreur, suivre les appels de son coeur. Il n'a plus besoin de loi: il est anti-nomique. Il devient lui-même le fondement de son éthique et la norme de son action. Son action, qui n'obéit pas à la loi, est pourtant conforme aux exigences de la loi intérieure. Le gnostique est un être profondément moral: il hait le vice et pratique la vertu. Il défend les institutions vénérables, comme le couple, la famille, etc. C'est le citoyen honorable, le parfait honnête homme, le gentleman humaniste dont l'art de vivre est recommandable.

XI
Les grands axes
de la gnose actuelle

L'étude monographique des divers groupes gnostiques nous a permis de dégager un schème commun dont il convient à présent de prendre une coupe axiologique. Il s'agira pour nous de dégager les grands axes autour desquels s'édifie le schème gnostique et qui définissent son champ herméneutique et son espace spirituel. Les trois grands axes qui pénètrent de part en part toute gnose et en délimitent le contour sont l'ésotérisme, la transtemporalité et le dualisme.

I — L'ÉSOTÉRISME

Il ne faut certes pas confondre tout courant ésotérique avec une émergence de la gnose éternelle. Il ne suffit pas de rencontrer un cercle ésotérique qui s'intéresse à l'alchimie et à l'astrologie, au voyage de l'âme et aux liens magiques entre l'homme et l'univers pour être en droit de parler aussitôt de gnose. Toutefois, on doit considérer la gnose comme «un des ésotérismes les plus complexes que nous puissions observer»[1]. Même si on ne peut le considérer comme un des caractères spécifiques de la gnose contemporaine, il n'en demeure pas moins que l'ésotérisme est une note gnostique importante et quasi universelle qui détermine profondément la théorie gnostique et influence l'atmosphère dans laquelle elle baigne.

Ce qu'est l'ésotérisme

La gnose contemporaine puise à toutes les formes culturelles et religieuses de l'ésotérisme. L'ésotérisme culturel s'épanouit en plusieurs «sciences» qui, toutes, relient magiquement l'homme à l'univers. Qu'il s'agisse de l'astrologie, de l'alchimie, de l'archéosophie, de l'arithmosophie ou de la théosophie «savante», ces «sciences» appartiennent à la tradition millénaire, constituant une sorte d'histoire parallèle à l'histoire officielle. En relation plus ou moins étroite avec les «sciences» ésotériques, on trouve la psilogie qui tente d'expliquer les phénomènes parapsychologiques (psikinésie: voyance, télépathie, prémonition; télékinésie: lévitation, aura, dédoublement), ainsi que les «sciences» occultes proprement dites (géomancie, chiromancie, spiritisme, etc.). Les gnoses contemporaines puisent abondamment dans cet immense réservoir de symboles, de mythes et de doctrines.

L'ésotérisme religieux, quant à lui, offre aux gnoses actuelles une source d'information privilégiée. Les ésotérismes hindou, chrétien, égyptien, soufi ou juif (la kabbale) sont fondus dans un même creuset pour former une symbiose syncrétiste obéissant à des lois de symétrie interne fort strictes.

La vérité est toujours occultée par les formes extérieures qui prétendent l'exprimer. Pour l'atteindre, il faut passer de l'extérieur à l'intérieur, du dessus au dessous, de la lettre à l'esprit, des os à la moëlle. Voilà le postulat de départ de tout ésotérisme. Le mot «ésotérisme» (du grec, *esoterein,* faire entrer) désigne à la fois une doctrine et une attitude particulière que nous rencontrons dans toutes les civilisations.

À la source de tout ésotérisme gît le sentiment d'appartenance à la conscience cosmique, ainsi que l'expérience de participation à l'interdépendance universelle. On accède à la connaissance ésotérique non par la raison philosophique ou scientifique, mais par l'exercice de pouvoirs supérieurs: intuition, illumination, clairvoyance, surconscience. L'ésotérisme dépasse la raison sans la nier; il développe un discours où le mythique, le rationnel et le symbolique sont fondus dans une cohérence pré-logique ou méta-logique. C'est un discours qui procède par associations, similitudes, concordances et analogies, un discours où le spirituel, le psychique, le divin, l'alchimique forment un chassé-croisé inextricable en apparence. C'est essentiellement un discours réservé aux initiés.

L'ésotérisme prend le contre-pied de la thèse évolutionniste traditionnelle: il rejette l'idée d'une humanité primitive toute proche de l'animalité et ignorant tout des lois du ciel et de la terre. Il postule au contraire l'existence d'une connaissance primordiale, synthétique et globale qui, dès les origines, aurait été révélée à l'humanité soit par une révélation directe, soit par une découverte intuitive (auto-révélation), soit par l'intermédiaire d'entités spirituelles ou d'êtres plus évolués (extraterrestres). Selon l'ésotérisme, la révélation est aussi vieille que l'humanité consciente; elle remonte à la nuit des temps. Mais suite à une catastrophe cosmique ou à une dégénérescence graduelle, la vérité révélée a quitté la place publique pour se cantonner dans les cénacles mystériques, les cercles initiatiques ou les sociétés secrètes.

Alors s'est formée une tradition secrète et intemporelle, parallèle aux traditions historiques reconnues. Alors est apparue une polarité entre le sens originel (vérité primordiale) devenu ésotérique, c'est-à-dire «intérieur», caché, obscur et incompris — sauf de quelques initiés — et l'aspect exotérique, c'est-à-dire «extérieur», public, structurel, littéral, accessible à tous. La vérité primordiale, unique, transtemporelle, toujours identique à elle-même, transcende toutes les formes de langage et de discours. Elle est aujourd'hui cachée «derrière» les différentes religions et celée dans les grands symboles traditionnels comme la croix, les Pyramides et les grandes énigmes de l'univers. Cette vérité originelle est l'âme invisible, le principe régénérateur de toutes les religions. Seul, l'ésotérisme peut nous faire entrer dans le sanctuaire secret de la vérité primordiale.

Les idées-mères de l'ésotérisme peuvent se ramener aux cinq énoncés suivants: 1) tout est vivant, spirituel et divin; 2) tout est un: la séparation des êtres est une illusion; 3) une étroite liaison et une correspondance exacte existent entre tous les êtres, si bien que ce qui est en haut est comme ce qui est en bas et ce qui est en bas comme ce qui est en haut; 4) l'âme est immortelle, divine et préexistante à son apparition sur la terre; 5) la réincarnation est une loi évidente de l'évolution. Ces grands principes immémoriaux et universels, qui forment le noyau de la connaissance primordiale, de la *philosophia perennis,* constituent les postulats fondamentaux de l'ésotérisme. Ils

273

sont à l'origine et à la base de tout l'édifice ésotérique, encore qu'ils peuvent donner naissance à des doctrines fort différentes.

À ce stade, l'ésotérisme nous apparaît: a) comme un *point de vue* sur tout le réel, selon lequel tout ce qui se manifeste est symbole de la Vie (esprit-conscience-divin); b) comme un *mode de connaissance* suprarationnel, caractérisé par l'illumination et la surconscience; c) comme une *doctrine* qui découle des postulats fondamentaux évoqués plus haut; d) enfin comme un *discours* «symbolique» qui fait appel à l'affectif, au rationnel, au poétique, au mythique, et qui est fabriqué au moyen des analogies et des similitudes fondées sur la correspondance du matériel et du divin — ce discours s'épanouissant en plusieurs «sciences» ésotériques.

En soi, l'ésotérisme n'est ni une religion spéciale, réservée à quelques parfaits (car il ne se suffit pas à lui-même), ni l'aspect intérieur d'une religion, il est un point de vue particulier sur l'ensemble du réel (religion, écriture, nombres, astres, matière, etc.). L'exotérisme n'est pas l'extérieur d'une chose, mais une *façon particulière* (rationnelle, philosophique, scientifique) de voir le réel, selon laquelle seule l'écorce est atteinte. L'ésotérisme n'est pas l'intérieur d'une chose, mais un *mode spécifique* de perception du monde, selon lequel le noyau ultime est vu derrière et au-delà de l'écorce matérielle.

L'ésotérisme chrétien

Par exemple, l'ésotérisme chrétien ne désigne ni la vie spirituelle du croyant, ni l'intériorité mystique, ni le sens théologique des dogmes et des sacrements; c'est une manière particulière d'envisager soit le christianisme tout entier (aspect intérieur et extérieur), soit l'ensemble du réel lorsque l'ésotérisme prend son point d'appui et sa référence dans le christianisme. Cette manière de concevoir est autre que théologique, philosophique, historique; elle est ésotérique.

Si on parle d'ésotérisme chrétien, on parle également de «christianisme ésotérique». Le christianisme, à ses débuts, a constitué un groupe ésotérique, une école secrète de mystères, une organisation fermée et réservée. N'y étaient admis que ceux qui possédaient les qualifications nécessaires pour recevoir valablement l'initiation sous la forme qu'on peut appeler «christique». Bientôt se produisit le glissement néfaste du christianisme vers l'exotérisme. Tout au long de l'histoire du christianisme, des groupes secrets ou des personnages mystérieux ont développé une tradition parallèle qui prétendait être l'expression du christianisme primitif qui, lui, était de nature ésotérique. Que ce soient les gnoses des premiers siècles, le catharisme du Moyen Âge, la théosophie des temps modernes ou les groupes néo-gnostiques contemporains — tous prétendent réaliser la véritable Église, c'est-à-dire la véritable religion universelle.

Exégèse ésotérique

L'ésotérisme prétend offrir la seule clé d'interprétation qui permette l'intelligence authentique de toutes les écritures sacrées. Comment comprendre la Bible? La Bible est un livre scellé et hermétique où sont enfouis tous les principes de la tradition primordiale universelle.

L'ésotérisme commande une «exégèse» particulière de la Bible. L'interprétation ésotérique est *cosmique:* elle néglige la coordonnée de l'histoire en faisant appel aux principes éternels d'une connaissance primordiale et en mettant l'homme en relation avec l'univers. Elle est *symbolique:* elle ne se soucie guère du sens littéral et obvie, toute formule étant considérée comme symbole. Elle est *secrète,* c'est-à-dire réservée à une élite qui est en possession de clés secrètes d'interprétation. Elle est *mythique:* elle fait appel à une source mystérieuse et à une tradition intemporelle. Elle est *conscientielle:* elle comprend l'Écriture comme le livre de l'évolution de la conscience vers des états plus élevés. Elle est enfin *auto-logique* ou *égologique:* elle dégage moins un enseignement anthropologique qu'une doctrine du moi profond considéré comme identique à l'être divin[2].

L'interprétation ésotérique de la Bible se présente comme la seule valable. Toutes les autres exégèses ne sont qu'épluchures de textes, extractions de quintescences. Elles font fausse route, car elles traitent *historiquement* un livre qui entend véhiculer une vérité immémoriale et intemporelle. La Bible est intéressante non par ce qu'elle dit, mais par ce qu'elle tait; non par ce qu'elle contient de vrai, mais par ce qu'elle recèle de mystérieux et d'incompréhensible.

L'ésotérisme porte un intérêt particulier au livre de la Genèse qui est un traité d'énergie cosmique. Il contient autant de secrets qu'il y a de mots; et chaque mot, voire chaque lettre, contient plusieurs mystères. Inaugurée par Moïse qui fut prêtre d'Osiris et grand initié égyptien, la tradition ésotérique d'Israël a été reprise par le prophétisme qui est une manifestation supérieure des lois universelles et cosmiques.

Au coeur de la Bible, les Évangiles. Grand initié essénien, kabbaliste insigne, super-maître de Sagesse, Jésus connaît l'antique sapience universelle: secrets de l'âme et de la conscience, lois cosmiques et mystères de l'énergétique universelle, techniques de la thérapeutique occulte et de l'art divinatoire, rien n'échappe à sa connaissance. D'où sa maîtrise absolue sur la matière, sa réalisation parfaite de l'harmonie universelle et la plénitude de sa conscience cosmique.

Dans son enseignement, Jésus a voulu mettre la sagesse des initiés à la portée de tous. Il a enseigné comment utiliser les lois de la vie psychique et cosmique, comment parvenir aux états supérieurs de la conscience, comment favoriser l'irruption, dans l'âme, d'énergies provenant des mondes invisibles, comment réveiller les facultés endormies, comment parvenir à la victoire de l'esprit sur la matière, comment développer le sens intérieur qui conduit à la connaissance de soi, enfin comment arriver à la maîtrise absolue de l'âme sur le corps transformé en instrument docile. Voilà le coeur de l'enseignement de Jésus. Voilà le Royaume de Dieu, c'est-à-dire l'avènement de la conscience cosmique.

Quant à l'histoire de Jésus, l'ésotérisme en extrait la substance réaliste et historique pour la sublimer au plan du symbole. L'ésotérisme invente de toutes pièces une histoire parallèle et secrète de Jésus. La vie «cachée» de Jésus, de la naissance au baptême, présente un intérêt prioritaire et reçoit un traitement spécial. Que de spéculations sur la naissance de Jésus, ses parents, son éducation, son mariage, ses voyages de par le monde, ses séjours chez les Esséniens, au Mont Carmel ou dans les cénacles initiatiques du Tibet, de l'Inde ou de l'Égypte! De la vie «publique» de Jésus, l'ésotérisme privilégie les événements merveilleux et «surnaturels» et leur donne un traitement initiatique et symbolique.

Où l'ésotérisme puise-t-il sa connaissance de Jésus? Les quatre Évangiles sont des documents publics et exotériques. Puisque la doctrine de Jésus est ésotérique, il faut — dans un premier temps — étudier les documents qui la véhiculent. Cette doctrine secrète se trouve consignée, d'une part, dans les archives akashiques colligées au plan astral et auxquelles on n'a accès que par la clairvoyance, ou dans des manuscrits inacessibles enfouis dans les voûtes de monastères mystérieux au Tibet, en Égypte ou en Inde et, d'autre part, dans des textes accessibles qui forment une littérature parallèle à celle des Évangiles — comme par exemple l'*Évangile de Thomas,* l'*Évangile de la Vérité* ou autres textes apocryphes (c'est-à-dire «cachés»).

Fort de cette connaissance secrète de Jésus, l'ésotérisme entreprend l'exégèse des quatre Évangiles canoniques. Il voit les trois synoptiques à travers l'Évangile de Jean. Alors que les synoptiques sont factuels, l'Évangile de Jean est l'évangile de l'âme, de l'intériorité; alors que les synoptiques rapportent l'enseignement public de Jésus, l'Évangile de Jean contient son enseignement secret, réservé aux disciples.

L'ésotérisme sous toutes ses formes apparaît comme un des axes les plus importants des gnoses contemporaines. Il en influence profondément la doctrine et en définit l'espace spirituel. Toute gnose, étant ésotérique, est forcément lestée d'un «secret» qui la rend inaccessible aux non-initiés, elle est réservée à un nombre limité de «parfaits». Un sur mille, disaient les anciens; cent sur mille, disent les modernes. La règle du secret apparaît, dans certains cas, comme une manifestation de prudence devant les persécutions et les exigences sociales contraignantes; dans d'autres cas, comme une mesure de précaution dans l'intérêt des seuls adeptes; ailleurs, comme moyen de protéger le non-initié contre les dangers de certaines divulgations;

enfin, comme une exigence de la vérité elle-même. Dans ce dernier cas, le secret ne revêt aucun caractère d'obligation: il est inhérent à la connaissance elle-même. Quoiqu'il en soit, tous les groupes gnostiques ont leur secret, leurs rites d'initiation. Et ils se plaisent souvent à jouer les détenteurs de «mystères».

II — LA TRANSTEMPORALITE

Mircea Eliade a montré que les religions établissent et supportent les valeurs en élaborant des cosmologies qui structurent l'espace et le temps[3]. Cela veut dire que la conception du temps et de l'espace revêt une importance capitale dans la définition du réseau herméneutique d'une religion. Commençons par le temps.

La position de la gnose à l'égard du temps se confond, en fait, avec son attitude générale à l'égard de la condition existentielle de l'homme. Le temps ne se comprend qu'en fonction de sa vision globale du monde. Le problème du temps se situe au coeur même de la gnose contemporaine, même si les divers groupes gnostiques ne le considèrent guère comme un problème particulier exigeant d'être traité pour lui-même. Le temps constitue un des axes fondamentaux autour duquel se construit le schème de la gnose actuelle.

Le temps cyclique

La gnose conçoit le temps comme cyclique. Mouvement circulaire, revenant perpétuellement sur lui-même, le temps est éternellement bouclé sur soi. Il est figuré par une roue qui tourne sur elle-même, par un cercle fermé ou par un serpent qui se mord la queue, Ouroboros. Le mouvement cyclique régit nécessairement le cours des astres et assure le maintien des mêmes choses en les répétant. Ce mouvement perpétuel de récurrence et d'éternel retour ramène sans cesse les mêmes réalités. Les choses qui se sont déjà produites dans les cycles antérieurs se reproduiront dans les cycles subséquents.

Le devenir de ce monde de génération et de corruption «se déroule selon une succession indéfinie de cycles au cours desquels la même réalité se fait, se défait, se refait, conformément à une loi et à des alternatives immuables»[4]. Grâce à ce mouvement perpétuel de récurrence, le présent n'est que la répétition de ce qui s'est déjà produit dans les cycles antérieurs et la copie exacte de ce qui se produira dans les cycles subséquents. Il n'y a en définitive rien d'unique; il n'y a pas de «une bonne fois pour toutes». Rien de radicalement nouveau ne peut surgir du temps. Il n'y a pas à proprement parler d'antériorité et de postériorité chronologiques absolues. Le temps est éternel retour.

Le mythe de la répétition éternelle a donné naissance, dans la tradition indienne, aux spéculations les plus audacieuses qui ont influencé bon nombre de gnoses contemporaines. Selon la loi des cycles, la manifestation divine dans le monde procède par expiration et par inspiration de l'Absolu. Ce processus forme, dans ses différentes phases, les cycles cosmiques. Chaque grand cycle comprend — comme nous l'avons vu plus haut — quatre périodes ou *yugas*. Chaque *yuga* est précédé et suivi d'une «aurore» et d'un «crépuscule» qui relient les âges entre eux. Nous nous trouvons actuellement au terme de l'âge des ténèbres (*kali-yuga*).

Ces conceptions hindoues sont souvent juxtaposées — dans les gnoses actuelles — aux spéculations astrologiques sur les différentes ères. Nous serions présentement à la toute fin de l'ère du Poisson, qui est un âge d'ignorance, de dépersonnalisation et d'injustice — auquel doit succéder un âge de paix, de connaissance, de libération: l'ère du Verseau. Mort et renaissance, crépuscule et aurore, décadence et renouveau. L'humanité est soumise à l'éternel mouvement de la roue de Samsâra. La marche générale de l'évolution n'est progressive qu'en apparence. Chaque étape ne fait que reproduire les caractéristiques du cycle complet: chaque fin d'étape est une décadence et chaque début, un renouveau. Cette loi fatale de l'humanité explique la nécessité des révélations successives.

Dans l'univers hiérarchisé de la gnose, la grande révolution cosmique règle le cours du temps. Si le temps se déroule en cercle, c'est qu'il est solidaire du rythme cosmique. Le temps est cosmique et la durée cosmique est répétition, éternel retour. Puisque sur un cercle aucun point n'est commencement, ni milieu, ni fin au sens absolu (ou alors tous le sont indifféremment), il s'ensuit d'abord qu'il ne saurait y avoir, à proprement parler, de début et de fin du monde. Toute idée de création *ex nihilo* est inconcevable. Inconcevable aussi toute idée d'achèvement de l'univers. Il s'ensuit encore que le temps ne peut avoir de sens ou de signification absolument définis — même s'il connaît des rythmes variés en vertu des cycles successifs. Il s'ensuit enfin qu'il n'y a pas d'avant ni d'après chronologiques absolus. En d'autres termes, il s'ensuit qu'il n'y a pas d'histoire. La gnose est foncièrement an-historique; pour elle, le temps est cosmologique et non historique.

Si le devenir historique n'est qu'apparent, c'est que le temps est illusoire, irréel. Il est vanité, perpétuelle mobilité, instabilité et mensonge; il représente une défection à l'égard de l'éternel. C'est un temps déchu qui soumet le devenir à une décadence à partir d'un état idéal originel. Le temps est la conséquence d'une chute survenue au sein de l'existence. Le temps déchu est le produit de l'objectivation, d'un état où tout est devenu object et extériorité, d'un état où l'homme se trouve brisé et désuni, lié et enchaîné. Le temps est dégénérescence et mensonge. L'homme y étouffe comme dans une geôle. Dans et par le temps, le vrai «moi», immortel et divin par essence, est rivé à une substance étrangère, enchaîné à un karma inexorable et soumis au cycle fatal des transmigrations.

En conséquence, la libération gnostique est une délivrance du temps trompeur. Elle est une victoire sur le temps présent par un mouvement vers le passé.

Le retour aux origines

La connaissance gnostique fait sortir du temps par un retour aux sources; elle remonte dans le passé jusqu'aux origines. Le passé — non en tant que ramas d'événements, mais en tant que réalité interne — n'est connaissable que par la mémoire ontologique. Il s'agit de communier au passé dans un acte d'active réminiscence. «La connaissance, écrit N. Berdiaeff, est réminiscence quand elle porte sur une réalité qui n'est pas donnée dans une expérience sensible immédiate, c'est-à-dire quand elle porte sur une expérience qui ne tient pas dans cette division du temps morcelé que nous nommons le présent. C'est parce que cette expérience présente n'exprime qu'une petite part de notre connaissance que l'activité de notre esprit s'attache à la réminiscence. Et la mémoire étant un fait premier de la personne, auquel est suspendue l'unité du moi, la conscience dans la réminiscence absorbe le monde entier et l'histoire entière dans l'existence intérieure de mon moi. La connaissance ne saurait être l'effet de l'ignorance, ne saurait naître d'elle par un développement évolutif. La connaissance implique l'existence d'un savoir initial à priori, intemporel, d'une science ancienne remémorée»[5].

La gnose délivre de l'oeuvre fatale du temps parce qu'elle est réminiscence, anamnèse; elle guérit du mal du temps parce qu'elle accomplit un retour en arrière et fait rejoindre les origines. Celui qui remonte le temps retrouve infailliblement le point de départ. Parvenant au commencement du temps, on rejoint le non-temps, l'éternel présent. «En partant d'un moment quelconque de la durée temporelle, on peut arriver à *épuiser* cette durée en la parcourant à rebours et déboucher finalement dans le Non-Temps, dans l'éternité. Mais c'est là transcender la condition humaine et récupérer l'état non conditionné qui a précédé la chute dans le temps et la roue des existences»[6].

La gnose conduit à la connaissance libératrice du moi divin par la réminiscence. Par des techniques apparentées à la psychanalyse, elle fait émerger à la lumière les événements passés de la vie présente; par d'autres techniques, surtout de type yogique, elle tente de récupérer le souvenir d'événements survenus dans les vies antérieures et, par là, de découvrir des structures du réel. Ces types de réminiscence appartiennent déjà à la connaissance gnostique, car ils lèvent le voile sur la nature du moi authentique. Mais la gnose est fondamentalement connaissance de l'origine absolue, appréhension de ce qui s'est passé au commencement, souvenir d'une vérité primordiale. La mémoire des origines est la connaissance par excellence.

L'ignorance n'est en réalité qu'un oubli; elle est amnésie. L'oubli est mis en rapport non avec la mort, mais la naissance. En revenant à la vie terrestre pour se réincarner, l'âme traverse le fleuve du Léthé: elle oublie les conditions d'une existence désincarnée, purement spirituelle; elle oublie ce qu'elle était à l'origine et par essence: une émanation de Dieu. Il s'agit moins de l'oubli des existences antérieures que des vérités intemporelles et des paradigmes primordiaux. Se souvenir des origines, c'est découvrir sa vraie nature et connaître les lois éternelles. Aussi l'anamnèse gnostique, en libérant des conditionnements de la temporalité karmique par la remontée dans le temps, conduit-elle à la maîtrise du destin. C'est une connaissance de type essentiellement sotériologique.

Un salut intemporel

Il est facile de comprendre dès lors ce que le salut gnostique comporte d'an-historique, d'intemporel. Sans doute le salut s'accomplit-il dans le temps, mais l'acte qui le fonde est en soi intemporel. C'est une illumination intérieure qui dévoile les profondeurs de l'être. C'est une révélation de soi à soi, une auto-révélation par laquelle l'individu saisit son être éternellement donné. C'est un acte gratuit, mieux un droit de nature, qui ne présuppose aucune préparation dans le temps. La libération gnostique est récupération de soi par la réminiscence de soi; elle s'accomplit par un retour à un état originel inamissible. En recouvrant son être divin éternel et en l'exhumant de la gangue des apparences, le gnostique accompli ne fait que «retrouver un acquis indestructible, un état ontologique donné une fois pour toutes, son vrai être sur lequel le temps n'a pas mordu, que l'existence dans le temps a voilé, mais n'a pas lésé ou dissipé»[7]. L'homme est divin, fils de la divinité et il se doit de retrouver son statut divin. Par la gnose, l'homme devient ce qu'il était à l'origine. Le salut n'est pas une grâce, mais un droit de nature.

De plus, le salut gnostique ne touche que la partie intemporelle, immortelle et éternelle de l'être humain. Pour la gnose, le corps n'entre pas dans la définition de l'identité permanente d'une personne. Il n'est qu'un vêtement, qu'un véhicule temporaire et interchangeable. Il n'est pas atteint par le salut. Il n'y a pas de résurrection, même si les gnoses actuelles emploient souvent ce mot comme synonyme ou substitut de réincarnation. Eveil de l'esprit à lui-même, la libération gnostique met l'individu en contact avec son être authentique par un processus d'élévation au-dessus des contingences matérielles. Cette ascension graduelle à travers les sept corps aboutit à l'état d'union avec le divin.

La gnose libère du temps par un mouvement de régression absolue. Dans ce mouvement, l'individu retrouve sa condition primordiale et intemporelle et récupère sa substance transcendante. Le gnostique est hors des atteintes du temps; il devient maître du temps et partant de sa propre destinée. En dépassant le temps, le gnostique s'ancre dans l'univers des réalités intemporelles, dans un monde intelligible éternellement donné. Le temps ne peut plus mordre sur lui.

Acte intemporel en soi et dans ses effets, le salut gnostique n'est pas pour autant exempt de toute contingence historique. Là où le temps intervient, son rôle est si réduit qu'il devient évanescent. Par le jeu de la symbolique, la gnose tend spontanément à transformer l'histoire en mythe et le mythe en «histoire exemplaire». Ce processus aboutit pratiquement à une confusion d'où le mythe sort vainqueur et où l'histoire est pratiquement éliminée.

Une révélation an-historique

La révélation gnostique s'autorise d'une tradition antique, générale et intemporelle. Parce qu'elle est antique, son origine se perd dans la nuit des temps; parce qu'elle est générale, elle n'est ni d'aucun temps ni d'aucun lieu; parce qu'elle est intemporelle, elle est secrète et ésotérique. La vérité est cachée dans les replis de l'histoire où elle a laissé des vestiges (écritures sacrées, symboles traditionnels, etc.) et dans les profondeurs de l'être divin et intemporel qui gît au coeur de l'homme. La vérité n'habite pas au milieu des hommes; elle est conservée dans les cénacles d'initiés et dans des archives mystérieuses et intemporelles. La vérité n'est pas historique, mais éternelle.

Elle ne connaît pas le devenir; elle est là, intégrale et monolithique depuis les origines. Les découvertes de la pensée philosophique et de la science ne la font pas progresser: elles ne font que confirmer ses énoncés traditionnels. Il n'y a pas de traditions continues. Les révélations ne sourdent pas de l'histoire, elles tombent du ciel, subitement, comme des météorites. Elles ne font qu'interférer avec l'histoire: elles n'en jaillissent pas et ne s'y prolongent point.

Avatars descendus des sphères supérieurs, les Maîtres interviennent sporadiquement dans l'histoire pour réveiller le dieu qui sommeille en nous et pour nous remémorer la connaissance oubliée. Le maître est essentiellement un révélateur, un éveilleur. Le révélateur qui apporte une connaissance devient l'archétype d'une nouvelle voie de salut. Que ce soit Bouddha, Pythagore, Zoroastre, Moïse, Jésus ou Hermès, l'aspect mythique du personnage l'emporte toujours sur son côté historique. Ce qui importe çe ne sont pas les actions du maître, mais les symboles éternels qu'elles historicisent; ce n'est pas la dramatique de sa vie, mais l'enseignement qu'il distille. Toute idée d'expiation, de rédemption, de sacrifice et d'actes méritoires est farouchement exclue du schème gnostique. L'intérêt porte sur le caractère sapientiel, prototypal et intemporel du maître révélateur et non sur la trame historique de son existence. Aussi, tous les faits et gestes du révélateur reçoivent-ils une interprétation archétypale intemporelle, et toutes ses paroles, une interprétation ésotérique, «spirituelle», «allégorique» qui ne tient compte ni de la conjoncture historique, ni du contexte global.

Ce fait est particulièrement sensible pour l'événement Jésus. Les gnoses contemporaines ont du mal à tenir compte de la figure historique de Jésus et posent un hiatus entre le Jésus historique et le Christ métaphysique qui est apparu aussi bien en Bouddha, en Krishna qu'en Jésus puisqu'il s'identifie à l'étincelle divine qui forme notre identité. Le Christ est dormant au coeur de chacun; il se manifeste, éveillé et éveilleur, chez les maîtres. Tous les événements de la vie de Jésus — de sa naissance à son ascension — ne sont que chiffres et symboles; et toutes ses paroles ne sont que la gangue historique d'où est sortie la vérité éternelle.

Le temps gnostique est le reflet illusoire des aventures des entités supérieures. L'histoire est «sublimée à mi-chemin entre le réel et le symbolique. Le déroulement du temps s'insère au sein d'une perspective mythique»[8]. Le mythe est de l'intemporel articulé temporellement. Grâce à sa structure foncièrement mythique, la pensée gnostique soumet le temps à un traitement d'intemporalisation et l'histoire à un processus de déshistoricisation.

III — LE DUALISME

Nous avons qualifié plus haut de «monistes» les différents groupes gnostiques. Du point de vue de l'*essence* des choses, le monisme affirme que tout dans l'univers se ramène à un seul principe spirituel; du point de vue de l'*existence,* il postule que tout ce qui existe dérive de cet unique principe premier. Le monde est un et il trouve son sens ultime en son sein, sans faire appel à un autre monde sur-naturel, séparé. La gnose actuelle insiste sur l'unité des êtres, au-delà de leur multiplicité apparente. Tout est spirituel, c'est-à-dire vivant, conscient et divin. La matière n'est que la condensation de l'énergie spirituelle; elle n'est que l'envers de l'esprit. Le cosmos est le corps de Dieu.

De là découle la conviction de la bonté de l'univers visible et invisible. Le mal est relativisé sinon nié dans sa réalité intrinsèque. La mort, qui est le symbole de ce que l'ignorance appelle le mal, n'existe pas puisque la personne spirituelle est immortelle et que la matière (et la vie matérielle) est indestructible. «Le corps et l'âme ne meurent donc jamais et il n'y a pas de mort»[9]. La mort et le mal n'ont pas de densité ontologique; ils n'ont que l'apparence d'une chose. Essentiellement, ils sont vacuité.

Dans ces conditions, peut-on parler du dualisme de la gnose contemporaine? Pourtant la typologie gnostique — nous l'avons vu — implique le dualisme comme donnée fondamentale. L'élaboration de ce thème peut admettre de subtiles combinaisons avec les perspectives monistes de la gnose. Le dualisme de la gnose actuelle découle de l'expérience de la désunion de l'homme et du monde, de son aliénation radicale. «On peut regarder le dualisme comme le premier principe *existentiel* et invariable du gnosticisme, en tant qu'il est distinct du premier principe *spéculatif* et variable, utilisé dans ses représentations»[10].

On doit parler de dualisme existentiel pour les gnoses actuelles. Ce dualisme ne s'exprime pas en termes antithétiques, mais complémentaires: il ne met pas en cause la conception moniste de la gnose. Il détruit les antithèses (matière-esprit; Dieu-homme; bien-mal; vie-mort; nature-grâce) en éliminant un des termes par une réduction radicale: il les déontologise en résorbant l'un des pôles au rang d'apparence. La matière n'est que de l'esprit inversé; l'homme n'est qu'un dieu qui s'ignore; le mal et la mort ne sont que des apparences et la grâce n'est que l'illusion du destin. Point de dichotomie! La perspective moniste est sauve. Le dualisme existentiel de la gnose contemporaine n'implique généralement ni un dualisme éthique, selon lequel l'action humaine ne trouve son sens qu'en référence à un monde sur-naturel, ni un dualisme ontologique qui, posant l'existence de principes absolument irréductibles, est forcé d'expliquer l'origine du bien et du mal par l'existence de deux principes premiers essentiellement antithétiques.

Le dualisme existentiel s'exprime dans l'expérience de la *désunion* de l'homme et de l'énergie cosmique, du *divorce* de l'esprit et du corps. Cette expériene n'implique pas en soi un jugement de valeur sur l'homme, ou sur le monde, ou sur le corps. Ni l'homme, ni la matière, ni le corps ne sont mauvais. L'homme est dans un état de disjonction. Il se sent aliéné dans ce monde. L'alliance est rompue ou profondément altérée entre l'esprit et la matière, entre l'âme immortelle et le corps. La matière, qui est ontologiquement l'envers de l'esprit, est devenue opacité pour l'esprit; le corps, qui est essentiellement véhicule et instrument d'expression du moi divin, est devenu source d'inhibition. Le mal n'est localisé ni dans l'esprit ni dans la matière. Ce qui est mauvais, c'est l'état de désunion, le bris d'alliance. Cette désunion crée le dualisme existentiel.

Le mal est ainsi ramené à l'existence-dans-le-monde, mieux aux conditions existentielles provoquées par le mariage brisé entre la matière et l'esprit. Sa coexistence avec le corps, l'âme l'éprouve comme une violence. D'une part, le corps semble inhiber l'âme et l'asservir à une condition contraire à sa nature, si bien que, de partenaire qu'il est ontologiquement, il est devenu pratiquement un étranger, sinon un ennemi. D'autre part, l'action du corps asservit l'âme à la violence des passions et aux troubles des émotions. C'est ainsi que la matière trompe l'esprit et que l'âme devient victime du corps. Grâce à son état de désunion, l'individu prend l'ombre pour la réalité. Il devient soumis au monde des apparences, tout en ayant le sentiment d'être dans l'authentique et le vrai. Il est foncièrement dupé par le mirage de la matière et il l'ignore. Cette ignorance est le mal par excellence.

Ainsi donc, le corps et la matière ne sont pas mauvais *in se:* ils demeurent ontologiquement bons. Mais l'effet de leur action sur l'homme spirituel est concrètement néfaste. Ils sont mauvais quant à leur impact sur la situation existentielle de l'être humain; ils sont mauvais en ce que, n'étant qu'apparences, ils sont sources d'illusions; ils sont mauvais en ce que, étant beaux et bons, ils deviennent séductions et mirages. Le dualisme existentiel entre la matière et l'esprit, entre l'âme et le corps, ne met pas en cause la beauté ontologique du corps et du monde matériel. Il vise le caractère effectivement mauvais de leur influence sur l'existence humaine.

La gnose refait l'alliance entre la chair et l'esprit et rétablit l'ordre ontologique inversé par la désunion: elle remet l'esprit au-dessus du corps. Grâce à la gnose, l'âme reprend possession du corps et en fait un instrument docile. La gnose libère de l'emprise et de l'illusion du monde matériel; elle opère la victoire de l'esprit sur la matière; elle exhume l'âme de ses corps inhibants. La voie gnostique est une ascension à travers le corporel vers le spirituel. «On peut même dire que la gnose contemporaine débouche à cet égard dans un non-dualisme radical et veut tirer les conséquences extrêmes de l'action réciproque du corps et de l'esprit»[11]. La gnose vise à introduire l'homme dans un état non-dualiste conforme aux exigences du monisme ontologique et en cohérence avec lui. L'harmonie gnostique coïncide avec la réduction des antagonismes et la résorption du dualisme. Le parfait gnostique vit dans le monisme absolu.

Notons pour terminer que les trois grands axes de la gnose concourent aux mêmes résultats: déshistoricisation, «spiritualisation» et «privatisation» du salut et de la démarche gnostique. Ils font imperceptiblement glisser les groupes gnostiques dans le docétisme. Du grec *dokein* («faire semblant», «apparaître»), le docétisme est moins une théorie qu'une attitude générale qui consiste à considérer le visible, l'historique, le matériel et le corporel comme des apparences. Le docétisme fixe le regard sur le coeur invisible des choses. La gnose, autant la moderne que l'ancienne, est fondamentalement docétiste. Elle se construit selon une dialectique particulière de l'être et du paraître qui semble disqualifier le paraître comme source d'être. À la limite, le paraître devient superfétatoire et nuisible. À telle enseigne que la gnose aspire à l'être sans le paraître, au fond sans la forme, au coeur sans l'écorce, en un mot, à l'unité sans la multiplicité. Pour la gnose, seul compte l'invisible: l'homme intérieur est l'unique bénéficiaire du salut. Le matériel est voué à la fatalité cyclique. En considérant le monde matériel et la temporalité comme des apparences et en misant sur le réel au détriment du paraître, la gnose ne risque-t-elle pas de sombrer à son tour dans les apparences: apparence du salut, de l'union au divin, de la maîtrise de soi? Elle serait alors illusion et mirage comme le monde des apparences qu'elle dénonce. Nous reviendrons sur ce point ultérieurement.

Quatrième partie

Jalons pour une interprétation chrétienne

XII
Pour une intelligence chrétienne des nouvelles religions

La démarche que nous avons suivie jusque-là a été un va-et-vient entre le concret et l'abstrait. Notre premier pas s'est fait au ras du sol. Après avoir discerné, dans la forêt touffue des nouvelles religions, deux grandes familles spirituelles, nous nous sommes élevés au niveau abstrait de la typologie sociologique et religio-théologique. Puis nous avons quitté le domaine de l'abstraction typologique pour redescendre sur le terrain afin de vérifier, dans les faits, l'applicabilité de notre typologie théologique. Enfin, cette vérification faite, nous avons, par un effort de généralisation, de synthèse et d'abstraction, essayé de dégager les schèmes théoriques de la gnose et de la secte contemporaines. Ce passage du concret (ch. I) à l'abstrait (ch. II et III) pour revenir au concret (ch. IV-VII) et retourner à l'abstrait (ch. VIII-XI) nous a fourni un cadre théorique, qui a favorisé une meilleure saisie du phénomène concret, et un cadre concret qui nous a permis de valider notre discours théorique. En effet, par des coups de sonde dans le réel, nous avons pu vérifier la pertinence de notre typologie; et par des percées dans le ciel théorique, nous avons pu mieux découvrir le tissu réel. Et cela, en nous prévenant le mieux possible contre les hiatus toujours inévitables entre la complexité extrême du phénomène et la simplicité de la théorie.

I— LES PRÉALABLES EXISTENTIELS

Les jugements stéréotypés

Jusqu'à présent nous avons tâché de saisir les nouvelles religions telles qu'elles nous apparaissaient, nous abstenant scrupuleusement de tout jugement. Le moment est venu d'amorcer l'étape critique de notre démarche. Cette critique est aussi nécessaire que difficile. L'esprit qui l'entreprend est toujours lesté d'idées préconçues ou de raideurs inconscientes; il est rarement libre de tout préjugé. Ils sont nombreux les préjugés qui circulent sur les nouveaux groupes religieux; et les jugements stéréotypés dont on les accable peuvent aisément obnubiler le regard critique.

Du point de vue éthique, ces jugements stéréotypés s'articulent autour de deux pôles: les buts poursuivis et les méthodes utilisées. Malgré leur allure benoîte, les nouvelles religions sont, dit-on, des entreprises financières qui exploitent les gens simples. Leurs leaders sont des marchands de Dieu qui capitalisent, à leur profit, l'argent versé par les adeptes pour se procurer une pseudo-libération. Qui veut s'enrichir fonde une nouvelle religion! Pire, ces contrebandiers du spirituel sont des mégalomanes déguisés en avatars divins, en nouveaux messies, en révélateurs célestes. Ils ne recherchent que leur gloire et leur puissance personnelles. Les nouvelles religions sont le socle sur lequel repose le pouvoir des nouveaux maîtres spirituels dont l'autorité quasi-illimitée est incontestée.

Ce sont surtout les méthodes utilisées qui font l'objet d'une critique acerbe: on parle de lavage de cerveau, d'endoctrinement, de terreur psychique, de séduction, de pratiques sexuelles louches, de dépendance maladive à l'égard du maître ou du groupe, de manipulation psychologique, d'incitation à rompre les liens conjugaux et familiaux, de narcissisme, de désengagement social, d'illumination mystique, etc. Sur ce sombre tableau, quelques points lumineux: les groupes fournissent une alternative valable à la situation socio-religieuse actuelle, permettent la découverte d'une conscience nouvelle, favorisent la recherche d'identité, libèrent des mauvaises habitudes (alcool, drogues)...

Lorsqu'ils portent sur l'aspect religieux, les jugements sont encore plus courts. Les nouvelles religions sont l'oeuvre de Satan cherchant à séduire les esprits. La recherche prétentieuse et impudente de l'absolu n'est rien d'autre qu'une façon subtile de contourner l'exigence divine, de réduire le divin au psychique et finalement de se passer de religion ou d'église. On parle alors de supermarché religieux, de pollution spirituelle, d'ambiguïté doctrinale et de syncrétisme éhonté. Pour sûr, les nouveaux groupes religieux sont au mieux un ramassis de doctrines païennes ou hérétiques, au pire une manifestation régressive de conscience spirituelle ou une rechute dans les couches les plus douteuses et archaïques du sentiment religieux. On veut bien parfois laisser quelques chances à l'Esprit. Les nouvelles religions sont alors vues comme des réponses valables aux attentes spirituelles de notre société, comme des fragments authentiques de la révélation divine ou comme des «signes des temps».

Tels sont les jugements stéréotypés que les gens portent sur les nouveaux groupes religieux. Les jugements négatifs sont souvent basés sur un «cas» particulier de désastre psychique ou sur le témoignage de membres dissidents. Les ex-membres ne constituent pas toujours — loin de là — l'étalon idéal pour jauger les nouvelles religions. Il est impératif de consulter les membres actuels dont l'appartenance au groupe a été l'occasion de progrès spirituel ou d'équilibre humain. On ne peut se former une idée précise sur une religion sans le témoignage des croyants honnêtes et convaincus.

L'accusation massive que la société en général porte sur les nouveaux groupes religieux se vérifie-t-elle dans la réalité? Nous laissons aux sociologues le soin de sonder les accusations dont la portée est sociale et aux psychologues la tâche d'évaluer les préjugés visant le domaine psychique. Quant aux accusations d'ordre religieux, nous ne sommes pas en mesure, à cette étape-ci de notre étude, d'en soupeser la valeur. Pour le moment, qu'il nous suffise de noter qu'il y a en chacun de nous un accusateur qui sommeille ou qui s'ignore, un accusateur toujours prêt à se revêtir du haillon des préjugés ambiants. L'accusation en dit plus long sur l'accusateur que sur l'accusé. L'accusation révèle, du moins en partie, ce que l'accusateur a à prouver de lui-même, ce qu'il a à justifier dans ses convictions, ce qu'il a à défendre dans son style de vie et ce qu'il a à gagner au change. L'accusation trahit l'accusateur.

Notons, en passant, que Jésus et le christianisme naissant ont fait l'objet d'accusations analogues. De Jésus, on disait qu'il était un faux prophète, un blasphémateur, un fou, un agent de subversion, un buveur de vin et un faiseur de ripailles. Les premiers chrétiens furent traités d'athées, de séducteurs, d'infanticides, d'ennemis du peuple: ils mettaient en danger la *Pax Romana*. L'Église, devenue puissante, a porté à son tour les mêmes accusations contre les groupes marginaux et déviants. Qu'on se rappelle les dénonciations massives portées contre les pratiques gnostiques de l'antiquité, contre les sectes médiévales et contre les groupes schismatiques des temps modernes. Des accusations analogues ont été portées contre les catholiques dans les pays protestants. Toute cette littérature polémique, d'où qu'elle jaillisse, forme un genre littéraire spécifique où les thématiques viennent de façon récurrente. Le scénario est toujours le même. Seul change le nom des acteurs.

Selon Harvey Cox, cette littérature s'articule autour de quatre thèmes majeurs qu'il qualifie de mythes. [1] Il y a d'abord le «mythe de la subversion» selon lequel le nouveau mouvement religieux est vu comme une menace à l'ordre social et à l'autorité politique: l'aspect religieux n'est qu'une façade servant à masquer des intentions subversives. Le vrai problème avec «ces gens», ce n'est pas tant ce qu'ils font entre eux que ce qu'il adviendrait à l'ordre établi si le mouvement s'universalisait. Le second mythe vise le comportement éthique et les moeurs sexuelles. Ou bien la polémique vise des pratiques soi-disant orgiastiques, ou bien elle dénonce la réserve sexuelle excessive et le rigorisme moral. Il y a encore le «mythe de la dissimulation»: le groupe ne vous présente qu'une partie de la vérité de façon à vous tromper ou à vous séduire. On en trouve la preuve dans la règle du secret souvent en vigueur dans les mouvements marginaux. Il y a enfin le «mythe du mauvais oeil». Aucune personne saine d'esprit ne peut, dit-on, appartenir à un groupe «comme ça». Donc, les membres y participent contre leur gré. D'où l'usage de certaines pratiques coercitives. «Ces gens» sont manipulés; ils sont tombés sous le charme magnétique d'un leader ou encore ils sont victimes d'un lavage de cerveau.

Ces mythes récurrents constituent la structure de base de la littérature polémique. Ces mythes expriment des peurs fondamentales. Le mythe de la subversion manifeste la peur du chaos et de l'anomie; le mythe des abus sexuels révèle la peur de la désintégration personnelle; le mythe de la dissimulation suggère la terreur causée par la rupture des communications et le mythe du mauvais oeil manifeste la peur de l'aliénation.

Nécessaire sympathie

Une fois les peurs identifiées et déposées, le théologien doit se revêtir de la sympathie la plus profonde. La sympathie est la condition préalable à tout jugement. Le jugement n'est pas une affaire d'abstraction; il implique un choix immédiat d'actes précis. Quel que soit le critère allégué, s'il n'y a pas de réceptivité à l'égard d'une nouvelle expérience, il ne peut y avoir aucun jugement, mais seulement négation de l'expérience.

La sympathie religieuse suppose le renoncement à la volonté de puissance et elle implique que quelque chose de l'expérience de l'autre est devenu *sensible* à celui qui veut exercer un jugement critique. Dans sa compréhension d'une autre religion — aussi déficiente soit-elle — le croyant doit se laisser émouvoir jusque dans l'enracinement de sa propre foi. En d'autres termes, l'intelligence d'une croyance étrangère «requiert toujours un renouvellement de l'acte de foi, qui aboutit normalement à une foi davantage en acte»[2]. Dans cette rencontre, la foi du chrétien est nécessairement exposée à l'autre; non seulement à ses objections et à ses questions, mais plus profondément à ses idées, à ses positions et à ses convictions.

La sympathie religieuse ne peut laisser personne indifférent à ce que l'autre considère comme le meilleur de lui-même; elle accepte d'éprouver la séduction de l'autre, au point que le débat avec l'autre est également un débat avec soi-même et que le jugement critique sur un groupe religieux est toujours en même temps un jugement sur sa propre religion. Le jugement théologique, pour être vrai, ne peut tomber du ciel; il jaillit toujours d'une âme humble. Celui qui se sent propriétaire de la vérité chrétienne est inapte à juger de la vérité des autres religions. Seul le mendiant de la vérité qui va, d'homme à homme, à la quête des éclats de la lumière ultime et des fragments de son être dispersé, peut percevoir la vérité sertie dans les autres croyances religieuses et parvenir à une intelligence vraie de ce qu'elles sont, dans leurs grandeurs et leurs limites.

Il ne faut pas l'oublier, les gnoses et les sectes contemporaines ne sont pas que des synthèses doctrinales ou éthiques; ce sont de véritables mondes spirituels. Par là, nous entendons un ensemble de valeurs, de conceptions, de sentiments, d'intuitions, de perceptions — tant au niveau religieux et culturel que social et existentiel —, dont la portée est au moins virtuellement universelle et qui est de nature à animer la conscience d'un individu, si bien qu'il y trouve un sens plénier à sa destinée. Le caractère d'un monde spirituel, c'est d'être total et de se penser comme tel. Il est malaisé d'aborder un autre monde spirituel avec des certitudes toutes faites et une panoplie d'arguments rationnels. Les mondes spirituels sont l'objet d'une expérience et on ne peut les comprendre qu'en y entrant humblement ou en communiant à une expérience analogue. Autrement on juge de tout sans avoir rien compris.

Il est des endroits de notre expérience chrétienne qui sommeillent ou qui n'existent simplement pas, et il faut la rencontre de l'expérience de l'autre pour qu'ils soient réveillés ou qu'ils soient tout court. «Dans l'expérience d'un autre monde spirituel, il faut un très long temps pour se mettre simplement au niveau de la question: un très long temps d'humilité, de recherche fidèle et patiente, de sentiment de délai, de critique de toute hâte apostolique ou apologétique, de toute prétention à avoir raison, de toute auto-justification; non pas pour mettre en question sa fidélité, mais pour mettre en question le caractère superficiel de notre fidélité au nom précisément de la profondeur des questions qui nous sont posées et qui sont authentiques»[3]. Tel est précisément le sens de la sympathie religieuse.

Comme son étymologie l'indique, la sympathie désigne l'action d'éprouver - avec, de sentir - avec. La sympathie est un exercice difficile qui requiert de la patience et du discernement. Il est aisé d'éprouver une vague sympathie pour les hindous de l'Inde, les bouddhistes du Japon, les gnostiques du troisième siècle ou les cathares du Moyen Âge. Mais c'est une sympathie sans objet réel, pourrait-on dire. La vraie sympathie vise des êtres concrets qui viennent à notre rencontre et vont à l'encontre de nos convictions. Il n'est pas facile pour l'Église chrétienne, millénaire en âge, lourde d'expériences spirituelles, riche d'une merveilleuse doctrine, d'éprouver de la sympathie envers des groupes religieux récents, inexpérimentés et souvent agressifs qui lui ravissent ses enfants. La sympathie religieuse est un devoir et une condition préalable à toute intelligence chrétienne des nouveaux mouvements religieux.

Cela étant dit, quelle méthode d'analyse doit-on mettre en oeuvre pour que soient garanties et la pertinence et la validité du jugement théologique?

II — DE QUELQUES METHODES INADEQUATES

Le problème du pluralisme religieux naît là où des convictions, particulières de fait, prétendent à l'universalité et présentent la revendication théorique d'avoir une vérité valable pour tous. La gnose et la secte, malgré l'élitisme qui les caractérise, doivent prétendre à une valeur universelle si elles ne veulent pas nier leur essence propre. Elles se sentent pourvues d'une vérité de salut qui s'adresse à tous. Tout en étant réservées aux parfaits, elles ont conscience d'être des voies foncièrement universelles, des *weltenschauung* globales. Elles sont universelles en vertu de l'intelligence qu'elles ont d'elles-mêmes. Elles posent donc une revendication globale en face de la prétention du christianisme à l'universalité.

Or, tout groupe — ou toute personne — convaincu de posséder une vérité de portée universelle, c'est-à-dire valable pour tous, rejette implicitement toute prétention contraire. Ma conviction implique nécessairement le déni de la conviction opposée. Toute affirmation dans l'ordre de la pensée entraîne *ipso facto* la négation de la revendication contradictoire. C'est là un processus si naturel que même le sceptique ne peut proclamer son scepticisme sans contredire ceux qui en nient la validité. Tout groupe religieux a le droit de poser ses affirmations fondamentales; ce faisant, il entre en contradiction avec ceux qui les dénient. Il est naturel et inévitable que les chrétiens tiennent ferme à leur profession de foi et refusent, de ce fait, toute assertion qui la contredit. Ainsi en est-il des nouvelles religions.

En conséquence, la rencontre du christianisme avec les nouvelles religions implique le rejet de leurs revendications dans la mesure où celles-ci contredisent implicitement ou explicitement le principe chrétien. Ce rejet est inévitable. Le problème ne réside pas dans le droit au rejet, mais dans la nature même de ce rejet. Ce peut être un rejet absolu qui vise l'ensemble des revendications du groupe opposé ou un rejet partiel qui va de pair avec l'acceptation de certaines de ses assertions. Ce peut être enfin l'union dialectique du rejet et de l'acceptation[4]. La nature du rejet commande la méthode d'analyse.

La méthode bibliciste

Dans le refus total, la religion rejetée est considérée comme fausse et aucune communication n'est possible entre elle et le christianisme. La négation est complète et entraîne des conséquences graves. Le rejet global prend son assise dans le caractère absolu et dans l'*éphapax* («une fois pour toutes») de l'événement Jésus. Considéré uniquement sous cet angle, le christianisme présente un visage irréductible. Les différentes religions apparaissent alors séparées du christianisme par des cloisons étanches. Ce sont des vestiges tronqués d'une certaine révélation naturelle. Ce sont autant de systèmes jaillis du besoin religieux de l'homme. Ces systèmes, vacants de toute présence divine, ne sont que des projections dont les hommes bercent leur angoisse et leur nuit solitaire. À la limite ces religions sont non-foi, alors que le christianisme est foi, c'est-à-dire réponse à une Parole révélée par Dieu. Cet exclusivisme a conduit sporadiquement l'Église catholique à des actions fort critiquables: croisade, inquisition, autodafé, chasse aux sorcières, etc.

C'est sur ces principes que repose la méthode bibliciste, mise en oeuvre par le christianisme évangélique. Aux yeux de l'évangélisme, les nouvelles religions sont nées sous l'influence de Satan. Elles sont l'ultime tentative diabolique pour séduire les fidèles. Ce principe satanique est généralement l'élément fondamental de la réaction du christianisme évangélique. Les nouvelles religions sont des contre-façons de la religion, voire des contre-religions. Il faut les dénoncer comme des distorsions dangereuses de la vraie spiritualité et convaincre les adeptes d'abandonner leur esclavage.

La méthode bibliciste consiste à relever les principales doctrines des nouvelles religions et à les mettre en parallèle avec les affirmations de la Bible: ainsi se trouve mise en lumière la fausseté du nouvel enseignement. Selon cette méthode, le texte biblique sert de critère ultime de jugement. On sort le texte biblique de son contexte et on le confronte à une affirmation extraite d'une nouvelle religion. Le sort en est aussitôt jeté: la nouvelle religion est de toute évidence en contradiction avec la Parole de Dieu. Le texte biblique, utilisé hors contexte et identifié à la Parole divine, devient un gabarit fort discutable. La méthode bibliciste ressemble davantage au lit de Procuste qu'à un instrument d'interprétation[5].

La méthode dogmatiste

La méthode dogmatiste est le pendant catholique du biblicisme évangélique, sauf que le dogme y remplace la Bible comme critère de vérité. La méthode dogmatiste, largement utilisée dans la polémique catholique, repose sur le postulat que le dogme est l'expression traditionnelle infaillible de la vérité révélée. Son autorité est irréfragable. L'approche dogmatiste consiste à prendre les doctrines des nouvelles religions et à les confronter aux formulations dogmatiques traditionnelles — la formule dogmatique et la doctrine nouvelle étant le plus souvent sorties de leur contexte respectif. Les mots sont dressés face à face sans respect de l'horizon mental et du réseau conceptuel auquel ils appartiennent. La méthode dogmatiste sort le mot et la formule de leur champ sémantique. Ce faisant, elle en gauchit le sens original. Il devient ainsi facile de démontrer l'hétérodoxie des nouvelles religions.

L'approche dogmatiste aboutit toujours à une condamnation globale. À titre d'exemple, le décret du Saint Office, daté de 1919, censurant la Société Théosophique. À la question: «Les doctrines dites théosophiques sont-elles compatibles avec la doctrine catholique et est-il permis de donner son nom aux sociétés théosophiques et de lire leurs livres, leurs éphémérides, leurs journaux et leurs écrits?», le Saint Office répond péremptoirement: «Non sur tous les points»[6]. Un autre exemple: le jugement cassant du théologien français, Léonce de Grand-Maison, sur la même Société Théosophique: «Son mysticisme est une odieuse contre façon, son occultisme une duperie, son exotisme une façade. Sans points d'appui dans l'histoire qu'elle réécrit effrontément, sans lumière pour l'esprit qu'elle égare dans une dédale de visions contradictoires, elle finira comme ces obscures et raffinées sectes gnostiques, dans lesquelles elle a reconnu ses ancêtres»[7].

L'approche dogmatiste et la démarche bibliciste ont, l'un et l'autre, une visée apologétique évidente. Elles tendent à justifier la situation actuelle des Églises qui se sentent agressées par les nouvelles religions. Le souci de l'auto-défense et la nécessité de la légitimation transforment aisément l'argument dogmatiste ou bibliciste en argument apologétique. Dans l'argument apologétique, le critère de discernement n'est plus la Bible ou le dogme, mais la structure actuelle de l'Église. Au-delà de la Bible et du dogme, c'est la structure ecclésiale qu'il incombe de justifier. Cette structure se veut-elle «biblique», alors le recours à l'argument bibliciste s'impose. Est-elle «traditionnelle», alors l'approche dogmatiste est privilégiée.

Ces différentes approches nous paraissent inappropriées et inefficaces parce qu'elles génèrent une fausse compréhension des nouvelles religions. Elles favorisent une atmosphère d'animosité et d'antagonisme qui rend impossible toute intelligence mutuelle. On cherche plutôt à défendre la position chrétienne qu'à comprendre les nouvelles religions *à la lumière* du christianisme. On insiste de surcroît sur les différences et on ignore les vrais problèmes que pose la position chrétienne prise dans son ensemble. Ces approches aboutissent à des monologues agressifs et à des diatribes qui déforment la réalité. Elles créent ainsi des barrières infranchissables. Elles se sont avérées infructueuses dans la polémique entre chrétiens désunis; elles ont contribué à creuser davantage le fossé qui séparait les diverses confessions chrétiennes. Il est fort douteux qu'elles aient un effet plus positif si on les utilise dans le débat entre le christianisme et les nouveaux mouvements religieux. Ainsi donc la théorie du rejet absolu aboutit à un cul-de-sac.

La méthode humaniste

La théorie du rejet partiel s'alliant à une acceptation partielle postule, comme vraies, certaines affirmations du christianisme et des nouvelles religions, alors qu'elle en dénonce d'autres comme fausses. Au fond de ce postulat gît la thèse que toutes les religions se valent et que leurs lettres de créance s'équivalent. La théorie du rejet et de l'acceptation partiels insiste quasi exclusivement sur le caractère universaliste du christianisme. Le Christ est unique, mais son message est pour tous.

On ne part plus de l'unicité de Jésus, mais de la présence universelle du Logos, dont les manifestations sont homogènes à travers l'histoire. Le Logos divin est vu comme le principe d'unité de toutes les religions. Le christianisme peut bien encore prétendre à une certaine supériorité; il ne peut plus revendiquer une exclusivité absolue. Tout au plus peut-on le considérer comme la religion par excellence, l'accomplissement de tout ce qui est positif dans les religions et les cultures, le modèle le plus pur du mysticisme ou la meilleure réalisation des potentialités religieuses de l'homme.

Ces principes, élaborés par les leaders de l'Aufklärung, par les philosophes chrétiens et les théologiens du XIXe siècle, forment le point de départ d'une approche humaniste des nouvelles religions. Le critère ultime de cette approche c'est la rationalité, mieux la «raisonnabilité». Les nouvelles religions ne sont plus comprises à la lumière du christianisme; elles sont soumises à l'étalon du logos humain. Toutes les religions, y compris le christianisme, sont jaugées à leur caractère raisonnable. Cette approche libérale est marquée au coin du positivisme: elle n'accepte que ce qui est empirique et refuse de poser un critère supérieur. Elle ampute le christianisme de sa conviction fondamentale, à savoir que Jésus est *le* Christ (et non seulement un christ) et que le salut n'est donné à l'humanité que «dans le nom» de Jésus-Christ. Si la présence salvifique de Dieu n'est plus liée à la figure historique de Jésus, le christianisme se trouve émoussé de ce qui en fait sa note spécifique. Il est détruit dans son essence même.

La méthode humaniste aboutit à une impasse, car elle réduit toutes les religions à un même dénominateur commun en les délestant, chacune, de son spécifique irréductible. Elle s'attaque à l'essence même du christianisme et réduit l'universalisme chrétien à un pur relativisme positiviste. Elle ne peut guère favoriser une compréhension chrétienne des nouveaux mouvements religieux, car le christianisme y perd son pouvoir critique et transformant.

III — LA MÉTHODE TYPOLOGIQUE

La troisième façon de comprendre l'approche des autres religions, c'est de la concevoir comme l'union dialectique de l'acceptation et du rejet. À l'encontre de l'opinion populaire qui prête à l'Église une attitude exclusivement négative vis-à-vis des autres religions, Paul Tillich a montré que, au cours de son histoire, le christianisme a favorisé cette approche, même s'il est presque impossible de découvrir une ligne de pensée constante et consistante sur ce point[8].

Le christianisme et les religions païennes

Cette approche des religions étrangères se manifeste déjà dans l'Ancien Testament. Les dieux des nations sont traités, par les premiers prophètes, comme des pouvoirs inférieurs à Yahvé, mais en compétition avec lui. À la fin, leur pouvoir sera nié. Un dieu sans pouvoir est une idole. Yahvé est un être supérieur parce qu'il est le Dieu de justice. Tous les prophètes ont fait peser sur Israël la menace de la destruction, à cause des injustices perpétrées dans son sein. L'élection et l'alliance ne donnent aucun droit sur Dieu. «Le monothéisme exclusif de la religion prophétique, écrit P. Tillich, n'est pas dû au caractère absolu d'un dieu particulier au détriment des autres; mais c'est la validité universelle de la justice qui produit le monothéisme exclusif du Dieu de justice. Cela implique évidemment que la justice est un principe qui transcende chaque religion particulière et rend conditionnel l'exclusivisme de toute religion particulière»[9].

Nous trouvons dans les paroles de Jésus une confirmation de ce principe d'exclusivisme conditionnel. Ce principe est magnifiquement illustré dans la parole du bon samaritain qui, tout en appartenant à une religion «hérétique», accomplit la volonté de Dieu alors que les représentants de la religion officielle passent à côté de l'exigence divine. Il est encore plus fortement affirmé dans la parabole du jugement dernier: sont admis dans le royaume du Père tous ceux qui ont pratiqué la miséricorde et la justice. Et aux disciples qui se plaignent que des étrangers accomplissent des oeuvres semblables aux leurs, Jésus rétorque: «Laissez-les faire». Dans son entretien avec la samaritaine, Jésus exige un culte en esprit et en vérité, car la présence de Dieu n'est liée à aucun lieu. L'évangile de Jean interprète le caractère unique du Christ à la lumière du Logos, principe universel de l'épiphanie divine, libérant ainsi le christianisme de toute forme de particularisme qui ferait de Jésus sa propriété exclusive.

Paul reprendra la même attitude. Il s'opposera avec autant de force au légalisme des judéo-chrétiens qu'au libertinage des pagano-chrétiens. Ses anathèmes sont dirigés contre les chrétiens et non contre les autres religions. Pour lui, les juifs, tout comme les païens, sont soumis à l'esclavage du péché et ont besoin de salut — salut qui ne vient pas d'une religion, fût-ce le christianisme, mais d'un événement historique qui juge toutes les religions y compris la religion chrétienne.

Dans le christianisme des premiers siècles, la compréhension des autres religions fut commandée par l'idée du Logos. Principe de la manifestation divine, le Logos est présent partout dans les cultures et les religions, à la manière d'une semence dans la terre. Les Pères parlent de *sperma logou* (semences du Logos). Cette expression indique le caractère dynamique et créateur du Logos partout où il se trouve. Cette présence universelle est une préparation à l'épiphanie unique et décisive du Verbe dans la personne de Jésus. Cette apparition historique n'extirpe pas des autres religions les fragments du Logos qui s'y trouvent et ne les vide pas de la présence divine. Il y a des convergences entre le message chrétien et les quêtes fondamentales des autres religions. Aussi l'Église n'a-t-elle jamais hésité à faire de généreux emprunts à la philosophie et à la culture ambiantes, assimilant sur son passage tout ce qui ne lui était pas contraire.

Le christianisme n'est pas une religion exclusive, mais englobante, qui grandit par assimilation. «Tout développement, écrit Newman, est un processus d'incorporation»[10]. Ce processus d'incorporation repose sur le fait suivant: une grande partie de ce qui est généralement reçu comme vérité chrétienne se retrouve, d'une façon partielle et à l'état germinal, dans les autres religions et philosophies. Il y a quelque chose de vrai et de divinement révélé dans toutes les religions. La croissance du christianisme se fait par l'incorporation de toutes les semences de vérité que Dieu a répandues sur la terre depuis la nuit des temps.

Toute la position chrétienne pourrait se résumer dans ces paroles de Newman: «Le phénomène, généralement admis de toutes parts, consiste en ce qu'une forte proportion de la vérité qui passe habituellement pour chrétienne se trouve également, à l'état rudimentaire ou fragmentaire, dans les systèmes philosophiques et les religions des païens. Contre ceux qui disent avec amertume: ces éléments appartiennent au paganisme, et donc ils ne sont pas chrétiens, nous préférons dire quant à nous: ces éléments se trouvent dans le christianisme, et par conséquent ils ne sont pas païens»[11]. Cela veut dire que les autres religions sont chrétiennes dans la mesure où elles expriment certains aspects de la vérité révélée. À ce sujet, Newman ne craint pas de parler de la «divinité du paganisme» et de «l'économie du paganisme»[12].

Loin d'être syncrétiste, cet étonnant universalisme soumet tout au critère ultime qui n'a jamais été mis en question: à savoir le nom de Jésus tel qu'il s'épelle dans le Nouveau Testament. La relation dialectique, entre ce principe de l'universalisme et le principe opposé du particularisme, a souvent donné lieu à une attitude inconsistante et à des politiques contradictoires, sans pour autant mettre en cause la proéminence de l'attitude universaliste au cours de l'histoire.

La question qui se pose est la suivante: le principe de l'union dialectique de l'acceptation et du rejet est-il valable pour déterminer les rapports entre le christianisme et les nouvelles religions? Ce principe n'est-il pas applicable qu'aux grandes religions du monde, comme l'hindouisme, le bouddhisme, l'islam; et, d'une manière analogue, mais différente aux différentes confessions ou Églises chrétiennes? On parle alors d'oecuménisme religieux, d'une part, et d'oecuménisme chrétien d'autre part — les principes de l'oecuménisme chrétien venant s'articuler sur ceux de l'oecuménisme religieux. Ce principe vaut-il pour les nouveaux groupes religieux? L'Église n'a-t-elle pas opposé une fin de non-recevoir radicale aux gnoses anciennes et n'a-t-elle pas manifesté une rigueur, parfois impitoyable, envers les groupes chrétiens schismatiques et hérétiques — cette rigueur allant souvent de pair avec une indulgence envers les religions païennes?

Cette attitude historique de rejet total ne met-elle pas en cause le principe même de l'union dialectique de l'acceptation et du rejet? Nous ne le croyons pas. Et cela pour deux raisons. D'abord, parce que la gnose ne peut plus être vue comme une hérésie chrétienne, mais doit être considérée comme un phénomène spécifique de l'histoire des religions. Ensuite, parce que la secte ne nous apparaît pas, dans son essence première, comme une hérésie ou un schisme, mais comme une façon originale et parallèle de concevoir la suite de Jésus et le christianisme.

Le christianisme et les gnoses

La littérature ancienne sur le gnosticisme est abondante. Les tout premiers écrits chrétiens font allusion au mouvement gnostique[13]. À partir de l'an 140, se dessine un courant anti-gnostique qui donne naissance à une littérature importante. De ces écrits, les uns sont perdus ou peuvent être plus ou moins reconstitués[14]; d'autres sont conservés[15]. Enfin des critiques éparses de livres gnostiques se retrouvent dans la littérature patristique, notamment chez Clément d'Alexandrie, Origène et Irénée. Cette littérature ecclésiastique fait de la gnose une hérésie chrétienne qui, ayant pris naissance dans le christianisme, se développe à l'intérieur de l'Église dont elle commence à souiller la pureté originelle. Cette hérésie — c'est la thèse fondamentale des Pères — est née d'une contamination du christianisme par la pensée grecque, d'une hellénisation radicale et prématurée du christianisme. Dans une telle conception, le gnosticisme ne peut être que postérieur au christianisme. Car «l'hérésie ne peut venir qu'après l'orthodoxie puisqu'elle n'a de sens que par rapport à celle-ci»[16].

À côté de cette thèse fondamentale, les Pères suggèrent parfois la thèse opposée selon laquelle la gnose serait antérieure au christianisme. C'est ainsi qu'ils mettent parfois les gnostiques en relation avec ce qu'ils appellent les «hérésies juives» ou, d'une façon plus générale, les sectes juives, baptistes ou judéo-chrétiennes (les esséniens, les samaritains, les galiléens, les ébionites, les osséens, les nazaréens, etc.). De plus les écrits signalent, par endroits, des groupes gnostiques qui n'ont aucun trait chrétien comme par exemple les ophites et les caïnites dont parle Origène[17]. Et ceux qui font traditionnellement figure de premiers maîtres gnostiques, Simon le Magicien, Dosithée et Ménandre, ne font aucune place au christianisme dans leur système[18]. Selon cette thèse marginale, l'hérésie gnostique serait une régression du christianisme à ses racines orientales.

Sur cet arrière-fond herméneutique, les Pères ont abordé les groupes gnostiques de leur époque. Situant le débat au niveau doctrinal, ils ont dénoncé les doctrines contraires à l'orthodoxie et les ont réfutées avec force diatribes. Ils ont généralement considéré le mouvement gnostique comme une déshistorisation du christianisme, comme un immense effort pour détacher la foi chrétienne de son fondement biblique et historique: ce qui, à leurs yeux, mettait en cause le caractère absolu de

Jésus et son oeuvre rédemptrice. Considérée comme «hérésie», la gnose était sujette à une telle réfutation.

Mais si nous donnons foi aux résultats des recherches des dernières décennies, nous ne pouvons plus considérer le gnosticisme des premiers siècles comme une hérésie, mais comme une manifestation, sous des livrées chrétiennes, d'une gnose éternelle, antérieure au christianisme et postérieure au gnosticisme historique lui-même. Si la gnose est un phénomène original de l'histoire des religions, si elle est un type religieux spécifique, elle doit alors recevoir un traitement théologique approprié, analogue à celui que l'on réserve aux autres religions non chrétiennes. La rencontre de la gnose avec le christianisme est un cas particulier du phénomène général de la rencontre du christianisme avec les religions non chrétiennes.

Cette rencontre s'accomplit déjà au niveau des écrits du Nouveau Testament. De nombreux auteurs ont souligné l'influence de la pensée gnostique sur le Nouveau Testament[19]. Malgré de nombreuses divergences entre eux, ces auteurs admettent tous la présence de notions et de concepts gnostiques dans le Nouveau Testament, ou tout au moins la présence de thèmes, de motifs, d'idées et de conceptions qui furent incorporés plus tard au gnosticisme proprement dit. La thèse de Haenchen semble rallier la plupart des spécialistes en la matière.

Selon Haenchen, il faut distinguer deux moments différents de rencontre, accusés par les textes, entre la gnose et le christianisme primitif. Abordant les documents néo-testamentaires dans l'ordre chronologique — en commençant par Paul et en passant par les Évangiles synoptiques pour aboutir à Jean, aux lettres deutéro-pauliniennes et aux autres écrits tardifs — l'auteur aboutit à la conclusion suivante: au départ, les écrits du Nouveau Testament utilisent volontiers des notions et des concepts gnostiques, mais en résistant à toute autre pénétration de la gnose. Par la suite les rapports sont inversés: l'on évite de recourir à un vocabulaire qui pourrait en évoquer le souvenir. La gnose n'est plus considérée que comme une doctrine erronée, hérétique — une «pseudo-gnose» (1 Tm 6,20) dont il faut se garder soigneusement parce qu'elle corrode la foi chrétienne en niant la réalité de l'incarnation du Verbe et la dimension physique et corporelle du salut. On peut donc voir «deux attitudes dans les écrits du Nouveau Testament, l'une de tolérance à une période d'interprétation mutuelle, et une attitude de rejet et de résistance... Quelle que soit la date de l'apparition du gnosticisme en tant que religion complètement évoluée et ayant consistance propre, il faut songer plutôt à une période de mutuelle interpénétration où l'Église se trouve affrontée d'abord à la vieille gnose vaguement définie et ensuite aux premiers mouvements d'un gnosticisme commençant, période où chacun dans une certaine mesure réagit à l'autre et fut influencé par lui»[20].

Ainsi donc les écrits néo-testamentaires montrent à l'évidence que, dans sa rencontre avec la gnose, l'Église primitive a mis en oeuvre le principe de l'union dialectique de l'acceptation et du rejet. Et plusieurs indices nous permettront d'affirmer que, dans les siècles subséquents, le rejet massif des Pères n'a pas éliminé complètement l'attitude d'acceptation. On pourrait probablement démontrer l'inter-influence de la pensée gnostique et de la pensée chrétienne à cette époque. Par exemple, les spéculations gnostiques sur la cosmogonie et les sept sphères ne seraient pas étrangères à l'éclosion de la doctrine chrétienne des sept ordres angéliques, des sept péchés capitaux, des sept dons du Saint-Esprit. Ce qui laisserait supposer que, même à l'époque patristique, le principe de l'union dialectique du rejet et de l'acceptation aurait été maintenu malgré l'hypertrophie du pôle du rejet et le déséquilibre qui en résulta. Pourquoi dès lors ce principe ne serait-il pas valable dans la conjoncture actuelle où la gnose éternelle se présente sous des livrées polymorphes: chrétiennes, islamiques, théosophiques, hindoues, bouddhistes, «scientifiques», etc.?

Le christianisme et les sectes

Quant aux rapports du christianisme avec les sectes contemporaines, peut-on leur appliquer le principe de l'union dialectique du rejet et de l'acceptation? Il semble que l'attitude générale de l'Église au cours de l'histoire fut celle du rejet total. Au niveau de la polémique théologique, les sectes furent considérées comme des schismes et des hérésies mettant en danger et l'unité de l'Église et la pureté de la doctrine chrétienne. C'est en sa qualité d'hérétique que la secte fut cruellement attaquée par l'Église institutionnelle. Dans ce combat pour la pureté de sa doctrine et pour sa propre existence, l'Église dédaigna, de moins en moins avec le temps, le recours au bras séculier et aux méthodes violentes.

Depuis Théodose le Grand (395), le recours à la violence contre les hérétiques, sporadique au début, devint institution régulière et pratique courante à partir du Moyen Âge, jusqu'à l'abolition totale de l'Inquisition au XIXe siècle. L'Inquisition écrivit les pages les plus sombres de l'histoire de l'Église. Tribunal ecclésiastique de la foi qui jouissait du soutien du pouvoir séculier, l'Inquisition organisa la persécution légale et systématique des hérétiques. Le nombre des brûlés en Espagne se serait élevé à plus de 31,000 personnes[21]. L'Inquisition visait à l'anéantissement de l'hérésie, considérée et comme un crime religieux méritant le plus sévère châtiment et, souvent, comme un crime politique; l'ennemi de l'Église, étant ennemi de l'État, devait être puni en conséquence. Mesurés à l'étalon de l'institution ecclésiale établie et du système doctrinal dominant, les individus et les groupes hérétiques ont été, au cours des siècles, l'objet d'un rejet absolu de l'Église institutionnelle, malgré les nombreuses protestations venant de toutes les sphères ecclésiales.

À notre ère, cette attitude de rejet global ne s'impose plus. Pour nous, avant d'être sécession ou hérésie, la secte est essentiellement une façon originale et parallèle (quoiqu'imparfaite et partielle) de vivre l'Évangile. Considérée sous cet angle, elle ne peut plus être l'objet d'un refus global. Certes, le vocable «hérétique» peut être appliqué à la secte moderne. L'hérésie est un événement interne au christianisme, une contradiction qui ne vient pas de l'extérieur. On ne peut parler d'hérésie que pour ceux qui sont baptisés, le baptême étant la porte d'entrée dans le christianisme. L'hérésie ne vit pas de l'erreur, mais de la vérité. Les sectes contemporaines, en tant qu'elles peuvent être dites hérétiques, vivent de vérités qui n'ont pas été suffisamment prises en considération dans les Églises établies. De tout temps, l'Église a favorisé l'éclosion de l'hérésie en gauchissant l'Évangile; car «on peut abandonner des vérités non seulement en les niant, mais aussi en les laissant se dessécher et s'obnubiler»[22]. Il arrive souvent que les vérités mises en relief dans la secte hérétique n'ont pas été vues et expérimentées, dans l'Église établie, d'une façon aussi passionnée et avec autant de vigueur que dans la secte elle-même.

Dans la mesure où elle adhère à des vérités essentielles de la révélation chrétienne, la secte est saisie dans un mouvement qui tend à la plénitude du christianisme. Même dans l'hérésie il y a une dynamique qui tend à la totalité de la vérité chrétienne. De même que le mal vit de la puissance du bien et ne peut jamais être voulu que dans la force de la volonté ordonnée au bien, lequel est le résidu permanent dans le mal, de même l'erreur accomplie vit de la force de la vérité affirmée et expérimentée, laquelle est le résidu permanent dans l'erreur. L'erreur vit aussi de la vérité. Et l'erreur, quand elle est grande et pleine, possède en elle-même incontestablement un contenu qui est grand et une puissante force motrice qui pousse vers l'*unique* vérité[23].

La secte, bien qu'hérétique, peut-elle alors retenir le nom chrétien? La plupart des sectes contemporaines s'appellent «chrétiennes» et confèrent à cette appellation une valeur significative. Peut-on dès lors leur dénier le droit de se désigner ainsi? Certes l'attitude de foi, en tant que don de Dieu et décision de l'homme, est indivisible; on ne peut l'avoir à moitié. On croit ou on ne croit pas. Il n'y a pas de moyen terme. Cependant, au niveau des doctrines de foi, ne peut-on pas admettre — entre le refus total et l'acceptation intégrale du christianisme — des états intermédiaires? Le maintien partiel des vérités spécifiquement chrétiennes ne justifie-t-il pas l'appellation chrétienne?

Certes il est difficile d'identifier les vérités essentielles à la foi chrétienne et de dire avec précision ce qu'il faut maintenir du corpus doctrinal du christianisme pour justifier le port du nom chrétien. Par exemple pour devenir membre du Conseil œcuménique des Églises, tout groupe doit professer explicitement Jésus comme Fils de Dieu et Sauveur. Serait-ce là la formule de foi minimale qui permettrait de porter le nom chrétien et d'entrer dans le concert oecuménique des Églises? L'attitude de foi se dissout-elle avec le refus de l'une ou l'autre vérité chrétienne? Cesse-t-on d'être croyant par le simple rejet d'une formule de foi? Certes l'abondance des formules de foi et des doctrines chrétiennes a une signification et un rôle important pour le maintien d'une attitude de foi authentique. Toutes proportions gardées, il a plus de chance en principe d'avoir une attitude de foi vraie celui qui garde expressément une plus grande partie des propositions de foi.

De tout cela on peut conclure que les sectes contemporaines peuvent porter le nom chrétien dans la mesure où elles proposent un ensemble de vérités chrétiennes capables de garantir une attitude de foi authentique et de permettre ainsi, dans la grâce, la saisie du salut. Le port du nom chrétien ne comporte pas moins une ambiguïté indéfinissable du fait que l'unité intrinsèque des doctrines de foi se trouve concrètement brisée, en même temps qu'on prétend maintenir l'unité et la totalité du salut — fondement de l'unité doctrinale. Malgré cette ambiguïté subtile, le port du nom chrétien peut être justifié dans la mesure où le maintien de vérités essentielles implique à la secte un mouvement qui tend à la plénitude du christianisme. De fait, en se prolongeant dans le temps et en s'étendant dans l'espace, les sectes évoluent progressivement vers la plénitude du type Église.

Si donc les sectes sont des groupes chrétiens, ne doit-on pas alors les interpréter à la lumière des principes de l'oecuménisme chrétien, voire catholique? Ces principes sont les suivants: premièrement, le baptême nous fait entrer dans l'unique famille chrétienne, l'unique peuple de Dieu. D'où l'importante question — et l'incessante polémique au cours de l'histoire — de la validité du baptême pour les groupes qui se disent chrétiens. Deuxièmement, des *vestigia Ecclesiae*, c'est-à-dire des éléments d'Église se trouvent dans les différents groupes chrétiens. *De jure*, ces éléments appartiennent à la seule Église du Christ. Troisièmement, l'oecuménisme nous oblige à passer d'une ecclésiologie des éléments à une ecclésiologie de la totalité et à reconnaître chez les autres groupes non seulement des éléments d'Église, mais l'âme qui les fait Église, c'est-à-dire l'Esprit saint qui est le principe vital de l'Église et qui, par sa vertu sanctifiante et ses dons, édifie le corps du Christ. Quatrièmement, selon la perspective eschatologique, ce qui est à la fin révèle le sens et la vérité de ce qui précède. La notion biblique de vérité est essentiellement eschatologique. La vérité d'une chose réside en ce qu'elle est déjà, à l'état inchoatif, ce qu'elle sera dans sa consommation finale. L'Église est un dynamisme en marche vers une plénitude qui lui donne son sens. Toutes les Églises ne sont que des ébauches plus ou moins réussies, des anticipations plus ou moins déficientes de l'essence eschatologique de l'Église.

Or, si l'oecuménisme est la mise en oeuvre du principe de l'union dialectique du rejet et de l'acceptation, cela veut dire que ce principe s'applique également aux sectes contemporaines dans la mesure où elles ont le droit de se dire chrétiennes. Il s'applique aux sectes, d'une part, en tant qu'elles sont des façons originales de vivre l'Évangile et, d'autre part, en tant qu'elles sont des hérésies puisque, comme telles, elles maintiennent des vérités qui tendent, de par leur dynamisme interne, à la plénitude du christianisme.

Ce long excursus était nécessaire pour justifier l'application aux gnoses et aux sectes contemporaines du principe de l'unité dialectique du rejet et de l'acceptation. Cela étant acquis, une dernière question reste à éclaircir: de quelle méthode d'analyse, ce principe commande-t-il l'application?

La typologie dynamique

La typologie dynamique, basée sur les polarités plutôt que sur les antithèses, nous fournit une méthode apte à favoriser l'intelligence chrétienne des nouveaux groupes religieux. Qu'est-ce à dire? L'approche typologique dépasse le niveau des doctrines pour atteindre celui des principes et de l'expérience religieuse que ces principes favorisent et encadrent. Ce sont les principes qui définissent en dernière analyse les types religieux. Au-delà de ses développements doctrinaux, cultuels et institutionnels, chaque religion présente un type spécifique qui reste fondamentalement inaltéré en dépit des superfétations doctrinales ou des corruptions institutionnelles. Tout vrai développement est présidé par des principes définis et continus qui assurent la préservation du type qu'ils ont fait naître.

Abstraits et généraux, les principes ne se développent pas. Alors que «les doctrines croissent et s'élargissent, les principes sont permanents. Les doctrines sont d'ordre intellectuel, les principes plus immédiatement éthiques et pratiques. Les principes donnent vie aux systèmes, et les systèmes représentent les doctrines»[24].

Cependant la différence entre les principes et les doctrines n'existe parfois que dans notre manière de les envisager. Ce qui est doctrine dans une philosophie peut être principe dans une autre. Les principes sont aux doctrines ce que la fécondité est à la génération. «Les doctrines se développent par l'opération des principes et ce sont eux qui commandent la diversité des développements d'une même doctrine»[25]. Ainsi à partir du principe que la matière est mauvaise, les gnostiques d'Alexandrie sont devenus sensualistes et ceux de Syrie, dévots. À partir du principe que les biens de ce monde sont passagers, le saint se consacre à l'ascèse et l'épicurien, au plaisir. À partir du principe ésotérique, les gnoses élaborent diverses doctrines de la révélation; et le même principe eschatologique donne naissance à moult scénarios de la fin du monde. Les doctrines sont friables, mais les principes durent toujours. Grâce à leurs principes respectifs, la gnose est un type permanent de religion et la secte, un type permanent de christianisme.

La méthode d'analyse typologique requiert l'élaboration des types religieux concernés. C'est ainsi que nous avons dégagé les schèmes de la gnose et de la secte afin de percevoir leurs caractéristiques et les contours de leur type respectif. Il faudra faire de même pour le christianisme. La méthode d'analyse typologique situe la confrontation et l'interprétation mutuelles au niveau abstrait des principes et de la typologie.

Certes l'établissement de types est une entreprise hasardeuse pour une double raison. D'une part, les types sont des idéaux logiques et abstraits, dressés à partir du réel pour comprendre ce même réel. À vrai dire, ils n'existent nulle part dans l'espace-temps. Ce qui existe, c'est une mixture de types dans un même exemplaire. D'autre part, les types se tiennent côte à côte et semblent n'avoir aucune interpénétration. Ils paraissent statiques, laissant l'élément dynamique aux individus (choses, personnes, mouvements, situations); et nous savons que l'individuel refuse d'être subordonné au général.

Mais les types ne sont pas nécessairement statiques. Il y a dans chaque type des tensions qui le sortent hors de ses limites. La pensée dialectique, écrit Paul Tillich, «a montré l'immense fertilité de la description dialectique des tensions dans des structures qui paraissent statiques. L'espèce de dialectique qui est la plus adéquate aux analyses typologiques, c'est la description de pôles en contraste à l'intérieur d'une structure. Une relation entre les pôles est une relation d'éléments interdépendants, chacun étant nécessaire à l'autre et au tout, tout en étant en tension avec l'élément opposé. La tension conduit aux conflits et au-delà des conflits à l'union possible des pôles. Décrits de cette façon, les types perdent leur rigidité statique; les choses et personnes individuelles peuvent transcender le type auquel ils appartiennent sans perdre leur caractère déterminé»[26]. Selon la méthode de typologie dynamique, il sera impossible de considérer le christianisme historique comme la religion absolue au sens où il serait l'accomplissement de tout ce qu'il y a de positif dans les autres religions, car le christianisme est caractérisé à chaque époque par la prédominance de certains des éléments ou polarités qui composent le domaine religieux. Il s'ensuit que le point décisif dans l'interprétation des religions, ce n'est pas leur structuration (doctrinale, cultuelle ou institutionnelle) historique et contingente, mais l'ensemble des éléments qui façonnent leurs types respectifs. Dans la méthode de typologie dynamique, le dialogue entre les religions s'accompagne d'un dialogue silencieux avec sa propre religion. Si, par exemple, le chrétien discute avec un gnostique de l'articulation des éléments mystiques et des éléments éthiques, il discute en même temps avec soi-même de la relation de ces deux éléments à l'intérieur du christianisme et de sa propre expérience.

La méthode de typologie dynamique est utilisée en philosophie religieuse pour comparer les différents types religieux et en montrer les similitudes et les contrastes, les points communs et les éléments spécifiques. Cela constitue déjà un acquis précieux. Cette méthode devient une méthode d'interprétation théologique dès lors que le type chrétien est utilisé comme point de référence privilégié. Certes aucune modalité historique du type chrétien ne peut servir de critère d'interprétation ultime. Aucune structure (doctrinale, cultuelle, communautaire) du christianisme historique ne peut être utilisée comme norme absolue. Les modalités historiques sont toujours contingentes, relatives et *semper reformandae* (toujours à être réformées).

Seul le type original du christianisme, au-delà de ses diverses modalités d'incarnation, peut servir de grille d'interprétation pour l'intelligence chrétienne des nouvelles religions. C'est uniquement dans la mesure où une modalité chrétienne historique incarne authentiquement le type essentiel du christianisme qu'elle peut servir de guide interprétatif. Ni le modèle primitif du christianisme (inscrit dans le Nouveau Testament), ni les modèles historiques ultérieurs, ni le modèle eschatologique ne peuvent, pris isolément, constituer des critères absolus d'interprétation. Mais c'est uniquement à travers ses réalisations passées et ses projections dans le futur que le type essentiel du christianisme peut être saisi. Ce type ne tombe pas du ciel; il se dégage du passé, du présent et du futur. C'est ce type permanent que nous tenterons d'esquisser dans le chapitre suivant.

L'autorité de l'expérience

Nous élaborerons ce type à partir de l'expérience des grands témoins du Christ au cours des siècles. Ces témoins sont reconnus dans le christianisme comme les meilleures incarnations du type chrétien. Et, à ce titre, leur expérience fait autorité. Les saints sont des modèles reconnus de christianisme. L'autorité de leur expérience vient de la qualité de leur participation au dynamisme spirituel permanent de l'événement Jésus. Aussi leur expérience peut-elle servir de jauge non seulement pour évaluer les traditions et les structures chrétiennes, mais encore — en vertu du caractère absolu de l'événement qui fonde le christianisme — pour interpréter les autres traditions religieuses. L'autorité des saints est liée à la pureté et à l'authenticité de leur *témoignage* rendu à Jésus. Or, le témoignage parfait exige que l'être se nie soi-même au profit de la valeur dont il fait l'expérience. L'expérience des grands témoins du christianisme fait autorité parce qu'elle pointe clairement vers l'absolu de l'événement Jésus. De Paul de Tarse jusqu'à Mère Thérésa, en passant par les Pères du désert, Benoît, François d'Assise, Thérèse d'Avila, Vincent de Paul, Catherine de Sienne et Marie de l'Incarnation, l'expérience de participation au mystère du Christ constitue une tradition d'expérience. L'expérience personnelle devient expérience traditionnelle. L'expérience et la tradition ne sont donc pas opposées *in se*: l'une rend l'autre possible. L'expérience devient tradition et la tradition provoque de nouvelles expériences.

Cette expérience traditionnelle présente des constantes spécifiques. À partir d'elle, on peut dégager le schème chrétien et le type essentiel du christianisme. Ce type sera à la fois critère par lequel le christianisme se juge lui-même et grille d'interprétation par laquelle il comprend les nouvelles religions. Ce n'est qu'en se jugeant lui-même que le christianisme peut juger les autres religions.

XIII
Le schème du christianisme

Ce chapitre veut présenter le schème essentiel du christianisme au delà de ses multiples formes historiques et des différents modèles ecclésiaux dans lesquels il s'est exprimé, avec plus ou moins de bonheur, au cours des siècles. C'est dans l'espérience-tradition des grands témoins de l'expérience chrétienne que le christianisme s'est exprimé avec le plus de vigueur et qu'il se laisse saisir avec le plus de netteté.

I — LA VOIE DE L'AMOUR

«Je me sens mal dans le monde», clame le gnostique. Et la connaissance que lui livre la gnose lui révèle que son mal n'atteint pas son être profond. Ça va mal dans le monde», se plaint le sectateur. Il faut sortir de ce monde et se réfugier dans la secte pour échapper à la corruption et au malheur. Le chrétien, quant à lui, sent que le mal qui le mord n'est pas un simple malaise (gnose) ou une donnée extérieure objective (secte). Il éprouve le mal comme une atteinte à son être. «J'ai mal à mon être», tel est son cri, voulant signifier par là que son être tout entier, dans ses dimensions corporelles et spirituelles, est blessé d'une atteinte mortelle. Il éprouve le mal comme brisure ontologique. Cette donnée de départ est une constante fondamentale de l'expérience chrétienne.

Dieu est amour

Le christianisme doit être compris essentiellement comme l'amour de Dieu se glorifiant lui-même. L'amour est la source et le motif de l'action de Dieu en faveur de l'homme. La révélation chrétienne doit être lue dans sa totalité comme la manifestation et la glorification de l'amour. Dieu est amour. Il est miséricorde et sollicitude. Il est le Dieu des hommes, le Dieu des pauvres et des petits. Le Logos divin, apparu dans la chair, se manifeste comme amour. En s'abaissant sur la croix, Jésus révèle la puissance et la gloire de l'amour de Dieu. La souffrance devient la modalité obligée de l'amour divin. L'amour de Dieu est toujours rejeté dans un monde de haine; la justice de Dieu entre toujours en conflit avec l'injustice des hommes; la vérité de Dieu entre toujours en guerre avec le mensonge des hommes. Le monde de l'homme est allergique au monde de Dieu.

La souffrance de Jésus montre que Dieu ne fait pas partie de ce monde. Elle est en définitive l'unique chemin que Dieu pouvait emprunter pour venir vers les hommes — sans se renier lui-même, sans entrer en contradiction avec son être profond. Dans l'obscurité de la mort du Crucifié, brille de tout son éclat un amour qui s'épuise dans le don. Le cri du crucifié est son ultime mot d'amour; car il n'y a pas de plus grand amour que de donner sa vie pour ses amis. Dans le scandale de cet amour qui s'offre à l'homme, Dieu apparaît essentiellement comme le *Tout-Autre*, l'Irréductible, le Tout-différent, l'Incompréhensible. La reconnaissance de l'amour divin mène à la découverte de la transcendance de Dieu. Dans cette expérience de l'amour infini, le chrétien éprouve Dieu comme non-homme, non-monde, non-être, donc comme mystère insondable.

Rencontrant l'amour divin en Jésus, le chrétien découvre d'un même souffle qui est Dieu et qui est l'homme; il éprouve ce qu'est l'amour véritable et, en même temps, irréfutablement qu'il ne sait pas aimer. Devant ce débordement de l'amour divin, il découvre dans un seul mouvement: 1) son étonnante dignité; 2) la finitude de son amour; 3) son raidissement coupable.

Le fondement de la dignité de l'homme, c'est l'amour divin. L'homme est digne et beau non parce qu'il est intelligent et immortel, mais parce qu'il est infiniment aimé de Dieu. Le respect qu'il mérite est inconditionnel parce que sa dignité est absolue. Toute atteinte à l'homme est un outrage à Dieu. Défigurer l'homme, c'est injurier Dieu. Bafouer l'homme, c'est offenser Dieu. Celui qui traite son frère de fou est digne de la géhenne. Le seul sacrilège, c'est de profaner l'homme aimé de Dieu. L'aimant est merveilleux dans la gratuité de son amour; et l'aimé est merveilleux aux yeux de l'aimant. L'homme se sent valorisé par l'amour qui le rejoint et par le regard posé sur lui. En contemplant l'amour crucifié, tout homme — si pauvre et si démuni soit-il — retrouve son identité et se découvre tout autre et plus grand que ce que l'oppression a fait de lui. Dieu ne nous aime pas parce que nous sommes beaux, mais il nous rend beaux en nous aimant. Son amour nous embellit et nous bonifie.

Au miroir de l'amour de Dieu, le chrétien reconnaît l'étroitesse de son amour. Il se sent incapable d'aimer véritablement, c'est-à-dire de donner, de se donner, de se dépasser. Son amour se limite aux frémissements faciles de l'éros. Il n'aime que parce qu'il trouve son bien et son repos dans l'être aimé. Même dans son amour, il se sent étouffé dans l'égoïsme de son coeur, l'infidélité de son âme, la veulerie de ses passions et la paresse de son corps. Il est incapable d'accueil inconditionnel et de pardon gratuit. Il ne sait pas se mettre au service des autres. Il n'arrive à aimer que ce qui lui paraît aimable. Et pourtant il voudrait aimer, se donner, faire le bien, mais sa volonté n'est souvent que velléité; et quand elle est vouloir, elle débouche sur l'incapacité. Il veut, mais ne peut pas.

Le péché de l'homme

Devant le caractère irréfragable de l'amour de Dieu, le chrétien découvre enfin sa culpabilité. Il se sent responsable du mal qui l'habite et des injustices qui déchirent l'humanité. En un mot, il se reconnaît pécheur. Le mal qui l'opprime se nomme péché. La connaissance du péché n'est pas le fruit d'une réflexion sur la condition humaine, ni le produit d'une conscience malheureuse. La recherche philosophique et la souffrance morale peuvent certes conduire l'homme à une plus grande lucidité, mais elles ne peuvent déboucher sur la connaissance du péché. Dans le cadre de son autocompréhension personnelle, l'homme est impuissant à découvrir et son péché et sa culpabilité fondamentale. Il est aussi incapable de se reconnaître pécheur que de se savoir justifié. Le péché n'est pas un trait homogène aux autres facteurs constitutifs de l'homme; c'est un corps étranger.

Le péché suppose une perspective théiste. «C'est la relation personnelle à un Dieu qui détermine l'espace spirituel où le péché se distingue de la souillure... Polairement opposé au Dieu devant qui il se tient, le pénitent prend conscience de son péché comme d'une dimension de son existence et non pas comme d'une réalité qui le hante»[1]. La catégorie du «devant Dieu» commande la notion de péché. Le moment initial de l'expérience du «devant Dieu» et donc du péché, ce n'est pas l'expérience du néant de l'homme devant l'Être absolu, la Cause première, mais la découverte d'un lien d'alliance entre Dieu et l'homme. Le péché ne se révèle qu'à partir du moment où l'existence humaine est impliquée dans l'initiative d'un Dieu soucieux des hommes. C'est au coeur de cette situation d'interpellation amoureuse et de réponse libre que l'expérience du péché devient possible. Le péché apparaît comme une grandeur spécifiquement religieuse[2].

Le péché apparaît d'emblée comme une désobéissance (Rm 5,18-19). Désobéir, c'est méconnaître la volonté amoureuse de Dieu et se soustraire à ses exigences. Obéir, c'est croire que l'amour est la voie vers la plénitude; que Dieu est penché sur l'homme et l'interpelle amoureusement; qu'il est un Père meilleur que nous qui, tout en étant mauvais, savons pourtant «donner de bonnes choses à nos enfants» (Mt 7,9-11). Le refus de croire en la puissance salvifique de l'amour est à la racine de tout mal et elle contient germinalement tout péché. Le péché fondamental consiste à refuser de croire que l'amour est le premier et le dernier mot de Dieu à l'homme, qu'il est le chemin de la paix et de la fraternité, la voie du salut et de la libération. L'amour est le chemin de la vie: «Qui n'aime pas demeure dans la mort» (1 Jn 3,14).

La foi

La foi est la porte d'entrée dans la demeure de Dieu. La foi est ouverture de l'être à l'abondance de Dieu. Le chrétien croit que l'amour de Dieu, manifesté en Jésus, l'atteint personnellement. Par la foi, il s'ouvre à l'amour du Père dont il devient fils par l'Esprit. Le chrétien se découvre pécheur aimé de Dieu. La foi l'introduit dans l'aventure de l'amour fou de Dieu. La foi est réponse à l'interpellation de Dieu.

Alors s'établit un dialogue de type nuptial par lequel le chrétien devient semblable à Dieu et dans lequel le salut lui est octroyé. Ce salut consiste essentiellement dans la brûlure de l'amour divin. Ce feu divin purifie l'individu, le sanctifie, le fait entrer dans la famille de Dieu. Le salut n'est jamais entièrement réalisé sur terre. Il est toujours à venir. Le salut octroyé est promesse du salut futur. Le salut est objet d'espérance. Croire, c'est espérer le salut, c'est l'attendre activement. Sachant que la fidélité de Dieu ne se dément pas, le chrétien est sauvé en espérance et par l'espérance. Celle-ci est le dynamisme qui surmonte le désespoir et rend l'amour actif.

La conversion est l'exigence première de la foi. Se convertir, c'est se tourner vers Dieu en misant son existence sur les biens qu'il promet et qu'il donne; c'est se tourner vers autrui en se mettant à son service dans l'amour; enfin c'est se tourner vers son être authentique en se centrant sur le moi profond au-delà des faux «je». Se convertir à Dieu, c'est se tourner vers son frère et vers son être profond. Il n'y a de conversion à Dieu que dans le service du prochain et dans la fidélité à soi-même.

Se convertir, c'est entrer dans l'obéissance. Croire en l'amour de Dieu, c'est se soumettre à la brûlure de cet amour. L'exigence de l'amour est infinie et du côté de Dieu qui en est la source et du côté de l'homme qui en est le dépositaire. Elle happe l'individu tout entier et le consume intégralement. L'obéissance ne se définit pas par rapport à une loi, à un commandement, à une autorité. Elle est condition et conséquence de la filiation divine. Celui qui reconnaît Dieu comme Père est fils; et celui qui est fils fait la volonté du Père.

La volonté divine ne se définit pas par rapport à des principes et à des universaux; elle n'est pas plus un système de valeurs qu'un programme socio-politique, pas plus une doctrine de devoirs qu'une théorie sur la vertu. Elle n'est pas d'abord un ordre, un commandement. Elle est avant tout une action bienveillante de Dieu en faveur de l'homme. Elle est un indicatif avant d'être un impératif; elle est un agir avant d'être une exigence. Elle est d'abord ce que Dieu décide de réaliser dans le présent de l'homme. Ce que Dieu réalise, c'est sa gloire; or, la gloire de Dieu, c'est la vie de l'homme. «La gloire de mon Père, c'est que vous portiez du fruit en abondance», dit Jésus. La volonté divine ne réside pas dans un code de loi surplombant l'humanité et les siècles: l'ici-maintenant est le lieu de sa manifestation. La volonté divine est placée devant la liberté de chaque individu dans le concret de son présent. Elle vaut pour lui maintenant. D'où l'importance de l'aujourd'hui dans l'expérience chrétienne.

La loi de l'amour

La décision exigée du chrétien est un acte d'obéissance. L'éthique chrétienne est une éthique d'obéissance. Cette obéissance implique qu'il n'y a aucune zone neutre, «aucun domaine si insignifiant ou aucun temps si bref où la volonté de Dieu ne se présenterait à l'individu d'une manière concrète, sollicitant son écoute et son obéissance»[3]. Il n'y a que des zones et des heures de décisions libres destinées à devenir toutes des zones et des heures d'obéissance.

Or puisque «Dieu est amour», la volonté concrète de Dieu, c'est d'aimer. «Tu aimeras le Seigneur ton Dieu de tout ton coeur; et tu aimeras ton prochain comme toi-même». Voilà l'unique volonté de Dieu. Le premier pôle du commandement détermine le second; et inversement, le second définit le sens du premier. En aimant son prochain, le chrétien confirme son amour de Dieu. Il n'y a pas d'amour de Dieu détaché de la situation concrète. L'amour de Dieu ne se déploie pas dans un espace vide; il n'est jamais dirigé immédiatement vers Dieu. Il n'y a pas d'amour de Dieu qui ne passe par l'amour et le service du prochain. «Si quelqu'un dit: «J'aime Dieu» et qu'il haïsse son frère, c'est un menteur. En effet, celui qui n'aime pas son frère qu'il voit, ne peut aimer Dieu qu'il ne voit pas» (1 Jn 4,20).

La diaconie (le service dans l'amour) est la modalité historique de l'obéissance chrétienne. Le chrétien est essentiellement serviteur de tous, principalement des plus démunis, comme Jésus qui est «venu non pour être servi mais pour servir» (Mt 20,28). Obéir, c'est proclamer la bonne nouvelle aux pauvres, c'est se mettre au service des petits et des faibles, communier au sort des laissés-pour-compte, se solidariser avec les victimes de l'oppression et de l'injustice, lutter contre toutes les puissances d'aliénation, pourfendre l'injustice et refuser la souveraineté des idoles (argent, idéologie, sécurité nationale). Le chrétien accompli est l'homme pour les autres.

Faire la volonté de Dieu, cela veut dire aimer les hommes que Dieu aime tant. Les requêtes de l'amour surpassent infiniment les exigences les plus raffinées de la loi. Seul l'amour sait ce qui est exigé dans l'ici-maintenant et rien — ni théorie, ni autorité, ni aucune instance objective — ne peut dispenser de la responsabilité de la décision. L'amour, écrit P. Tillich, est capable «de pénétrer la situation concrète, de découvrir ce qu'exige la catégorie du concret vers lequel il se tourne»[4]. La parabole du bon samaritain en est le meilleur paradigme.

Est-ce à dire que la loi est disqualifiée? En regard de ce qui précède, la loi retrouve sa visée anthropologique fondamentale. Le sabbat est fait pour l'homme. En régime chrétien authentique, jamais l'homme ne saurait être sacrifié à la loi. L'homme est la grandeur première. Toute instance objective est à son service. Toutefois, entraîné par des pulsions qui l'aliènent et, fasciné par le péché, l'homme a du mal à aimer le bien, à découvrir la volonté de Dieu sur lui. Le service que lui rend la loi est celui d'un pédagogue. La loi délimite le territoire en-deçà duquel l'homme a de fortes chances de s'illusionner et d'identifier le vouloir divin à son caprice personnel. Aussi la loi s'exprime-t-elle généralement en termes négatifs. Elle ne dit guère ce qu'est la volonté de Dieu; elle dit plutôt ce qu'elle n'est pas. Dans la mesure où il vit sous la loi, le chrétien n'est pas sauvé. Il vit sous la crainte; il n'est pas dans l'amour.

L'amour ne connaît pas de loi; il n'a que faire des stipulations écrites. «Aime et fais ce que tu veux», de dire saint Augustin et tous les grands chrétiens après lui. L'amour ne connaît que la liberté. Le chrétien est libre pour le bien. Engagé dans l'amour, il est passé du monde des convoitises et du mal, au règne de l'Esprit. L'Esprit est le dynamisme intérieur qui rend l'amour actif et créateur. L'Esprit souffle où il veut; et rien, ni personne ne peut l'enchaîner. La liberté est sa note spécifique. Aussi le chrétien agit-il «en homme appelé à être jugé d'après la loi de la liberté» (Jc 2,12).

Source et motif de toute action humaine, l'amour peut seul conduire à la vraie connaissance. «Quiconque aime est né de Dieu et parvient à la connaissance de Dieu. Qui n'aime pas n'a pas découvert Dieu, puisque Dieu est amour» (1 Jn 4,8). Où il n'y a pas d'amour, il n'y a pas de vérité. Au sens judéochrétien, la connaissance est une expérience de tout l'être. Elle est communion concrète et dialogue existentiel entre deux êtres. Elle consiste en une démarche expérientielle qui va d'une personne à une autre et qui s'inscrit dans une volonté d'alliance. Connaître, c'est tomber en amour. Ce n'est qu'en aimant l'autre comme autre, qu'en dépassant la sphère du moi pour entrer dans celle du toi et du Toi, que le chrétien entre dans la vraie connaissance spirituelle et qu'il emprunte le chemin qui va de l'homme à Dieu, de l'homme à l'humanité.

Le salut total n'est pas une dissolution de la personne dans l'océan divin; c'est une union de l'homme à Dieu, dans la différence de leur essence. Il n'est pas non plus une disparition de la personne individuelle dans la collectivité rachetée; il est une intercommunion des êtres, dans le Christ, devant Dieu. Enraciné dans l'amour, le salut n'est pas soliloque, mais dialogue. Pénétrant tout l'être, corps et âme, il ne peut s'exprimer finalement qu'en termes de résurrection.

II — LA PAROLE REVELEE

Être éminemment personnel, le Dieu du christianisme est le «Dieu d'Abraham, d'Isaac et de Jacob», le «Père de Notre-Seigneur Jésus-Christ». C'est un Dieu qui parle. La parole est le dynamisme de son être et l'instrument de son dessein. Dieu agit par la Parole. Par sa Parole il crée le monde, sauve les hommes et mène l'histoire à bon port. C'est la même Parole qui crée, qui rachète et qui accomplit. La Parole du début est le mot de la fin. Alpha et Omega. La création s'accomplit en rédemption et la rédemption s'accomplit en résurrection.

Le monde et l'histoire

Par sa parole créatrice, Dieu fait jaillir le monde du néant. Le cosmos est sa créature et l'homme, le joyau de son oeuvre. Les cieux chantent la gloire de Dieu. Le monde porte les marques de son auteur et révèle Dieu. Mais comment? Comme créateur du monde et cause première de toute réalité, Dieu ne peut pas être une partie de la création; il en est le présupposé. Il n'est ni un élément ni une portion du monde. Dieu n'entre pas dans une conception du monde à titre de dernière hypothèse de solution. Au contraire, il est à priori la condition préalable du monde, condition qui ne tombe pas sous la loi du monde.

Si Dieu était un élément du monde, s'il était en continuité homogène avec la réalité créée, il serait par conséquent palpable comme une chose. On pourrait le cerner, l'identifier et le maîtriser d'une certaine façon. Aussi surprenant que cela puisse paraître, le monde est une donnée qui se circonscrit en elle-même, qui n'est pas vraiment ouverte et ne laisse pas de passage vers Dieu. Plus la recherche nous fait pénétrer les profondeurs du monde, et moins il devient possible de rencontrer jamais autre chose que le monde. En réalité, cette expérience n'est pas l'origine de l'athéisme, mais la connaissance expérimentale de ce que le monde n'est pas Dieu[5].

En christianisme, le monde est démystifié et désacralisé. La vérité, c'est que Dieu n'est pas enclos dans le monde et dans l'image que nous nous en faisons. Le Dieu véritable n'est pas un démiurge ni une énergie universelle qui actionne le mécanisme du monde. Là où il se passe quelque chose dans le monde, il est toujours possible de découvrir une cause qui ne soit pas Dieu lui-même. Dieu est inexprimable et supérieur à tout ce qui peut être dit du monde. Il est le Tout-Autre: il échappe à toute saisie. Il est l'Incompréhensible: il déroute toute connaissance. Il est l'Ineffable: il dépasse tout discours. Dieu est celui auquel il appartient de ne pouvoir être comparé à rien, de ne pouvoir être nommé. Si le monde renvoie à Dieu comme à son fondement ultime et à sa source, ce ne peut être que dans son ensemble et d'une façon fort peu manifeste. Dieu ne se manifeste dans le monde que comme *Deus absconditus*, Dieu caché.

Parce qu'il est créateur du monde, Dieu est le maître de l'histoire. Celle-ci est le lieu privilégié de son action. Dieu n'est pas prisonnier de son immutabilité et de sa transcendance. Il vient à la rencontre de la liberté humaine et intervient dans l'histoire. C'est là qu'il réalise son oeuvre, à travers les excentricités, les grandeurs et les faiblesses des hommes. Son action suit des méandres imprévisibles. L'histoire va de confusion en confusion, de malheur en malheur. Elle nous apparaît davantage comme un chaos d'événements fortuits que comme le lieu des interventions divines. Dieu s'y manifeste comme l'être mystérieux par excellence, insaisissable, plein de contradictions. Il s'y révèle comme *Deus absconditus*, comme celui dont les voies sont incompréhensibles et les décrets insondables.

La révélation en Jésus

C'est dans l'humanité charnelle de Jésus que s'accomplit la révélation plénière de Dieu. Jésus est l'icône du Dieu invisible (2 Co 2,4; Col 1,15), le reflet de sa substance (He 1,13) et l'auto-expression parfaite de son mystère. En lui l'amour divin dit son dernier mot. Jésus est l'incarnation de Dieu. Par sa vie et sa mort se trouve gravé dans l'histoire le nom de Dieu. La gloire de l'amour divin éclate dans l'humiliation de la croix. L'être est toujours caché par ce qui le révèle. Le voile est d'autant plus épais que meilleur est le dévoilement. C'est dire qu'en Jésus, Dieu est le mieux caché, le plus invisible; il s'y révèle, d'une façon inégalée, comme *Deus absconditus*. Dans le Crucifié, Dieu apparaît comme celui qui s'offre dans l'amour. C'est en cette qualité de Dieu caché qu'il devient visible dans l'événement Jésus. Jésus est l'énigme divine par excellence.

L'événement Jésus est le sommet de la révélation de Dieu. Toute sa vie — ses paroles, ses actions, sa mort — est *parlante* du Dieu amour, au point qu'on la peut dire Parole de Dieu. La révélation, c'est l'événement historique lui-même, accompagné d'une parole interprétative. La révélation-événement devient révélation-parole. La révélation de Dieu en Jésus devient révélation pour nous. La révélation est inviscérée au cœur de l'histoire; elle est cachée dans les replis des événements. Comme événement dialogal entre Dieu et l'homme, elle s'accomplit dans l'histoire. Elle jaillit de la rencontre entre Dieu qui interpelle et l'homme qui répond. Pour le christianisme, le livre de la révélation c'est le livre de l'histoire, non celui de la nature. La révélation de Dieu n'est pas intemporelle ou cosmique. Elle est déposée sur la place publique. La parole de Dieu est entre les mains d'êtres historiques.

Cette parole est devenue tradition dans la communauté des croyants et la tradition est devenue livre. L'Écriture sainte est inséparable de la tradition qui l'a fait naître et de la tradition qui la continue. La Bible, surtout le Nouveau Testament, est le témoin privilégié de la parole de Dieu. Elle en constitue les archives les plus vénérables et la cristallisation la plus fidèle. La Bible, comme livre, est une lettre morte. Elle n'est pas la parole; mais elle pointe vers la parole qui, elle, est vivante dans la conscience du croyant et agissante dans l'histoire humaine. Quand la parole vivante rencontre le texte mort de l'Écriture, alors celle-ci prend vie et devient parole vivante. La parole ne passe pas du texte à la vie; elle va de la vie au texte pour retourner à la vie. La circularité part de la vie. Partir du texte, c'est faire du concordisme: c'est plaquer l'idole de la lettre sur la liberté historique. Si on remonte de cette liberté au texte, alors l'Écriture permet de discerner la parole qui essaie de se dire dans la conjoncture historique.

La parole de Dieu est enchâssée dans l'histoire. Et ce n'est qu'en référence à l'histoire des hommes et à la tradition de la parole que l'Écriture peut être interprétée comme parole de Dieu. Le chrétien n'est pas l'homme de la Bible, il est l'homme de la parole de Dieu révélé dans l'histoire. Dieu se révèle toujours comme Dieu caché. La révélation ne met jamais Dieu à découvert, au point qu'on pourrait se dispenser de la foi et le saisir directement. L'homme ne peut voir Dieu sans mourir. La foi est une recherche dans l'obscurité, une vision dans le miroir. Le chrétien est un infatigable chercheur du Dieu caché, du Dieu qui se dérobe dès qu'il se fait toucher, qui laisse derrière lui des traces énigmatiques et qui ne se manifeste que comme celui «qui habite une lumière inaccessible» (1 Tm 5,6).

III — EN ÉGLISE

L'expérience chrétienne se vit en Église. Celle-ci est la communauté de ceux qui croient à la parole de Dieu révélée en Jésus, qui espèrent le salut déjà octroyé et qui aiment Dieu dans le service des hommes. Communauté de pécheurs justifiés et de justes pécheurs, l'Église est à la fois sainte et pécheresse. Elle est catholique: elle s'adresse à tout homme et à tout dans l'homme. Il y a place pour tous en son sein maternel. Communauté des hommes convoqués par la parole, elle est à la fois sacrement de Dieu parmi les hommes et sacrement du monde. Il n'y a pas de christianisme sans Église. Vouloir dépasser l'Église pour accéder à un christianisme soi-disant pur est une dangereuse illusion.

L'Église est sous la norme du Christ. Elle reconnaît l'absolu de Jésus et de sa Parole. Aucune loi générale, aucune règle, aucun principe ne saurait mesurer le Christ. L'Église se laisse jauger et juger par la seule parole de Dieu. Reconnaître Jésus comme norme universelle, c'est rendre «toute pensée captive» (Rm 6,15-18); c'est interpréter toute situation à partir de l'événement évangélique. Cela implique que l'Église se reporte à l'existence historique de Jésus *et* qu'elle se tourne vers l'avenir. L'Église vit de cette dialectique du passé et du futur, du souvenir et de l'attente.

Se souvenir, c'est «vivre-avec» dans une communion effective au passé de Jésus; c'est avoir ce qu'il a eu, être ce qu'il a été, accomplir ce qu'il a fait. Paul exprime cette communion au Christ à l'aide du préfixe grec *sùn* (avec) qu'il accole à de nombreux verbes: vivre-avec (Rm 6,8; 2 Co 7,3), souffrir-avec (Rm 8,17), être crucifié-avec (Rm 6,6; Ga 2,14), mourir-avec (2

Co 7,3), être enseveli-avec (Rm 6,4; Col 2,12), ressusciter-avec (Col 2,12; Eph 2,6), faire vivre-avec (Col 2,13), asseoir-avec (Ep 2,6), glorifier-avec (Rm 8,17), hériter-avec (Rm 8,17), régner-avec (2 Tm 2,12). Cette communion s'accomplit non en calquant le passé, mais en participant au contenu de l'événement qui, lui, demeure.

Le souvenir est moins un «avoir-déjà-vu» qu'un «voir-de-nouveau». Le souvenir est nécessairement prospectif: il tourne l'Église vers l'avenir. Communauté du souvenir, l'Église est essentiellement communauté d'espérance; elle est le lieu où se trouve anticipé le Royaume futur. En elle le futur est déjà présent. De même que le souvenir, en nous restituant le passé, crée le présent, ainsi l'attente, en anticipant l'avenir, fait surgir le présent puisqu'elle permet d'en percevoir le sens et la portée. L'Église se situe au point de convergence du passé et du futur dans le présent.

Or, le souvenir et l'espérance sont des fruits de l'Esprit. C'est lui, en effet, qui nous «enseigne toutes choses et nous fait ressouvenir de tout» ce que Jésus a dit et fait (Jn 14,26); c'est encore lui «qui nous fait attendre les biens qu'espère la justice» (Ga 5,5). C'est par sa «vertu que l'espérance surabonde» en nous (Rm 15,13). Par le souvenir et l'attente, l'Esprit rend le Christ présent à chaque instant de l'histoire. Par l'Esprit, l'instant devient *présent du Christ*, son aujourd'hui, son maintenant. C'est l'Esprit qui place l'Église sous la norme du Christ et qui crée la communauté des fils capables de crier: «Abba Père!» (Rm 8,16; Ga 4,8-10).

L'Eucharistie est au coeur de la vie ecclésiale. Dans l'Eucharistie, le Christ ressuscité et glorieux ne devient présent que dans l'anamnèse et l'attente du retour. Il est présent au point de rencontre de l'«en souvenir de moi» et du «jusqu'à mon retour». Le «Faites ceci en mémoire de moi» ne vise pas d'abord la répétition du geste de Jésus, mais bien plutôt la concrétisation existentielle de ce qui se passe au plan sacramentel. La diaconie de Jésus que l'on eucharistie: voilà ce que les chrétiens doivent *faire*, réaliser dans leur vie personnelle et communautaire.

En résumé, l'expérience chrétienne est l'expérience de l'amour de Dieu qui s'offre en Jésus-Christ. En rencontrant cet amour, le chrétien découvre sa dignité et son péché; en communiant à cet amour par la foi, il se sent arraché aux filets du mal et du péché et introduit dans la famille de Dieu. Le souci fondamental du chrétien, c'est de découvrir et d'accomplir le mieux possible la volonté amoureuse du Père céleste. L'obéissance à l'appel divin s'accomplit dans l'amour gratuit et le service du prochain. L'amour est le chemin qui conduit à la plénitude de la vie. Le chrétien, grâce à la puissance de l'Esprit, se met sous la norme de Jésus-Christ. Toute sa vie consiste, d'une part, à se souvenir de Jésus-Christ en communiant à sa lutte pour la justice et, d'autre part, à attendre dans la prière l'accomplissement du salut. Cette expérience se vit en Église à l'ombre de la Parole de Dieu qui l'inspire et la juge.

IV — LES GRANDS AXES DU SCHÈME CHRÉTIEN

Voyons maintenant les grands axes qui délimitent l'espace spirituel du christianisme et servent à définir son réseau herméneutique.

Le principe historique

Par principe historique nous désignons le caractère historique du christianisme et sa référence essentielle au temps. La révélation judéo-chrétienne se constitue dans l'histoire d'où elle jaillit et se construit à même les matériaux de l'histoire. L'expérience chrétienne est liée au temps et se déroule intégralement dans l'histoire. Partie prenante du salut, l'histoire est le test de vérité du christianisme. Selon le principe historique, non seulement la temporalité pénètre tous les domaines de la révélation et de la connaissance chrétiennes, mais elle devient le point de vue central. Le point de vue de l'essence cède le pas à celui de l'histoire. Ce qui est important, ce n'est pas ce que Dieu est en lui-même (essence), mais ce qu'il fait pour l'homme dans l'histoire. Le Dieu qui est, cède le pas au Dieu qui vient. La théologie est d'abord économie, histoire du salut. Ce n'est plus le point de vue du cosmos qui domine, mais celui du temps et de l'histoire.

Au fond du principe historique, gît une notion spécifique du temps qui n'est plus conçue comme mouvement cyclique, comme «un devenir sans substance où rien ne se passe parce que tout y passe»[6]. Le temps a une fécondité et une densité ontologique; il est une série d'instants créateurs où quelque chose s'accomplit. Il y a genèse, croissance, maturation. Non seulement la création est maintenue, elle est continue. Le temps s'écoule dans une direction irréversible, si bien que nous pouvons attribuer à chaque événement un caractère unique et au temps, une densité et une direction. Le temps va en direction d'un *telos*, d'une fin. Le telos présuppose le *protos*, le commencement. L'histoire a un sens et une finalité. La fin n'est pas le retour pur et simple à la situation des origines; elle n'est pas le rétablissement ou la reproduction de la réalité initiale. Le temps n'est pas une parenthèse entre deux intemporels. L'eschatologie n'abolit pas l'histoire; elle l'achève et l'accomplit. Il y a plus de densité ontologique au terme qu'au départ; l'acte créateur se continue dans le temps.

S'il fallait trouver une image pour décrire le temps, nous dirions que le temps se déroule comme une spirale, au long de laquelle se déploie un véritable devenir. Non pas cercle fermé, ni ligne droite, mais bien spirale. Le christianisme reconnaît une dimension cyclique au temps. Les deux économies, l'Ancien et le Nouveau Testament, l'ancienne et la nouvelle alliance, l'ancienne et la nouvelle pâque, l'ancien et le nouvel exode etc., illustrent bien ce retour cyclique. De même la liturgie chrétienne avec ses célébrations récurrentes, ses fêtes annuelles, ses cérémonies saisonnières (rogations), sa prière des heures illustre bien ce retour cyclique. Mais ce retour n'est pas simple répétition. D'une alliance à l'autre, d'une fête à l'autre le temps avance d'un cran et l'histoire progresse vers son terme. Le temps est semblable au *Boléro* de Ravel où la même mélodie revient sans cesse, mais avec une densité et des nuances toujours neuves — au point qu'on passe imperceptiblement de la première mesure à peine audible à une finale fracassante. La spirale du temps va quelque part; elle se déroule entre un point de départ et une ligne d'arrivée. L'accent n'est pas mis sur le retour, mais sur l'arrivée.

Cette conception du temps est étroitement liée à une vision particulière du monde. Celui-ci est créé *ex nihilo* et s'accomplit dans le temps. L'acte initial de la création, la parousie et le temps intermédiaire sont uniques. Cet univers unique est un monde fini, limité aux deux extrémités du temps. Créé par Dieu, le monde s'accomplira en lui. Il n'est ni éternel, ni infini dans la durée; et les événements qui s'y produisent ne se répètent pas.

En outre, le christianisme met le monde et sa destinée en rapport avec la volonté toute puissante de Dieu — ce qui élimine la fatalité des corps célestes et la domination circulaire des astres. Le monde tout entier est soumis à la seigneurie du Créateur et l'homme est l'objet immédiat d'une Providence particulière. Créé libre, l'homme vit en liberté en présence de Dieu qui se manifeste dans son histoire. Dieu entre dans l'écoulement du temps par des irruptions imprévisibles et chaque irruption marque un moment décisif dans l'histoire, un *kairos*. Le *kairos* est comme une intrusion de l'éternel dans le temporel, comme une révélation de l'absolu au coeur de l'histoire. L'instant où l'éternité fait irruption dans le temps et où Dieu vient à la rencontre de l'homme, revêt une densité particulière. L'histoire se déploie en instants théologiquement non identiques. L'homme peut percevoir, dans le déroulement de l'histoire, la réalisation du dessein de Dieu.

L'événement Jésus est le *kairos* par excellence, le repère central autour duquel s'ordonne le cours du temps et de l'histoire. Cet événement partage l'histoire en deux périodes qu'il relie l'une à l'autre: l'avant qui s'inaugure à la création et converge vers la venue du Christ et l'après qui doit déboucher sur l'accomplissement glorieux de toutes choses. Avec Jésus, quelque chose de nouveau est apparu dans le temps; l'histoire a fait un pas décisif. Le Royaume de Dieu tant attendu s'est rapproché au point qu'il est déjà présent. L'être-là de cet homme est l'être-là du Royaume. Tandis que Jésus avance dans son devenir historique, le Règne entre dans l'histoire. Tandis qu'il s'en va, le Règne vient. Avec Jésus, un seuil capital est franchi. Le centre de gravité de l'histoire passe du *telos* ou du *protos* à cet événement situé au coeur de l'histoire.

Le *protos* et le *telos* continuent d'assurer à l'histoire son sens et sa direction; mais ils sont l'un et l'autre mis en rapport avec un fait unique et singulier, dressé au coeur de l'histoire dont il partage le déroulement en deux versants distincts. «À partir de ce repère fondamental, le réseau de l'histoire peut être tissé en arrière comme en avant: de Jésus, le nouvel Adam, à la création du monde et au premier homme, s'établit régressivement une continuité du passé jalonnée par les prophéties et les événements de l'Ancien Testament; de Jésus à sa seconde parousie et à la Fin du monde, la continuité de l'avenir est, au-devant de nous et en progressant, également assurée... Le déroulement de l'histoire est ainsi commandé et orienté par un fait unique, radicalement singulier. Et par suite, le destin de l'humanité tout entière, de même que la destinée particulière à chacun, se jouent, eux aussi, en une seule fois, une fois pour toutes, dans un temps concret et irremplaçable qui est celui de l'histoire et de la vie»[7].

L'histoire est d'un bout à l'autre histoire sainte. À l'image d'une ascension spirituelle, individuelle à travers les corps ou les sphères, se substitue celle d'une marche collective d'âge en âge. Ces âges sont les étapes de l'histoire. On les appelle «dispensations», «économies», «lois» ou «testaments». À chaque étape, c'est l'unique histoire du salut qui s'opère. Cette histoire est en tension entre un passé déjà donné et un futur promis. Cette tension entre le «déjà-là» et le «pas encore», détermine entièrement le présent.

Cette conception du temps et de l'histoire aura une double incidence capitale sur le christianisme. Le rattachement à la perspective historique et temporelle a préservé le christianisme de l'envahissement et de l'absorption par le mythe. Certes le christianisme ne s'est pas constitué en dehors de toute influence mythique. On ne peut contester la place et le rôle que le mythique occupe dans les croyances et les rites chrétiens. Le principe historique a permis de «rabattre le mythe sur le temps, d'interpréter le mythe en termes d'histoire ou de donner aux événements historiques, ou tenus pour tels, une valeur et une fonction analogue à celle des mythes»[8]. Au contact avec l'histoire, le mythe perd ou modifie plusieurs traits spécifiques de sa physionomie, en particulier son intemporalité. À tel point que les éléments mythiques deviennent indistincts des éléments historiques et appartiennent, comme eux, au déroulement d'une même histoire.

La deuxième conséquence du principe historique, c'est la transposition, sur le plan de l'histoire, de la dialectique de l'exemplarité. Le *kairos*, l'événement historique devient lui-même exemplaire et assume par là une certaine fonction du mythe. Il est type ou image de ce qui apparaîtra après lui au cours de l'histoire. Cette image n'est pas la reproduction historique d'un archétype éternel; elle n'est pas l'empreinte, le décalque temporel d'un modèle intemporel. À vrai dire cette image est un prototype (au sens chronologique). Le type reste immanent au monde et au temps; il est comme l'esquisse anticipée, la préfiguration et l'annonce de ce qui n'apparaîtra sous sa forme plénière que plus tard; il est comme une préfigure que l'avenir rétrojecte sur le passé. Un événement est prototype d'un autre qui lui est ultérieur; ce dernier deviendra à son tour prototype d'un événement surgissant après lui. Par exemple, le sacrifice d'Isaac est le prototype de la mort du Christ.

L'image ou la figure précède toujours le modèle dans le temps et ce modèle devient à son tour l'image d'un autre. Exemple: le Qahal est le type (image, prototype) de l'Église (modèle) et l'Église devient le type (image, prototype) du rassemblement eschatologique (archétype). Ainsi en est-il pour la pâque, pour Adam, etc. On pourrait illustrer à l'infini ce jeu de l'exemplarité. Le principe historique permet de substituer, à une interprétation du temporel par des réalités intemporelles (exemplarité verticale et transcendante), une interprétation du temps par lui-même: un événement antérieur trouve dans un événement ultérieur sa pleine réalité et sa signification (exemplarité immanente et horizontale). Dans l'exemplarité verticale, le modèle est de toute éternité antérieur et transcendant à l'image; dans l'exemplarité horizontale, l'image anticipe le modèle, lui est historiquement antérieure.

Enfin, selon le principe historique, la perspective temporelle n'est plus étrangère à la vie spirituelle. Le temps est une dimension essentielle de l'expérience chrétienne. Tout le paradoxe de la vie spirituelle, le voici: l'homme ne peut vaincre le temps qu'en l'assumant. Le salut n'est pas une sortie du temps, mais une saisie du temps. Saisir le temps, c'est assumer son passé, s'ouvrir à l'avenir et empoigner le présent. Saisir le temps, c'est le reconnaître comme temps de Dieu et accueillir ce qui s'y passe; c'est refuser de l'anticiper dans l'impatience qui veut tout, sur-le-champ. Dieu donne tout bien en son temps. L'impatience est le défaut de celui qui est trop pressé d'exister. L'impatient n'a pas le respect du temps et il se perd. En accueillant le temps dans l'expérience spirituelle, nous en surmontons, pour ainsi dire, l'irréversibilité. Par exemple, le repentir vainc l'irréversibilité, parce qu'il est renaissance: par lui on donne au passé un sens nouveau et, ce faisant, on transmue le mal et la faute en bien. Le pardon aussi vainc l'irréversibilité, en ce qu'il abolit le mal, recrée l'être et ouvre un avenir neuf. La vengeance s'épuise à rétablir un équilibre impossible et ne réussit qu'à augmenter le mal. La démarche chrétienne est essentiellement une marche dans le temps.

Le principe sacramentel

Le principe sacramentel découle en dernière analyse de la réalité de l'incarnation. Donnée première du christianisme, l'incarnation désigne la venue personnelle de Dieu en ce monde. En Jésus, le «Verbe se fait chair». Jésus est la face humaine et historique de Dieu. Il est insuffisant de dire que Dieu est en lui. Il faut dire: il est Dieu pour nous. Par l'incarnation, Dieu assume l'existence humaine intégrale et plante sa tente parmi nous. Rien en ce monde ne lui est étranger. Sa divine présence habite l'intérieur de toute réalité. Dieu est là dans les réalités les plus humbles et dans les situations les plus noires. L'incarnation ne s'achève que par la descente aux enfers. C'est dans la nuit obscure de l'absurdité que gît le mystère de Dieu. C'est dans l'angoisse et l'abandon de Jésus que Dieu affirme sa proximité.

L'incarnation établit au coeur même du christianisme, comme sa caractéristique propre, le principe sacramentel. Jésus est le sacrement de Dieu par excellence. Sa vie, ses luttes, sa blessure sont le signe concret et l'instrument efficace de l'agir salvifique de Dieu. Jésus est le sacrement de la rencontre de Dieu et de l'homme. De la sacramentalité du Christ à celle de l'Église, il y a un rapport de cause à effet. L'Église est sacrement de Dieu pour le monde; elle est le signe efficace de la présence salvifique de Dieu dans le Christ. La sacramentalité de l'Église s'exprime d'abord dans les sept sacrements, en particulier dans l'Eucharistie. Symboles visibles et signes efficaces du salut, les sept sacrements n'épuisent pas la sacramentalité ecclésiale; celle-ci se déploie dans tous ses rites, institutions, activités. Comme réalité sacramentelle, l'Église ne peut se réduire à une communion invisible de croyants; elle est forcément une donnée concrète identifiable.

La sacramentalité s'étend à toute réalité matérielle et à tout événement historique. Les irruptions divines se font à travers eux. Le monde matériel et l'histoire deviennent des signes sensibles et des instruments de la présence vivifiante de Dieu. Le monde et son histoire sont sacrements de Dieu. Il existe, en effet, une relation d'analogie non seulement entre le monde matériel visible et le monde spirituel invisible, mais aussi entre le monde du Créateur et le monde du Sauveur, entre l'ordre créationnel et l'ordre rédemptionnel, entre la nature et la grâce. L'un et l'autre ont le même fondement, relèvent d'une même souveraineté et sont habités par une même présence divine, créatrice et salvatrice. Cela n'engage pas une unité de principe entre le monde matériel et les réalités spirituelles ni entre les réalités de la création et celles du salut, mais une unité de plan et de finalité. Cela signifie qu'un ordre réciproque, une proportion, une analogie existe entre ces deux ordres de réalités.

L'idée même d'analogie entre les différentes oeuvres du même Dieu nous amène à conclure que le système le moins important a un rapport sacramentel avec celui qui l'est plus. En d'autres termes, le matériel a un rapport sacramentel avec le spirituel, l'humain avec le divin, la création avec la rédemption. Le Créateur est le Rédempteur; et il apparaît comme créateur dans l'oeuvre de la rédemption. Le salut de Dieu s'accomplit dans notre monde contingent et y prend la forme humaine. Tout dans le monde est signe de Dieu et instrument de sa présence. Cette présence n'est pas réduite au royaume de l'intériorité, elle envahit tout le réel.

Dieu n'agit pas directement, d'une façon immédiate. La sacramentalité implique l'idée de médiation. Dieu agit toujours par des intermédiaires. La médiation est un principe universel en régime chrétien: médiation de Jésus comme Christ, médiation de l'Église, médiation du prochain, médiation de toute réalité matérielle ou humaine. L'action de Dieu s'accomplit dans le respect des instances créées et à l'intérieur d'elles; elle ne nous atteint pas autrement. Dieu ne fait pas l'économie de médiations.

Les progrès sociaux, les sciences humaines et les inventions de l'homme sont des grâces de Dieu et peuvent devenir médiations de son salut. La parole divine passe par la bouche d'un homme, l'action de Dieu s'accomplit par des mains humaines, l'expérience de Dieu s'inscrit dans l'expérience humaine. La proximité et l'immédiateté de Dieu passent par la médiation de la réalité, même la plus négative: la nuit obscure, l'échec, la souffrance, voire la mort. On ne peut prétendre ni à une participation immédiate à la nature divine ni à une expérience directe (non médiatisée, désincarnée) de la présence de Dieu. Même la prière qui se veut une conversation avec Dieu ne peut se dispenser de médiations: mots, silence, émotions, gestes. La grande illusion consiste à se dispenser du corps et des réalités humaines pour atteindre Dieu. Le salut s'accomplit non pas dans un dépassement de la matière, mais par une rédemption du corps; non par une «spiritualisation», mais par une incarnation.

Le principe dogmatique

Le principe dogmatique pourrait se formuler ainsi: la révélation chrétienne, s'explicitant au cours de l'histoire en systèmes articulés de doctrines, appelle nécessairement l'existence d'une instance autorisée qui vienne discriminer ce qui est conforme à la révélation et ce qui ne l'est pas. Sans le principe dogmatique, le christianisme ne serait plus qu'un vague et vain sentiment et le donné révélé serait mis en cause sous son aspect spécifique de révélé. L'autorité est nécessaire à la révélation. Il n'y a pas de révélation s'il n'existe pas une instance autorisée pour déclarer ce qui est révélé. Nier cette autorité, c'est détruire le christianisme comme religion révélée. D'une part la révélation fait exister l'autorité et en est la source et la raison d'être; d'autre part l'autorité est essentiellement subordonnée à la révélation dont elle est l'instrument de validation. Comment comprendre cette affirmation dialectique?

La révélation chrétienne est fondamentalement un événement de salut dans le temps de l'homme. Elle est la réalisation historique, à l'intérieur des structures de ce monde, d'une initiative salvifique de Dieu — réalisation dont la parole historique de Jésus nous dévoile l'ultime signification. La parole se réfère essentiellement à la réalité divine qui se manifeste dans l'événement. La révélation-parole est indissolublement liée à la révélation-événement. La révélation chrétienne est aussi, mais secondairement, la communication de vérités inaccessibles à la seule raison.

L'aspect cognitif ne peut être exclu de la révélation; et le développement doctrinal n'en est que l'explicitation intellectuelle. À l'origine, la révélation se présente comme une intuition globale contenant bien des dimensions implicites, plus vécues que réfléchies. L'explicitation doctrinale achemine la révélation vers son épanouissement ultime. Elle débouche infailliblement sur des formules de foi, des articles de credo, des proclamations solennelles, des écrits théologiques, des textes polémiques et des théories prospectives.

La formule est le sacrement obligé de la révélation. Sans cette médiation, y a-t-il accès possible à la réalité révélée? En tant que religion révélée, historique et sacramentelle, le christianisme ne peut faire l'économie de la formule de foi. Il n'y a pas de foi sans formule de foi. Celle-ci est la voie d'accès au mystère. La formule n'est qu'une humble approximation de la vérité. Et, en tant que telle, elle est perfectible. Jamais la formule ne ferme la porte à une formule plus compréhensive. Elle n'est jamais autre chose qu'un chemin vers le mystère ineffable qu'elle doit servir. Elle n'est qu'une pauvre servante, rien de plus.

Devant ce corps doctrinal en perpétuelle mutation, l'esprit est perplexe. Il faut trouver un critère pour juger de ce qui est conforme à la révélation. Cette instance ultime de vérité ne peut être ni la logique, ni l'histoire de la pensée théologique, ni la tradition doctrinale, ni même l'Écriture sainte dont la constitution en canon officiel est fort tardive. La Bible elle-même ne circonscrit pas le donné révélé. Ce n'est qu'après avoir été reconnus par l'Église comme circonscrivant le donné révélé que certains écrits chrétiens primitifs furent acceptés comme Écritures saintes. Cela veut dire que ces écrits n'existent comme Écritures Saintes que par l'autorité de la communauté ecclésiale dont ils sont le produit. La Bible ne peut donc pas être la jauge ultime de la révélation.

Nous ne rejoignons la révélation proprement dite — au-delà des formules et des conjonctures historiques — que si Dieu illumine le coeur et parle à l'âme. Cette illumination intérieure développe chez le croyant une sorte d'instinct de la foi, une sorte de sens spirituel (*sensus fidei*) ou de flair intérieur qui adapte la personne au mystère révélé. Ce *sensus* n'est pas une nouvelle révélation, mais une disposition intérieure — découlant du don de la foi — qui permet de juger si une doctrine est en harmonie avec la révélation. Le *sensus fidei* discrimine ce qui est vérité et ce qui ne l'est pas, ce qui est expérience chrétienne authentique et ce qui est contrefaçon. Et cela, parce qu'il est un don du Saint-Esprit qui, comme unique maître intérieur de la vérité, connaît seul les secrets de Dieu et les dévoile au coeur simple. Ce sixième sens devient critère ultime de la vérité révélée. Cela faisait dire à Newman: «J'offrirais un toast à ma conscience avant que d'en présenter un à l'infaillibilité du Pape». Et Ignace de Loyola écrivait que «même s'il n'y avait pas les Écritures pour enseigner toutes ces choses de la loi, il se déciderait, s'il le fallait, à mourir pour elles et *seulement* à cause de ce qu'il avait vu» (dans son expérience intérieure)[9].

Mais cela ne résout pas encore le problème. Car même si le *sensus fidei* est de soi infaillible, il n'empêche qu'en fait tel individu puisse se tromper. Bien des interférences peuvent venir brouiller les messages du *sensus fidei*. Les passions, l'obscurité constitutive de l'homme, les préjugés, les illusions, les sollicitations intéressées sont autant de facteurs humains qui peuvent troubler ou neutraliser l'exercice discret de l'instinct de foi et exclure, de fait, toute certitude. De toute évidence, le *sensus fidei* individuel ne peut garantir ultimement la validité de l'expérience chrétienne ni la vérité d'une formule doctrinale.

Il faut dès lors nous tourner vers la foi de la communauté ecclésiale. «La réaction de toute l'Église comme communauté de foi, sans cesse dirigée par la lumière de la foi qui travaille d'une manière obscure en tous ses membres, n'est pas seulement infaillible en droit, mais aussi en fait»[10]. Le sujet de la tradition active et le porteur de la parole révélée, c'est la communauté chrétienne toute entière, compte tenu cependant de sa constitution spécifique et de ses articulations internes, hiérarchisées. La réaction collective de la foi appelle intrinsèquement le complément d'une instance autorisée qui encadre cette réaction et lui donne le statut d'une formule exprimant et exigeant l'accord de tous. L'action convergente d'une instance autorisée, de la foi communautaire et du *sensus fidei*, est le dynamisme qui garantit la vérité de toute expérience chrétienne et de toute formule qui prétend se réclamer de la révélation de Dieu en Jésus-Christ.

XIV
La dialectique des polarités

Même si les schèmes de la secte, de la gnose et du christianisme ont, chacun, leur spécificité propre, il est à noter que les mêmes éléments de religion sont récurrents dans les trois. Cependant l'organisation et l'articulation de ces éléments sont fortement conditionnées par les paramètres qui en définissent le champ herméneutique. Les mêmes éléments trouvent dans chacun des types une place différente et reçoivent une signification particulière. On se trouve devant trois visions religieuses qualifiées et trois mondes spirituels distincts. Le présent chapitre se propose d'établir une confrontation entre eux.

Cette confrontation ne peut se situer au niveau des doctrines. Celles-ci sont si diverses et si étrangères les unes aux autres que les conciliations et les concordances risquent d'être des accommodations factices et des compromis ambigus. Par exemple, cela ne conduit nulle part, sinon à un cul-de-sac, de comprendre la résurrection chrétienne en termes de réincarnation ou la réincarnation en termes de purgatoire. Toute doctrine ne trouve son sens et sa pertinence qu'à l'intérieur de la cohérence ou du système auquel elle appartient. Et c'est à l'intérieur de ce système qu'elle doit être comprise pour elle-même et non par le biais de rapprochements superficiels et indus avec des doctrines appartenant à une autre vision du monde. Chaque formule, chaque doctrine reçoit son sens total du système de référence de celui qui parle.

Notre confrontation se fera donc au niveau des principes et des polarités fondamentales qui servent de fondation et d'ossature à chaque système. Les principes sont généraux et permanents alors que les doctrines sont particulières, secondaires et sujettes au progrès ou à la corrosion.

I — LA RÉVÉLATION

La révélation est un élément essentiel de l'intelligence que toutes les religions ont d'elles-mêmes. Religion et religions de révélation sont tout simplement synonymes. Il n'y a pas de religion sans révélation. Le problème réside dans la façon dont cette révélation est comprise. On parle de révélation naturelle ou surnaturelle, publique ou secrète, historique ou métatemporelle, immanente ou transcendante, absolue ou relative, locale ou universelle, sporadique ou continue. Au coeur de toute religion gît la difficile question de la révélation. Cette question soulève nombre de problèmes d'ordre épistémologique et herméneutique. Notre propos n'est pas de faire une étude générale de la révélation, mais de présenter la compréhension que le christianisme s'en fait et de comprendre la gnose et la secte en regard de la vision chrétienne.

La révélation en christianisme

En christianisme, la révélation apparaît comme la convergence dialectique de l'expérience humaine qui réfléchit sur elle-même et de l'action de Dieu qui se réfléchit dans le miroir de cette expérience. La révélation est la synthèse vivante d'une expérience de la réalité humaine, qui se révèle elle-même à l'homme comme renvoyant à Dieu, et d'une action de Dieu qui se révèle elle-même comme venant de Dieu. L'expérience humaine révèle l'homme à lui-même et, ce faisant, révèle Dieu présent et agissant en lui. L'action salvifique de Dieu révèle Dieu à l'homme et, ce faisant, l'homme à lui-même. Le «Connais-toi toi-même et tu connaîtras Dieu» se jumelle indissolublement au «Connais Dieu et tu te connaîtras toi-même». Ces deux pôles constituent l'essence même de la révélation chrétienne. Dieu se révèle en révélant l'homme à lui-même. La révélation n'est pas un message qui requiert l'assentiment de foi; elle est l'expérience d'une foi qui est présentée comme message.

Dieu agit dans l'histoire universelle et dans la liberté de l'individu. Son action salvifique s'inscrit à l'intérieur de son action créatrice. Les réalités du salut épousent les structures de la création et les contours de l'expérience historique de l'homme. Il n'y a d'intervention divine qu'à l'intérieur de cette expérience individuelle et collective qui en est la médiation. Puisqu'elle est plantée au coeur même de l'expérience, l'action de Dieu ne peut être saisie que dans l'acte par lequel je saisis mon expérience. Cette action, immanente à l'expérience historique, possède une force révélatrice intrinsèque. La révélation est l'épiphanie de ce qui est divinement agissant dans l'homme et dans l'histoire. La révélation est la découverte de l'immanence de l'action transcendante de Dieu dans l'expérience historique. Elle sourd du plus creux de cette expérience; elle est une remontée à la conscience d'une donnée immanente; elle est l'auto-découverte de l'action salvifique épousant l'expérience humaine. À la limite, elle est l'auto-révélation de soi à soi et de Dieu dans ce soi.

Mais l'action salvifique de Dieu n'est pas un existential constitutif de l'existence humaine, ni un élément structurant — à côté d'autres — de cette expérience. Cela veut dire qu'aucune introspection à l'intérieur de l'expérience, aucune démarche d'intériorité ne peut aboutir à cerner directement Dieu et son action salvifique. D'ailleurs, cette action n'appartient pas au monde de la nécessité, mais à celui de la gratuité: elle est donc imprévisible, originale, surprenante, toujours nouvelle.

De plus, en tant qu'oeuvre de salut, l'action divine s'inscrit en faux contre l'homme pécheur. Les chemins que Dieu emprunte diffèrent des plans humains. Ses voies ne sont pas nos voies. L'important pour Israël et Jésus, ce n'est pas leurs projets et leurs réflexions sur ce que le salut pouvait bien signifier, mais la façon surprenante dont Dieu corrigeait ou détruisait ces projets pour finalement apporter le salut d'une manière totalement inattendue. Le salut peut apparaître comme le contraire et la néantisation des attentes de l'homme, alors qu'en réalité il en est l'accomplissement. C'est dire que le voyage intérieur dans l'expérience humaine n'aboutit pas en soi à la découverte de l'action salvifique; car celle-ci entre volontiers en contradiction avec l'expérience elle-même dans laquelle elle s'accomplit.

L'action de Dieu est donc foncièrement cachée; elle est inconnaissable par le seul processus de l'auto-découverte. D'où la nécessité d'une parole qui vienne identifier l'action de Dieu dans l'histoire, interpréter l'expérience humaine comme action de Dieu. La parole du prophète et de Jésus vient à la rencontre de la révélation événement. Elle dit ce qui se passe et, le disant, elle l'actualise pour moi. Aucune révélation ne peut faire l'économie d'une parole interprétative. À la lumière de cette parole, l'expérience humaine est interprétée comme action de Dieu et l'action de Dieu est expérimentée dans l'action de l'homme. Grâce à la parole, l'expérience de foi devient message. Le message devient tradition et la tradition devient texte. La révélation n'est donc plus simplement une auto-découverte de la totalité du sens immanent, mais une écoute, un «ex auditu», un enseignement, une pédagogie. Sous cet angle, la révélation consiste dans une extension quantitative de nouvelles vérités qui, en elles-mêmes, sont inaccessibles à la raison.

De cette jonction de l'auto-découverte et de l'«ex auditu» découle la tension dialectique des critères de l'expérience religieuse et de la vérité révélée. Autorité de l'expérience et autorité de l'«ex auditu», du message. Cette conjonction difficile crée un équilibre précaire, mais l'idée de révélation comme expérience de foi devenue message en commande le maintien. L'autorité de l'expérience coïncide avec l'autorité du message; voilà l'autorité de la révélation divine.

À l'intérieur du schème chrétien, la tension entre les deux pôles de la révélation est vécue de façon diverse selon les différentes traditions chrétiennes. Entre le libre examen inconditionnel et l'autorité magistérielle infaillible et absolue, il y a toute une gamme de réalisation chrétienne de cette bipolarité. Quand la tension est brisée et que triomphe un pôle en christianisme, on récolte alors le libéralisme et le relativisme moral ou le dogmatisme et, sa compagne obligée, l'intolérance. Le catholicisme réduit volontiers l'autorité de l'expérience de foi pour favoriser celle de l'enseignement du magistère, alors que le protestantisme fait généralement l'inverse. Et, dans l'Église catholique, l'aile libérale et politiquement engagée, insiste sur l'auto-découverte, alors que l'aile conservatrice et piétiste, privilégie l'«ex auditu».

La révélation dans la secte

La secte contemporaine, quant à elle, guillotine le pôle expérientiel de la révélation. À la limite, elle réduit la révélation à un «ex auditu», à un message. La négation plus ou moins explicite du principe sacramentel et l'absence de médiations qu'elle implique conditionnent profondément la notion de révélation que l'on rencontre dans la secte. La révélation est esentiellement une communication directe de vérités divines, inaccessibles à la raison. Cette communication ne passe pas par le biais médiatisant de l'expérience humaine; elle s'accomplit par le truchement direct de l'inspiration divine, celle-ci étant un flux naturel qui frappe de plein fouet l'intelligence du prophète fondateur. Cette inspiration directe est l'instance fondatrice de toutes les sectes. Dans son expérience d'illumination intérieure, le prophète fondateur entend une parole articulée qu'il transmet vocalement ou qu'il consigne par écrit. Le message oral ou écrit n'est pas l'interprétation de l'expérience; il est l'expression calligraphique ou verbale d'une voix intérieure. Il y a parfaite adéquation entre le message et la révélation.

La révélation qui donne naissance à la secte est toujours mise en relation avec la révélation biblique qu'elle vient interpréter, corriger ou compléter, selon les cas. La révélation biblique reçoit le même traitement que la révélation fondatrice. Elle est considérée elle aussi comme une dépêche du ciel, comme une missive directement dictée par Dieu. La Bible est matériellement la Parole de Dieu. Le texte en a été soufflé par Dieu lui-même, quand ce n'est pas ce dernier qui l'a gravé de sa propre main ou par l'intermédiaire des anges sur des tables de pierres — comme le décalogue. La révélation chrétienne est purement et simplement le texte biblique complété par le message, oral ou écrit, du fondateur de la secte.

La révélation va uniquement du message à l'expérience. Elle descend du message pour éclairer l'existence humaine ou pour la dénoncer. La révélation est statique comme la lettre anhistorique qui la cristallise. Comme elle tombe d'un texte intemporel (même s'il a été rédigé dans le temps) sur l'histoire, elle fige l'existence et intemporalise l'histoire. Puisqu'il n'y a pas de mouvement qui va de l'expérience au texte, il n'y a pas de développement possible. La seule évolution, c'est le retour à l'origine. L'autorité inconditionnelle de l'«ex auditu» explique la place exiguë de la démarche d'intériorité et le rôle déterminant de la prédication. Le sectateur proclame, exhorte, déclare, dénonce — la Bible dans une main et le message du fondateur dans l'autre. L'expérience et l'histoire ne sont pas des instances médiatrices de révélation. Dieu n'y parle point. Il a déjà tout dit. La secte exclusivise, pourrait-on dire, la démarche de Dieu vers l'homme et le caractère objectif et divin de la révélation. Aucune expérience humaine ne sert de point d'appui à la révélation et à l'entreprise théologique; la majesté suprême de l'action de Dieu et l'autorité absolue de sa révélation-message convainc l'homme du jugement et de la grâce. La secte est une religion de l'audition, de l'écoute.

La révélation dans la gnose

La gnose, au contraire, donne une telle priorité au pôle de l'expérience qu'elle exclut finalement l'autre pôle. Pour la gnose, la révélation est essentiellement sinon uniquement auto-révélation. Elle est la forme extérieure d'un contenu qui était déjà présent de façon immanente dans la raison. L'idéal religieux du gnostique est de découvrir le divin, en dehors des religions établies, par le seul jeu des potentialités humaines. La révélation est le développement de la totalité du sens immanent; elle est l'épiphanie de l'être profond. Elle est une exhumation du moi authentique enfoui sous les décombres des «je»; elle est une remontée à la lumière du fragment divin enfoui dans les profondeurs de l'ignorance; elle est la mise à jour des dimensions religieuses de l'homme. La révélation est l'auto-découverte des lois profondes du microcosme et, à travers lui, du macrocosme. La gnose dit: «Connais-toi toi-même et tu connaîtras l'univers et Dieu».

Cette conception de la révélation présuppose l'existence d'un flux ontologique continu entre tous les êtres, de l'épais minéral au divin subtil. Ce continuum est vie, conscience, esprit ou énergie universelle. La gnose est émanantiste. Dieu est éparpillé dans l'univers. La multiplicité est une illusion; seul existe l'Un. La révélation est victoire sur l'ignorance. Il s'agit pour le gnostique de percer le voile de l'illusion et de la multiplicité pour découvrir l'Un structurellement présent au tréfonds de son être et au coeur de l'univers. Par une démarche de conscience et d'introspection, le gnostique découvre qu'il fait partie de l'Un, qu'il est un avec l'Un. Cette démarche est infaillible, puisque l'Un est en continuité ontologique avec son être profond. Toute descente gnostique dans les profondeurs du moi met infailliblement en contact avec le divin. Le divin fait partie de l'essence de l'univers. Il est l'âme du monde. L'univers a ses lois nécessaires. Le Dieu de la gnose, étant impersonnel, ne connaît pas la nouveauté ou l'inédit d'un Dieu personnel. Ainsi donc, la connaissance des lois profondes de l'univers conduit nécessairement à la connaissance du divin.

Rien n'est inaccessible à la connaissance humaine. Le mystère est évacué. Il n'y a pas de réalité de grâce. Dieu ne s'exprime que dans les lois nécessaires de l'univers. Le gnostique achevé n'a que faire d'un maître extérieur; son gourou, c'est sa surconscience, son moi divin. La révélation, aboutissant à la connaissance et à l'expérience, ne commande pas la foi. L'autorité de l'expérience est unique, absolue. L'ultime critère de la vérité, c'est l'expérience. Est vrai ce que je sens comme vrai; est vrai ce qui me fait du bien. Est vrai absolument, ce qui est vrai *pour moi*. Je ne crois pas que c'est vrai; je sais que c'est vrai.

Tout homme possède le pouvoir de découvrir le divin. Mais les ténèbres qui l'envahissent lui rendent la tâche fort difficile. Pour faciliter et accélérer cette démarche d'auto-révélation, des maîtres apparaissent sporadiquement dans l'histoire, apportant une nouvelle révélation. Celle-ci n'est en réalité qu'une nouvelle édition de la révélation primordiale, intemporelle et immuable, conservée au plan astral et à laquelle les maîtres et les initiés ont accès par clairvoyance. Cette révélation, tombée du plan astral, n'est pas historique, mais cosmique. La nature, et non l'histoire, en est le livre. En réalité, cette révélation ne dévoile rien de neuf. Elle est moins une révélation qu'un guide et un catalyseur de révélation. La révélation externe n'ajoute rien à ce que l'homme saurait tirer de son propre fond. Elle ne fait qu'anticiper des connaissances que le gnostique aurait pu découvrir indépendamment d'elle et qu'il devra, de toute façon, expérimenter pour qu'elle devienne révélation pour lui.

La connaissance par expérience doit remplacer la foi qui n'est qu'un succédané pour la connaissance. La révélation externe est un pédagogue dont la visée ultime est de devenir inutile. L'«ex auditu» n'est qu'une phase transitoire qui doit déboucher sur l'«ex experientia». L'expérience doit supplanter totalement le message. Le maître extérieur doit céder la place au gourou intime. La révélation gnostique est, dans son essence, une auto-découverte; la révélation parfaite et achevée est l'auto-révélation absolue. Les Écritures sacrées et les enseignements des religions établies sont assujettis à l'autorité incontestée et exclusive de l'expérience, seule pierre de touche de la vérité ultime. Les gnoses contemporaines sont essentiellement des religions de l'expérience.

Ainsi donc la bipolarité dialectique de la révélation est structurellement compromise par la résorption soit du pôle anthropo-logique (dans la secte), soit du pôle théo-logique (dans la gnose). La secte a tendance à réduire la révélation à une parole divine; et la gnose, à une parole humaine.

En christianisme, cette menace est moins structurelle que pratique. Selon que le christianisme glisse vers le pôle théologique, il se sectarise; selon qu'il privilégie le pôle anthropologique, il se gnosticise. Les tendances sectarisantes (conservatrices, dogmatistes, biblicistes, surnaturalistes) sont dans le christianisme contemporain en tension, sinon en conflit, avec les tendances gnosticisantes (humanistes, libérales, psychologisantes, intériorisantes). Du côté sectarisant, vous avez le mouvement charismatique, les groupes encounter, les Cursillos, les Parents catholiques et, à l'extrême, les Bérêts blancs. Du côté gnosticisant, vous avez le Mouvement PRH, les groupes d'intériorité et de méditation ainsi que les salons «théologiques» humanistes. Un christianisme gnostique serait un christianisme réduit à une parole d'homme et un christianisme sectariste serait un christianisme réduit à une parole de Dieu. La réduction anthropo-logique comme la réduction théo-logique défigure le visage du christianisme authentique qui est anthropo-théologique, c'est-à-dire christologique.

II — LA VOIE DU SALUT

Toute révélation apporte une vision particulière de Dieu, de l'homme et du monde. De cette vision découle une conception spécifique du salut et de la voie qui y mène.

En christianisme

En christianisme, la foi en Jésus *le* Christ est le chemin qui conduit au salut, à la libération ultime. Adhésion au Dieu de Jésus-Christ, la foi est tout à la fois confiance et connaissance. Croire, c'est faire confiance au Dieu qui se révèle, recevoir son interpellation, se soumettre à sa volonté et se lier à lui dans la fidélité. Fondamentalement, la foi est obéissance de l'homme au Dieu saint et insaisissable qui, se dévoilant lui-même, révèle à l'homme sa condition aliénée et pécheresse. L'abîme de dissemblance ne saurait être comblé par l'effort humain. La foi reste toujours accueil attentif de la réalité impénétrable de Dieu, écoute fidèle d'une Parole toujours plus grande et participation au fait scandaleux et irréductible de l'amour divin pendu au gibet. Le christianisme est cette folie de l'amour divin qui se livre en Jésus. La foi est essentiellement une entrée existentielle dans ce mystère qui choque la raison.

Mais le christianisme est aussi une sagesse; et la foi est aussi une connaissance. Le croyant pénètre progressivement le contenu de sa foi; il cherche à en percer le sens profond et à saisir les richesses et les exigences qu'elle recèle. Peu à peu, il passe de la simple obéissance à la connaissance intérieure. Une telle connaissance se fait dans l'expérience, où s'épanouit le contenu de la foi. Faire l'expérience de la foi, c'est vivre avec les réalités, les événements, les symboles et les valeurs qui forment le contenu de la révélation. Dans l'expérience, ce contenu se livre peu à peu au croyant. La foi vit de réalités. Dieu est réel; il n'est pas la projection de l'idée de justice ou d'amour. Le Christ est réel; il n'est pas la personnification des idéaux humains. L'action divine dans l'histoire est réelle; elle n'est pas une illusion sécurisante. Faire l'expérience de la foi, c'est se savoir relié à ces réalités et en éprouver l'existence et le dynamisme dans le concret de la vie. La foi acquiert alors une densité concrète. On ne peut connaître vraiment le contenu de la foi que dans la pratique de la foi. L'expérience fait découvrir la vérité de ce qui est révélé.

L'expérience est donc principe de la connaissance. La révélation reste lettre morte aussi longtemps qu'elle ne féconde pas l'expérience. Ce n'est que dans l'expérience que la foi se développe en connaissance expérientielle et en savoir théologique. «La vie éternelle, c'est qu'ils te connaissent, toi, le seul vrai Dieu et celui que tu as envoyé, Jésus-Christ» (Jn 17,3). «Le connaître, lui (le Christ), avec la puissance de sa résurrection et la communion à ses souffrances» (Ph 3,10), tel est le soupir de tout vrai croyant. La foi est connaissance de Dieu et connaissance de l'homme. Connaissance de l'homme par la connaissance de Dieu. «Que je te connaisse et que je me connaisse!» disait Augustin. Connaître, c'est faire l'expérience du vrai Dieu et, par ce biais, accéder à la découverte de soi-même. La figure du Sauveur nous fait mesurer nos justes proportions. C'est d'elle qu'émanent immédiatement la possibilité et la puissance active de notre métamorphose. Connaissance de soi par la connaissance de Dieu et connaissance de Dieu par la connaissance de soi: voilà les deux pôles dialectiques de la connaissance de foi.

Cette connaissance n'épuise pas le mystère de Dieu et de l'homme. À l'encontre du problème qui peut être résolu et de l'énigme qui peut être déchiffrée, le mystère est proprement l'impénétrable, l'insondable. On peut philosopher sur le mystère ou à partir de lui; mais on ne peut le percer de part en part. On le pénètre toujours davantage, mais sans jamais l'épuiser. «Il reste en son fond incompréhensible sans cesser cependant de toujours fournir à la compréhension. Il est moins éclairé qu'éclairant et sa fécondité inépuisable se manifeste peut-être surtout en ce qu'il permet de mieux comprendre tout le reste»[1]. Le mystère ne s'impose pas, il se propose en se livrant. Puisque Dieu se révèle comme Dieu caché, il reste toujours caché dans ce qui le révèle. Le véritable sens du mystère, c'est le secret. Le Dieu révélé reste caché; il est essentiellement mystérieux. La connaissance de foi ne désocculte pas Dieu; au contraire, elle fait découvrir l'impénétrabilité de son mystère, dans la mesure où elle nous y fait pénétrer.

Aussi la connaissance ne peut-elle jamais supplanter la foi. Si le croyant pouvait connaître Dieu de façon exhaustive, cette connaissance exclurait la foi, et l'obéissance serait abolie. «Sans expérience, pas de connaissance; mais sans foi, pas d'expérience», écrit Anselme de Cantorbery[2]. La foi constitue le départ et rend l'expérience possible; et cette expérience produit la connaissance. La foi ne cesse jamais d'être foi. La connaissance n'élimine jamais la foi. Elle s'accomplit dans l'abandon de soi à la brûlure de Dieu. La connaissance de foi est toujours une connaissance *dans* la foi. Elle s'éteint dès que s'éteint la foi. En christianisme, la foi est autant question que réponse, autant recherche que découverte. Parce qu'elle s'inscrit à l'intérieur du mystère, la foi est essentiellement une dialectique d'obéissance et de connaissance, de question et de réponse.

Dans la secte

La secte, quant à elle, a tendance à réduire la foi à un cri de confiance absolue. La foi est rencontre de Jésus et adhésion à sa parole. Elle est confiance inconditionnelle et abandon de tout l'être. Le sectateur ne se soucie guère des exigences de la vérification historique et des requêtes de la raison. Il ne croit pas parce que «ç'a du bon sens», mais parce que la parole vient de Dieu. Il n'est pas préoccupé par le caractère raisonnable du donné révélé, mais par l'autorité du révélateur. Dieu a parlé en Jésus et dans le prophète fondateur; il faut les écouter. À celui qui croit, rien n'est impossible, parce que la foi est participation à la puissance de la parole divine. La secte prend volontiers les traits du fidéisme. D'après ce dernier, «n'est efficace pour le salut, que la conviction et l'abandon du coeur, et non pas une connaissance de foi raisonnable et appuyée sur des preuves»[3].

La secte n'a cure de l'aspect cognitif de la foi. La parole de Dieu est claire; claires également les exigences qu'elle pose sur le croyant. On n'a pas à ergoter. On n'a qu'à faire confiance et à se soumettre. Les interprétations et les gloses émoussent le glaive de la Parole: elles vident le texte de sa puissance salvifique et risquent de le dégrader au niveau d'une parole humaine. La parole de Dieu se tient en elle-même et se moque de la raison. La meilleure façon de la comprendre, c'est moins de l'expliquer que de lui obéir.

Il faut certes connaître le texte pour s'y soumettre. La secte a tendance à réduire l'aspect cognitif de la foi à la mémorisation des textes bibliques et des écrits du fondateur. L'explication se ramène souvent à enfiler des citations qui s'appellent l'une l'autre et à trouver des concordances entre le texte révélé et la conjoncture historique. Le sectateur est plus impatient d'appliquer la Parole que d'en chercher les cohérences intellectuelles. Sa foi ne s'épanouit guère en connaissance et en théologie. Le système doctrinal des sectes est généralement rudimentaire, comparé aux spéculations luxuriantes de la gnose.

Dans la gnose

La gnose prend le contre-pied de la secte. Elle propose le salut par la seule connaissance. Connaître, c'est découvrir le fondement ultime de son être, prendre conscience du fragment divin qui habite les profondeurs humaines et faire l'expérience des lois divines qui régissent l'univers matériel et spirituel. Cette connaissance salvifique est la voie de la remontée de l'être spirituel vers la source divine d'où il émane. Par la connaissance, le gnostique triomphe de l'ignorance qui est le mal radical, il se libère de l'illusion du monde sensible et des forces qui l'aliènent. La connaissance des lois cosmiques et du divin qui s'y exprime, lui permet de s'exhausser au-dessus de sa condition aliénée. Maîtrisant les lois par sa connaissance, il peut les utiliser à son profit et à l'avancement de l'humanité. Maîtrise et harmonie, voilà les fruits essentiels de la connaissance gnostique. Le salut réside dans la connaissance. Tu es sauvé parce que tu connais.

«Connais-toi toi-même», déclare l'oracle de Delphes, que le gnostique se complaît à répéter. La connaissance salvifique est essentiellement découverte de soi et de ses potentialités secrètes. Il s'agit pour le gnostique de se connaître soi-même et d'atteindre, à travers les corps qui l'enveloppent, à l'essence ultime qui le constitue dans son identité essentielle. Tout l'univers et Dieu se trouvent concentrés dans l'être humain qui forme un véritable microcosme. L'exploration de ce microcosme lui dévoile les lois du macrocosme; la connaissance de l'humain lui révèle le divin. En se connaissant, le gnostique connaît Dieu et l'univers. Le mouvement est unidirectionnel: il va de la connaissance de l'homme à celle de Dieu. Il n'en saurait être autrement puisque cette connaissance n'est pas dialogale. Dieu n'est pas un vis-à-vis pour le gnostique. Lui-même est partie de Dieu. Il n'y a pas de véritable altérité. La connaissance de soi s'identifie à la connaissance du divin et la connaissance du divin est la connaissance de soi. Le gnostique va de soi à Soi. Sa connaissance est un soliloque. En parlant de Dieu, il parle de lui-même et vice versa. En parlant à Dieu, il se parle à lui-même. En priant Dieu, il se prie lui-même. Les textes gnostiques sont explicites sur ce point.

Puisque la connaissance maîtrise la vérité, comment n'évacuerait-elle pas toute idée de soumission, d'obéissance? Dans son essence même, la connaissance gnostique exclut la foi. Le gnostique n'a pas de croyances; il a la connaissance. Certes au début de sa démarche, le néophyte ignare doit se soumettre à l'autorité du maître omniscient. Ce qui est exigé de lui, c'est la confiance et l'obéissance. Le maître jouit d'une autorité absolue. Au départ, la foi au maître tient lieu de connaissance. Mais, au fur et à mesure que le disciple fait l'expérience de ce que le maître lui révèle, la foi cède le pas à la connaissance. À telle enseigne que la foi devient inutile lorsque la connaissance est accomplie. La foi est comme un pédagogue qui débouche sur la connaissance. Celle-ci étant acquise, celle-là disparaît. Le gnostique parfait sait sans croire. La connaissance supplante absolument la foi. Si la foi persistait, elle serait un handicap à la connaissance parfaite, donc au salut. La gnose privilégie le pôle de la connaissance au point d'éliminer le pôle de la foi; la secte fait le contraire. La gnose est une religion de la connaissance: elle s'épanouit en sapience, en philosophie religieuse, en pansophie. La secte est fidéiste: elle affirme la rudesse et l'exigence de la parole révélée et témoigne de la folie de Dieu et du scandale de la croix. La gnose séduit par sa sagesse; la secte choque par son radicalisme.

En christianisme, la bipolarité de la foi est souvent compromise par l'atrophie de l'un ou de l'autre pôle. De la foi du charbonnier à la connaissance du théologien, il y a toute une gamme d'incarnations possibles de la bipolarité de la foi. Chaque modèle ecclésial réussit tant bien que mal à maintenir l'équilibre. On dit généralement que le catholicisme privilégie l'aspect doctrinal de la foi et insiste sur l'orthodoxie, alors que le protestantisme appuie sur l'élément du risque et de la confiance. Cela n'est vrai qu'à demi. Depuis le siècle des Lumières, y a-t-il un lieu ecclésial où le pôle de la connaissance soit plus magnifié que dans les Églises réformées et protestantes? Y a-t-il une Église où le pôle de la confiance peu éclairée ait connu une place aussi prépondérante que dans le catholicisme populaire? L'Église est toujours à la recherche d'un juste équilibre — toujours impossible — entre la foi-confiance et la foi-connaissance.

Dans l'Église catholique, les conflits récurrents entre la théologie qui cherche la vérité et l'autorité pastorale, illustrent à l'évidence la tension entre les deux pôles de la foi. Ou bien l'on promeut la confiance et la dévotion des fidèles au détriment éventuel de la vérité, ou bien l'on fait droit aux requêtes de la vérité et l'on risque d'ébranler la foi des simples. Ce n'est que par l'intervention du principe de l'économie que l'on peut adoucir les heurts et trouver un difficile «modus vivendi».

Le christianisme, de par son essence même, est séduit par la sagesse humaine comme il l'est par la divine folie de la croix. Dans la mesure où il devient religion de sagesse, il glisse dans la gnose; dans la mesure où il est fidéiste, il tend vers la secte. Ainsi s'opère une double réduction possible du christianisme: l'une à son pôle sapientiel; l'autre à son pôle obédientiel. La réduction sapientielle transforme petit à petit le christianisme en rationalisme, en idéologie et en système doctrinal. La réduction obédientielle en fait un code éthique, une règle de moeurs et un système de pratiques. Encore à ce niveau, les tendances gnosticisantes et sectarisantes paraissent inhérentes à la nature même du christianisme.

III — ÉTHIQUE ET MYSTIQUE

Toute religion s'enracine dans une double expérience de la sainteté de Dieu. L'expérience de la sainteté comme ce qui *est* et l'expérience de la sainteté comme ce qui *devrait être*. La mystique évoque l'expérience de ce qui est; et l'éthique, l'expérience de ce qui devrait être. Il n'y a pas de sainteté — et donc de religion vivante — sans la présence de ces deux éléments. L'éthique tire de la révélation les règles pour l'action morale. Elle établit ces lois pour fixer et parfaire les relations de l'individu avec l'ensemble des êtres.

Le mot mystique est mêlé aujourd'hui à toutes les sauces. Il désigne soit le voyage intérieur à la recherche de soi, soit l'expérience psychédélique, soit la prise de conscience des énergies latentes, soit l'expérience de phénomènes parapsychiques. Quant à nous, nous entendons par mystique, l'intuition directe et la saisie immédiate de Dieu au fond de l'être ou, en d'autres termes, l'expérience de la rencontre intérieure et unifiante avec l'Être divin qui est le fondement ultime du monde. La mystique est une remontée intérieure vers la source de l'être, une plongée de l'âme dans les profondeurs de sa cause. L'existence de l'élément mystique est attestée, à côté de l'élément éthique, dans toutes les religions évoluées, ces éléments constituant les deux pôles dialectiques d'une réalité dynamique. Le pôle mystique prédomine dans les religions asiatiques, alors que l'élément éthique prévaut dans les religions nées de la tradition d'Israël.

La synthèse chrétienne

En christianisme, l'élément mystique est sociologiquement représenté par les milliers de communautés d'hommes et de femmes qui consacrent leur vie à la prière et à la vie contemplative, et par les millions de personnes qui, dans leur souffrance, vivent la mystique de la croix de Jésus. Et l'élément socio-éthique est illustré par les innombrables groupes d'action apostolique et caritative et par tous ces chrétiens et chrétiennes engagés dans la lutte pour la justice et dans l'édification d'un monde meilleur. Mais le christianisme n'est pas divisé en deux camps, c'est-à-dire d'un côté les mystiques, de l'autre les engagés. Le christianisme est, dans son essence même, mystique et éthique. Et tout chrétien est appelé à vivre l'union unifiante avec Dieu et l'amour du prochain. Il n'y a pas de mystique sans éthique, comme il n'y a pas d'éthique sans mystique. Il n'y a pas de relation unifiante à Dieu qui ne s'exprime à l'intérieur d'un nouveau rapport à soi, à autrui et à l'univers.

À la source du christianisme, il y a l'amour de Dieu manifesté en Jésus le Christ. Le christianisme est la réponse à cet amour qui s'offre. Puisque le Dieu qui s'offre est essentiellement un Dieu tourné vers les hommes, en particulier vers les plus désoeuvrés, la démarche vers Dieu est structurellement orientée vers les hommes que Dieu aime, vers ce qui plaît à Dieu. «Je fais toujours ce qui lui plaît», disait Jésus. Cela veut dire que le chrétien est tourné, non pas vers l'essence de Dieu, mais vers ce qui lui plaît. Dans sa démarche, il cherche moins à jouir de Dieu, de sa présence et de sa vue, qu'à aimer le bien de Dieu, ce qui lui plaît, ce qu'il veut. L'union à Dieu s'exprime dans la connivence avec le vouloir divin. Dieu étant le Dieu qui vient, on ne le rencontre que là où il va. Dieu étant l'Être-tourné-vers-l'homme, on ne croise son regard qu'en fixant l'homme qu'il regarde. Dieu étant celui qui aime l'homme, on ne rencontre son amour qu'en aimant l'aimé de Dieu.

De cela découlent deux conséquences de grande portée. La première concerne l'attitude mystique. Si, comme nous l'avons dit, la mystique est la saisie immédiate de Dieu présent au fond de l'être, on peut dire que le christianisme ne tend pas historiquement à l'obtention de cet état. En régime chrétien, la rencontre de Dieu se fait par le biais des médiations. On peut certes s'interroger sur la possibilité d'une expérience immédiate de Dieu. Si elle est possible, est-elle exceptionnelle et réservée à quelques privilégiés ou se rencontre-t-elle sur le chemin normal de la foi? Une chose est sûre: Dieu n'est pas mécaniquement lié aux médiations. La seule médiation absolue est le Christ. L'Esprit de Dieu souffle où il veut et comme il veut. Dieu est le Vivant et, dans le Christ, il se fait proche. Aucune théorie scientifique ou théologique ne peut l'empêcher de toucher directement l'âme si cela lui plaît — de Vivant à vivant.

De toute façon, l'expérience mystique est toujours un don, une grâce de Dieu. C'est Dieu qui prend l'initiative de se «faire voir» directement. Jamais cette expérience n'est le produit obligé d'une démarche de l'homme.

Quoiqu'il en soit, le christianisme ne vise pas à l'obtention, sur cette terre, de l'état mystique. Il tend essentiellement à la plénitude de l'amour, de l'*agapè*. Aimer Dieu, c'est aimer ce qu'il veut; c'est l'aimer pour lui-même et non pour l'intérêt ou le plaisir qu'on en peut tirer. Dans sa prière, le chrétien demande la grâce de connaître la volonté de Dieu et la force de l'accomplir. «Fais-moi désirer ce qui te plaît et donne-moi de l'accomplir». Le christianisme ne vise pas à fortifier le désir de l'état mystique. Il serait plutôt enclin à craindre cet état et les phénomènes psychiques qui peuvent l'accompagner. Le critère de la sainteté chrétienne et de l'authenticité de la vie spirituelle n'est pas la hauteur des états mystiques, mais la profondeur de l'amour.

La deuxième conséquence est relative à l'amour du prochain. Si l'amour de Dieu et du prochain est un amour désintéressé, la fin que poursuit le chrétien n'est pas sa propre jouissance, ni l'harmonie intérieure, ni la maîtrise sur l'univers. «Je vous donne un commandement nouveau: «Aimez-vous les uns les autres comme je vous ai aimés. C'est en cela qu'on reconnaîtra que vous êtes mes disciples». Cette parole de Jésus montre à l'évidence que l'amour est la jauge ultime de l'authenticité chrétienne. Les vertus les plus hautes, les dons les plus extraordinaires sont trompeurs sans l'amour.

Parce qu'il est essentiellement *agapè* (amour désintéressé), l'amour chrétien est toujours actif. Et cette action touche et la réforme intérieure et la transformation du monde et de la société. Elle peut être autant une «passion», une souffrance, une incapacité qu'un agir concret et productif. L'oeuvre du chrétien, c'est de communier à la croix du Christ et de participer à la puissance de sa résurrection. Dans cette action-passion, le chrétien s'arrache aux forces du mal; il édifie l'homme intérieur à l'image du Christ et construit un monde meilleur. La nécessité des «oeuvres» est de l'essence même du christianisme. Ainsi se trouve abolie toute rupture ou dichotomie entre la mystique et l'éthique, entre la contemplation et l'action, entre la «vie intérieure» et la praxis socio-apostolique. Il ne s'agit nullement de l'une *ou* l'autre, mais de l'une *et* de l'autre: les deux faces dialectiques d'une unique démarche. Ce ne sont pas deux voies parallèles, la première réservée à une élite, la seconde à la masse. Ce sont les deux faces d'une unique réalité.

De cette vision, découle une conception particulière de l'ascèse. On ne comprend rien à l'ascèse chrétienne si on ne la conçoit pas spécifiquement comme un exercice d'amour, comme une oblation «sacrificielle» vécue en communion avec la souffrance de Jésus-Christ. L'identification au Christ pauvre et humilié, a toujours été le mobile et la fin de l'ascèse chrétienne. Celle-ci ne vise pas l'obtention d'un état d'insensibilité aux meurtrissures de la vie. Elle est essentiellement communion au *pathos* de Dieu manifesté en Jésus-Christ.

L'ascèse chrétienne est aussi, mais secondairement, une discipline de purification et de formation qui permet de rectifier l'intention et d'épurer les mouvements du coeur; et cela, en vue de parvenir à un pur amour de Dieu et du prochain d'où est exclue toute recherche de soi-même. Quant aux techniques d'ascèse corporelles, intellectuelles et spirituelles, le christianisme n'a rien inventé; il n'a fait que s'approprier les traditions ascétiques des cultures ou religions environnantes. Voilà pour le christianisme.

L'attitude de la secte

La secte accorde la priorité au pôle éthique et ne se préoccupe guère d'intuition immédiate de Dieu, de connaissance de soi et de techniques de méditation. Elle n'est pas pour autant dépourvue d'intériorité. La prière individuelle et communautaire, l'écoute attentive de la Parole de Dieu, la recherche de l'harmonie intérieure y trouvent place. Mais toutes ces réalités sont mises au service d'une vie droite. La démarche de la secte est essentiellement d'ordre éthique.

Au coeur de cette éthique, il y a la conversion. Se convertir, c'est se tourner vers le Dieu qui sauve en Jésus et centrer son existence sur la parole révélée. Celle-ci décrit le dessein de Dieu et pose des exigences sur l'homme. Ces exigences sont définies en termes de normes, de lois, de choses à faire et à éviter. À la limite, la Bible est un code d'éthique. La conversion est refus d'une éthique de compromission et adoption d'une éthique radicale; elle est renonciation aux valeurs humaines de la culture et de la science et adhésion aux valeurs évangéliques qui, souvent, prennent figure d'anti-valeurs. La secte propose une éthique de rupture et de discontinuité — discontinuité entre l'ordre créationnel et l'ordre rédemptionnel — comme si le Rédempteur était autre que le Créateur.

C'est une éthique de la lettre. La lettre commande directement un agir; elle a valeur d'absolu. Point n'est besoin de passer par une analyse de la situation ou par une interprétation du texte. Celui-ci parle clairement et s'impose directement à la conscience. La secte récuse toute morale de situation et ne prise guère la morale en situation; car elle a la hantise de la compromission et du relativisme moral.

L'éthique de la secte est franchement individuelle, mais non pas individualiste. Elle règle la relation de l'individu avec Dieu, avec autrui et même avec la société, tisse, entre les membres de la communauté, un réseau relationnel de qualité et génère beaucoup d'initiatives d'ordre caritatif. Le sectateur est un homme dévoué, prêt à répondre aux besoins qu'il rencontre — et cela, en accord avec les exigences d'une morale individuelle. Mais de morale socio-politique ou de morale économique, il n'en est pas question dans la secte. À ses yeux, il suffit de transposer sur le plan socio-politique les principes de la morale individuelle, et le tour est joué. Si tous les hommes se convertissaient à Jésus et appliquaient les exigences évangéliques à leur vie personnelle, la société serait automatiquement transformée dans ses structures. Il n'y a pas d'autre éthique sociale que le prolongement, au niveau socio-politique, des principes de la morale individuelle.

Dans ce contexte, l'ascèse prend une signification particulière. Il appert que les pratiques ascétiques, peu développées dans la secte, n'ont pas comme objectif d'immuniser contre les tentations ou de conduire à la contemplation. Elles tendent plutôt à fortifier l'individu en vue d'un accomplissement intégral de la loi morale. Leur visée est strictement éthique. Les pratiques d'ascèse ont certes leur importance; mais le point principal, c'est la vie ascétique elle-même, c'est-à-dire une vie marquée au coin du radicalisme, du rigorisme et d'un certain puritanisme. La vie ascétique est moins un moyen d'imiter Jésus que la conséquence d'une volonté imperturbable d'accomplir, à la lettre, les exigences de la Parole de Dieu.

La synthèse gnostique

À l'encontre de la secte, la gnose n'a cure des règles morales. La gnose contemporaine ne s'attarde pas à analyser les faits d'ordre moral pour en tirer des lois pour l'existence individuelle et sociale. De tendance foncièrement antinomiste, la gnose s'en remet à l'autorité du maître intérieur qui, seul, peut poser sur l'individu des exigences libératrices. L'éthique gnostique est directement centrée sur la croissance de l'individu et non sur la transformation de la société. La gnose est orientée vers la contemplation, non vers l'action dans le monde. Elle est essentiellement une démarche d'intériorité, une recherche de soi et du divin: une mystique.

Le gnostique accompli est celui qui a conscience de son unité avec le divin, qui contemple Dieu en soi et le saisit d'une façon immédiate. En cette expérience consistent la perfection et le degré ultime de la démarche spirituelle. Parvenir à la connaissance de soi, prendre conscience de son moi profond, expérimenter directement le divin infini, s'aboucher avec la conscience et l'énergie universelles, jouir de la lumière inaltérable de la vérité, faire l'expérience de son identité avec l'Un, voilà autant d'expressions équivalentes pour désigner la finalité de l'itinéraire gnostique.

La mystique gnostique accorde la primauté à la connaissance sur l'amour. Certes l'amour n'est pas exclu; mais il est vu comme un moyen. On aime pour connaître. L'amour gnostique est un amour diffus et général qui vise moins les êtres concrets que leur unité ontologique au-delà de la multiplicité. Cet amour du divin n'est pas un amour d'altérité, car le divin est impersonnel et ne se distingue pas métaphysiquement de mon être profond. L'amour du divin est donc essentiellement tourné vers soi; il est égocentrique. La mystique gnostique aboutit à soi; elle est contemplation de soi. Et puisqu'elle regarde l'objet contemplé comme moyen de fruition, elle est fondamentalement une jouissance et une complaisance. Le gnostique rapporte à soi l'objet de sa connaissance: il connaît pour être en harmonie, pour jouir de la maîtrise sur l'univers, pour découvrir des potentialités latentes, pour acquérir des pouvoirs secrets, etc.

L'expérience du divin immanent n'est pas le fruit de la raison discursive, mais de la mise en oeuvre de techniques visant le corps, l'âme et l'intellect. Toutes ces pratiques d'ascèse, d'entraînement et de purification visent essentiellement l'obtention de la pleine liberté intérieure et de la parfaite autonomie, par le biais du contrôle des passions et de la sensibilité (*apatheia*). Une fois dégagé des pulsions du corps, des tendances de l'âme et des pensées multiples qui suscitent les désirs et dispersent l'être, le gnostique accède à la saisie directe de l'incorporel, du spirituel.

Dans la méditation, l'esprit doit dépasser toute connaissance d'objets particuliers, car pour saisir l'absolument simple, l'infini et le sans forme, il doit se simplifier entièrement et évacuer tout résidu conceptuel défini. La connaissance immédiate du divin s'accomplit par une plongée dans l'inconnaissance. Dieu n'est vu qu'en faisant le vide en soi. Au terme de cet exercice, l'âme ne rencontre qu'elle-même. C'est en prenant un contact direct avec sa pure essence que l'âme rencontre le divin. «Si la saisie de Dieu est un phénomène normal qui ne dépasse pas les capacités de l'intellect humain, si, d'autre part, l'objet connaissable étant indéfini, on ne peut le saisir qu'en excluant toute représentation particulière, toute forme, il faut bien qu'au terme de ce dépouillement le vide absolu de l'âme s'identifie avec Dieu, que l'âme en ne saisissant plus qu'elle-même et sa pure essence, saisisse Dieu»[4]. L'âme voit Dieu en se voyant elle-même. La vision immédiate de Dieu est à la portée de l'homme. Elle n'est plus grâce de Dieu, mais fruit de l'effort humain; elle n'est plus initiative divine, mais décision de l'homme. Elle est soliloque et non dialogue avec un Dieu personnel; fruition et non amour actif; fusion avec l'Un et non union dans la différence. En tout cela, la mystique gnostique se distingue radicalement du christianisme.

L'aventure de la secte et de la gnose illustre la difficulté de maintenir dans un juste équilibre la bipolarité éthico-mystique, essentielle à toute religion vivante. Le christianisme n'est pas immunisé contre cette difficulté. Les différents modèles ecclésiaux insistent sur l'un ou l'autre pôle. On s'accorde généralement pour dire que les Églises orthodoxes favorisent l'élément mystique, alors que les Églises de la Réforme privilégient le pôle éthique et l'action dans le monde. Max Weber a montré comment la structure sociale du capitalisme est issue du calvinisme. Entre la tendance de l'orthodoxie à la mystique et à la contemplation, et la propension du protestantisme à l'éthique et à l'efficacité, le catholicisme cherche une *via media*, une voie mitoyenne qui garantisse l'affirmation simultanée des deux éléments. Les modèles de vie contemplative s'y développent, nombreux, à côté des multiples formes de vie engagée dans l'évangélisation, le service caritatif ou la transformation du monde. Mais l'équilibre n'est-il pas souvent rompu en faveur du pôle éthique? Le catholicisme populaire n'a-t-il pas été trop longtemps une religion de l'observance, sans profondeur mystique? La vie spirituelle, c'était pour les moines, les religieux et les prêtres. Aux laïcs, l'action dans le monde. Médusé par la préoccupation de la gnose, le christianisme se transforme en une mystique statique; séduit par la démarche de la secte, il se mue en une morale évidée. La réduction mystique ou éthique corrode gravement l'essence même du christianisme.

IV — L'ORIGINE ET LA FIN

Le problème de temps gît au coeur de toute religion. Le temps est inséparable de la destinée, puisque celle-ci s'accomplit dans le temps. Rôle du passé et du futur dans la réalisation présente de ma destinée éternelle. La connaissance elle-même est liée au temps: elle est réminiscence du passé et anticipation de l'avenir. Toute religion essaie d'articuler tant bien que mal la bipolarité du mystère du temps: l'origine et la fin.

Le temps en christianisme

En christianisme, le temps est vu comme une spirale terminée aux deux extrémités. Il y a un point de départ et un point d'arrivée; un commencement et une fin; une création et une consommation. La fin est un accomplissement; elle est une création nouvelle venant parachever la création première. Le salut n'est pas un simple retour aux origines. Poser la réalisation du salut *dans* l'histoire, c'est affirmer que la plénitude de l'être résulte de l'évolution cosmique, du devenir historique et de l'action de Dieu dans ce devenir. L'homme est vraiment ce qu'il devient. Au départ, l'homme est possibilité, pouvoir-être; à la fin, il est plénitude.

Le devenir ne peut s'accomplir que dans la fidélité à l'essence originelle. Aussi la démarche de salut, qui est tournée vers l'avenir, ne peut s'opérer sans le retour aux sources. Le discours eschatologique se fait en terme protologique; et les mythes de la fin s'inspirent des mythes des origines. Cela n'implique pas que la fin est la reproduction de l'état originel; cela veut dire que les réalités finales sont en continuité ontologique avec les réalités initiales, que l'eschatologie est le point d'arrivée de la protologie, que les réalités ultimes sont non pas la reproduction de l'état initial, mais l'accomplissement plénier de ce qui était donné germinalement à l'origine.

Cette continuité du temps et de l'histoire suppose que le temps reçoit son épaisseur de l'éternité, et l'histoire sa densité des irruptions de Dieu. En anticipant dans l'histoire les réalités ultimes, ces interventions divines créent une tension entre le futur et le passé, si bien que le souvenir et l'espérance caractérisent dialectiquement la démarche chrétienne. Cette tension détermine entièrement le présent et lui donne une densité particulière. Le christianisme intensifie prodigieusement le présent:

chaque acte particulier, accompli dans l'ici-maintenant, étend ses effets jusque dans le futur; il nous lie pour l'avenir, pour la vie entière, voire pour l'éternité. «À cette intensification du temps s'oppose la doctrine de la réincarnation des âmes, où le temps est dilué, où le temps — et non l'éternité — répond pour le temps. L'intensification du temps marque la possibilité dans l'instant, à l'intérieur du temps, d'un accès à l'éternité, à ces événements dont le sens n'est pas seulement temporel, mais éternel»[5].

L'importance du maintenant et l'urgence de la décision jaillissent du caractère décisif de la tension créée par la présence inchoative du règne à venir. Les temps sont accomplis; le règne futur de Dieu est si proche qu'il est présent parmi les hommes. Le présent du règne rend possible la décision, car sans cet indicatif divin, l'impératif devient aliénant et désespérant. Le futur du règne rend possible à son tour la décision qu'il exige, car sans ce futur l'histoire est absurde et la décision tourne à vide. La gravité du présent ne jaillit pas du passé ni de l'avenir pris isolément, mais de la jonction dialectique des deux. Tout effort pour disjoindre cette bipolarité ferait sombrer le christianisme soit dans l'eschatologisme fanatique, soit dans l'incarnationalisme béat, soit dans l'archéologisme conservateur.

Le temps dans la secte

La secte a tendance à se laisser séduire par l'élément eschatologique. Elle retient les notions judéo-chrétiennes de création *ex nihilo* et de fin du monde. Pour elle, le temps est déchu. Lieu de l'influence des puissances sataniques, le temps est source de dégénérescence. Non seulement n'y a-t-il pas évolution cosmique et devenir historique, mais l'histoire marche vers l'abomination de la désolation, vers un état paroxystique de corruption. Le monde de l'homme est entraîné fatalement vers sa propre désintégration. À la fin, le jugement de Dieu ne fera que sanctionner une situation déjà désespérée. La secte est tournée vers ce jugement fracassant qui inaugurera le drame final. Tout finira par la béatitude éternelle de quelques heureux naufragés rescapés par le Messie.

L'urgence de la décision découle et de la gravité du présent catastrophique et de la contrainte exercée par l'imminence de la fin. La proximité de la fin incite toujours à prendre une prompte décision. Par exemple, l'imminence de la mort crée l'urgence existentielle de prendre des mesures sociales (testament), de se mettre en règle avec sa conscience (conversion) et de se réconcilier avec sa famille. Les dernières minutes d'un match de hockey incitent les joueurs à fournir un effort suprême. L'urgence de la décision vient de la brièveté du temps disponible. Aux yeux de la secte, ce qui est final et ultime dans le temps est final et ultime au niveau du sens. Le dernier événement a plus d'importance du simple fait qu'il est le dernier. Aussi l'imminence de la fin commande-t-elle la décision pour Jésus. Il s'agit de sortir au plus tôt d'un monde en perdition et d'une histoire qui tire à sa fin.

La secte voit la protologie à travers l'eschatologie. Tendue vers l'avenir, la secte retrouve les mythes des origines dans les mythes de la fin. L'attente de la fin devient nostalgie du passé: nostalgie du paradis où régnait l'harmonie universelle, nostalgie de la primitive Église où l'amour triomphait dans l'égalité. Le retour à l'origine édénique par le rétablissement de la loi naturelle intégrale et à la communauté primitive par le décalque de ses institutions, est le chemin tout indiqué pour parvenir à l'état parousiaque.

Dans les sectes millénaristes, le royaume final est précédé d'un règne de mille ans, conçu à l'image de l'éden. Ce règne du Messie sera le rétablissement de toutes choses dans leur état originel, la reproduction des conditions primordiales, la retrouvaille du paradis perdu. Ainsi donc la ligne au long de laquelle se déroulent le temps et l'histoire s'enroule sur elle-même pour décrire un immense cercle dont le point d'arrivée coïncide avec le point de départ. À l'encontre de la gnose, il n'y a ici ni multiplicité de cycles, ni éternel retour. Le temps n'accomplit qu'une seule révolution. L'eschatologie est un retour à la protologie.

Le règne de mille ans s'accomplit dans le temps. Après quoi, c'est la vie éternelle des élus avec Dieu et des damnés avec Satan. Le temps se divise donc en trois grandes périodes: la proto-histoire (temps plus ou moins long du paradis), l'histoire (lieu de la lutte de Satan contre Dieu) et l'eschato-histoire (règne de mille ans). L'histoire est une enclave funeste entre deux périodes bienheureuses. La dégénérescence de l'histoire n'atteint pas la proto-histoire: ce qui explique qu'elle se retrouve à la fin. L'eschato-histoire recouvre la proto-histoire.

Cette représentation tripartite de l'histoire que l'on trouve dans les sectes millénaristes, n'est qu'une variante mineure de la conception du temps commune à toutes les sectes. Que le temps décrive un cercle ou trace une ligne droite, cela importe peu. Ce qui compte, dans un cas comme dans l'autre, c'est que le temps a un commencement et une fin, qu'il est une instance de dégénérescence, que l'histoire est parvenue à son stade ultime de corruption et que le jugement de Dieu ne saurait tarder.

Le temps dans la gnose

À l'encontre de la secte, la gnose voit l'eschatologie à travers la protologie. Elle répond aux questions «qui suis-je?» et «où vais-je?» en répondant à la question «d'où viens-je?». Je vais d'où je viens. Mon point d'arrivée, c'est mon point de départ. La vie est une longue course sur la piste circulaire du temps. L'histoire est une immense parenthèse entre le point de départ et le point d'arrivée qui, de fait, se superposent exactement.

Le monde est éternel. La création est l'organisation du chaos et l'homme est un fragment émané de Dieu et chuté dans la matière. Si le monde est éternel, le temps est infini. Et il n'y a pas à proprement parler de début et de fin du monde: le monde est, tout court, sans commencement ni fin. La gnose parle pourtant d'origine et de fin. À l'origine, les fragments émanent de Dieu; à la fin, ils s'y résorbent. Entre temps, ils sont prisonniers des cycles cosmiques et soumis au mouvement rotatif des astres. Ils tournent dans cet immense carroussel. Le temps suit le rythme du cosmos; il est cyclique. C'est un éternel retour. *Ouroboros*, le serpent qui se mord la queue le symbolise à merveille. Ce qui se trouve à la fin était déjà au point de départ. Il n'y a pas de véritable devenir historique. Le terme est la récupération de l'état initial. L'homme devient ce qu'il était à l'origine. L'eschatologie est absorbée par la protologie.

Le temps n'a pas de véritable densité et les événements perdent leur caractère d'unicité. Tout passe et tout revient. Il n'y a pas de «une fois pour toutes». La récurrence des événements dilue le temps et le vide de sa valeur. Entre la ligne de départ et la ligne d'arrivée, rien ne se passe. Tous les instants sont identiquement vides. Ce temps évidé décape l'existence humaine de sa gravité et annihile l'urgence de la décision. Ainsi se trouve évacué le tragique de l'existence humaine. Rien de définitif ne se passe dans le temps. De nombreuses vies terrestres offrent la possibilité de reprises infinies. Aucune décision temporelle n'engage l'éternité; aucun acte dans le temps ne peut provoquer la perte ou le salut définitif. Le salut est assuré de toute manière, quoi qu'on fasse dans le temps. Il ne peut être que retardé plus ou moins longtemps par l'incurie des individus et leur procrastination.

La démarche du gnostique est une marche à rebours. C'est en fixant le point d'origine qu'il marche en direction du point d'arrivée. Lorsque l'odyssée solitaire est terminée, l'homme se retrouve lui-même, intact comme avant l'aventure. Dans ces béatifiantes retrouvailles, s'accomplissent les épousailles de la fin et de l'origine, de l'eschatologie et de la protologie, du soi dernier et du soi primordial.

L'aventure de la gnose et de la secte constitue un sérieux avertissement pour le christianisme. Les tendances gnosticisantes et sectarisantes sont en son sein. La valorisation indue des origines conduit au conservatisme, à l'archéologisme et à la peur du futur. L'hypertrophie du pôle eschatologique génère l'utopisme, la manie des nouveautés, la haine du passé et l'activisme réformiste ou révolutionnaire. L'oubli et du futur et des origines aboutit à un institutionalisme séculier, à un moralisme plat et à un bourgeoisisme insignifiant. Les malformations du catholicisme d'hier étaient dues en grande partie à cet oubli des origines et du terme. C'était un christianisme sans souvenirs, parce que coupé de ses sources, et sans espérances, parce qu'amputé de son avenir.

Nous pourrions pousser plus loin notre étude des polarités. Les polarités évoquées dans ce chapitre, le sont à titre d'exemples. Elles montrent à l'évidence la forte tension dialectique entre les éléments constitutifs de la religion. La secte et la gnose favorisent structurellement l'un ou l'autre pôle en conformité avec les grands paramètres qui définissent leur réseau herméneutique et leur espace spirituel propres. Tout en se voulant totalisantes, elles tombent toutes deux dans des exclusivismes qui oublient des aspects du réel. La valorisation indue de certains pôles jette une ombre sur les autres: alors se produit l'éclipse partielle de certaines dimensions de la réalité.

Le christianisme court le même péril. Dans ses diverses manifestations historiques, il valorise immanquablement l'un ou l'autre des pôles évoqués. Toutefois, il possède en soi un dynamisme de redressement en raison, d'une part, de sa catholicité essentielle qui se doit d'exprimer avec force la totalité du réel et, d'autre part, de son universalisme concret qui garantit une juste compensation des forces contraires. En effet, l'hypertrophie d'un pôle en un point du globe se trouve contrebalancé par la valorisation du pôle opposé dans un autre endroit; la primauté donnée à un pôle dans un modèle ecclésial est compensée par l'importance accordée au pôle opposé dans un autre modèle. Le christianisme historique présente infailliblement certains traits de la secte et de la gnose. Il est gnosticisant ou sectarisant selon les lieux, les époques et les modèles ecclésiaux.

XV
La convergence
des divergences

Dans le chapitre précédent nous avons indiqué comment la secte et la gnose se situent, la première à droite, la seconde à gauche du christianisme. Nous avons également montré comment le christianisme reluque tantôt l'une, tantôt l'autre, reconnaît en chacune des aspects potentiels de lui-même et découvre en son sein les dynamismes qui, s'ils tournaient de façon autonome, le transmuteraient en une secte ou en une gnose. Le moment est venu d'expliquer comment la secte et la gnose sont du même côté, et comment elles s'allient pour mettre en échec les principes fondamentaux et les paramètres du christianisme. Non seulement la secte et la gnose ont, chacune, des principes spécifiques qui les éloignent du christianisme et justifient leur existence autonome, mais l'une et l'autre se rejoignent en des points qui sapent les bases mêmes du régime chrétien. Notre discours ne vise pas l'attitude polémique de la secte et de la gnose contre les Églises chrétiennes; il se situe au niveau de leur essence même et de la voie de libération que chacune propose. Aussi étonnant que cela puisse paraître en raison de leurs points de départ divergents et de leurs principes opposés, la secte et la gnose aboutissent à des conséquences communes et se rejoignent, par des voies différentes, à certains carrefours névralgiques du christianisme.

I — LES CONVERGENCES DE LA SECTE ET DE LA GNOSE

Contre le principe sacramentel

Considérons d'abord le principe sacramentel, épine dorsale du christianisme. Aucune religion ne peut se dispenser totalement d'une base sacramentelle. Mais cette base peut être brisée ou transcendée. Cela peut se produire dans deux directions: l'une éthique, l'autre mystique. La secte représente la première; la gnose, la seconde.

La secte nie le principe sacramentel et au nom de l'éthique et au nom du clivage entre les réalités du salut et celles de ce monde. En posant une discontinuité entre l'ordre créationnel et l'ordre rédemptionnel, la secte sape à la base le principe sacramentel. En effet, la sacramentalité devient impossible s'il n'y a pas de rapport analogique entre la nature et la grâce. Les réalités de ce monde (choses matérielles, culture, art, science, expérience humaine, progrès social) ne peuvent plus être médiatrices de l'action salvifique de Dieu.

Cela est vrai également du domaine éthique. L'éthique de la secte est une éthique de la lettre. La Bible n'est pas le sacrement de la Parole, elle est la Parole. Le donné révélé s'identifie à la lettre. Tout accomplissement des exigences de la lettre est une mise en contact direct avec la Parole révélée et, en définitive, avec le Dieu révélateur. Alors que le gnostique découvre immédiatement le divin au fond de lui-même, le sectateur saisit directement la volonté de Dieu (et, par là, Dieu lui-même) au fond de la lettre. À la limite, l'éthique se transmue en mystique; le zèle ardent devient ardeur mystique. La secte est en définitive une mystique de l'éthique. En saisissant directement la volonté de Dieu, elle transcende le principe sacramentel et met en cause le régime des médiations.

En cela la gnose rencontre la secte, sauf que le principe sacramentel est compromis, cette fois, par la prédominance de l'élément mystique. La gnose prétend transcender la sacramentalité, même si elle ne peut se dispenser d'une base sacramentelle minimale. Par exemple, un son, une posture, un exercice, sont des moyens efficaces dans l'ordre spirituel. Ils conduisent à se connaître soi-même et à voir Dieu directement en soi. Mais lorsque la saisie immédiate de Dieu est accomplie, toute médiation devient inutile. La manifestation directe de Dieu est négation des médiations. La visée mystique de la gnose commande un dépassement de la structure sacramentelle.

Dans la pointe ultime de sa démarche, la gnose est méta-sacramentelle. Elle évacue quasi totalement la sacramentalité historique pour se rabattre sur un résidu de sacramentalité cosmique. De par son essence même, elle tend à transcender toute sacramentalité. Et cela s'explique par le caractère illusoire du temps et du monde matériel. Comment une apparence peut-elle être sacrement? Le principe sacramentel requiert la densité du réel. Puisque la matière est mauvaise parce qu'illusoire, la gnose fabrique ses «sacrements» avec de l'«anti-matière»: un son inarticulé, une posture anti-normale, une privation de nourriture, un rythme respiratoire brisé. Le «sacrement» gnostique est privé de densité ontologique. Un sacrement évidé de son noyau matériel est-il encore sacrement? De par sa visée mystique et de par sa conception de la matière, la gnose se révèle foncièrement hostile au principe sacramentel.

Ainsi donc le principe sacramentel, si cher au christianisme, se trouve battu en brèche et par la secte et par la gnose. Cela fournit au christianisme — en particulier dans sa forme catholique — l'occasion de s'interroger sérieusement sur sa propre sacramentalité. Celle-ci n'a-t-elle pas souvent dégénéré en sacramentalisme? Le sacramentalisme est la réduction du christianisme à un système cultuel: le service pastoral devient ministère ordonné et revêt un «caractère» inamissible, l'autorité-service se mue en pouvoir clérical, la vraie dévotion qui «consiste à visiter la veuve et l'orphelin dans leurs épreuves» (Jc 1,27) est réduite à un rituel, et l'évangélisation est négligée au profit de la sacramentalisation. Les chrétiens deviennent des incroyants sacramentalisés.

Puisque le Christ est présent dans le sacrement, on risque de ne fixer l'attention que sur cette présence et de vider le sacrement de sa densité ontologique: le baptême, qui est signe de conversion et «plongée» dans le mystère pascal, devient une goutte d'eau versée sur le front d'un enfant inconscient. La présence du Christ dans le sacrement est génératrice de grâce et de salut. Le sacramentalisme est une fixation sur l'efficacité sacramentelle, *ex opere operato*. De l'efficace à la magie, il y a une distance infinie; mais dans la pratique, il n'y a souvent qu'un pas. La magie consiste à penser qu'on peut lier Dieu par des formules, des gestes ou des choses. Le sacramentalisme génère le mécanisme, la théurgie et le fétichisme. On assigne une vertu aux choses elles-mêmes et on cherche sa sécurité en elles.

La conséquence la plus grave du sacramentalisme, c'est d'amener le christianisme à se désintéresser de l'eschatologie universelle et de l'avenir collectif pour ne s'occuper que du salut de l'âme individuelle. Certes l'eschatologie n'est pas abandonnée, elle est comme neutralisée: de communauté eschatologique, l'Église devient institution de salut où l'Esprit est lié à une chose, à un geste, à une organisation ecclésiastique. Le sacramentalisme est une terrible menace et pour la sacramentalité du christianisme et pour l'eschatologie chrétienne. La secte et la gnose, de par leur mise en question du principe sacramentel, minent les bases même du christianisme; mais en même temps elles dénoncent, à juste titre, les déviations sacramentalistes du christianisme historique.

Contre le principe dogmatique

Quant au principe dogmatique qui garde le christianisme dans les limites de la révélation, il est discrédité et par la secte et par la gnose. Mais d'une façon propre à chacune.

Dans la secte, le rejet du principe dogmatique est la conséquence de la négation du développement doctrinal. La Parole de Dieu est donnée une fois pour toutes. Intemporelle et éternelle, elle n'est ni sujette aux avaries de l'histoire ni soumise à un processus de développement. Elle s'identifie à une lettre statique dotée des attributs de la vérité absolue: elle est invariable et immobile. Ne connaissant aucun devenir, la révélation ne peut donner naissance à aucune croissance doctrinale et institutionnelle. Du coup, se trouve ébranlé le principe dogmatique qui présuppose l'une et l'autre. Si la révélation s'identifie à une lettre figée et exclut l'idée de développement, toute instance autorisée (formule dogmatique, credo, confession de foi, consensus ecclésial, autorité magistérielle) devient superfétatoire et non avenue. La secte se rabat sur la Bible qui, seule, peut dire ce qui est révélé puisqu'elle s'identifie elle-même à la révélation.

Mais cette autorité absolue de la Bible est aussitôt relativisée ou mise en pièces par la prétention du prophète fondateur qui, au nom de son expérience personnelle, vient l'interpréter, la compléter ou la corriger. L'autorité de l'expérience du prophète fondateur supplante, d'une façon ou d'une autre, l'autorité de l'Écriture sainte. L'expérience du prophète devient la clé d'interprétation de la Bible et la jauge du donné révélé.

Le principe du libre examen est inhérent à la secte, en dépit des apparences contraires. Ni la rigidité idéologique de la secte, ni les diktats du fondateur ou de ses successeurs ne doivent donner le change. Cela est nécessaire pour maintenir l'unité doctrinale et contrôler l'exercice du libre examen chez les simples fidèles. Le libre examen est réservé pratiquement au fondateur, à ses successeurs et aux autorités en place. Chez les fidèles, il est muselé, mais non pas nié. Car au nom de quoi pourrait-on nier aux disciples un principe si actif chez le maître? Au nom de quoi pourrait-on disqualifier en cours de route un principe si fécond à l'origine? Le paradoxe de la secte, c'est d'être dogmatiste de fait tout en répudiant le principe dogmatique.

La gnose est encore plus farouchement anti-dogmatique. La révélation gnostique est la découverte personnelle de la vérité cachée au fond de mon être. Elle est une auto-révélation de l'homme à lui-même. Le maître authentique, le seul qui a les paroles de vie, est le gourou intérieur. Aucune formule exotérique ne peut exprimer ni jauger la vérité qui, elle, est de nature ésotérique. Aucune instance objective ne peut décider de la vérité qui, elle, est subjective. Aucune révélation extérieure ne peut juger de la révélation qui, elle, est intérieure. La visée ultime des instances objectives, c'est de devenir inutiles et de disparaître. L'expérience personnelle est le critère ultime de la vérité. N'est vrai que ce qui est éprouvé comme tel. À la limite, l'autorité objective et les critères extérieurs sont disqualifiés; et le principe dogmatique, radicalement éliminé.

La secte et la gnose récusent le principe dogmatique non seulement en raison de leurs structures propres, mais aussi en opposition aux tendances dogmatistes du christianisme. L'histoire du christianisme nous fournit mille illustrations d'intolérance dogmatiste. Passons sur ces pages sombres de l'histoire pour nous arrêter à la tentation dogmatiste inhérente à la structure même du christianisme. Le dogmatisme est plus préoccupé par l'orthodoxie de la formule que par la vérité elle-même. Il transfert l'autorité de la vérité sur la formule elle-même. Il évacue pratiquement l'autorité de la conscience personnelle et de l'expérience de foi et il finit par diviser l'Église en deux classes: ceux qui possèdent la vérité et ceux qui l'ignorent, ceux qui parlent et ceux qui écoutent. Le dogmatisme est l'ennemi numéro un du principe dogmatique. En reléguant ce principe aux oubliettes, la secte et la gnose sont une menace pour le christianisme. Et en démasquant les déviations du christianisme historique, elles rendent un fier service aux Églises.

Contre le principe historique

La secte s'accorde avec la gnose pour évacuer le principe historique, si fondamental en christianisme. Dans la secte — aussi surprenant que cela puisse paraître — c'est l'historicisme qui conduit à la négation du principe historique. L'historicisme est le compagnon obligé du fondamentalisme. Selon l'historicisme, la Parole éternelle de Dieu est identifiée à un texte temporel. Dans cette identification, l'éternel absorbe le temporel. De plus, les mythes apocalyptiques sont plaqués de façon univoque sur des événements historiques particuliers. Dans cette application concordiste, c'est l'Écriture qui l'emporte sur l'histoire. Le fait historique est transfiguré et dégauchi pour s'ajuster au donné révélé.

L'historicisme «éternise» l'histoire et lui donne une valeur absolue; il la momifie et la hisse au rang de l'immuable. L'Éternel s'est manifesté dans l'histoire; or, toute forme historique est contingente et relative. L'historicisme oublie l'aspect relatif des manifestations divines. La vérité éternelle est toujours historique. Et la formule qui la dit est marquée au coin de la relativité. En absolutisant la formule, l'historicisme rejoint le dogmatisme.

Plus grave encore, l'historicisme nie l'historicité de l'homme. L'historicité signifie que l'homme est non seulement dans le temps, mais qu'il se temporalise; qu'il est non seulement dans l'histoire, mais qu'il s'historicise. En tant qu'être historique, l'homme n'est pas une donnée toute faite, une entité préfabriquée. Il est un pouvoir-être. Qui dit historicité, dit devenir et cheminement. Dans cette perspective, est vrai ce qui est vrai pour moi au moment présent. Cela faisait dire à Newman qu'une demi-vérité est souvent plus près de la vérité. L'historicisme ignore le cheminement de l'individu et lui impose des vérités qu'il ne peut accueillir et des obligations qu'il ne peut porter. Le vrai en soi devient faux en pratique: le meilleur est ennemi du bien.

L'absence d'une herméneutique dans la secte conduit infailliblement à l'historicisme; et l'historicisme aboutit immanquablement à la négation du principe historique. À vouloir être trop historique, la secte finit par évacuer l'histoire. C'est là un autre paradoxe de la secte. Sa préoccupation historiciste finit par saper le principe historique.

En cela, la gnose rejoint la secte. De par sa conception transtemporelle de la révélation et de la vérité, de par le principe ésotérique qui est au coeur de son herméneutique, la gnose déshistoricise toute chose et transforme les événements historiques en mythes intemporels. L'histoire, avec son cortège d'objectivations, est exotérique. Il faut la transcender pour atteindre à la vérité intemporelle. La tradition primordiale est conservée au plan astral, méta-physique et méta-historique. La clairvoyance nous permet d'y accéder. La gnose est éternelle; elle transcende l'histoire dans laquelle elle se manifeste sporadiquement au cours des âges.

Ainsi donc, par des voies opposées, la secte et la gnose récusent le principe historique et dénoncent, chacune à sa façon, les tendances historicistes du christianisme historique.

Le mystère évacué

La secte et la gnose se rencontrent encore à un autre niveau: elles évacuent, l'une et l'autre, la notion de mystère qui est au coeur du christianisme.

La secte finit par évincer le mystère à cause de son attitude fondamentaliste. La secte, en effet, est une religion du livre. Le texte transmis par Dieu se suffit à lui-même parce qu'il constitue la totalité de la révélation. Il peut être expliqué intégralement en en confrontant les diverses parties; et on doit lui obéir littéralement. Comprendre pleinement le texte révélé, c'est saisir l'entièreté de la révélation. L'identification de la révélation au texte inspiré offre la possibilité de circonscrire la vérité révélée et, ce faisant, d'évacuer le mystère. Le littéralisme de la secte tend naturellement à l'élimination du mystère. L'obéissance au texte aboutit à la maîtrise du donné révélé. Le mystère est ainsi dissipé. Par un curieux retour des choses, la foi, qui se voulait pure confiance, finit par se vider du mystère qui la fondait et l'enveloppait. À l'intérieur de son réseau herméneutique, le sectateur apparaît comme un homme qui sait, qui a réponse à tout. Il sait tout sur les origines et la fin, sur le dessein de Dieu et les devoirs de l'homme. Le sectateur ne porte sa foi que comme réponse, jamais comme question.

Par une démarche opposée, la gnose finit, elle aussi, par extirper le mystère. Etant connaissance exhaustive de soi, la gnose est essentiellement allergique à l'idée de mystère. Pour elle, le mystère n'existe pas, car elle entend tout connaître. Ce que le christianisme appelle mystère n'est, à ses yeux, que le résidu que ne peuvent pénétrer ni les religions établies, ni les sciences, ni la raison humaine. La vérité cachée derrière les symboles et les énigmes de l'univers n'est mystère que pour le regard exotérique. Grâce à la clairvoyance et aux sciences ésotériques, on peut lever le voile et pénétrer dans le sanctuaire de la vérité totale. Alors, ce qui semblait hermétique livre son secret, ce qui était sibyllin apparaît au plein jour et ce qu'on disait mystérieux dévoile son sens. La connaissance parfaite dissipe le mystère. L'univers gnostique est un univers sans mystère. L'idée même d'une sagesse absolue évacue celle du mystère puisqu'elle épuise le sens des choses. Le gnostique accompli sait tout, peut tout expliquer. Il a réponse à toutes les questions parce que sa démarche le met en contact avec la conscience cosmique qui, elle, connaît tout: le passé, le présent et le futur.

À l'instar de la secte et de la gnose, le christianisme peut être tenté d'évacuer le mystère dont il vit essentiellement. Il le fait chaque fois qu'il prétend circonscrire la vérité révélée dans une formule ou dans un concept. La formule est une approximation: elle a comme visée principale de pointer vers le mystère. Toute parole qui prétend dire le mystère, détruit le mystère. Et toute foi qui prétend avoir la réponse, sombre dans un statisme qui emprisonne le mystère. La foi est autant question que réponse et elle n'est réponse que comme question. La secte et la gnose évoquent une faute dont le christianisme n'est pas toujours exempt: celle de neutraliser le mystère et de se constituer possesseur de la vérité.

L'élitisme

De la résorption du mystère à l'élitisme il n'y a qu'un pas qui est vite fait.

L'élitisme de la secte est la conséquence obligée de son radicalisme. La secte est une communauté de saints, rescapés de la masse corrompue. Le sectateur fait partie du petit reste des élus. C'est un pur qui se coupe du monde impie pour se joindre à un groupe de volontaires zélés pour les divines ordonnances. Retranchée dans sa pureté, la secte a tellement peur de se mouiller! Elle ferait tout, plutôt que de se compromettre avec le péché du monde et des Églises établies. La secte est réservée aux purs. Les tièdes et les pécheurs en sont vomis. L'élitisme de la secte se traduit toujours en purisme; il est le produit d'une supériorité éthique.

En contraste, l'élitisme de la gnose apparaît comme le fruit d'une sagesse supérieure inaccessible à la grande majorité des hommes. La connaissance des choses secrètes et cachées hisse le gnostique au-dessus de la masse humaine plongée dans l'ignorance. La démarche gnostique est réservée à quelques parfaits. Les gnoses sont des cénacles d'initiés. N'y entre pas qui veut; n'y est admis que celui qui est prêt. Quand le disciple est prêt, dit l'adage gnostique, le maître se présente. L'élitisme se retrouve, selon des modalités variées et parfois très subtiles, dans tous les groupes gnostiques. La gnose divise le monde en deux camps: l'élite des connaissants et la masse des ignares qui se contentent d'un savoir exotérique.

Ainsi donc, la gnose s'allie à la secte pour poser la revendication élitiste en face de l'universalisme chrétien. Le christianisme authentique accueille en son sein toutes les misères des hommes et les hommes de toutes les misères. Dans la mesure où la catholicité se réalise en elles, les Églises chrétiennes offrent un visage ravagé par le monde, meurtri par leurs membres et ridé par le temps. Elles contrastent fort avec la beauté juvénile des groupes élitistes.

Le prix à payer pour garantir l'élitisme, c'est l'isolement et le désengagement. La secte et la gnose s'entendent pour prendre leur distance par rapport à la société et à la masse des humains. La poursuite de la pureté contraint la secte à s'abstraire du monde mauvais, alors que la recherche d'états de conscience force la gnose à fuir la masse ignorante et le monde de l'illusion. La secte et la gnose centrent leur effort sur la transformation de la conscience individuelle. À leurs yeux, seule une conscience nouvelle peut engendrer un monde nouveau. Elles ne développent généralement ni philosophie sociale, ni socio-éthique. Elles s'enferment dans la sphère du privé. Ni l'une ni l'autre ne s'engage dans les tâches sociopolitiques et dans la lutte pour la justice. Dans le feu de l'engagement, le sectateur pourrait se salir les mains et le gnostique perdre sa sérénité. L'un et l'autre restent sur la touche. En cela ils s'inscrivent en faux contre le christianisme qui, de par sa nature même, a un caractère public. La privatisation de la foi chrétienne est une trahison.

L'inéluctable sécession

Tout ce qui précède explique pourquoi la secte et la gnose concourent à provoquer la rupture de leurs membres avec les Églises établies. Cette sécession se fait d'une façon brutale dans la secte et d'une manière progressive dans la gnose.

La secte exige la conversion. Se convertir, c'est se couper du monde ambiant et de l'Église ou de la religion à laquelle on appartenait. L'entrée dans la secte coïncide avec la sortie de l'Église déchue. On ne peut appartenir en même temps à la secte et à une Église établie. Les Églises étant toutes corrompues, il faut s'en séparer crûment si on veut entrer dans la secte qui, elle, est pure. Dès l'instant où l'on se convertit à Jésus, le devoir s'impose d'entrer incontinent dans la secte, quitte à sacrifier ses relations les plus chères et ses appartenances antérieures.

La gnose, quant à elle, n'oblige pas ses membres de souche chrétienne à faire sécession avec leur Église. Elle leur tient ce discours: «Pour devenir meilleur chrétien, joignez-vous à moi sans quitter l'Église à laquelle vous appartenez. Je ne vous impose aucune croyance, aucun article de foi. Je me contente de proposer mes convictions. À la fin de la démarche, vous sentirez que mes propositions sont vraies. Vous pouvez être en même temps gnostiques et chrétiens, comme d'autres sont gnostiques et musulmans ou juifs ou hindous». Comment comprendre ce discours commun à tous les groupes gnostiques?

La gnose se présente non pas comme une religion à côté des autres religions; elle est l'intérieur et le coeur de toutes les religions. Elle est l'essence même de la religion. Elle est la religion universelle — spirituelle, intérieure, ésotérique — dont les religions historiques ne sont que des expressions partielles, objectives et exotériques. Les religions expriment sous un mode symbolique et sous une forme rudimentaire, une vérité intérieure universelle que seul l'initié peut découvrir. Les gnoses s'entendent pour dire que la vraie religion est le produit d'une unique révélation primitive. Les différentes religions sont divergentes dans leurs formes, mais elles se confondent toutes avec la religion transcendantale par leur contenu intérieur, ésotérique. Elles ne sont que les réfractions historiques de l'unique religion transtemporelle.

La gnose prétend s'aboucher avec cette unique révélation dont toutes les religions sont issues. Aucune religion ne peut proposer une vérité intérieure différente de celle de la gnose. Les religions établies sont de simples codes de comportement; elles disparaissent dès qu'elles ont rempli leur rôle dans l'histoire et elles deviennent inutiles, voire nuisibles, dès que l'individu a franchi un certain seuil d'évolution personnelle. Elles peuvent mener le croyant à un point spécifique de son cheminement, au-delà duquel la gnose vient prendre la relève. La gnose est donc en continuité avec toutes les religions, le christianisme y compris. La connaissance gnostique n'est que la plénitude de la vérité intérieure professée, sous un éventail de formes et de doctrines, dans toutes les religions. La gnose est l'accomplissement suprême de l'idéal religieux véhiculé dans les religions.

Il n'y a donc pas rupture, mais continuité entre les religions et la gnose. Il n'est pas requis de sortir des premières pour entrer dans la seconde. Il n'y a pas de conversion, mais passage graduel d'un état inférieur à un état suprême, reconnaissance d'une éternelle vérité cachée sous de multiples formules doctrinales, approfondissement lucide de ce que les religions comportent de vrai et de divin. Dans la gnose, l'idée de conversion cède le pas à celle de métamorphose progressive qui va de l'extérieur et de l'objectif à l'intérieur et à l'expérientiel.

Si, de fait, il y avait continuité entre le christianisme et la gnose, si celle-ci était le couronnement de celui-là, la voie gnostique serait le prolongement de la vie chrétienne. Mais nos recherches montrent qu'il n'en est pas ainsi. La gnose forme un monde spirituel spécifiquement distinct du christianisme. Au terme de la démarche que la gnose propose, le chrétien est devenu gnostique. Même si les gnoses occidentales aiment se dire christiques, elles ne sont pas chrétiennes. Au départ de son itinéraire gnostique, le chrétien peut garder ses croyances, mais l'entrée graduelle dans le monde spirituel de la gnose l'éloigne imperceptiblement de ses convictions proprement chrétiennes. À la fin, la connaissance gnostique a supplanté sa foi.

Nous avons rencontré moult gnostiques qui se disaient encore chrétiens, mais dont la vision de Dieu, du Christ, du mal, du salut n'avait plus rien de chrétien. On ne pénètre dans le sanctuaire gnostique qu'en sortant du temple chrétien. L'adhésion à la gnose ruine l'appartenance à l'Église.

Quelle soit brusque comme dans la secte ou progressive comme dans la gnose, la «conversion» aboutit toujours à la sécession. La double allégeance est impossible. Et ceux qui en tentent l'expérience finissent dans un cul-de-sac. Ils sont finalement confrontés à l'alternative de poursuivre unilatéralement leur démarche dans la secte ou dans la gnose ou de reprendre unilatéralement la voie chrétienne. Nous pourrions ici évoquer plusieurs exemples.

II — L'AMBIVALENCE DU CHRISTIANISME

Ce que nous avons dit de la dialectique des polarités et de la convergence des divergences est lourd de conséquences pour le christianisme et exige, de sa part, une attitude ambivalente. La dialectique des polarités montre comment le christianisme partage avec la secte et la gnose des éléments religieux qui leur sont fondamentaux à tous trois. À ce niveau, le christianisme est plus près de la secte et de la gnose que ces dernières le sont l'une de l'autre. D'autre part, l'organisation respective de ces éléments, et dans la secte et dans la gnose, aboutit paradoxalement à des points de convergences où elles font front commun contre le christianisme. De ce point de vue, elles sont plus près l'une de l'autre que chacune ne l'est du christianisme. La présence d'éléments communs crée une connivence entre elles et le christianisme, alors que l'assemblage de ces éléments inscrit une rupture profonde entre lui et elles.

C'est pourquoi le christianisme éprouve, face à la secte et à la gnose, un sentiment ambivalent de séduction et de crainte. Il est tout à la fois attiré et repoussé. Dans un même mouvement, il est porté au rapprochement et à l'éloignement. Interpellé par la présence d'éléments qu'il partage en commun avec la secte et la gnose, et menacé par l'antagonisme convergent de deux systèmes pourtant opposés, le christianisme arrive mal à surmonter l'ambivalence de son sentiment. Il est prêt à tendre la main et à partir en guerre, car il se sent spolié et enrichi tout à la fois. Il ne doit pourtant pas choisir une option à l'exclusion de l'autre. Il est appelé à vivre l'ambivalence jusqu'au bout s'il veut rester fidèle à la vérité.

Dialectique de l'ambivalence

L'ambivalence produit une tension dialectique entre les deux pôles qui la constituent. Le rapprochement conduit à l'éloignement et l'éloignement au rapprochement. Dans la mesure où le christianisme s'efforce de comprendre la gnose et la secte, de découvrir les points de rapprochement et de marquer les similitudes, dans la même mesure il se sent dissemblable et loin d'elles. Par ailleurs, ce sentiment d'éloignement pousse au rapprochement. Il s'agit, d'une part, d'unir pour mieux différencier et, d'autre part, de différencier pour mieux unir. La connaissance mutuelle marque les dissemblances et les différences. Ce qui se ressemblait de loin apparaît différent de près; et ce qui semblait dissemblable de loin se révèle similaire de près.

Les similitudes sont tout aussi importantes que les différences pour approfondir la connaissance de soi. Elles projettent sur le christianisme un jeu d'ombres et de contrastes qui lui font prendre conscience de ses limites et de ses grandeurs historiques et l'amènent à mieux identifier le spécifique de sa démarche. La confrontation avec la gnose et la secte met en lumière des points laissés dans l'ombre par le christianisme populaire ou savant et force à réviser des conceptions chrétiennes trop étroites. La gnose et la secte posent des questions épistémologiques et métaphysiques que le christianisme ne peut ignorer. Y a-t-il meilleure façon de déterminer le spécifique des notions chrétiennes de révélation, de mystique, d'incarnation, de salut, d'ascension, que de les confronter avec leurs homologues gnostiques? Y a-t-il meilleure façon de cerner le spécifique des notions chrétiennes de Parole de Dieu, d'Église, d'eschatologie, de radicalité, que d'écouter la secte en parler? Le rapprochement marque la distance. Et la distance, une fois prise, rend possible le rapprochement.

La dialectique de l'ambivalence peut être rompue en faveur de l'un ou l'autre pôle. Cela est illustré abondamment dans l'Église d'aujourd'hui. Certains chrétiens ne retiennent que le pôle du rapprochement. Leur regard superficiel s'arrête aux similitudes et escamote les différences qui, de toutes façons, leur paraissent insignifiantes. Forts de leur sympathie et de leur bonne volonté, ils adoptent volontiers les points de vue et les méthodes de la secte ou de la gnose. Ils christianisent ce qui, à leurs yeux, était anonymement chrétien. En émoussant les différences, peut-on arriver à autre chose qu'à un mariage bâtard, qu'à une alliance syncrétiste d'éléments disparates? Et cela, au détriment du christianisme et de la vérité elle-même? Cette attitude sera partagée par les chrétiens à l'esprit ouvert et libéral, peu informés ou peu soucieux du contenu doctrinal du christianisme. Une telle attitude ne nous fait-elle pas entrer dans le jeu de la gnose? Ne risque-t-elle pas de réduire le christianisme à une gnose?

L'attitude opposée n'est guère plus prometteuse. L'insistance exclusive sur les différences aboutit également à une impasse. L'éloignement à tout prix, disent nombre de chrétiens qui, rongés par une peur frileuse, refusent de voir les aspects positifs des nouvelles religions et leurs points de similitude avec le christianisme. La secte et la gnose constituent des menaces pour l'Église. On doit, sinon les attaquer, du moins se tenir à distance dans une attitude de prudence et de méfiance. «On ne veut rien savoir», comme on dit. Cette attitude sera généralement partagée par des chrétiens peu instruits de leur foi, mais sincèrement attachés à l'Église. Une telle attitude n'aboutit-elle pas au repli de l'escargot? Ne traduit-elle pas un refus d'interpellation? Ne nous fait-elle pas entrer dans le jeu de la secte qui, se cramponnant derrière ses murailles et rejetant tout oecuménisme, se soustrait aux questionnements des grandes Églises? L'éloignement ne risque-t-il pas de faire des chrétiens des sectaires en esprit?

L'option «éloignement» se traduit concrètement dans un comportement souvent agressif et conduit à des pratiques ambiguës sinon condamnables. Techniques de *déprogramming*, mesures supposément préventives, recours légaux, pratiques de harcèlement, voilà autant de méthodes qui, premièrement oublient la vérité profonde des sectes et des gnoses, deuxièmement défigurent les chrétiens qui les utilisent et le christianisme qu'ils représentent, troisièmement mettent gravement en cause la liberté de conscience si chèrement acquise au cours des siècles, quatrièmement nient pratiquement le pluralisme religieux. Ces pratiques ne sont que le décalque des méthodes que l'on veut dénoncer. Au nom de quel droit peut-on se servir de méthodes que l'on condamne soi-même chez les autres? Au nom de quoi peut-on utiliser contre les nouvelles religions des techniques qu'on ne saurait appliquer uniformément aux religions conventionnelles?

Ainsi se trouve vérifiée l'impraticabilité du principe du rejet total ou de l'acceptation inconditionnelle. Seul le principe de l'union dialectique du rejet et de l'acceptation, du rapprochement et de l'éloignement correspond à la vérité du christianisme et à celle des nouvelles religions. Ce principe ne trouve son application que sur le plan pratique et existentiel. Force nous est donc de quitter le plan abstrait des schèmes pour revenir au niveau concret des personnes et des groupes. Sur le terrain, nous ne rencontrons plus la gnose, mais des gnoses et des gnostiques; nous ne rencontrons plus la secte, mais des sectes et des sectateurs; nous ne rencontrons plus le christianisme, mais des Églises et des chrétiens. Le principe de l'union dialectique de l'acceptation et du rejet est apte à éclairer l'expérience vécue et les systèmes concrets qui la structurent et l'encadrent. Cela requiert de chacun qu'il sorte de sa tour d'ivoire et entre en dialogue.

L'impossible dialogue

Or, le dialogue avec les gnoses et les sectes semble difficile, voire impossible. Les gnoses ne se parlent guère entre elles; les sectes s'ignorent mutuellement. Entre les sectes et les gnoses, c'est l'affrontement et la guerre. Et les Églises, perplexes, s'enferment dans un mutisme ambigu. Les nouvelles religions n'ont aucune propension au dialogue. Les sectes sont fermées à l'oecuménisme et veulent faire des conversions. Les gnoses évoluent dans un réseau herméneutique qui les isole. Le sectateur ne dialogue pas, il convainc; le gnostique vit dans l'esseulement mystique. Le dialogue entre Églises et nouvelles religions est pratiquement impossible dans la conjoncture actuelle.

Sommes-nous dans un cul-de-sac? Sommes-nous condamnés à l'isolement? Au contraire. Les circonstances sont multiples qui nous donnent l'occasion de croiser des sectateurs et des gnostiques. Dans les salons, au coin des rues, sur le seuil de notre porte, dans les salles de conférence, les voilà qui s'offrent à notre attention. Ce sont ou bien des étrangers et des inconnus, ou bien des amis et des parents. Rares sont au Québec ceux qui n'ont pas un voisin, une connaissance, un fils, une soeur ou un cousin appartenant à une nouvelle religion! Quel agent de pastorale ne s'est confronté aux revendications d'un sectateur ou d'un gnostique! C'est à ce niveau concret de la rencontre des personnes que s'applique le principe de l'union dialectique de l'acceptation et du rejet, et que doit s'établir le dialogue.

Quelle que soit la compétence des personnes en cause, ce n'est jamais par des points de doctrine ou des questions de crédibilité que doit s'amorcer le dialogue. Il en résulterait une babel de confusion. D'ailleurs, bien peu de chrétiens, de gnostiques ou de sectateurs sont aptes à porter le débat à ce niveau. Leur inhabilité découle d'un manque de compréhension des doctrines que chacun professe, d'une ignorance des postulats herméneutiques et des présupposés épistémologiques et historiques qui fondent leur système respectif. Lorsque la rencontre se fait au niveau de l'expérience vécue, elle est comme un miroir où chacun se situe, se reconnaît et s'accomplit, et elle peut servir d'antidote à la tentation de se croire détenteur de la vérité absolue.

Des doctrines, on peut discuter à l'infini. L'expérience au contraire est irréductible. C'est une donnée brutale qu'il faut accueillir dans sa totalité sans préjugé ni réticence. Les nouvelles religions proposent une expérience globale. La plupart des adeptes que nous rencontrons, sont des nouveaux «convertis». Néophytes, ils vivent leur nouvelle expérience avec un enthousiasme gauche et une conviction d'autant plus raide qu'elle est friable. La thématisation de cette expérience manque souvent de rigueur et de cohérence. On répète à tout hasard des phrases entendues, on rabâche des slogans stéréotypés, on lance des citations mal digérées, on enfile d'un même souffle des passages bibliques récemment mémorisés, on décrit sa nouvelle expérience avec enthousiasme comme si on venait de découvrir la lune. Certes, tout cela peut choquer et paraître douteux. La tentation est grande de se réfugier dans un cynisme hautain: ces gens sont «poignés», exploités, illuminés, programmés; ils sont victimes d'une publicité sournoise et de leur propre naïveté. Les pauvres! Ils finiront bien par comprendre.

Mais qu'y a-t-il au-delà de ces apparences parfois irritantes? Que *vit* mon Témoin de Jéhovah qui vient me visiter aux heures les plus importunes? C'est un homme dans la trentaine, père de famille, petit travailleur qui consacre bénévolement à l'évangélisation une journée par semaine. Sa tenue est toujours parfaite et il fait montre de beaucoup de courtoisie. Le voici qui se présente, serviette noire sous le bras, sur le seuil de ma porte. Il m'interpelle tout de go par un texte biblique sur la fin du monde. Que *vit*-il mon vieillard de 73 ans, récemment converti à la secte du Tabernacle chrétien de l'Évangile des derniers temps? Lui qui, jusque-là, avait vécu dans l'indifférence religieuse, le voici qui donne 10% de sa pension à la secte et qu'il fait ses 30 kilomètres deux ou trois fois par semaine pour des rencontres de prières et d'études qui durent des heures. Que *vit*-il mon jeune néophyte rosicrucien qui s'élance à la recherche du spirituel et du divin avec un mépris des plaisirs faciles?

Sont-ils tous des exaltés ces jeunes et ces moins jeunes? Ne font-ils pas l'expérience de quelque chose qui transcende l'expérience humaine et qui se manifeste, dans cette expérience même, comme une grâce? Qui saurait le dire? Ce qui est certain, c'est que ces gens disent entrevoir pour la première fois la dimension spirituelle de l'existence et la présence de Dieu dans leur liberté. Ils se présentent comme des personnes qui ont trouvé une réponse à leur angoisse et à leur questionnement. Comment ne seraient-ils pas enthousiastes ceux qui prennent pour la première fois le chemin de l'intériorité ou qui découvrent pour la première fois la présence du Christ et de l'Esprit dans leur vie? Nous en connaissons plus d'un pour qui la rencontre d'une nouvelle religion a été l'occasion d'un éveil et d'un nouveau départ. Nous en connaissons d'autres que la secte ou la gnose ont détachés d'une Église à laquelle d'ailleurs ils n'appartenaient plus. Nous en connaissons d'aucuns qui ont été ramenés au Christ à cause de la secte ou de la gnose et qui sont revenus à l'Église.

C'est à ces expériences que le chrétien doit se confronter. Plus son expérience chrétienne sera riche, plus il aura à partager avec les autres. S'il ne vit rien, ou peu s'en faut, de son christianisme, s'il néglige la prière et les sacrements, s'il n'a aucun engagement social, s'il ne lit jamais la Bible, s'il ne fait aucun effort pour cultiver sa foi, qu'aura-t-il alors à partager avec le gnostique ou le sectateur? Il sera submergé par l'expérience de l'autre; sa foi fragile et ignare sera ébranlée par les affirmations et les questions de son interlocuteur. Il sera ébranlé ou se laissera séduire par le goût de la nouveauté et le mirage de l'inédit. Il court le risque d'échanger pour un plat de lentilles le riche héritage spirituel de son Église millénaire.

Les nouvelles religions sont «dangereuses» pour les chrétiens qui ignorent le contenu de leur foi ou qui sont déçus de leur Église. L'expérience d'autrui a toujours un pouvoir d'attraction sur celui qui ne vit rien; des attentes s'éveillent et des espoirs commencent à poindre. Pour mener à bien un dialogue, il faut une foi éclairée et solide et une expérience authentique. En l'absence de ces conditions, le chrétien doit en rester aux relations amicales et s'abstenir de lectures ou d'entretiens qu'il est incapable de porter. L'urgence pour lui, c'est d'approfondir sa propre foi, d'étudier la Bible et la doctrine chrétienne et d'entrer dans une pratique chrétienne authentique. Ce n'est pas qu'il faille être un spécialiste pour «parler religion» avec un gnostique ou un sectateur, mais puisque le dialogue se situe au niveau de l'expérience spirituelle, l'absence d'expérience et de conviction le rend impossible.

Si au contraire ce préalable est réalisé, la rencontre peut être profitable à condition toutefois que le dialogue ne glisse pas au niveau des subtilités doctrinales, mais qu'il en reste au plan de l'expérience. Paul Tillich propose un canevas de dialogue en cinq étapes[1]: (1) Puisque la question du but intrinsèque de l'existence est au premier plan de l'expérience religieuse, c'est de là que le dialogue doit partir. (2) La discussion sur le sens et le but de l'existence débouche sur le problème du mal et de la souffrance. Comment le mal est-il expérimenté? Comme chute, péché, aliénation, rupture? (3) Ce n'est que dans un troisième temps qu'on en vient à l'expérience du sacré. Dieu sauveur, créateur, père, juge? Dieu personnel, impersonnel, transcendant, immanent? Expérience dialogale ou démarche solitaire? Expérience d'union dans la différence ou de fusion dans l'unité? (4) Le dialogue peut tourner maintenant vers les options éthiques conséquentes. Éthique de participation à la construction du monde ou de relation à la nature? Éthique de rupture ou de continuité? Éthique de l'amour ou éthique de la loi? (5) C'est alors que le problème de l'histoire passe à l'avant-plan du dialogue. L'histoire est-elle expérimentée comme un mouvement où du nouveau apparaît ou comme une roue qui tourne à vide? Y a-t-il dans l'histoire un dynamisme de transformation? Doit-on changer la réalité ou s'en évader?

Toutes ces questions représentent autant d'aspects de l'expérience religieuse. Regroupées autour de cinq pôles, elles peuvent servir de canevas à un dialogue profitable qui aide chaque interlocuteur à vivre son expérience et sa vérité jusqu'au bout. Qu'est-ce que l'expérience religieuse? Quelles en sont les conditions d'authenticité? Ce qui nous est demandé, ce n'est pas de juger de l'expérience de l'autre, mais de l'accueillir. L'expérience religieuse d'un individu peut être valable, même si le fondateur de sa religion est un escroc, un faussaire ou un exalté. Le contraire est également vrai.

Les chrétiens se demandent souvent si tel fondateur est un prophète authentique, si telle révélation est véridique, si telle religion est vraie. Le problème de la crédibilité d'une révélation et de la validité d'une religion est une question fort complexe qui relève du discernement des esprits. Toutes les religions, anciennes et modernes, élaborent leurs propres critères de crédibilité à partir de leurs convictions spécifiques. Le christianisme fait de même. Ces critères n'ont de pouvoir contraignant que pour ceux qui sont déjà convaincus.

Sans entrer davantage dans cette question et sans contester la validité des critères apportés par le christianisme et les autres religions, on peut probablement affirmer qu'un authentique agent ou un médiateur de révélation est un individu (ou une religion ou une communauté) qui se nie lui-même dans ce qu'il a de particulier pour pointer au-delà de sa personne et ainsi manifester ce qui est ultime, transcendant. Tel est, à mon avis, l'ultime critère d'authenticité d'un intermédiaire de révélation. Tel fut en tous cas Jésus qui a renoncé à tout, qui s'est nié, dépouillé, vidé de lui-même pour pointer vers le Royaume de Dieu.

Quoiqu'il en soit, on n'entre pas généralement dans une religion par suite de la lecture des lettres de créance qu'elle peut fournir, mais par le biais d'une rencontre personnelle. L'option religieuse n'est pas le produit d'un raisonnement et d'une démonstration, pas plus qu'elle n'est le résultat d'une étude comparative des diverses religions et de leur mérite respectif. Elle est généralement le fruit d'une expérience de rencontre et d'une décision personnelle dans laquelle interviennent le coeur, la raison, l'émotivité, les peurs et les espoirs.

Cinquième partie

À la rencontre
des nouvelles religions

XVI
À la rencontre
des sectes contemporaines

Après un long périple dans le monde abstrait des schèmes typologiques et des principes d'interprétation, nous revenons sur le terrain, pourvu d'un canevas théorique pouvant servir de cadre générique à une réflexion chrétienne sur les nouvelles religions. Ce chapitre ne concentre son attention que sur les sectes. Notons au départ que le cadre théorique ne vaut que dans la mesure où le schème de la secte se trouve concrètement réalisé dans les groupes, en dépit de leur spécificité respective. Ce que nous exposons, dans ce chapitre, s'applique donc *aliquo modo* aux différentes sectes. Les sectes viennent à la rescousse d'une conscience chrétienne débridée, émiettée et tourmentée, qui ne se sent plus à l'aise dans l'Église, mais garde une vague nostalgie de Jésus ou du bon vieux temps chrétien. Les sectes veulent non seulement récupérer les décrochés du christianisme, mais elles travaillent avec empressement et agressivité à faire sortir les chrétiens sincères d'un système ecclésial corrompu. Les Églises se sentent menacées par les sectes et elles se raidissent sur une position de défense. Les sectes croissent aux dépens des Églises. Puisqu'ils croient déjà en Jésus, les chrétiens forment un bassin de recrutement privilégié pour les sectes et cela en dépit de leur foi vague, imparfaite ou «hérétique». Dans leur démarche d'évangélisation, les sectateurs peuvent donc faire l'économie d'une étape difficile: la foi au Christ. Il ne leur reste plus qu'à convertir les chrétiens à *leur* Jésus.

Les sectes misent sur l'ignorance et le mécontentement des chrétiens, certes, mais davantage sur leur foi chrétienne préalable qu'elles entendent mener à la perfection. La stratégie

393

apostolique se fonde sur l'idée qu'il est plus facile de convertir un chrétien ébranlé qu'un incroyant serein: «Vous croyez en Jésus-Christ; vous êtes des croyants sincères, mais trompés. Vous aspirez inconsciemment à la pureté et à la plénitude de la foi chrétienne. Or, le christianisme authentique, c'est «nous». Le doute est jeté dans la conscience du croyant, qu'il soit pratiquant ou non: «On m'a peut-être leurré, se dit-il. L'Église catholique n'est peut-être pas la bonne. D'ailleurs, j'en ai ras le bol des curés et de leurs sornettes». Les sectes sont passées maîtres dans l'art de «travailler» les chrétiens ébranlés. Tôt ou tard, il y aura un sectateur de plus.

I — L'INTERPELLATION DES SECTES

«Je suis homme et rien d'humain ne m'est étranger», dit l'adage classique. Toute expérience vécue par un homme, ou une communauté, est interpellation pour autrui. Toute conviction religieuse différente de la sienne propre doit être reçue comme une question. Elle est l'occasion de vérifier les fondements de sa foi personnelle et d'approfondir sa propre démarche spirituelle. L'unanimité religieuse peut être occasion de léthargie et de sclérose. Quand la foi est un acquis collectif, les croyants marchent sur l'erre d'aller. Le pluralisme religieux peut être dynamisant s'il est l'occasion d'une mise en question, d'un renouvellement et d'une purification. Mille difficultés ne font pas un doute, disait Newman; et mille questions ne corrodent pas une conviction. La foi chrétienne n'est jamais un acquis; elle est une lutte perpétuelle, un arrachement à l'incroyance toujours renaissante. Le chrétien d'aujourd'hui doit apprendre à vivre sa foi comme question. La question n'est pas contraire à la foi; elle la protège soit contre la témérité, soit contre le statisme.

Les sectes séduisent

Le pouvoir de séduction des sectes leur vient d'abord de la qualité des communautés qu'elles forment. Communautés où se nouent des liens fraternels et où l'appareil institutionnel est

394

ordinairement léger. Les sectes ne recrutent que des volontaires qui acceptent sans lésiner les obligations et les devoirs imposés. Il n'y a pas de dissidences en leur sein. Tout le monde pense et agit de façon identique. Les sectes sont des groupes ordonnés, disciplinés, où l'autorité n'est pas contestée et d'où les critiques sont exclues. Il n'y a pas de place pour le mécontentement ou la discorde. Vous n'entendez jamais un sectateur critiquer sa secte sur un point donné. Les sectes forment des groupes chaleureux et enveloppants, où l'anonymat est brisé. Chacun est reconnu pour ce qu'il est. Le sectateur est *quelqu'un* dans son groupe; et le groupe est vraiment quelque chose pour lui. La secte ce n'est pas l'affaire des autres, c'est *son* affaire. Le sectateur se sent responsable de la vie, de la mission et du bien-être matériel de son groupe. Sa dîme peut s'élever jusqu'à 10% de son revenu annuel. L'aisance financière d'une secte est généralement vue comme une bénédiction de Dieu et partant comme une preuve de son authenticité chrétienne.

Les sectes sont des groupes alertes qui ne charrient pas de «bois mort». Pas de place en leur sein pour les pâtes molles, les abouliques spirituels, les «traîne-la-patte». On entre et on demeure dans la secte par décision personnelle. Le sectateur est un enrôlé-volontaire. Son zèle et son amour pour la secte s'allient à une vie irréprochable par sa probité et son honnêteté. Le sectateur est un pur qui honnit les compromis avec le mal, l'erreur et les valeurs séculières. Il fuit les plaisirs mondains et abhore les mauvaises fréquentations. Il traverse la vie, la tête farcie de textes bibliques, le coeur gonflé de zèle et les mains pures de toute compromission. Scrupuleux dans son travail, il mène une vie réservée et se soucie fort de l'éducation religieuse de ses enfants.

Tout cela est de nature à attirer le chrétien insatisfait de sa performance spirituelle et mécontent d'une Égllise où il ne se sent pas partie prenante. En face de la secte, jeune, spirituellement huppée et drapée de vertus juvéniles, se dresse l'Église, vieille comme les siècles, ridée comme un champ de labour, courbaturée par le poids des ans et la lourdeur des tièdes, toute balafrée par les mille combats perdus ou gagnés. Sa gloire réside dans les cicatrices de son visage, les gerçures de ses mains secourables, la saleté de ses pieds crottés qui ont marché dans la fange pour y secourir le plus misérable. La secte attire le regard par la beauté plastique de ses vertus, la pureté de ses lignes et l'intégrité de son existence sans histoire. Tous ne résistent pas à sa séduction. Il est tentant de se délester du lourd héritage de faiblesses léguées par ses ancêtres dans la foi et de renier une histoire grevée d'infidélités, pour adhérer à un groupe qui n'a pas de reproche à se faire.

La puissance de séduction des sectes provient aussi du contenu de leur doctrine et de la qualité de leur discours. Qui, en effet, serait insensible à l'intuition fondamentale des sectes: ça va mal dans le monde. Partout l'injustice règne en maître. L'oppression des peuples, le déni des libertés individuelles et collectives, la négation généralisée des droits fondamentaux de la personne, le dévergondage des moeurs, la recherche effrénée de l'argent, tout cela crée un climat de violence, de désarroi et d'insécurité. La corruption s'est introduite dans toutes les institutions civiles et religieuses. C'est le règne du mal et de Satan. Partout des cris de guerre et des menaces d'éclatement atomique. Partout des famines et des catastrophes cosmiques: tremblement de terre, sécheresse, inondation, etc. Ça ne peut plus durer: il faut que ça change. Tout va sauter. On court à la catastrophe. La fin du monde est proche. Le seul moyen d'échapper à la tribulation et de résister à la débâcle, c'est de se convertir à Jésus et d'entrer dans la secte. Arche de salut, enceinte fortifiée, la secte est à la fois protection contre le mal ambiant et gage de salut pour l'avenir.

Cet enseignement rencontre la préoccupation de beaucoup de braves gens qui se demandent où on s'en va. L'éclatement des valeurs et des institutions n'est-il pas le symptôme de la fin d'une société malade, le signe de l'épuisement mortel d'un système monté en graine? N'est-ce pas la fin de ce monde? de notre monde? la fin du monde? À tous les grands tournants de l'histoire, bien des chrétiens ont identifié la fin de leur monde à la fin du monde. Devant la désintégration de l'Empire romain, des chrétiens, en masse, s'enfuyaient au désert, parfois accompagnés de leur évêque, pour attendre l'éclatement final. Il en a été de même à la fin du Moyen Âge. Le chiffre mille et ses multiples ou ses divisions en dix ou en deux, exercent une séduction magique sur certains exprits. Au tournant de l'an mille, comme de l'an 500 et de l'an 1500, de nombreux chrétiens et de nombreuses sectes ont surgi qui attendaient la fin du monde. L'approche de l'an deux mille exacerbe cette attente eschatologique; elle n'est pas étrangère à l'effloraison des nouvelles sectes[1].

Dans ce climat, l'enseignement des sectes jouit d'un impact considérable. Il apporte la réponse aux questions et aux inquiétudes de bien des gens. Il explique noir sur blanc ce qui se passe actuellement et ce qu'il adviendra dans un futur immédiat. L'eschatologie des sectes est toujours futurologique: l'avenir y est dépeint en termes descriptifs. Cette futurologie a une fonction catharsique, comme les révélations des tireuses de cartes et des diseuses de bonne aventure. Elle permet de contrôler l'avenir et, ce faisant, elle exorcise les peurs et les angoisses devant un futur incertain. Les sectes sont de nature à calmer ces appréhensions et à susciter une puissante espérance, principalement chez ceux qui n'ont pas droit à l'espoir. Quand le jour «J» viendra, les situations seront renversées: les puissants seront détrônés et les petits, élevés; les riches seront dépouillés et les pauvres, comblés de biens. Voilà une attente bien dynamisante. Mais grande est la tentation, pour le sectateur, de devenir homme de ressentiment. L'appel au jugement de Dieu servirait alors de masque à un désir de vengeance personnelle; l'attente du royaume ne serait plus que le camouflage d'une envie impatiente de prendre la place des autres; la tension eschatologique servirait de déguisement à une volonté de puissance en mal de s'affirmer. Le sectateur peut être victime de cette mascarade corrosive. À quoi lui servirait-il d'être pur, s'il devenait homme de ressentiment?

Les sectes articulent leur message d'espérance dans un discours adapté à la culture des gens simples. À la différence du discours gnostique qui est pré-logique, le discours de la secte est pré-théologique; les vérités de la foi y sont présentées dans un style descriptif, apte à susciter l'intérêt. Ce discours s'adresse au cœur et à la volonté plutôt qu'à la raison. Il exhorte plutôt qu'il n'instruit; ou mieux il n'instruit que pour exhorter. Ce qui est visé, c'est moins d'apporter des connaissances que de provoquer un changement de vie. Les sectes n'insistent pas sur l'aspect cognitif de la foi ni sur son rôle herméneutique dans l'histoire et l'expérience humaines. Leur discours ne prend jamais les livrées scientifiques et se soucie peu des finesses du raisonnement. Ce discours veut convaincre: les arguments valent par leur puissance de persuasion plus que par leur subtilité intellectuelle. Les arguments sont cousus «avec de gros fils blancs» et les réalités évoquées sont souvent transformées ou mutilées pour le besoin de la preuve. La secte tient à tout prix à se donner des allures logiques. Même si cette logique manque généralement de rigueur intellectuelle et scientifique, elle ne rate pas d'impressionner l'auditeur. Car, elle lui paraît sans faille — d'autant qu'elle a tendance à s'abstraire du réel et à tourner à vide. Cette logique poursuit un seul objectif: convertir l'auditeur. Une fois le doigt dans l'engrenage, le corps passe tout entier.

Le discours de la secte se veut universel: il dit ce qu'il faut penser sur tout et ce qu'il faut faire en toute occasion. Le sectateur n'a pas à penser par lui-même; tout a déjà été pensé pour lui. On lui recommande d'ailleurs de limiter ses lectures à la Bible et aux écrits de la secte. Tous les adeptes d'une même secte pensent de la même façon sur tous les sujets. Il n'y a ni écoles de pensée, ni tendances doctrinales particulières. Les différences d'interprétation et l'esprit critique n'y ont pas droit de cité. Les sectes ne sont pas des lieux de créativité intellectuelle et d'initiative pratique. L'unanimité de ce discours monolithique peut friser la monotonie, mais sa force sécurisante n'est plus à démontrer.

Cette unanimité est possible, parce que le discours de la secte est objectivant. Il décrit en termes univoques aussi bien les origines que la fin, aussi bien l'action de Dieu que l'oeuvre de Satan. Il dit ce qui était, ce qui est et ce qui sera. C'est un discours descriptif et non interprétatif. Or, c'est toujours sur les questions d'interprétation que les esprits se divisent et que la «belle» unanimité est rompue.

Le discours descriptif de la secte s'élabore à partir de coordonnées extérieures (textes bibliques, faits historiques, etc.) et non à partir de l'expérience intérieure. Il est centré sur les oeuvres de Dieu dans le monde, sur les artifices de Satan, sur les biens du salut, sur les choses à faire et à éviter. Il escamote la dimension subjective et mystique de la foi, ainsi que les questions métaphysiques posées par l'existence. C'est un discours qui calme l'angoisse et le désarroi, en étouffant pratiquement les requêtes de la conscience malheureuse. Il ne laisse pas d'espace intérieur dans lequel pourraient fleurir le questionnement existentiel, le doute pratique, les expériences inédites ou les fantaisies d'une liberté créatrice. Il favorise le développement d'un champ de conscience étroit et une vue réductiviste de la foi et de l'expérience humaine.

En résumé, les sectes séduisent par un idéal de vie aux contours bien circonscrits, par une expérience communautaire où l'individu est valorisé, par un message d'espérance dans le désordre social actuel et enfin par un discours dont la logique et l'univocité sont de nature à calmer l'angoisse et le désarroi. Cet idéal de vie peut être illusoire, dans la mesure où il néglige des aspects fondamentaux de l'existence humaine et présente une forme étriquée de christianisme. Cette espérance peut être trompeuse, dans la mesure où, se transmuant en futurologie, elle s'amuse à prévoir la date de la fin du monde et le contenu objectif du règne à venir. Cette sécurité peut être un leurre, dans la mesure où elle masque l'angoisse existentielle et camoufle les questions métaphysiques fondamentales.

Tout ce que nous venons de dire sur l'attrait des sectes, doit être considéré comme la toile de fond sur laquelle chacune inscrit ses particularités et ne préjuge en rien des mobiles personnels qui incitent les individus à y adhérer.

Les sectes accusent

Malgré leurs divergences doctrinales, toutes les sectes ont une dent contre le christianisme traditionnel, en particulier contre l'Église catholique. Leur enseignement comporte un chapitre stéréotypé sur les corruptions du catholicisme. Les mots et les images abondent qui sont utilisés pour blâmer, dénoncer, honnir et vilipender l'Église catholique. Ces protestations, parfois extrêmement virulentes, visent autant un certain état historique de l'Église que le système catholique lui-même.

Les sectes se plaisent à rappeler les côtés sombres de l'histoire du catholicisme. De tous les péchés de l'Église, celui qu'on dénonce en premier — et pour cause — c'est son intolérance envers les hérétiques et les sectes. Croisades, guerre des religions, inquisition, chasse aux sorcières; toute cette histoire de l'intolérance catholique est évoquée sans égard aux conditions historiques et aux facteurs socio-politiques. Le deuxième chef d'accusation porte sur la collusion de l'Église avec le pouvoir civil et la cité séculière, collusion qui a entraîné des compromis blâmables et la bâtardise de l'Église. Celle-ci est devenue une superpuissance ecclésiastique ingurgitant des éléments anti-chrétiens, prônant un laxisme anti-évangélique et transmuant la foi en un système conceptuel corrosif.

Les sectes reprennent à leur compte les accusations classiques des dissidents d'antan contre l'Église de leur temps, et les appliquent tout de go à l'Église contemporaine, sans vérifier leur pertinence actuelle, étant bien entendu que ce qui a été corrompu continue de l'être et que la réforme de l'Église est impossible. Ce qu'il faut retenir de toute cette kyrielle d'accusations qui souvent manquent la cible, c'est moins leur contenu objectif que leur signification globale. Ces dénonciations traduisent, en termes négatifs, un zèle ardent pour la pureté de l'idéal évangélique. Au fond, l'appareil ecclésiastique est accusé d'étouffer l'esprit de liberté, de domestiquer les exigences évangéliques et de neutraliser le dynamisme eschatologique.

Les sectes ne réclament pas de réformes; car aucune réforme ne saurait les satisfaire. D'ailleurs, l'Église a déjà corrigé plusieurs abus dénoncés: le pouvoir temporel s'est émietté, la dévotion à Marie et aux saints a été purifiée, la théologie s'est ressourcée et l'esprit oecuménique a supplanté l'intolérance. Ces réformes ne peuvent désamorcer l'accusation anti-catholique des sectes, car le système catholique n'est pas seulement déformé, il est substantiellement corrompu. Par-delà les abus historiques, ce qui est vilipendé, c'est le système lui-même: système doctrinal, sacramentel, cultuel et magistériel.

L'Église catholique est la corruption du christianisme primitif. Elle usurpe le pouvoir de Jésus-Christ. C'est à bon droit qu'on l'appelle la «grande prostituée», la «Babylone» et qu'on peut lui appliquer le chiffre de la Bête de l'Apocalypse, **666**. Certaines sectes en trouvent la preuve dans le titre traditionnel décerné au Pape: *Vicarius Filii Dei* (Vicaire du Fils de Dieu). En ne retenant de ces mots que les lettres qui forment des chiffres romains (V + I + C + I + V + I + L + I + I + D + I), on parvient au nombre fatal: 666. Le système catholique porte, gravé sur son front, la marque de son allégeance diabolique, le chiffre de sa propre condamnation.

Que penser d'une telle attitude délatrice? Disons d'abord que l'Église doit mettre le chapeau et battre sa coulpe, car elle ne sort pas indemne de l'histoire. Elle a sa part de responsabilité dans l'apparition des sectes. Sa lenteur à redresser des abus criants, sa tolérance des injustices, ses silences complices, sa timidités dans les réformes ont perpétué des situations déplorables qui ne sont pas étrangères à l'éclosion des sectes. Celles-ci se développent toujours en complémentarité de l'Église et en réaction contre elle. En complémentarité, en professant des points de doctrine tenus dans l'ombre ou l'oubli par l'Église. En réaction, en édifiant un système parallèle qui se veut la réplique du christianisme primitif. Par leur seule présence, les sectes constituent un appel claironnant à la réforme des institutions ecclésiales.

Notons, en outre, que l'accusation anti-catholique des sectes n'est pas facultative; elle est une exigence fondamentale de leur position historique. Les sectes ne peuvent construire leur système sans croiser sur leur route le système catholique. Le catholicisme a pré-occupé le terrain; et les sectes ne peuvent ériger leur temple que sur les ruines du catholicisme. Leur position ne peut être maintenue d'une façon satisfaisante sans attaquer l'Église. Cette attaque n'est pas laissée au hasard des caprices; elle est systématique. Les sectes doivent postuler certains principes pour justifier leur existence et leur pratique en face de l'Église catholique. L'anti-catholicisme est un de ces principes. Il est une règle de la secte et une nécessité de sa situation historique. Dans leur protestation, les sectes ne se veulent pas injustes; elles ne font qu'obéir aux exigences de leur situation et de leur prétention à incarner le christianisme dans son intégrité. Les sectes puisent, dans l'arsenal anti-catholique traditionnel, des objections qu'elles propagent dans un discours vigoureux qui sent parfois la vulgaire rhétorique.

Nous aimerions faire une remarque sur l'accusation d'Antéchrist dont on affuble l'Église catholique. Cette accusation terrible peut nous étonner si nous n'en saisissons pas le sens. Comment peut-on honnêtement traiter l'Église d'«Antéchrist», de «synagogue de Satan», de «Babylone», de «mère des abominations»? La réponse est à chercher dans le mystère même de l'Église. L'Église catholique se pose comme la représentante du Christ sur la terre. Elle se prétend, de ce fait, pourvue de pouvoirs surnaturels invisibles: elle peut imposer un credo et une liturgie, remettre les péchés et donner autorité à ses ministres. Les fonctions et les pouvoirs qu'elle revendique découlent de sa qualité de Corps du Christ. Elle prétend être l'institution de salut fondée par Jésus pour communiquer la grâce de Dieu.

Mais supposons un instant que le Christ n'ait pas laissé de représentant derrière lui et que, en conséquence, l'Église ne soit pas le sacrement du salut. Quel corollaire pourrait-on en tirer? L'Église ne serait plus alors qu'une organisation usurpatrice, s'arrogeant indûment les pouvoirs et les fonctions du Christ, parlant faussement en son nom et prétendant injustement dispenser ses grâces. Cette institution serait, à n'en pas douter, l'instrument de Satan, de l'Antéchrist. Ce n'est donc pas par hasard que les sectes portent l'accusation d'Antéchrist contre l'Église catholique. Celle-ci doit être désignée ainsi par tous ceux qui, se séparant d'elle, se posent à leur tour comme étant les vrais représentants du Christ. Une telle accusation n'est que la conséquence logique du refus de reconnaître le mandat et la mission dont l'Église catholique se réclame.

L'Église n'a pas à rougir d'une telle accusation. Jésus lui-même n'a-t-il pas été traité de «buveur», de «glouton», de «samaritain», de «faux prophète», d'«imposteur», de «blasphémateur», de «possédé du démon»? Et n'a-t-il pas prophétisé que son Église recevrait le même traitement: «Du moment qu'ils ont traité de Béelzéboul le maître de maison, que ne diront-ils pas de sa maisonnée?» (Mt 10,25; 12,24; 9,34). Cela ne nous autorise-t-il pas à opérer un renversement paradoxal? L'accusation d'Antéchrist devient une note de la vraie Église.

Une dernière remarque. Qui porte l'*onus probandi* sinon celui-là même qui accuse le catholicisme d'être une corruption du christianisme primitif? C'est à lui qu'il revient de démontrer que le type chrétien originel n'a pas été préservé dans l'Église catholique actuelle, que cette Église n'est pas en continuité avec l'Église primitive, qu'elle n'est pas en harmonie avec les principes fondamentaux du christianisme et que sa doctrine n'est pas en cohérence avec ces principes. Il est clair que le système chrétien n'a atteint sa pleine maturité qu'avec les siècles et que ses principes ne furent, à l'origine, ni aussi bien compris, ni aussi bien maniés que plus tard. Rien ne peut avoir lieu sans la durée et chaque chose arrive en son temps. Au fond de l'accusation de corruption, gît le refus systématique du devenir historique et de l'idée de développement en christianisme[2].

II — LES RACCOURCIS THÉOLOGIQUES

Un des grands points litigieux qui séparent les sectes du christianisme, surtout sous sa forme catholique, c'est la question du développement des idées et des institutions. Le développement est vu comme une nécessité et un bienfait en christianisme et comme un abus et un malheur dans les sectes.

Le développement

Dans le monde physique, toute vie est caractérisée par la croissance; ne croître en aucune manière équivaut à cesser de vivre. L'être vivant grandit par l'absorption et la transformation de substances extérieures. Toute croissance est un processus d'assimilation, un passage de la multiplicité à l'unité, de l'extériorité à l'intériorité, de l'avoir à l'être. L'idée aussi peut être vivante. Quand une idée est de nature à capter l'attention et à prendre possession de l'esprit, on peut dire qu'elle est vivante: elle vit dans l'intelligence et le coeur de ceux qui l'accueillent. «Lorsqu'une puissante affirmation, vraie ou fausse, concernant la nature humaine, le bien présent, le gouvernement, le devoir, la religion est lancée dans le public et attire l'attention, ne croyons pas qu'elle soit reçue de manière purement passive, sous telle ou telle forme, dans la foule des esprits: mais elle devient en eux un principe actif, elle les pousse à la reconsidérer sans cesse, à en chercher des applications en divers domaines, à la propager de tous les côtés»[3]...

Or, s'il est une idée vivante, c'est bien l'idée de Jésus-Christ. Une fois lancée sur la place publique, elle a pris possession de certains esprits et est devenue en eux un principe actif dont la puissance s'est révélée extraordinaire. «Qu'une pareille idée, écrit Newman, vienne à s'emparer de l'esprit de la masse, ou même simplement d'une fraction de la société, on peut comprendre sans peine ce qui en résultera. Tout d'abord, les hommes ne «réaliseront» pas complètement ce qui les pousse, ils s'expliqueront et s'exprimeront mal. Il y aura un va-et-vient général de pensée et des réactions d'esprit à esprit. Puis un temps de confusion, de conflits entre des interprétations justes ou fausses. On se demandera alors si quelque chose doit en sortir, et quelle manière de comprendre l'idée va l'emporter. On jettera de nouvelles lumières sur les formes originelles de la doctrine ainsi lancée; les jugements et les points de vue se multiplieront. À la longue, on verra émerger un enseignement défini. Une vue est modifiée par une autre, puis combinée avec une troisième, jusqu'à ce que l'idée à qui appartiennent ces divers aspects soit devenue, pour chaque esprit particulier, ce qu'elle n'était d'abord que pour la collectivité. On examinera aussi ses relations avec d'autres doctrines, d'autres faits, d'autres lois naturelles ou coutumes établies, avec les circonstances variables de temps et de lieux, avec, suivant les cas, d'autres religions, d'autres systèmes politiques ou philosophiques. On élucidera peu à peu comment elle est affectée par d'autres systèmes ou comment elle les affecte elle-même, jusqu'où elle peut entrer en combinaison avec eux ou les tolérer en cas d'opposition. Elle subira l'examen et la critique de ses ennemis, elle sera défendue par ses partisans. Les esprits individuels, et aussi la collectivité, placés devant la multitude d'opinions auxquelles elle donne lieu, pourront les recueillir, les comparer, les classer, les trier, les choisir ou les rejeter, les y incorporer ou les en séparer. Dans la mesure où elle sera douée de vigueur originelle et de pénétration, elle s'introduira dans le cadre et les détails de la vie sociale, modifiant l'opinion publique, fortifiant ou minant les fondements de l'ordre social. Ainsi, avec le temps, elle se développera en un code de morale ou un système de gouvernement, une théologie, un rituel, selon ses possibilités; et le corps de pensée ainsi laborieusement constitué ne sera en définitive guère autre chose que la représentation propre d'une seule idée, identique en substance à sa signification primitive; ce sera son image complète vue dans la synthèse de ses différents aspects, enrichie des suggestions et des corrections de nombreux esprits et illustrée par de nombreuses expériences»[4].

Le développement de l'idée chrétienne ne suit pas les mêmes lois que les développements mathématiques. Ceux-ci ne souffrent pas de corruption parce qu'ils reposent sur des démonstrations rigoureuses; ils forment un système de vérités que l'on déduit de définitions ou d'équations. Les conclusions auxquelles on aboutit, sont nécessaires et ne peuvent dévier de l'idée originale. Il en va tout autrement pour l'idée chrétienne. Elle ne se développe pas dans un cabinet de travail; sa croissance ne ressemble en rien à une recherche intellectuelle où chaque avance résulte de l'étape antérieure. L'idée chrétienne grandit sur la scène affairée de la vie humaine; son développement s'effectue au coeur des groupes sociaux. Elle ne peut croître sans contraindre, modifier ou s'incorporer les modes de penser et d'agir existants. Elle se développe par incorporation.

Or, le processus d'incorporation n'est pas infaillible. L'idée de Jésus peut ne pas être victorieuse; elle peut être influencée ou modifiée par le milieu ambiant. Il lui arrive d'être bloquée, retardée ou mutilée par la contrainte extérieure, ou encore d'être dominée ou influencée par le dynamisme des idées contraires, ou enfin d'être pervertie par l'intrusion d'éléments hétérogènes. Inévitablement, le processus d'incorporation donne naissance à des erreurs, des distorsions et des perversions. Quelles que soient les erreurs et les altérations auxquelles l'expose sa rencontre avec le monde (philosophie, science, culture ambiante), une grande idée comme le christianisme est trop vivante pour être enchaînée, et doit courir ce risque pour être dûment comprise et pour se développer dans toute sa plénitude.

Les sectes disent non à tout développement de l'idée chrétienne. Ce refus va de pair avec leur rejet de l'évolution cosmique et biologique et leur négation du devenir historique. Puisqu'il ne se passe rien dans le cosmos et dans l'histoire, puisque rien de neuf n'y apparaît, comment pourrait-il surgir du nouveau dans le christianisme? Le temps n'est-il pas principe de déchéance? Et la seule façon de lui résister, n'est-ce pas de le nier? Et la meilleure façon de le nier, n'est-ce pas de se brancher directement sur la communauté primitive, en rebroussant le chemin de l'histoire, en mettant entre parenthèses l'immense tradition chrétienne et en sautant à pieds joints par-dessus vingt siècles d'aventures spirituelles.

Le refus du développement se fait, en outre, au nom d'une conception statique de la révélation elle-même. Celle-ci est conçue comme un ensemble d'éléments préfabriqués qui, tombés directement du ciel, s'agencent les uns dans les autres — comme les pièces d'un jeu de bloc — pour former un tout monolithique, un système clos et fermé, parce que complet. Même la révélation du prophète fondateur est conçue comme une pièce céleste qui s'emboîte à merveille dans le donné révélé comme un tenon dans une mortaise. Loin du sectateur, l'idée d'un développement à l'intérieur du donné révélé; loin de lui, l'idée que la révélation est un principe actif toujours en progression. Les études exégétiques ont pourtant démontré les développements du monothéisme et du messianisme en Israël, de même que l'évolution de la christologie attestée dans le Nouveau Testament lui-même. Comment une idée qui manifeste un tel dynamisme de croissance peut-elle, à la mort de saint Jean l'évangéliste, arrêter brusquement son développement? Puisque les sectes rejettent l'idée d'une évolution à l'intérieur de la révélation elle-même, comment l'accepteraient-elles pour la tradition chrétienne?

La différence entre les sectes et les Églises chrétiennes, spécialement l'Église catholique, est patente. D'après les sectes, la révélation s'identifie à un message divin complet et statique, alors que le christianisme la conçoit comme un donné complexe et progressif, se complétant peu à peu «selon les temps divers et de diverses manières» (He 1, 1). Les sectes voient l'idée chrétienne comme un ensemble de doctrines données une fois pour toutes dans leur plénitude, tandis que l'Église, comme la verge d'Aaron qui dévorait les serpents des magiciens, développe sa doctrine par incorporation, grâce au pouvoir assimilateur de ses principes. Les sectes sont en quête d'une fictive simplicité primitive (tout est si complexe, varié, explosif et dynamique dans la communauté primitive), alors que le christianisme trouve repos et protection dans la plénitude de la catholicité. Les sectes soutiennent que la doctrine de l'Église est corrompue tandis que celle-ci affirme que, malgré ses erreurs et ses abus, elle est demeurée essentiellement identique à l'Église primitive et substantiellement fidèle à la doctrine de Jésus.

De ce refus du développement découlent de graves conséquences, dont la moindre n'est pas le rejet de la théologie. La révélation exige d'être comprise et expliquée par la raison; elle aspire à la théologie. En servante de la foi, la raison cherche à analyser et à interpréter le donné révélé à la lumière de l'expérience humaine globale, et inversement à comprendre celle-ci à la lumière de celui-là. La raison croyante fait appel à différentes méthodes scientifiques et à l'universalité du savoir. Elle compare, établit des correspondances, formule l'implicite, dégage les coordonnées, harmonise les parties, use d'analogies et fusionne toutes les données dans un vaste système doctrinal. La fonction de la théologie est d'amener la révélation à son expression totale. Pour remplir cette fonction, la théologie a besoin de liberté. La liberté engendre la controverse et celle-ci est l'instrument du progrès doctrinal.

L'étouffement de la théologie est un malheur pour les sectes, car il les empêche d'expertiser le contenu de la révélation, d'aller au-devant des requêtes de la raison croyante et de bénéficier d'une confrontation loyale avec la culture ambiante et les différentes religions ou Églises chrétiennes. La secte forme un ghetto, un système clos, un monde à part entouré de barrières et d'interdits. Il faut se garder de la contamination du monde, de la culture, des religions ou des Églises. D'où l'invitation pressante à ne lire que la bonne littérature (Bible et écrits de la secte) et à ne fréquenter si possible que ses congénères. Les sectes sont des lieux aseptisés où la pureté doctrinale est assurée par l'absence de la pensée théologique et l'étouffement de la controverse *ad intra* et le refus de la confrontation *ad extra.*

La révélation est dynamique et l'idée chrétienne, vivante. Comment dès lors les sectes peuvent-elles leur rester fidèles tout en déniant le pouvoir de croissance qui leur est propre? Est-on fidèle à la pensée dynamique de Paul, en se rivant obstinément à la lettre de ses écrits? Est-on fidèle aux structures de la communauté primitive en les décalquant, vingt siècles plus tard, dans des conjonctures historiques fort différentes? Les sectes entendent demeurer fidèles au christianisme authentique? Or, celui-ci, en tant que religion universelle, doit convenir à tous les temps et à tous les lieux; il doit ajuster sa praxis au monde ambiant et se mouler dans des formes adaptées aux modèles sociaux où il est implanté. Les sectes sont enclines à confondre attachement à une forme passée et fidélité à la vie? Or, on peut être attaché mordicus à la lettre du Nouveau Testament tout en restant infidèle à la pensée vivante qu'il véhicule. Les sectes proposent un type de christianisme mort-né, embaumé dès sa naissance; elles promènent à travers les âges la momie du christianisme primitif dont les langes servent de linceul. Ce jugement sévère vise le système des sectes et non les fidèles qui y adhèrent.

L'autorité de l'Écriture

L'Écriture est la règle de foi en christianisme. Cette conviction, partagée par les sectes et les grandes Églises chrétiennes, soulève pourtant mille difficultés. En effet, la structure de l'Écriture est si variée et si peu systématique, ses styles si multiples et parfois si étranges et sa composition si imagée et si symbolique, qu'il est impossible, à première vue, d'en déterminer le contenu et d'indiquer ce qui s'y trouve et ne s'y trouve pas. Malgré toute notre attention, ce sera toujours une terre inexplorée et insoumise, une terre aux mille trésors cachés. Il n'est personne qui se soit jamais rendu maître de toute cette richesse. Y a-t-il une seule doctrine dont on puisse affirmer péremptoirement qu'elle ne se trouve pas dans l'Écriture, à moins évidemment qu'elle ne contredise clairement ce qui est dit expressément? Alors, au nom de quoi, sinon d'une vue réductiviste de la Bible, les sectes peuvent-elles qualifier de non révélées des doctrines chrétiennes que l'Écriture ne contredit pas, mais dont elle ne parle pas explicitement? N'y a-t-il pas une foule de questions métaphysiques ou éthiques sur lesquelles l'Écriture semble garder le silence le plus complet? Comment en appeler à la Bible pour les régler? L'autorité de la Bible, comme seule règle de vie et de pensée, n'est-elle pas prise en défaut?

Plus grave encore, il se pose de sérieuses questions concernant la Bible elle-même et que celle-ci ne résout pas. Les questions pertinentes à l'inspiration divine et au canon des Saintes Écritures, sont de celles-là. Quels documents contiennent la révélation et quel en est le nombre? À ces questions, la Bible elle-même ne fournit pas de réponse. Et pourtant, une solution s'impose de toute évidence, car il en va de l'autorité même de la Bible. En fondant l'autorité absolue des Écritures sur le seul fait qu'elles sont inspirées de Dieu, de ce Dieu dont le caractère absolu doit, à son tour, être fondé sur ces mêmes Écritures, les sectes s'enferment dans une pétition de principe. Comment peut-on savoir si les recueils de la Bible sont inspirés? Le christianisme primitif n'a pas résolu ce problème: il eût suffi d'une affirmation explicite d'un apôtre sur chacun des livres en question. Mais la décision a été laissée au temps, au résultat des controverses et au lent cheminement des esprits.

Les premières générations chrétiennes ont produit une littérature extrêmement variée. Les croyants se sont reconnus parfaitement dans certains de ces écrits. L'Église a discerné les quatre évangiles des nombreux évangiles apocryphes, l'Apocalypse de Jean des autres écrits apocalyptiques contemporains, les lettres d'apôtres des autres textes attribués à eux. Dans un long processus de discrimination, marqué par la controverse, certains écrits ont finalement été choisis pour constituer les «Écritures saintes». En d'autres termes, ces écrits furent canonisés, c'est-à-dire reconnus comme expression adéquate de la foi vécue et comme instance normative pour une interprétation authentique de Jésus et de l'expérience chrétienne. Cette consolidation de l'identité du christianisme, par la reconnaissance commune de la valeur canonique de certains écrits, a été l'oeuvre et des communautés et des chefs de communauté.

Ces textes choisis et utilisés par les diverses communautés chrétiennes, furent finalement confirmés par les autorités ecclésiales comme étant les seuls écrits scripturaires. Cela se produisit dans la seconde moitié du IVe siècle. Nous trouvons déjà la première liste des écrits du Nouveau Testament dans le manuscrit appelé fragment de Muratori (deuxième moitié du IIe siècle), dans lequel manquent toutefois certaines épîtres ainsi que l'Apocalypse de Jean. Pour le livre de l'Apocalypse, si cher aux sectes, on a longtemps hésité au sujet de son appartenance au canon des Écritures. En Occident, on n'a reconnu l'Apocalypse comme écrit canonique que vers l'an 390 et en Orient, que vers la fin du VIIe siecle. La confirmation officielle des textes canoniques s'est faite en Orient sur l'autorité incontestée de l'évêque Athanase d'Alexandrie, en 367; dans les Églises africaines, sur l'autorité des Synodes de la fin du IVe siècle et du début du Ve siècle; et en Occident, sur l'autorité d'Augustin. Ces décisions d'évêques et de Synodes ne firent que sanctionner une tradition beaucoup plus ancienne. Et la discussion a continué qui conduisit aux concepts d'écrits «proto-» et «deutéro-canoniques». La délimitation du canon des Écritures ne s'est donc pas faite par une nouvelle révélation, mais par un discernement lent et progressif de la part de l'Église[5].

La question cruciale qui se pose aux sectes est la suivante: comment poser l'autorité des Écritures sans reconnaître du même coup l'autorité de l'Église qui en a délimité le contour? Les sectes utilisent le canon des Écritures qui a été discerné par l'Église au cours des siècles: Église primitive, Église des Pères, Église constantinienne. Comment une Église doctrinalement corrompue peut-elle être habilitée à déterminer les écrits inspirés et révélés? Et si elle est habilitée à dire ce qui est révélé avant que le canon des Écritures ne soit constitué, comment ne le serait-elle plus après? Celui qui est capable de plus, est capable de moins, dit l'adage philosophique. Si l'Église des Pères et de l'époque constantinienne est indéfectible dans sa détermination du canon des Écritures inspirées, comment ne le serait-elle pas dans l'interprétation de ces mêmes Écritures? Les sectes se trouvent dans une situation herméneutique qui rend perplexe: ou bien elles partent du postulat que les Écritures se tiennent par elles-mêmes, et alors elles tombent dans la pétition de principe que nous avons évoquée; ou bien elles admettent la détermination du canon par l'Église au cours des siècles, et alors elles reconnaissent l'autorité indéfectible de l'Église et n'arrivent plus à justifier leur existence indépendante et antagoniste.

La nostalgie des origines

L'homme est dans le présent, mais il vit du passé et de l'avenir. La présent est significatif, parce qu'il divise le temps en avant et en après et qu'il est le point de jonction du passé et du futur. Le présent n'est pas un point de départ absolu. En lui s'engouffre le passé et de lui jaillit le futur. Le rapport au futur n'est possible que par la relation au passé; et la relation au passé ne s'articule que dans un rapport au futur. La relation au passé n'est donc pas seulement théorique et herméneutique; elle est aussi pratique et praxéologique. Nous devons reconnaître notre solidarité avec notre passé. Du rejet du passé résulte la perte d'identité. Même un rejet total ne liquide pas le passé. La meilleure façon d'être victime du passé, c'est de le renier ou de l'ignorer. L'enracinement créateur dans notre passé est un préalable pour l'avènement d'un nouveau futur. L'homme à la recherche de son futur remonte le cours de son passé jusqu'à la source. Ce retour aux origines a un effet catharsique, puisqu'il met en contact avec la vérité originelle.

Aussi ne faut-il pas s'étonner de voir les sectes — toutes projetées vers le futur eschatologique et toutes anxieuses de leur identité chrétienne — braquer leur regard sur la communauté chrétienne primitive pour y déceler des orientations pour l'avenir et y capter la vérité originelle du christianisme. Tout cela est bien. Mais le problème, c'est que les sectes accomplissent un retour romantique au passé: en idéalisant les origines, elles les intemporalisent et leur donnent un statut absolu. Les origines chrétiennes sont exhaussées au rang de normes absolue (*norma normans*) et inconditionnée (*norma non normata*).

411

Il y a un brin de vérité en tout cela; car dans tout mouvement historique, les origines sont considérées *de facto* normatives. L'époque des origines n'est jamais vue comme norme ou canon par ceux qui y vivent. Cela devient le problème des époques subséquentes. La tendance à absolutiser les origines et à en faire la jauge non jaugée, est toujours le fait des générations ultérieures. Les premiers chrétiens ne se regardaient pas comme des modèles de vertus chrétiennes; et les communautés primitives étaient aussi conscientes de leurs défaillances et de leurs divisions, que de leur sainteté. Paul et les évangélistes ne considéraient pas leurs écrits comme *graphè,* Écritures saintes. Ce fut le point de vue des générations postérieures, porteuses d'une tradition où s'étalait tout un éventail d'opinions. Ce n'est que plus tard que l'époque primitive devint norme et qu'on a parlé de la fin de la révélation avec la mort du dernier apôtre. Il en est un peu de la Bible comme des écrits de Karl Marx, qui devinrent «canon», à une époque ultérieure, dans le parti communiste. Selon l'orthodoxie marxiste, la «révélation marxiste» se termine avec Engels et Lenine. Toute nouvelle interprétation est pur révisionnisme et tout révisionnisme est dénoncé comme tricherie.

Même s'il est naturel d'idéaliser le passé, il demeure toutefois illégitime d'absolutiser une quelconque époque, fût-ce celle des origines, et de lui imputer une valeur normative absolue. Ce serait nier la relativité et la contingence toujours inhérentes à tout événement historique. Le christianisme reconnaît certes l'absolu de l'événement Jésus, sans en émousser la relativité. L'absolu de Dieu qui se manifeste dans l'histoire ne détruit pas la relativité de l'histoire. L'absolu du canon des Écritures saintes s'exprime dans la relativité des formes historiques. Dans leur retour aux origines chrétiennes, les sectes absolutisent le relatif au nom de l'absolu qui s'y manifeste. Elles absolutisent en idéalisant. L'idéalisation des origines confond l'essence et la forme historique et oublie les conditionnements historiques de la foi originelle. L'origine est elle-même historiquement conditionnée. En niant ce conditionnement, les sectes commettent une erreur d'interprétation. Une structure légitime à l'origine en raison de la conjoncture historique peut devenir inadéquate, inopportune ou nuisible dans une autre situation socio-politique. Une structure libératrice à une époque peut devenir oppressive en d'autres temps. C'est créer une situation d'aliénation que d'accorder une autorité absolue et intemporelle à des structures créées pour un temps donné.

Les sectes oublient que toute référence aux origines ne s'accomplit qu'à l'intérieur d'un cercle herméneutique où le présent et tout ce qui existe entre l'origine et le présent (c'est-à-dire la tradition chrétienne), jouent une fonction *médiatrice*. Les sectes tentent de soumettre directement le présent à la critique des origines. Leur tentative est vouée à l'échec, parce qu'elle refuse la valeur interprétative du présent et disqualifie *a priori* le temps intermédiaire, la tradition. En négligeant la période qui va des origines au présent, les sectes ne peuvent pas découvrir les conditions qui rendent possible, à toute époque de l'histoire, une vue juste et correcte de la vérité des origines chrétiennes. Par ailleurs, en refusant au présent sa portée interprétative par rapport aux origines, elles sont vouées à un plaquage aliénant du passé sur le présent.

À chaque époque, l'expérience humaine, la culture ambiante et les structures socio-politiques ont conditionné la forme historique du christianisme. L'Église ne peut être aujourd'hui ce qu'elle a été à l'origine. Les structures ecclésiales ne peuvent se fonder directement sur la Bible. Il n'y a de fondement biblique qu'indirect, qu'historiquement conditionné. Refuser les conditionnements de la tradition et ceux de la conjoncture présente, c'est peut-être échapper aux dangers d'éventuelles déviations au nom d'une pureté illusoire; mais c'est à coup sûr, se réfugier dans un ghetto aseptisé et se résigner à n'avoir aucune influence sur le cours de l'histoire[6].

La stérilité socio-politique

Nous voudrions, en terminant, relever un autre raccourci théologique des sectes: l'absence de conscience et d'engagement socio-politiques. Les sectes se mettent au-dessus de toute politique; ce faisant, elles prennent une décision politique. Et c'est une décision en faveur de ceux qui sont au pouvoir et qui manient les leviers économiques. Certes les sectateurs, en tant qu'individus, ont des devoirs politiques. Mais les sectes, en tant que groupes, ne s'impliquent dans aucun débat socio-politique et dans aucune lutte pour la mise en place de structures plus justes et plus humaines.

Cette abstention découle d'une sainte horreur des compromissions. Plus profondément, elle s'enracine dans la conviction que l'Évangile n'est qu'une affaire personnelle et que l'appel de Jésus vise la conversion du coeur et non la transformation sociale. Les sectes introduisent une dichotomie entre la personne et les structures. Elles négligent l'influence des structures sur la vie humaine et ne semblent pas conscientes de leur vision personnaliste un peu étriquée. Elles oublient que l'existence et l'intériorité de l'homme sont, en réalité, déterminées autant par les structures objectives de la société que par ses propres dynamismes subjectifs.

On sait que les systèmes sociaux sont basés sur le profit, la compétition, la réussite. Au lieu d'être une critique de l'aliénation de notre intériorité, toute fuite de la société objective est en même temps un élan vers la «société» présente en nous. Cette «société» subjective est aussi anti-évangélique et aliénante que la société objective. La conversion n'est pas seulement un retour vers Dieu, mais l'éradication de la «société» subjective. Or, cette éradication est un processus qui doit se prolonger dans le monde objectif des structures socio-politiques. L'affirmation de la liberté intérieure n'est valide que si elle aboutit à une contestation des formes objectives d'aliénation. La privatisation de la foi conduit les sectes à une attitude réactionnaire, conservatrice, intégriste. En cela, les sectes peuvent être hostiles à l'homme.

Cela peut nous surprendre, étant donné la force du sentiment eschatologique. Alors que l'utopie eschatologique a généralement une grande force herméneutique et critique, et fournit une orientation et un dynamisme pour l'action transformatrice, l'eschatologisme de la secte génère une parfaite stérilité socio-politique. Cela est imputable à deux facteurs. Premièrement, l'imminence de la parousie rend inutile tout effort de transformation structurelle. La fin du monde va se produire incessamment; les structures de ce monde corrompu seront

414

détruites. À quoi bon travailler aujourd'hui à créer des structures qui demain seront détruites! Le processus de transformation structurelle ne se justifie que par une vision du futur qui s'étire devant soi.

Deuxièmement, la conception d'une provision eschatologique purement formelle se révèle d'une totale insignifiance socio-politique. La provision eschatologique formelle ne considère que l'action de Dieu dans l'avènement du royaume. L'action eschatologique de Dieu et les biens qui en résulteront, constituent une donnée qui est au-dessus de l'histoire et qui surpasse tout ce que l'homme peut produire. Si nous isolons cet aspect et oublions ce qui a déjà été réalisé en Jésus, la provision eschatologique devient purement formelle et disqualifie à sa source toute activité séculière. Cette provision formelle neutralise tout autant une politique socialement progressive qu'un régime totalitaire et oppressif. En l'occurrence, la foi chrétienne continue de désacraliser la politique, mais elle devient incapable d'orienter les choix socio-politiques et d'inspirer les actes à poser. Une provision eschatologique purement formelle jugule l'impulsion humanitaire présente dans les mouvements de libération, en même temps qu'elle appuie par son silence le *statu quo* régressif et préjudiciable.

Les sectes n'arrivent pas à corriger les conséquences politiques graves de leur provision eschatologique formelle. Pour ce faire, il leur faudrait articuler dialectiquement la provision eschatologique (l'action finale de Dieu et les biens qu'elle crée) et les exigences d'une foi en Dieu qui, en Jésus, anticipe ces biens. En Jésus, Dieu se manifeste comme le Dieu des vivants et non des morts, le Dieu des pauvres et des petits, qui est amour et sollicitude pour les «maganés». Cela fournit une orientation pour l'action du croyant. Celui-ci ne peut que promouvoir ce qui est vrai et bon pour l'humanité et il doit s'opposer de toutes ses forces à la souffrance, à l'injustice et au mal sous ses mille formes: physique, psychique, social, spirituel. Cette impulsion qui découle de l'action de Dieu en Jésus et de la présence anticipée du Royaume, ne neutralise pas la provision eschatologique. Celle-ci continue à exercer son rôle critique et désacralisant: elle rappelle que le salut ne peut être identifié à aucun résultat de l'effort humain[7]. Ainsi donc, l'action socio-

politique bien comprise ne neutralise pas la provision eschatologique, pas plus que la provision eschatologique bien comprise ne neutralise l'action socio-politique.

La provision eschatologique purement formelle, la conception privatisante de la foi et la conviction de l'imminence de
la fin, voilà les facteurs qui déterminent la situation politique
des sectes. Encore ici, les sectes forment des ghetto en marge de
l'histoire et de la société. Ou bien elles sont ancrées solidement
au milieu du flux historique; ou bien elles marchent à rebours,
luttant désespérément contre le courant et contre vents et
marées. Les sectes sont socialement réactionnaires, civilement
conservatrices, politiquement démobilisantes et culturellement
non pertinentes. De ce point de vue, elles apparaissent comme
un phénomène social régressif et comme une forme étriquée de
christianisme.

XVII
À la rencontre
des gnoses contemporaines

Ce chapitre concentre son attention uniquement sur les groupes gnostiques. Il faut reconnaître au départ que le schème théorique de la gnose, que nous avons esquissé, ne vaut que dans la mesure où l'élément gnostique se trouve concrètement réalisé dans les groupes. Il va sans dire que l'élément gnostique se déploie et s'articule de façon variée dans les différents groupes. Cela veut dire que nos réflexions théologiques sur la gnose en général ne s'appliquent qu'*aliquo modo* aux gnoses en particulier. Chaque gnose présente des particularités et des caractéristiques qui lui sont propres. Il faudrait autant de monographies qu'il y a de groupes existants. Une telle entreprise dépasse les limites du présent ouvrage, dont l'objectif est de fournir un cadre générique d'interprétation devant permettre une approche chrétienne ultérieure de chaque groupe en particulier. Nous voudrions suggérer ici quelques réflexions sur la signification religio-théologique des groupes gnostiques pris *in globo*.

I — ATTRAIT DES GNOSES

Ce serait se leurrer que de croire que la puissance d'attraction des gnoses contemporaines provient du halo de mystère dont elles s'entourent avec complaisance et dont elles savent tirer profit pour attirer le monde. Certes, le secret pique toujours la curiosité. L'engouement actuel pour l'occulte, le mystérieux et le caché, explique la ruée des gens vers les groupes ou les personnes qui détiennent une connaissance secrète ou un pouvoir occulte. On joue le mystérieux avec art. On soulève le voile pour le rabattre aussitôt. Par des paroles étranges, on évoque savamment l'énigme cachée de façon à aiguillonner l'imagination toujours avide d'insolite et à réveiller la fonction magique qui sommeille en chacun. On vous laisse intentionnellement sur votre faim. «Pour en savoir plus long, vous dit-on, joignez-vous à notre groupe». Que de gens, après une séance d'information, s'inscrivent à une session ou adhèrent à un groupe uniquement pour combler une imagination habilement stimulée et satisfaire une curiosité exacerbée.

Cela étant dit, la puissance de séduction des gnoses vient d'ailleurs. Elle réside dans ce qu'elles offrent et dans ce qu'elles promettent. Dans le désarroi généralisé d'une modernité désabusée, les gnoses apportent une promesse qui soulève de grands espoirs; dans une société évidée de sa profondeur spirituelle, elles offrent une possibilité concrète de récupération intérieure.

Un enseignement optimiste

Les gnoses offrent un enseignement centré sur le sujet. Dans un monde où règne l'objectivation aliénante, l'enseignement gnostique ne tombe pas dans une oreille de sourd. L'organisation de la société objective l'homme au point qu'il est réduit à n'être qu'un numéro et qu'il est vidé de son intériorité. Les sciences en général, les sciences de la santé en particulier et même les sciences dites humaines (psychologie, sociologie, etc.) ont franchi le pas de l'objectivité radicale, puisque leur méthode exclut toute considération du sujet. C'est du moins le point de vue des gnoses contemporaines. L'être humain est considéré comme un objet à disséquer sans considération pour son histoire personnelle, son intériorité spirituelle et sa subjectivité spécifique. Les sciences dites objectives coupent l'homme de sa profondeur subjective et l'isole du reste de l'univers; elles donnent priorité au mécanique sur l'organique, au matériel sur le spirituel, au chimique sur le naturel, au comment sur le pourquoi. Le sujet est devenu le résidu irrationnel de l'objectivité scientifique, car la subjectivité apporte toujours avec elle, partout où la science intervient, l'aléa, l'incertitude, l'irrationnalité.

À cela, vient s'ajouter une autre objectivation — et non des moindres — celle de l'Église établie, qui a été expérimentée par plusieurs comme une superstructure neutre dont ils n'étaient pas partie prenante. Le christianisme, c'était un code de lois générales liant les consciences individuelles, un système de doctrine et de dogmes s'imposant objectivement à la raison subjective et une organisation cultuelle et hiérarchique encadrant sociologiquement la liberté de la personne. L'Église a instauré un règne d'objectivation où l'individu disparaissait derrière les doctrines, les règles, les obligations et les devoirs. Morale objective, théologie objectivante, organisation dépersonnalisée. On a pensé à tout. Un seul oubli: le chrétien dans sa subjectivité. La vie spirituelle, intérieure, c'était pour les prêtres, les moines et les soeurs. Le laïc devait se contenter d'écouter Monsieur le curé, de pratiquer sa religion (entendez: aller à la messe, payer sa dîme, faire ses pâques...)

Voici que dans ce régime d'objectivation, les gnoses se lèvent et proposent une «science» du sujet. Elles s'intéressent à l'être humain dans sa subjectivité et sa singularité propres. Elles apportent au sujet une réponse à l'obscurité mystérieuse de sa propre identité. Leur vrai terrain, c'est le sujet, le «je». Laissé pour compte par l'objectivation, le «je» s'est aliéné dans le dédale des faux besoins, s'est laissé écraser par les faux personnages et s'est anémié au point de perdre toute consistance. Il est devenu une ombre évanescente, un fantôme affamé inconnaissable. Les gnoses entendent rendre l'homme à lui-même, donner à chacun son nom propre en le conduisant au sanctuaire de son identité personnelle. Le sujet renoue avec l'objet et l'homme refait alliance avec le cosmos. Telle est la visée de l'enseignement gnostique: révéler au sujet sa véritable identité.

Cet enseignement s'avère résolument optimiste et engageant. Il insiste quasi exclusivement sur la beauté foncière de l'être humain, sur sa bonté native, sur son origine divine. L'homme est une étoile tombée du ciel, un rayon de soleil, un atome de la divinité. Et les gnoses de dire: «Vous êtes *quelqu'un* au-delà de votre statut professionnel, au-delà de votre carte de crédit, au-delà de l'état dans lequel vous a plongé l'aliénation sociale et religieuse». Au-delà du consommateur et du singe nu, il y a un sujet qui ne demande qu'à vivre. La souffrance est une illusion passagère; la mort n'existe pas. Il n'y a pas de péché, pas de morale objective, pas de culpabilité et donc pas d'exigence de conversion. L'homme n'a pas sujet de se tourmenter, car il n'y a ni enfer, ni jugement, ni condamnation. Tout finit pour le mieux dans le meilleur des mondes. Sûr de son salut, l'individu va infailliblement vers la plénitude sans l'aide inutile de la grâce, puisque le divin est à la portée de sa saisie. Gratifié de l'immortalité, il marche, tel Adam dans l'Eden, dans un cosmos merveilleux et divin dont la loi fondamentale est l'harmonie et l'équilibre.

L'enseignement gnostique couvre la totalité du réel: il veut apporter une connaissance globale d'où l'ignorance et le mystère sont évincés. Qui s'étonnera de la puissance d'attraction de cet enseignement? Centré sur le sujet, il comble le besoin d'identité si durement ressenti aujourd'hui. Foncièrement optimiste, il répond au besoin de valorisation d'un être souvent humilié et culpabilisé, qui a longtemps vécu sous le signe du devoir et de la peur. Totalisant, il a réponse à tout et partant il calme l'insécurité causée par le bris du cadre des valeurs et les béances d'indétermination qui s'ensuivent.

Une expérience immédiate

Les gnoses offrent une expérience immédiate. Les résultats: c'est pour tout de suite. L'ici-maintenant est le lieu où s'expérimente la libération promise. C'est dans cette vie et non seulement après la mort que le gnostique entre dans la fruition des biens de salut. C'est ici-bas et non seulement dans l'au-delà qu'il fait l'expérience directe du divin. Il a dès maintenant accès à la conscience cosmique et il peut vérifier, par l'expérience, la validité de ce qui lui est dit et promis. Déjà il sent ses limites éclater, sa conscience s'élargir, son psychisme se libérer, ses ténèbres se dissiper, son stress s'évanouir. Il se sent «dépoigné». Il éprouve l'action bienfaisante de forces latentes et de potentialités jusque-là inconnues. Des phénomènes de conscience se produisent, accompagnés souvent d'effets curatifs et para-psychiques. Ainsi s'accomplit petit à petit la réalisation du soi authentique.

La prise de conscience de l'identité profonde se marie à une expérience d'harmonie cosmique et à un sentiment de maîtrise universelle. Le tout est produit par la mise en oeuvre de techniques appropriées qui paraissent originales et nouvelles de prime abord. En réalité, il s'agit d'un amalgame de disciplines et d'exercices issus des traditions orientales ou inspirés des psychothérapies occidentales. Les gnoses ne se contentent pas de proposer une expérience immédiate; elles donnent les moyens concrets pour y parvenir.

Compte tenu de l'usure de la tradition religieuse au Québec, du mépris pour les pratiques catholiques jugées inefficaces et du goût de l'inédit et de l'expérience nouvelle, on comprendra le puissant attrait que les gnoses exercent sur nos contemporains. Les gens sont las de ne rien vivre; ils veulent faire des expériences, goûter aux fruits exotiques, éprouver des techniques insolites, sortir à tout prix du quotidien. Les gnoses viennent à la rencontre de ce désir lancinant.

Les gnoses promettent mer et monde: l'accès au calme et à la sérénité, l'assouvissement des besoins spirituels les plus profonds, la découverte de soi et de Dieu, l'ascension spirituelle, la fusion avec le divin, l'accès à la surconscience, la libération absolue dans un cosmos apprivoisé et la délivrance des illusions du monde. Cette promesse fascinante sème un germe d'espérance au coeur de l'être unidimensionnel et manipulé qu'est devenu l'homme contemporain. Une lumière perce à travers le plafond bas de son existence matérialiste. Un sens s'annonce qui vient briser l'absurdité ambiante. Des biens s'offrent qui peuvent combler la béance intérieure.

Comment ne pas accueillir avec enthousiasme une voie spirituelle qui, sans sourciller, se dit capable d'octroyer la liberté intérieure, de démasquer les illusions et de conduire à la maîtrise de soi? Cet enthousiasme est d'autant plus vif qu'on reproche au christianisme de n'offrir aucune méthode, aucune discipline devant conduire aux états de plénitude dont parlent les mystiques. La découverte de nouveaux horizons est grisante. L'adhésion à une gnose laisse espérer l'obtention des biens promis. Après un certain temps, le néophyte a l'impression, voire la certitude que tout a changé: sa vision du monde et sa vie intérieure ne sont plus les mêmes. Il ne dépend plus que de sa régularité pour qu'il obtienne un jour — qui n'est pas loin — la libération absolue. Il y a un immense espoir au coeur de la démarche gnostique.

Des promesses insatisfaites?

Hélas! cet espoir ménage souvent d'amères désillusions. L'effort est plus laborieux qu'on l'avait laissé croire. Il faut beaucoup de constance et de persévérance. On avait promis l'obtention de la «vie éternelle» par la pratique de quelque technique «infaillible»: une courte méditation journalière, un régime macrobiotique, une posture de yoga ou encore l'émission de sons inarticulés. Et le tour devait être joué. Le néophyte découvre vite la limite de ces pratiques. Après des expériences de départ stimulantes, il se sent souvent vite plafonné. Désabusé, il a besoin du soutien du groupe et du réconfort du maître. Les chemins de l'intériorité sont ardus; on n'y avance qu'à tâtons. Le soi véritable est plus profond, la liberté intérieure plus lointaine et l'absolu plus inacessible qu'on ne l'avait imaginé. Beaucoup sont appelés, peu sont élus. On s'engage dans l'enthousiasme et on finit souvent dans un désenchantement. Une espérance déçue est source d'un plus grand désespoir.

Gare aux illusions! Toutes les illusions sont interchangeables. Vous cherchez des réponses vraies à vos besoins? Alors, identifiez bien vos besoins (qui, eux aussi, peuvent être faux et illusoires) et mettez-vous en garde contre le leurre de certaines réclames de salut et contre les prétentions de simples techniques — aussi exotiques qu'elles puissent être — à débloquer la fontaine de vie ou à introduire dans le Saint des saints de l'âme. Toutes ces techniques ont été essayées aux États-Unis dans les années '70 et elles ont laissé bien des gens insatisfaits. On reconnaît qu'aux États-Unis les groupes gnostiques, surtout d'inspiration orientale, n'ont pas accompli un si bon travail et que ces techniques ont failli à la tâche qu'elles s'étaient proposées d'accomplir: répondre aux nouveaux besoins spirituels. L'idée s'impose de plus en plus chez nos voisins du sud, que nous devons chercher dans notre propre héritage religieux et dans notre propre créativité des solutions à nos problèmes[1].

Après une fulgurante montée des groupes, on note aux États-Unis aujourd'hui soit un ralentissement, soit une stabilisation, soit un recul, comme c'est le cas de la Mission de la Lumière divine de Maharaj Ji. Les groupes n'ont pas tous le même sérieux et la même qualité. Et les motivations des leaders ne sont pas toujours pures. Les risques de désenchantement sont plus grands dans les groupes improvisés dont le leader a le souffle court, groupes qui proposent des expériences yogiques, parapsychiques et psychothérapeutiques mal intégrées.

Mais tous ne sont pas désillusionnés, au contraire. Beaucoup trouvent dans les gnoses de quoi satisfaire leur appétit. On pourrait regrouper leurs remarques autour de quatre pôles. Première constante: perception du moi profond derrière les «je» illusoires et manipulés et découverte d'un lieu intime d'où tout ce qui existe et tout ce qui est expérimenté deviennent explicables et expliqués. Deuxième constante: libération du stress et des inquiétudes. L'individu n'est plus à la merci du premier souci. Il éprouve la sensation d'être plus libre devant ses besoins, ses angoisses, ses handicaps, ses blocages et ses frustrations. Il se sent valorisé et cela lui donne une assurance nouvelle.

La troisième constante vise l'unité du corps et de l'esprit. Les sciences isolent l'extérieur de l'intérieur, le corps de l'esprit. La médecine est pour le corps; la contemplation, pour l'esprit. Dans les gnoses, tout est en tout: l'esprit est dans le corps et le corps dans l'esprit. La médecine est pour l'âme et pour le corps; la contemplation également. Tout est unité. Ce n'est qu'à travers les exercices corporels et les sensations extérieures que l'intérieur apparaît. Je sens le dedans par le dehors et le dehors par le dedans. L'esprit n'est calme et contemplatif que si le corps est paisible et maîtrisé. L'individu ne peut se transcender dans la méditation et l'extase que si l'unité du corps et de l'âme a été réalisée. Le corps est le chemin obligé du spirituel. D'où l'importance des exercices physiques, des postures, de la respiration, des régimes alimentaires, de la musique, des sons et des couleurs.

Cela nous conduit à la dernière constante: la découverte de la dimension cosmique de l'être humain. Les gnostiques se sentent partie prenante de la nature; ils se soumettent à ses rythmes et à ses énergies et ils tendent à la communion avec l'essence universelle, avec l'énergie cosmique. Le cosmos est vivant et un. Le coeur de l'homme et l'âme du monde vibrent aux mêmes harmoniques. Il est parfois touchant de voir avec quel lyrisme les néophytes parlent de leur unité fondamentale avec l'univers. La nature devient un objet de culte. Les salutations au soleil levant, les néoménies, l'évocation des astres, le respect des devas et des djinns cachés derrière les êtres, l'invocation des forces cosmiques et géo-magnétiques: tout cela, malgré des relents de fétichisme et d'animisme, montre à quel point les gnoses célèbrent l'alliance de l'homme avec le cosmos.

Triple retrouvaille de l'homme: avec son être profond, avec son corps et avec l'univers. Voilà de quoi interpeller sérieusement les chrétiens et les Églises d'aujourd'hui. Le chrétien est invité à dépasser l'efficacité qui devient une valeur dévoyée si elle pollue l'environnement extérieur, si elle asphyxie le moi profond, si elle atrophie les forces de contemplation et musèle l'esprit de l'homme. Elle va alors au rebours de la fécondité qui est processus de vie. La fécondité doit toujours être la jauge de l'efficacité. Le chrétien est invité également à se réconcilier avec son corps, si longtemps tenu en suspicion par des doctrines et des pratiques qui n'avaient de chrétien que le nom. Il est enfin convié à renouer avec la nature cosmique, à chanter le Cantique des Créatures avec François d'Assise et à célébrer la Messe sur le monde avec Teilhard de Chardin.

II — AMBIGUITÉS DES GNOSES

Pour alléchantes qu'elles soient, les gnoses n'en recèlent pas moins des ambiguïtés fondamentales qu'il importe d'identifier.

Le parasitisme

Les gnoses apparaissent, de prime abord, comme des phénomènes hybrides et parasitaires. Elles se veulent en principe des sagesses primordiales délestées de toutes contaminations historiques. Mais, en réalité, elles se nourrissent toujours des religions vivantes comme l'hindouisme, le bouddhisme, l'islam, le judaisme et le christianisme et des religions mortes comme les cultes égyptiens, hellénistiques, aryens, celtiques ou amérindiens. Les gnoses contemporaines puisent généreusement à même cet immense réservoir de symbolique religieuse. Que resterait-il de la fameuse sagesse des initiés et des maîtres, si on la décapait des mille emprunts faits aux diverses religions historiques?

«L'opération gnostique proprement dite ne consiste pas à mieux comprendre, à approfondir, à s'approprier en plénitude les vérités religieuses ou les révélations de la foi, mais à transposer ces vérités et ces révélations, en les désacralisant et en leur enlevant leur originalité spécifique, dans le registre de la raison, de l'expérimentation psychologique ou de l'imagination mythique»[2]. Cette transposition crée une ambiguïté fondamentale qui explique la position ambivalente des gnoses face aux religions établies et aux Églises chrétiennes. D'une part, un grand respect pour le christianisme et son fondateur Jésus de Nazareth; d'autre part, une sourde agressivité contre les Églises, formes historiques du christianisme.

Les Églises chrétiennes sont des objectivations qui déforment la vérité chrétienne et aliènent les hommes. Nous pourrions citer ici une montagne de textes. Les Églises sont «dépassées», «sans lumière» et «sans efficacité»; elles sont «incapables de transformer les coeurs», de «combler la quête spirituelle» des gens. À cause de ses «traditions figées», de ses «formes séparées de la vie», de ses «dogmes creux», de ses «compromis avec la politique», elles ne peuvent plus «diriger des consciences avides de lumière, ni inspirer des âmes avides d'amour». Les théologiens forment une engeance nuisible dont «l'arrogance a conduit l'humanité aux confins du désespoir». Les Églises sont des «cultes de la mort», elles sont les «sépulcres du Christ» et la «théologie en est la pierre tombale».

Les gnoses accusent les Églises d'avoir «tronqué les Évangiles», d'avoir «déformé l'enseignement de Jésus», d'avoir «soumis les Écritures à des altérations, à des interpolations et à des retranchements», à tel point qu'il est «malaisé d'y retrouver la vérité primitive». L'Église institutionnelle de Pierre, qui est l'Église de l'ère du Poisson, tire à sa fin. Avec l'ère du Verseau, entre en scène l'Église mystique de Jean qui est le retour au christianisme authentique.

Les Églises institutionnelles sont des «dégénérescences, des expressions partielles ou faussées» du christianisme authentique qui, lui, est de nature mystique et ésotérique. Dans sa substance ésotérique, le christianisme est une grande manifestation de l'unique religion universelle. Les gnoses de souche occidentale s'identifient volontiers au christianisme authentique: elles se veulent un retour à l'enseignement ésotérique de l'Initié de Nazareth et une réplique du christianisme primitif qui était constitué d'un réseau de confréries secrètes et de cénacles fermés. Les gnoses forment l'Église universelle invisible, mystique et ésotérique qui a toujours mené une existence parallèle, discrète et cachée, mais qui, en cette ère du Verseau, se désoccultise et brille au plein jour.

En ceci réside l'ambiguïté des gnoses: tout en étant coupées des religions nourricières, elles prétendent en être l'expression suprême. C'est en passant par l'ésotérisme qu'elles pensent opérer la jonction avec les religions historiques. De fait, les gnoses n'ont jamais pu — et le pourront-elles un jour? — régler leurs différents avec les religions établies. Elles ne veulent être considérées ni comme des religions ni comme des philosophies rationnelles. Mais, de fait, elles sont les deux à la fois. Elles sont, pourrait-on dire, assises entre deux chaises. Elles restent fascinées par la religion et par la philosophie; par la foi et par la raison. C'est à juste titre qu'on les appelle des «mystiques rationnelles», des «philosophies religieuses», des «théosophies». Elles présentent le double visage de Janus: la foi et la raison, la religion et la philosophie. Pour la gnose, la religion sans la raison est inefficace; la raison sans la religion est trop courte. Les gnoses représentent un suprême effort pour créer un pont entre la religion et la raison. Elles proposent une sagesse de vie intégrale. Et cette sagesse n'est pas le fait de la religion, qui est bien trop naïve, ni de la raison, qui est bien trop myope. Elle consiste en une hyper-connaissance mystique du tréfonds de l'être, là où Dieu et l'homme s'identifient, là où la religion et la raison se superposent.

Un syncrétisme douteux

Les éléments religieux et rationnels ne sont pas juxtaposés dans les gnoses: ils sont fondus dans un même creuset pour donner un alliage original, la gnose. Cette fusion est-elle réussie? Le processus alchimique a-t-il donné l'or tant recherché? Les synthèses gnostiques forment-elles des composés authentiques? ou ne sont-elles, en dépit de leur semblant de cohérence, qu'une masse d'agrégats hétérogènes tenus ensemble par un principe unificateur de connaissance — un peu comme les anneaux de Saturne qui, sous l'apparence d'une masse solide, ne sont que des conglomérats de fragments arrachés à la planète-mère et retenus par une incroyable force centripète?

Nous pensons que les gnoses sont à la fois des agrégats et des synthèses. Des agrégats, en ce sens qu'elles regroupent des éléments hétérogènes souvent irréductibles; des synthèses, en ce sens qu'elles tentent de les fondre dans un système organique et cohérent. D'où l'impression qu'elles sont tout à la fois illogiques et logiques, incohérentes et cohérentes, fragmentées et unifiées. Au fond, les gnoses tentent de relever le défi posé par leur syncrétisme fondamental et leur volonté d'universalité de la connaissance. Elles sont à la fois des encyclopédies et des ouvrages de synthèse. Par leur côté analytique, elles semblent disparates; par leur côté synthétique, elles sont organiques. Elles jouent à plein le jeu du syncrétisme, avec ses analogies, ses interprétations allégoriques, ses correspondances toujours suggestives, mais aussi avec ses confusions, ses contours évanescents et ses brumes où les particularités s'estompent au profit du général et le spécifique au profit du générique.

Comment peut-on fusionner dans un même ensemble — sinon en jouant du ciseau — le nirvana des bouddhistes et le royaume des cieux des chrétiens, la croix de Jésus-Christ et la croix gammée, la trinité chrétienne et la triade cosmique, la réincarnation orientale et la résurrection chrétienne? Comment fondre dans un même tout les données de l'archéologie et de l'archéosophie, de l'astronomie et de l'astrologie, de la chimie et de l'alchimie, de la cosmologie et de la cosmogonie?

Il appert en effet, aux yeux des spécialistes, que «le mysticisme et la révélation historique s'excluent mutuellement l'un l'autre si radicalement qu'une mixture des deux les détruit l'une et l'autre»[3]. Dans son livre *The Supreme Identity*, le maître à penser de la nouvelle génération, A. Watts, écrit qu'une «théologie qui traite d'idées dogmatiques, historiques et sacramentelles constitue une conception de la réalité totalement distincte d'une mystique métaphysique et qu'on ne peut confondre ces deux langages sans aboutir à une confusion inextricable»[4]. En effet, «la perspective métaphysique ne peut s'incorporer la perspective monothéiste sans la priver en fin de compte de ses éléments essentiels — transcendance personnelle, gratuité de la grâce, valeur suprême de l'amour»[5]. Jan Peters renchérit: «Une sorte de synthèse supérieure entre le christianisme et les religions, basée sur l'expérience d'un Dieu impersonnel, ne devient possible que dès l'instant où l'incarnation est éliminée et où donc le christianisme est soumis à une réduction»[6]. Les gnoses contemporaines tentent de réaliser cette synthèse supérieure. Mais elles le font au prix d'une réduction du christianisme historique à une mystique métaphysique et du spécifique chrétien au générique religieux. À la longue, cette confusion devient nuisible pour tout le monde.

On ne peut unifier des éléments si disparates et fondre dans un même système des données qui appartiennent génétiquement à des synthèses si différentes et à des visions du monde si dissemblables, sans leur tordre le cou, émousser leurs arêtes spécifiques et diluer leur substance propre. C'est à ce prix que l'agrégat peut devenir synthèse: au prix de la particularité, de la singularité, de la spécificité des choses, c'est-à-dire au prix de leur vérité historique. Le syncrétisme n'est possible qu'en intemporalisant et en déshistoricisant ce qui, de par sa nature, appartient au temps et à l'histoire; il n'est possible qu'en vidant les choses de leur densité réelle et les doctrines de leur contenu historique. La synthèse syncrétiste ne s'accomplit qu'en expatriant les doctrines de leur terre natale, qu'en les extirpant de leur sol nourricier.

Le postulat fondamental du syncrétisme, c'est l'unité transcendantale des religions. Les gnoses contemporaines, qui se veulent des manifestations de l'unique religion universelle, se sentent légitimées de recourir au processus syncrétiste pour élaborer une synthèse doctrinale qui fait la symbiose d'éléments hétérogènes en en ignorant leurs différences spécifiques.

Le syncrétisme se donne un air savant pour mieux masquer sa superficialité. Il en est de bien des adeptes gnostiques comme de ceux qui séjournent en terre d'Orient: «celui qui fait un court séjour en Orient comprend tout, écrit O. Wolff. Celui qui y fait séjour plus long ne comprend plus rien. Celui qui y vit très longtemps comprend quelque chose»[7]. Que de néo-gnostiques pensent comprendre la pensée religieuse orientale pour avoir suivi des cours de yoga, fait quelques lectures appropriées, fréquenté un gourou et fait un bref séjour en Inde ou au Tibet! Ces néo-gnostiques ne connaissent pas mieux le christianisme. Et ils prétendent faire la synthèse de ces deux inconnus.

Le syncrétisme conduit souvent à une vague religiosité qui finit par se fondre dans la magie ou le rationalisme. Il retient les similitudes et oublie les différences. Le syncrétisme fait l'économie de la démarche critique où chaque chose est étudiée dans sa spécificité concrète. Ce faisant, il prend un raccourci qui témoigne davantage de l'impatience de valider des conceptions aprioristes que du respect des religions concrètes.

Le syncrétisme religieux apparaît comme un phénomène bâtard et une «fornication spirituelle»[8]. C'est la «pire trahison», écrit Léon Brunschwig[9]. Ces expressions forcées soulignent bien l'incongruité du syncrétisme et l'indécence de la promiscuité qu'il pratique. En effet, le syncrétisme prélève sur chaque religion ce qui convient et élimine ce qui paraît inadéquat.

Ce syncrétisme religieux va de pair, dans les gnoses actuelles, avec un syncrétisme «scientifique» où les données de la science et de l'histoire sont introduites à la diable dans le système. Les gnoses actuelles utilisent ces données pour confirmer leur doctrine «transcendantale» ou révélée. Les connaissances scientifiques voisinent souvent avec les projections d'une imagination fantaisiste. Cet alliage de l'imaginaire et du scientifique n'est pas sans ambiguité. Elle crée, en effet, un discours particulier qui ne se situe ni sur le registre de la symbolique ni sur celui de la logique, mais qui est un continuel va-et-vient de l'un à l'autre, va-et-vient aussi déconcertant pour la raison discursive que pour l'imagination.

En tout cela, les gnoses tentent de venir à la rencontre des sciences modernes. Il importe de noter que la démarche essentielle des gnoses, surtout sous leur aspect ésotérique, rejoint d'une certaine façon les intuitions philosophiques et scientifiques de notre temps. «La philosophie, dans sa formulation la plus moderne et notamment la phénoménologie, la physique, la biologie, les mathématiques, la cybernétique, à leur extrême pointe, recoupent aujourd'hui les données de la tradition primordiale, rejoignent certaines visions du cosmos, des rapports de l'énergie et de la matière, de la liberté et de l'intégrité de l'être, qui sont les visions ancestrales. Les sciences d'aujourd'hui dialoguent avec les derniers mages du Tibet, les derniers alchimistes, les derniers thaumaturges «traditionnels». Une révolution s'opère sous nos yeux (si nous les ouvrons bien) et c'est une retrouvaille, un remariage inespéré de la raison déprise d'elle-même au comble de ses conquêtes et de l'intuition religieuse longtemps négligée»[10].

Certes, tout cela est vrai, mais ne justifie pas le syncrétisme par lequel les gnoses expriment ces connivences. Le discours syncrétiste de la gnose ne saurait se justifier que s'il existait — et il existe peut-être — un point de l'esprit d'où le réel et l'imaginaire, le haut et le bas, le passé et le futur, le communicable et l'incommunicable, voire la vie et la mort cessent d'être perçues contradictoirement. Le syncrétisme présuppose ce point. Et c'est de ce point hypothétique que le discours gnostique doit être entendu pour être compris.

Le double syncrétisme, religieux et «scientifique», des gnoses n'est, en définitive, rendu possible que par le recours à l'ésotérisme. Celui-ci est le creuset où s'accomplit la fusion alchimique des données religieuses, scientifiques et symboliques. Alors que l'union différencie et complète les uns *par* les autres les éléments qu'elle rassemble, le syncrétisme tend à dissoudre ces éléments les uns *dans* les autres. Alors qu'il faut distinguer pour unir et unir pour distinguer, le syncrétisme fusionne pour unir. Et cela n'est possible que grâce à l'ésotérisme qui est un processus de généralisation et d'intemporalisation.

Le syncrétisme gnostique résoud mal la question si ardue du particulier et de l'universel. Disons-le d'emblée, les gnoses semblent confondre l'universel et le général. Alors que le général est abstrait et n'existe que dans l'esprit, l'universel est concret. L'universel ne s'oppose pas au singulier, mais au général. Celui-ci est l'antithèse du particulier. Dieu est universel, mais il n'est pas général. C'est l'être suprêmement particulier. On parvient au général par un processus d'abstraction. Le général est un être de raison, un modèle «idéal» obtenu par la négation des notes individuelles. Par contre, on parvient «à l'universalité de l'homme particulier, non par un procédé d'abstraction, consistant à dégager les propriétés communes à tous les hommes, mais en approfondissant ce que chaque homme a en particulier»[11]. Le singulier est confirmé par l'universel et détruit par le général.

On dit d'un roman qu'il est universel, non parce qu'il est général, c'est-à-dire d'aucun temps ni d'aucun lieu, mais parce que certains traits humains y sont poussés à la limite — si bien que chacun s'y reconnaît et se sent concerné, quels que soient son âge, sa culture, son milieu. Il en va de même pour les religions. Une religion n'est pas universelle parce qu'elle est un composé supérieur d'éléments puisés à toutes les religions. Elle n'est alors que générale: c'est une religion abstraite, théorique. Une religion est universelle si elle exprime des traits essentiels de l'expérience religieuse d'une façon telle que tous et chacun, de par le monde, peuvent s'y reconnaître et se sentir concernés. Une religion est universelle lorsque nous pouvons reconnaître *dans* ses traits particuliers ce qui précisément transcende l'individuel, lorsque nous pouvons voir en elle ce que *chaque* religion pourrait être à sa propre façon.

Les gnoses sont des religions générales, abstraites, «idéales», dans la mesure où elles sont le produit d'un processus syncrétiste plus puissant. Elles s'identifient d'ailleurs elles-mêmes à l'unique religion universelle qui est immuable et toujours identique à elle-même parce qu'elle n'appartient pas au monde réel de l'histoire, mais au monde abstrait et général des idées. On pressent ici le fossé profond qui sépare le christianisme des gnoses. En régime chrétien, l'universel est concret et particulier: l'individu Jésus est le Christ, c'est-à-dire l'archétype universel du salut. Le processus d'universalisation du christianisme, ce n'est pas le syncrétisme, mais l'incorporation, l'assimilation.

Mythos et logos

Le mouvement, qui va de Platon aux scientifiques contemporains, consacre le triomphe de la pensée logique sur la pensée mythique. Au début était le mythe. Est mythique, toute forme de pensée qui prête au cosmos des traits divins et qui pose l'énergie divine comme la réalité fondamentale dont les choses et les êtres vivants sont les organes et les lieux de manifestation. Est mythique, toute vision du monde où le surnaturel et le divin interviennent sans cesse dans les réalités de ce monde. Est mythique, tout discours qui correspond à cette vision du monde et exprime cette forme de pensée. Le mythe n'est donc pas seulement une forme de pensée pré-logique; il exprime une vision du monde non réductible à la raison. Le discours mythique procède par allégories, symboles, métaphores, images et correspondances. C'est un discours qui s'enracine dans une expérience de communion aux êtres. La personne toute entière est engagée dans l'expérience mythique.

En contraste, le discours logique procède par concept, par raisonnement et par preuve. Le concept s'obtient par un processus d'abstraction: il est le fruit d'une généralisation, d'une schématisation. Le discours logique est un discours froid et abstrait qui s'adresse à l'intellect. Il ne jaillit pas d'une expérience de communion avec les êtres et il n'y conduit point. Il procède par abstraction et aboutit à l'objectivation. La pensée logique dissèque la réalité, la met en mille miettes, cherche la raison des choses et éprouve du mal à refaire l'unité. C'est une pensée investigatrice et dominatrice; elle conduit à la science, à

432

la technique et à l'action transformatrice. S'abstrayant, au départ, de la réalité, elle revient à la réalité après un recul fécond dans la généralisation, les hypothèses et les constructions mentales.

Ces deux modes de pensée, mythique et logique, ont leur grandeur et leur limité. En Occident, le logos a, pour ainsi dire, tué le mythos. Celui-ci a perdu son droit de cité. Avec la révolution scientifique et technologique, le mythe est tombé en discrédit. Le positivisme philosophique ou scientifique a inoculé son fiel anti-mythique à tout l'occident. La déesse Raison avait seule droit à la considération de l'esprit devenu adulte. Le mythe fut considéré comme une forme passée et obsolète, correspondant à l'enfance de l'homme ou à une phase révolue de l'humanité. Le mythe, c'est pour les enfants ou les primitifs. L'homme moderne ayant accédé à l'âge de raison, la pensée mythique ne ressortit plus qu'à quelque infantilisme malsain.

Autour des années '50, le vent a commencé à tourner; le mythe a été vu sous un jour nouveau, grâce surtout à la phénoménologie des religions. Loin d'être une forme dépassée de la pensée, le mythe est considéré aujourd'hui comme une réalité qui correspond à une structure permanente de l'homme. Karl Jasper et beaucoup d'autres ont revalorisé la perception mythique; ils ont montré l'aptitude particulière du mythe à exprimer les réalités du monde spirituel. Selon Van der Leeuw, la pensée mythique «n'est pas la structure d'une vie spirituelle révolue dont actuellement nous n'aurions plus que de faibles vestiges; pas davantage elle ne ressortit soit à la dégénérescence, soit à quelque maladie infantile; elle n'est ni science primitive, ni technique élémentaire. Mais c'est une attitude originelle, profondément implantée dans la nature humaine, aussi vivante pour nous que jamais: c'est une structure éternelle»[12].

Toute religion tente d'exprimer une conception globale du monde divin, cosmique et humain. Non réductible à la raison, cette conception ne pourra pas se traduire entièrement en termes rationnels. Au discours logique, viendra se superposer le discours mythique. Toutes les religions ont leurs mythes et leur «théo-logie». Le christianisme ne fait pas exception à la règle. Il est un «mythlogos», c'est-à-dire une forme de pensée théo-logique sertie dans un cadre mythique. Le discours logique s'y articule sur le discours mythique. Toutefois, le discours théo-logique tend à la démystification (réduction du mythe) et à la démythologisation (interprétation du mythe). L'élimination du *mythos* par le *logos* serait fatale pour le christianisme. La perspective théo-logique a toujours préservé le christianisme de l'absorption par le mythe.

Le christianisme est aussi une «mythistoire», c'est-à-dire une conception mythique du monde, enracinée dans l'histoire. Le mythe s'y enroule autour de l'histoire. Le christianisme tend à l'historicisation du mythe, c'est-à-dire à traduire les formes mythiques en termes d'histoire, à rabattre le mythe sur le temps. Il articule le mythique autour de l'historique. La perspective historique a toujours préservé le christianisme de l'envahissement et de l'absorption par le mythe.

Les gnoses au contraire ont tendance à nier le temps, à rabattre le temps sur le mythe et à articuler l'historique autour de l'intemporel. La pensée gnostique est foncièrement mythique. Elle est incapable de penser par concept et d'appréhender les choses dans leur singularité et leur multiplicité. La démarche gnostique est une quête du tréfonds de l'être, une plongée dans la conscience profonde où la multiplicité se résorbe en unité. La connaissance gnostique est le fruit d'une intuition dans laquelle se découvrent l'unité et l'essence secrètes des choses. Et, en tant que telle, elle échappe aux prises de la logique conceptuelle.

À la limite, les gnoses abolissent la distinction du *mythos* et du *logos*. La réalité spirituelle éprouvée dans l'expérience et l'idée saisie par l'intelligence se confondent dans une unique appréhension. Par exemple, l'idée de sagesse est hypostasiée, personnalisée et devient une entité femelle susceptible d'être expérimentée; inversement, l'entité personnelle du Christ céleste devient un logos impersonnel. L'idée d'unité essentielle est expérimentée comme une réalité qu'on peut saisir; inversement, la réalité matérielle est vidée de son contenu et devient une illusion évanescente. L'idée d'une marche cohérente et ordonnée du monde devient une foule d'entités réelles gouvernant les astres, les planètes, les êtres vivants; inversement, les événements historiques deviennent des symboles initiatiques intemporels. Les concepts deviennent des entités au contour mal défini, mi-concrètes et mi-abstraites, mi-personnelles et mi-impersonnelles; et inversement, les réalités concrètes sont sublimées à mi-chemin entre le réel et le symbolique.

La réalité et le concept sont refoulés par le mythique. Il ne vient pas à l'idée des gnostiques que l'objet appréhendé, dans la vision et l'expérience, puisse n'avoir aucun titre à quelque réalité dans le temps et dans l'espace. Les gnostiques renversent le rapport que nos habitudes logiques introduisent entre l'objet saisi par les yeux du corps et le contenu de l'expérience de vision. Pour nous, l'objet saisi par les yeux, mesuré par les instruments et appréhendé par la raison jouit d'une consistance ontologique qui vient éprouver (confirmer ou infirmer) le contenu de l'expérience de vision. On parle alors soit d'expérience réelle, soit d'illusion ou de projection psychologique. Pour les gnostiques, au contraire, ce qui est éprouvé dans l'expérience conscientielle possède une réalité autrement plus dense que l'objet saisi par les yeux du corps ou la raison discursive. Le contenu de l'expérience devient le critère de la réalité des choses perçues[13].

La pensée gnostique oublie les obstacles inhérents à la connaissance: complexité des phénomènes, faiblesse des sens et du psychisme, anémie de l'esprit humain, faillibilité de l'expérience, etc. Les gnoses refusent de considérer ces obstacles épistémologiques, ou plutôt, elles croient pouvoir les surmonter en les dépassant par un retour à un mode de connaissance pré-logique, expérientiel. En donnant satisfaction à la curiosité de l'expérience première, on remplace la connaissance par l'admiration, les idées par les images. Vient un temps où l'esprit aime mieux ce qui confirme son savoir que ce qui le contredit, et il préfère les réponses aux questions. Alors s'amorce une régression spirituelle. À vouloir se dispenser de tout élément normatif (la foi, l'histoire, les méthodes scientifiques, la logique du raisonnement), les gnoses ne risquent-elles pas de prendre refuge dans un système doctrinal clos qui peut aisément tourner à la manie interprétative? Elles peuvent bien prétendre à la connaissance absolue, mais leur recours à l'ésotérisme n'est-elle pas souvent une façon «de tirer son épingle du jeu» ou «de passer un sapin»? Les élucubrations ésotériques sont-elles souvent autre chose que des tours de passe-passe pour masquer l'ignorance et jeter de la poudre aux yeux? À vouloir tout connaître, les gnoses ne risquent-elles pas d'oublier le mot de Socrate: «L'important c'est de savoir qu'on ne sait pas»?

Les gnoses déploient un immense effort pour réaliser la difficile jonction entre le *logos* et le *mythos*. Elles prétendent le faire en abolissant la distinction entre les deux. Cela conduit à une confusion qui contamine l'un et l'autre. Dans leur effort pour transcender la raison discursive et pour revenir au mythe par-dessus le logos, à l'expérientiel par-dessus le conceptuel, les gnoses traînent toujours, à leur insu, des résidus logiques et rationnels; ce qui entraîne une ambiguïté fondamentale au niveau du discours. On ne peut régler le problème de la relation du *mythos* et du *logos* sans passer par une interprétation existentiale du mythe. Et cette interprétation suppose que l'on saisisse clairement l'intention du mythe. Celui-ci exprime, en termes objectifs de cosmos et d'histoire, une dimension de l'expérience humaine. Et ce n'est qu'en restituant au mythe sa visée anthropologique qu'on peut aboutir à une articulation du *mythos* et du *logos*, qui respecte l'un et l'autre dans leur spécificité.

Les gnoses se refusent à cette démarche herméneutique. Ce faisant, elles perpétuent leur ambiguïté. Leur discours est théologie et il ne l'est pas; il est mythologie et il ne l'est pas. C'est pourquoi les gnoses donnent facilement l'impression de charrier une théologie devenue folle ou une mythologie tournant à vide. Le mépris des méthodes rigoureuses et des disciplines intellectuelles peut mener à l'atrophie de la raison et du simple bon sens. L'esprit est bien au-dessus de l'ordre rationnel, mais il ne le contredit pas. Y a-t-il un accès possible à la métaphysique sans une sérieuse préparation théorique? Les gnoses ne risquent-elles pas de troubler psychiquement leurs adeptes en les introduisant dans la problématique métaphysique sans une préparation théorique adéquate?

Expérience de Dieu ou exploration psychique?

Les gnoses contemporaines comportent des aspects qu'aucune recherche spirituelle ne saurait négliger, notamment l'état d'éveil, la démarche d'intériorité et la pratique de l'ascèse en vue de la purification et de l'illumination. L'itinéraire gnostique aboutit à la prise de conscience de l'être profond. Au bout de sa démarche spirituelle, le gnostique trouve son *moi* véritable et authentique. Il s'agit d'une démarche d'exploration psychique qui conduit à l'expérience de l'âme, de l'esprit, du vrai moi.

C'est ici que les gnoses font un saut herméneutique périlleux: elles identifient cette expérience de soi avec l'expérience de Dieu. Au nom de quoi peuvent-elles le faire? Au nom du postulat métaphysique que l'homme est un fragment émané de Dieu et que le moi est divin. L'expérience de soi *est* donc expérience de Dieu. La saisie directe du divin s'identifie à l'expérience ultime de soi. L'expérience de Dieu est à notre portée. Dieu se livre nécessairement à la saisie de l'homme. Au bout de chacune de ses expériences de conscience, le gnostique dit, en parlant de Dieu: «Touché». Les gnoses actuelles postulent l'équivalence entre l'expérience de soi et la saisie de Dieu, entre le miroir (âme) et ce qui est vu dans le miroir.

Certes, l'expériene est inséparable de la conviction qui l'a fait jaillir et qui l'accompagne, et de l'interprétation qu'on lui donne. Une même expérience peut recevoir de multiples interprétations. Je puis dire aussi bien «*Je fais l'expérience* de quelque chose *comme*»... que «*J'interprète* ce dont je fais l'expérience *comme...*» pour insister soit sur l'expérience, soit sur l'interprétation. Une chose est certaine: il n'y a d'expérience qu'interprétée. Les gnoses font et interprètent l'expérience de soi comme étant expérience de Dieu. Les conséquences de cette interprétation sont nombreuses: premièrement, le divin est à la disposition de l'homme, qui peut l'utiliser pour son bien spirituel et celui des autres, mais aussi pour son intérêt et son pouvoir personnels; deuxièmement, l'expérience mystique n'est plus de type nuptial et dialogal; troisièmement, la prière devient un monologue qui va de soi à soi.

Mystique ou mystification! Expérience de Dieu ou découverte de soi! Qui saurait le dire? Une première chose est certaine pour le chrétien: l'obtention de certains pouvoirs psychiques et l'accès à la surconscience ne favorisent pas en soi l'accès aux véritables états spirituels; on ne peut pas tout simplement identifier état psychique et état spirituel ou mystique. Une seconde chose est certaine pour le chrétien: Dieu n'est jamais à la portée de l'homme; il reste toujours le Dieu caché qui se révèle à qui il veut, comme il veut et quand il veut. Une troisième chose est claire pour le chrétien: les techniques, de soi, ne mènent pas à Dieu; seul y conduit un coeur qui le cherche avec droiture et pureté d'intention. Une quatrième chose est certaine pour le chrétien: l'expérience de soi ne peut en aucun cas s'identifier à l'expérience de Dieu, mais elle peut éventuellement la favoriser et y conduire sous l'effet de la grâce divine.

La démarche gnostique est la projection de l'expérience que l'homme fait de soi-même et de son angoisse existentielle. Cette expérience est pétrie d'éléments où l'inconscient domine. On peut dire avec Jung que les gnoses sont des «manifestations de l'inconscient»[14]. Aussi s'expriment-elles plus adéquatement par la voix du symbole et du mythe que par celle de la logique et de la dialectique. Nous voyons dans les gnoses «une sorte de grand poème dans lequel l'homme exprime son inquiétude et crée des images et des archétypes qui essaient de l'apaiser et de substituer un monde de lumière au chaos ténébreux qui l'affole»[15]. Les gnoses sont une révélation des profondeurs de l'homme. Le sont-elles de celles de Dieu?

L'ambiguïté des gnoses sur ce point vient de ce qu'elles ne sont centrées ni sur une véritable transcendance ni sur l'être authentique de l'homme, mais à mi-chemin entre les deux, c'est-à-dire sur la divinisation du soi, conséquence d'une sorte de «dédivinisation» dans laquelle Dieu perd sa transcendance absolue et son unicité personnelle pour se fondre dans le cosmos. Les gnoses règlent le difficile problème des relations entre l'expérience de soi et l'expérience de Dieu par la fusion et non par l'union dans la différence. Ce faisant, elles ne le règlent ni au profit de l'homme ni à celui de Dieu, mais au profit du cosmos, car la fusion se fait au plan cosmique. Les gnoses ne sont ni véritablement théocentriques ni véritablement anthropocentriques; elles sont cosmocentriques. Elles sont sous l'emprise de la séduction cosmique. L'homme et Dieu se dissolvent l'un et l'autre dans le cosmique. L'homme ne commence d'exister qu'après avoir jeté par-dessus bord ce qui le caractérisait le mieux: son histoire personnelle, ses goûts, ses passions, ses souffrances. Et Dieu ne commence d'exister qu'après avoir été dépouillé de ce qui le caractérisait le mieux comme être personnel: paternité, miséricorde, gratuité, pardon, etc. Ainsi Dieu et l'homme n'existent qu'en se dissolvant: le premier, en se fluidifiant en énergie cosmique, le second en se fondant dans cette énergie.

III — MIRAGES DES GNOSES

Solitude du moi

«Le moi est primitif, écrit Berdiaef; il ne se déduit de rien et ne se réduit à rien. Quand je dis «je», je n'énonce ni n'avance aucune doctrine philosophique. Le «je», le moi, ce n'est pas la substance de la métaphysique ou de la religion. Ce qui est premier ce n'est pas la consciencce; c'est le moi immergé dans l'existence»[16]. C'est du moi que part la métaphysique gnostique; de ce moi, fragment de Dieu, noyau supratemporel et immuable. La connaissance de ce moi contient *in nuce* la connaissance de tout l'univers et apporte en elle-même le salut et la libération. Par ailleurs, c'est de la conscience que part la pratique gnostique. Toutes les méthodes utilisées visent à provoquer l'éveil de la conscience et à développer une conscience supérieure. La conscience est la voie vers le moi transcendantal. Tout est affaire de conscience et de surconscience.

Il s'agit pour le gnostique de devenir conscient de ses illusions, de ses virtualités cachées et enfin de son moi authentique, qui reste permanent sous les multiples «je» superficiels et fallacieux. Il faut délivrer le grand moi caché derrière les mille petits «je» esclaves et aveugles qui sont fruit du personnage objectivé que j'ai construit et de l'image objectivée que les autres projettent sur moi-même. Ces mille «je» vivent en alternance et en hostilité. Chaque petit «je», lorsqu'il arrive à la surface à la suite d'un jeu obscur de pensées, de réactions, de passions, d'émotions, de frustrations, d'intérêts, s'arroge le droit de monopoliser toute la personne, de parler au nom du tout. Tous ces petits «je» séparés et hostiles, tantôt lâches et tantôt courageux, tantôt lubriques et tantôt dévoués, tantôt calmes et tantôt irascibles, tantôt croyants et tantôt athées prétendent tour à tour s'identifier à ce que je suis dans ma totalité.

Dans tous ces «je», la personne est plus «agie» qu'elle n'agit. Elle ne fait pas cela, mais cela se fait à travers elle. Elle croit aimer, décider; mais cela arrive en elle. Où est le *moi* permanent et unique? Pour parvenir à la conscience de soi, il faut refuser de s'identifier à tous les petits «je», à tout ce que nous appelons notre personne. Aux yeux des gnoses, on n'atteint à la possession du moi permanent que par le sacrifice des multiples identifications et par la suspension des mouvements «naturels» de la personne.

Isolée de tous les «je» auxquels elle s'était identifiée, la personne se trouve toute nue et sans identité. Avant que le moi ait pointé l'oreille et que naisse une nouvelle identité, l'individu éprouve un moment d'angoisse et de solitude devant sa non-existence: il n'est pas ce qu'il croyait être et il ne sait pas encore ce qu'il est. Ce sentiment d'angoisse peut donner le vertige à certains, en faire «capoter» d'autres et susciter chez d'aucuns des comportements anarchiques et bizarres. Celui qui, poursuivant son cheminement, parvient à découvrir sa nouvelle identité dépasse le sentiment d'angoisse, mais il éprouve une solitude profonde, sinon tragique. Le sentiment aigu du moi génère un sentiment d'étrangeté à l'égard des petits «je», du non-moi et du monde objectif. Le gnostique est un marcheur solitaire et esseulé. Plus il s'enfonce dans les profondeurs du moi, plus il découvre sa solitude native.

Comment surmonter cet isolement? Le gnostique cherche une issue à sa solitude dans le sentiment cosmique. Il n'y a pas de scission entre le sujet et l'univers. Le cosmos n'est pas une donnée objective. Le sentiment cosmique émane de la subjectivité; et c'est grâce à celle-ci que les rapports de l'homme avec le cosmos aboutissent à une fusion — ce qu'aucun rapport objectif ne peut réaliser. Le moi gnostique cherche a surmonter sa solitude en se fusionnant avec les mystérieuses énergies cosmiques. Les gnoses représentent un suprême effort pour surmonter la solitude humaine par le moyen de la fusion au cosmos.

En révélant la liberté et la puissance créatrice du moi, les gnoses affranchissent la personne des faux personnages et du monde objectivé; et en ouvrant des perspectives spirituelles, elles la délivrent des liens qui la rivaient au monde matériel. Leur grande faiblesse, c'est d'accomplir tout cela aux dépens de la personnalité individuelle. Celle-ci se perd dans l'unité cosmique et sa consistance s'évanouit. Les gnoses n'aident pas l'homme à prendre conscience de sa vraie personnalité dans ce qui la singularise, l'individualise, la caractérise concrètement: histoire, caractère, tempérament, passions, émotions, frustrations. La fusion à l'universel et à l'impersonnel n'apporte de solution au problème de la solitude que par le déni de la personnalité concrète.

En réalité, le gnostique est un éternel solitaire séduit par sa propre beauté. Il reste muré en soi, dans ses propres états de conscience, oublieux du multiple et des autres. Il résiste mal à la tentation narcissique. «Le narcissisme, écrit Berdiaef, consiste en un dédoublement du moi, et c'est pourquoi le moi devient son propre objet, se fait lui-même une partie du monde. Le narcissisme ne se surmonte qu'à condition que le moi cherche son reflet, non plus en soi, mais en quelque autre moi»[17].

Le problème de la solitude ne peut être résolu que par l'amour, non par un amour général et impersonnel, mais par un amour érotique et agapique, concret et particularisé. Tant qu'on ne peut pas dire *nous,* le sentiment de solitude persiste, lancinant. L'amour est toujours une sortie de soi vers l'autre, du «je» vers le «tu», et non vers l'impersonnel. Il est communion dans l'altérité et non unité dans la fusion; il est entrée dans la communauté du «nous». Celui qui aime est moins préoccupé de sa propre libération, de ses propres sentiments et états de conscience que du sort des autres et du progrès de l'humanité. Les gnoses proposent un enseignement glacial.

La tentation de la connaissance absolue siphonne l'exigence de l'amour. Il n'y a pas de véritable spiritualité sans dialogue. Il importe de ne pas détruire dans l'âme la possibilité d'aimer. Les techniques de méditation, les pratiques alimentaires, les efforts d'ascèse, la recherche du vide intérieur, pourquoi tout cela? Pour *qui* tout cela? Pour le soi véritable ou pour la personne aimée? On ne peut se sacrifier qu'à plus grand que soi. Le plus grand que moi, les gnoses le situent en moi et l'appellent mon soi; le christianisme le situe en dehors de moi et l'appelle l'aimé. L'être aimé est toujours plus grand que l'aimant, du simple fait qu'il est aimé.

L'amour, le don total d'une personne à une autre est capable lui aussi — dans les instants où il brille de tout son éclat — de conduire à des états mystiques, à des expériences de conscience et de connaissance dont l'expérience gnostique n'est qu'un faible reflet. Que l'on songe seulement à l'intensité de l'expérience mystique de François d'Assise, lui dont l'unique désir était de se laisser consumer par le feu de l'amour divin. «Seigneur, disait-il, que la force brûlante et douce de ton amour absorbe mon âme et la retire de tout ce qui est sous le ciel, afin que je meure par amour de ton amour, comme tu as daigné mourir par amour de mon amour»[18].

Une identité exotique?

Les observateurs des nouvelles gnoses s'inquiètent de ce que soient disponibles sur demande des idées, des méthodes et des techniques, sorties de leur cadre original et des systèmes auxquels elles appartiennent par essence. En conséquence, ces idées et ces méthodes sont souvent utilisées, de fait, dans des buts et des desseins contraires à leur visée originale. On pourra faire appel, pour renforcer certains aspects de la nature humaine (par exemple la personnalité sociale), à des idées et à des techniques orientales originairement conçues pour les affaiblir ou les détruire.

Il est dangereux de débloquer l'énergie psychique sans une préparation idéologique, morale et psychologique suffisante. On peut à bon droit s'inquiéter de la masse d'énergie psychique et émotionnelle générée par le rassemblement de personnes non préparées, regroupées pour de longues sessions et dans des conditions spéciales de vie (jeûne, régime particulier, silence, postures inusitées, sons inarticulés, mots étrangers, musique subliminale, atmosphère magnétisante, enseignement inédit, etc.). Tout cela peut engendrer des états de conscience mal compris, où l'énergie psychique libérée se combine avec des impulsions de toutes sortes. Résultat: des troubles émotionnels et psychiques.

Est-on suffisamment conscient qu'une préparation adéquate de l'esprit, des émotions et du corps s'avère nécessaire pour que se produisent les effets bénéfiques escomptés? On met des fragments de tradition étrangère (idées, techniques, méthodes) à la portée du premier venu, sans une direction appropriée. Le néophyte se mue en apprenti sorcier, ignorant et les effets de l'énergie psychique et les conditions dans lesquelles ces fragments doivent être utilisés. Il devient peu à peu étranger à ses sentiments, ses émotions et ses instincts propres. Son identité commence à lui échapper. Sa personnalité psychique est ébranlée. Il ne se reconnaît plus lui-même; et les gens de son entourage s'étonnent de ses comportements inusités, de ses réactions gauches et de ses discours qui sonnent faux. Le néophyte est à la recherche d'une nouvelle identité. Que trouvera-t-il au bout de sa démarche? Son identité authentique ou une personnalité exotique? Certains se demandent sérieusement si la pratique régulière des méthodes orientales d'intériorisation n'est pas fatalement nuisible aux Occidentaux. Sans pousser aussi loin la mise en question, on peut s'interroger sur les conditions à remplir pour que ces méthodes aient l'effet bienfaisant escompté. Les nouvelles gnoses ont-elles ce souci? [19]

Les nouveaux maîtres ont-il toujours la compétence requise pour guider avec sagesse le disciple de qui il réclame la confiance absolue? Même s'ils se réclament tous d'une révélation particulière ou d'un lignage historique ou légendaire fort respectable (les atlantéens, les prêtres pharaoniques, les anciens maîtres hindous), même s'ils se présentent comme des avatars de quelque divinité ou des réincarnations de maîtres respectables, les nouveaux maîtres sont en compétition plus ou moins ouverte entre eux. Et ils ne manquent pas de se mettre en garde les uns contre les autres. Ainsi le maître Vivekânanda écrit: «Dans les temps modernes en Occident, il a surgi beaucoup de soi-disant maîtres pires encore que ceux de l'Inde — car ces derniers savaient quelque chose, tandis que les nouveaux venus ignorent tout»[20]. Bhaktivedanta Swami Prabhupada, fondateur des Krishna, n'est pas tendre pour les maîtres concurrents. «Aux premières heures de sa recherche, écrit-il dans *Back to Godhead,* le néophyte peut se sentir bloqué, écoeuré, découragé, lorsque s'abat sur lui la faune des pseudo-gourous, yogis, maîtres spirituels et mini-dieux qui débarquent chaque jour de l'Inde pour révéler, le doigt pointé vers l'Orient, quelque nouveau Yoga par quoi, promettent-ils, nous trouverons le salut. La tour de Babel qu'ils ont érigée ne peut qu'accroître notre confusion. Il faut se rendre à l'évidence: tant, parmi eux, ne sont que vendeurs d'orviétan, hâbleurs et camelots. Rien ne nous semble plus familier aujourd'hui que de voir débarquer dans nos villes ces dieux de pacotille fabriqués en série dans quelques contrées «mystiques» d'Orient»[21]. Ce jugement pourrait s'appliquer aux maîtres occidentaux qui sortent de je ne sais quel olympe ésotérique pour venir atterrir sur nos plages.

Dans cette parade des nouveaux maîtres, comment discriminer les imitations à bon marché et les maîtres véritables, les fumistes et les véridiques, les mystificateurs et les mystiques, les manipulateurs de psychisme et les guides spirituels expérimentés, ceux qui exploitent la recherche de Dieu au profit du culte de la personnalité et ceux qui sont d'authentiques chercheurs de Dieu? Toutes les gnoses se posent cette grave question et présentent chacune ses propres critères de discernement. Par exemple, la Fraternité Blanche Universelle se demande: «Comment reconnaître le Maître «Blanc» authentique, dans la masse de soi-disant maîtres spirituels, apprentis maîtres ou faux maîtres, ou même «maîtres noirs» qui pullulent à notre époque?»[22]. Elle répond à cette question en dressant une liste de notes spécifiques. Dans son livre *The World of Gurus,* Vishal Mangalwadi présente des critères objectifs pour évaluer les gourous modernes[23]. Par ailleurs, la tradition judéo-chrétienne a ses propres critères pour discerner les vrais prophètes des faux.

Une chose est certaine. Chaque maître se présente comme *le* maître authentique. Partant il ne se prive pas de discréditer les autres et de mettre ses disciples en garde contre ces «moins bons» ou ces «pas bons». Un certain hindouisme adapté à la légère, un certain bouddhisme occidentalisé, un certain ésotérisme vulgarisé, une certaine recherche de pouvoir psychique faisant fi de toute métaphysique semblent former des maîtres qui sont des voyeurs plutôt que des voyants. Un voyeur ne voit rien. «Si un aveugle conduit un autre aveugle»... Avant de se jeter poings et pieds liés entre les mains d'un maître, un difficile discernement s'impose. Il en va de la vie d'une personne, de sa personnalité psychique et spirituelle, de son existence tout entière.

De l'éveil au sommeil?

La démarche gnostique vise, à sa façon, l'approfondissement de la vie intérieure. Comme toute voie spirituelle, la gnose comporte ses écueils spécifiques. Tous ceux qui empruntent le chemin de l'intériorité savent pertinemment combien périlleuse est la route, combien subtiles les déviations spirituelles et combien ambiguës les expériences intérieures. La route qui mène au «je» authentique est semée d'embûches et celui qui s'y engage peut manquer le but.

La morale de l'intention que proposent les gnoses est-elle apte à promouvoir une attitude spirituelle authentique? Et à quelle condition? Les gnostiques croient pouvoir se passer de lois et de normes objectives, parce qu'elles sont des objectivations aliénantes. Il est certain que le spirituel accompli — quelle que soit sa tradition religieuse — n'agit pas par obligation, mais en toute liberté. Son action découle d'un dynamisme intérieur et non d'un code moral. Il est déterminé du dedans et non du dehors. Aussi longtemps qu'il demeure sous la loi, il vit dans l'esclavage. Mais le passage de la loi à la liberté constitue un processus long, ardu, jamais assuré. Quelle que soit l'étape franchie, la rechute est toujours possible.

À mesure que le spirituel progresse sur les chemins de l'intériorité, il se dégage de la loi et agit du dedans. Est-ce à dire que l'instance objective puisse un jour être disqualifiée parce que devenue inutile? Il en serait ainsi si l'homme pouvait parvenir, au cours de sa vie terrestre, à un niveau inamissible et statique de sainteté. Mais affirmer cela serait nier l'historicité de l'être humain. Quelle que soit sa connaissance, l'homme demeure dans l'obscurité; et quelle que soit sa stature spirituelle, il reste fasciné par le mal et trompé par ses propres illusions. Il ne peut à aucun moment faire l'économie d'une référence objective. Le service que la loi est appelée à rendre, c'est celui d'un humble pédagogue.

L'instance objective protège contre les illusions; et la dernière des illusions, c'est de croire qu'on n'en a plus. En prônant une pure morale de l'intention, les gnoses ne risquent-elles pas de créer la plus grave des illusions, celle de se croire parfait? Comment, en effet, un néophyte peut-il agir uniquement sous l'impulsion de son dynamisme intérieur qui, étant à sa phase germinale de développement, est encore faible, friable et indéterminé? Qui peut dire s'il agit sous l'action de la lumière intérieure ou sous la pulsion des forces obscures qui hantent quelques recoins reculés de son être? L'ange des ténèbres a de si nombreux déguisements! Les plus subtils sont faits de lumières et de vertus. Sans un discernement *ad hoc,* l'adhésion à une gnose peut marquer un arrêt sur le chemin de l'évolution morale et religieuse. Une sournoise inversion des valeurs est toujours possible.

Rien certes ne peut mesurer le progrès spirituel d'un individu. Mais sans une référence objective, grande est l'illusion de se penser sur la bonne voie et subtile, la tentation de se croire meilleur que les autres, de se ranger parmi les parfaits. Un danger guette la gnose: c'est le sentiment de supériorité. Orientée vers le moi profond, la démarche peut aboutir à l'hypertrophie de l'ego, à une enflure du moi aux dimensions de l'infini. À la limite, l'itinéraire gnostique aboutit à l'adoration du moi. Y a-t-il pire illusion? L'expérience d'Aldoux Huxley peut nous servir de mise en garde permanente. Sur son lit de mort, Huxley déclare à son épouse à propos de son expérience «mystique» et de ses états de conscience cosmique: «C'était une intuition. Mais en même temps, c'était une illusion dangereuse. On s'adorait soi-même»[24].

Le gnostique peut être conduit à l'illusion de la perfection par une autre voie: le détachement. L'ascèse gnostique nécessite un détachement progressif du monde illusoire et l'obtention graduelle d'une impassibilité extérieure, signe de la stabilité et de la sérénité intérieures. Cette *apatheia* extérieure et intérieure le met à l'abri des mouvements subits des passions et des émotions. Le gnostique traverse, serein, les bourrasques de la vie. Ses peurs sont domptées, ses angoisses surmontées. Il se sent, il se sait maître de lui-même. De l'*apatheia* à la perfection, il y a un abîme. La similitude de certaines de leurs manifestations donne facilement le change. Le gnostique qui se sent maître de lui-même peut aisément se croire devenu parfait, supérieur à tous ces humains empêtrés dans leurs émotions, leurs attachements, leurs souffrances et leurs sentiments. En réalité, il se peut qu'il ne soit qu'un homme au coeur dur qui a étouffé les appels spontanés du coeur et de la sensibilité. L'*apatheia* peut générer, à son insu, un durcissement dominateur et une suffisance hautaine, incompatibles l'un et l'autre avec tout vrai développement spirituel.

Tragique paradoxe! La voie qui devait conduire à 'éveil et à l'éclatement de la conscience peut jeter d'aucuns dans la léthargie spirituelle. Ils sortent d'un sommeil pour sombrer dans une torpeur plus profonde. La vertu, l'*apatheia,* l'illusion de la perfection, le sentiment de supériorité: autant de somnifères dont l'action fumeuse endort gentiment. L'éveil psychique et conscientielle peut conduire au sommeil spirituel. À ce sujet, nous voudrions paraphraser un conte que Gurdjief racontait à Ouspensky.

Un riche magicien avait un grand troupeau de moutons. Comme il était très avare, il ne voulait ni louer un pâtre ni élever une clôture autour du pâturage. Les moutons s'égaraient dans la forêt, tombaient dans les ravins, paniquaient lorsque la nuit tombait. Ils vivaient dans l'insécurité et la frayeur, craignant la venue du loup et du voleur malveillant, ainsi que l'approche du magicien qui aimait leur chair tendre. Le magicien finit par trouver un remède. Il hypnotisa les moutons. Il les persuada qu'il était un bon maître qui aimait son troupeau au point de se sacrifier pour lui; il leur suggéra ensuite qu'ils étaient immortels et que nul mal ne leur serait fait quand on les égorgerait, mais que, au contraire, cela serait bon et agréable; enfin il leur fit croire qu'ils n'avaient pas à craindre un malheur éventuel, puisque ce jour même, il ne leur arriverait rien. En outre, le magicien leur suggéra qu'ils n'étaient pas du tout des moutons: certains étaient des lions, d'autres des aigles, d'autres des hommes et d'autres des magiciens. L'effet fut bénéfique. Le magicien n'eut plus d'ennuis avec ses moutons. Et les moutons ne s'enfuirent plus, broutant paisiblement les verts pâturages, vivant une existence sans soucis et sans peur, et attendant patiemment le jour où on demanderait leur peau[25]. Cette parabole montre bien comment l'éveil à la surconscience peut faire sombrer dans une inconscience mortelle.

Pour finir, un mot à l'adresse des chrétiens qui reluquent les gnoses dans l'espoir d'y trouver quelque nourriture spirituelle. Tout en refusant le schème gnostique, ils croient que les techniques gnostiques et les expériences de conscience peuvent être de quelque profit. La lecture de ce livre aura su, nous l'espérons, les éclairer sur ce point. Rappelons que les techniques et les expériences proposées par les gnoses sont essentiellement adaptées à une vision particulière du monde, de Dieu et de l'homme et qu'elles sont structurellement orientées vers le type de perfection et de salut que commande cette vision métaphysique. Il serait naïf de croire que ces expériences et méthodes sont neutres.

Il est toutefois possible de les décaper de leur contenu métaphysique et de les utiliser à l'intérieur d'une conception religieuse et d'une démarche spirituelle différentes. Cela, à condition d'être conscient des implications de ce geste. Utilisées avec circonspection, certaines techniques et expériences gnostiques peuvent avoir un effet bénéfique pour le développement spirituel de certains chrétiens.

À ce sujet, nous voudrions évoquer la grande figure de Monchanin, qui a consacré sa vie à la rencontre du christianisme et de l'hindouisme. M. Biardeau écrit: «Sur la question de savoir s'il peut y avoir un yoga chrétien, sa réponse s'est faite de plus en plus restreinte et il lui semblait en dernier qu'une spiritualité chrétienne avait plus de confusion que de lumière à attendre d'exercices yogiques. En un mot, le terrain sur lequel il avait d'abord pensé construire lui est apparu de moins en moins apte à la construction. Là où il avait vu d'abord une possible ouverture sur le Christ, c'était un système fermé sur lui-même, cohérent et complet, solidaire de toute une mentalité, de toute une culture qui se dressait. Non que subitement ce qui lui était tout d'abord apparu comme positif se fut changé en négatif, mais ce qu'il avait vu d'inchoatif, en gestation, se présentait au contraire comme de l'achevé, du définitif qui satisfaisait pleinement ceux qui en vivaient. Si bien qu'il ne vit tantôt plus comment, même sur le plan des concepts, on pouvait passer de l'hindouisme au christianisme. La solution de continuité était totale, au point que ce qui avait valeur pour un chrétien risquait d'être non-valeur pour l'hindou»[26]. À quelques nuances près, ce texte s'applique à merveille aux gnoses contemporaines; dans sa lettre et dans son esprit, il devrait guider les chrétiens qui vont à la rencontre des gnoses.

En guise de conclusion

Conclusion

Nous avons lancé, il y a quelques années, l'idée d'un centre irénique (du grec *eirénè,* paix) de rencontre du christianisme et des nouvelles religions. À côté du Centre oecuménique qui poursuit le dialogue entre les diverses confessions chrétiennes et du Centre Monchanin qui entend favoriser les échanges entre le christianisme et les grandes religions du monde, il y a place pour un centre qui se consacrerait à la rencontre du christianisme et des nouvelles religions. La création de ce centre s'impose aujourd'hui plus que jamais.

Un centre irénique

Ce centre devrait poursuivre un quintuple objectif: il devrait être une banque d'informations et un lieu de dialogue; il devrait offrir un service de counseling et de médiation, et jouer le rôle d'une instance critique.

1. *Une banque d'informations.* Les informations sur les nouvelles religions sont éparpillées et aucune bibliothèque ou service de documentation ne peut nous les offrir. Le besoin se fait sentir d'une banque d'informations qui devrait comporter un fichier de référence, une bibliothèque, une cinémathèque, une réserve de cassettes et de diapositives, et une salle de lecture. Le centre devrait être en mesure de fournir tous les renseignements pertinents sur les nouvelles religions: leur lieu de rassemblement, leurs principales activités, leur système doctrinal, leurs méthodes de recrutement et de formation.

L'information est la meilleure prévention. La méthode préventive devrait a) présenter une image globale des groupes, et non seulement des demi-vérités à leur sujet, b) ouvrir des possibilités d'accueil, dans sa propre tradition religieuse, des éléments positifs trouvés dans les nouvelles religions, c) développer des modèles théoriques aptes à favoriser une bonne intelligence du phénomène qui nous concerne et du pluralisme religieux en général, d) et enfin promouvoir un esprit critique vis-à-vis de soi-même et des autres.

2. *Un lieu de dialogue.* Le centre irénique verrait à organiser des rencontres, des tables-rondes et des conférences dans le but, d'une part, de favoriser une meilleur compréhension entre chrétiens et adeptes des nouvelles religions et, d'autre part, d'aider les chrétiens à mieux situer leur foi en face du nouveau phénomène. Ce que nous disions plus haut sur le dialogue devra être pris en considération et inspirer la démarche proposée ici. Au cours des années qu'a duré cette recherche, nous avons organisé plusieurs rencontres entre étudiants de théologie et adeptes de sectes ou de gnoses. Ces rencontres se sont avérées intéressantes et fructueuses.

3. *Un service de counseling.* Le centre devrait offrir un service de counseling aux adeptes des nouvelles religions, à leurs parents et amis, et aux ex-membres. Les ex-membres sont souvent dans un état psychologique et spirituel perturbé. Ils ont grandement besoin d'un conseiller qui les aide à se stabiliser psychiquement et à se resituer spirituellement. Sortir d'une religion est toujours une expérience douloureuse. Il est difficile de quitter l'espace de sécurité qu'offrent les nouvelles religions et de rompre les liens créés avec ses coreligionnaires. Quand on a réussi à trouver une certaine satisfaction de ses besoins spirituels et religieux, ce n'est pas une mince tâche de trouver une alternative. Le counseling religieux peut s'avérer aussi nécessaire que le counseling psychologique. Aux États-Unis, les instigateurs de ce service, qui sont souvent des ex-membres d'un groupe religieux, ont organisé des rencontres où les participants échangent sur les problèmes rencontrés pendant leur séjour dans l'une ou l'autre religion et sur les aspirations religieuses qui avaient présidé à leur option en faveur de tel ou tel groupe. Les modérateurs de ces rencontres sont appelés à jouer

un rôle de leadership et à agir par la suite comme conseillers sur une base individuelle.

Pour leur part, les parents et amis des nouveaux adeptes sont souvent inquiets et troublés. Ils s'interrogent, comprennent mal ce qui arrive, ne savent plus quoi penser ni comment se comporter. L'aide d'un conseiller leur serait précieuse.

Quant aux adeptes eux-mêmes, surtout ceux qui sont au tout début de leur conversion, ils sont souvent déchirés entre leur ancienne allégeance et leur appartenance nouvelle, entre l'attrait du nouveau et l'attachement au passé. Un conseiller qualifié pourrait les aider à démêler leur état d'âme et à faire la lumière en eux.

4. *Un service de médiation.* Il arrive souvent que l'adhésion d'un conjoint, d'un parent ou d'un ami à une nouvelle religion sème la discorde dans un couple, dans une famille ou dans une amitié. Cela peut aller — selon les cas — jusqu'au divorce, à la séparation d'avec la famille ou à la rupture de la relation amicale. Le service de médiation consiste à s'interposer entre le converti et ses «antagonistes» et à servir d'agent médiateur. La médiation cherche à désamorcer les conflits, à rapprocher les partis, à favoriser une meilleure intelligence mutuelle, à retaper une relation menacée. L'approche médiatrice respecte la liberté individuelle de toutes les personnes concernées, s'abstient de tout jugement sur les nouvelles religions et refuse d'utiliser la force physique ou psychique pour dé-convertir l'adepte. Une telle médiation est pastoralement orientée et devrait être intégrée à une attitude authentiquement chrétienne à l'endroit des nouvelles religions.

On devra veiller à ce que l'approche médiatrice ne soit pas superficielle. Elle devra s'accompagner d'une bonne évaluation des groupes et du style de vie de leurs adhérents. Le souci de créer la paix et l'harmonie peut inciter le médiateur à ignorer, minimiser ou négliger ces éléments négatifs et inquiétants qui sont précisément l'objet du tracas des parents et amis. Certains adeptes des nouvelles religions font montre d'une mentalité exclusiviste qui taxe le monde extérieur de satanique ou de mauvais. D'autres perdent tout intérêt culturel, socio-politique ou humanitaire. D'aucuns sont victimes d'un inquiétant changement de personnalité. Il est aussi naïf de prétendre que toutes les nouvelles religions sont des organisations trompeuses que de penser qu'elles sont toutes des options valables et qu'en conséquence, elles méritent toutes notre entière bénédiction[1].

5. *Une instance critique.* Le centre irénique devrait être enfin un lieu d'interventions visant à dénoncer les pratiques abusives et les méthodes déloyales utilisées par certains groupes. Ces dénonciations ne peuvent se faire que sur la base de faits soigneusement établis. Si chacun a la liberté de croire et de prêcher ce qu'il croit, il ne peut absolument pas utiliser des moyens déloyaux, extérieurs à sa conviction. Le centre devra prêter une attention particulière aux groupes qui emploient des méthodes susceptibles de conduire à la mystification, à l'asservissement et à la dépersonnalisation. Il ne devrait pas favoriser l'utilisation des techniques de «déprogramming», comme *Info-culte* incline à le faire[2].

Le déprogramming

Le postulat fondamental du déprogramming est le suivant: les nouvelles religions, du moins certaines d'entre elles, utilisent des moyens de propagande et de formation qui sont analoques aux techniques de *brainwashing* (lavage de cerveau) et de contrôle mental, constituant un viol psychique qui a des effets néfastes sur les adeptes: violence, changement soudain de la personnalité, rigidité intellectuelle et morale, narcissisme, décrochage apocalyptique, sexisme et prostitution.

L'hypothèse du lavage de cerveau a été renforcée par le suicide collectif des membres du *People's Temple* en Guyane et par les meurtres perpétrés par les membres de la Famille de Charles Manson. À cela, il faut ajouter les présumés actes de violence commis par l'Église de scientologie contre ceux qui osent la critiquer, l'entraînement au suicide dans l'Église de l'Unification, les soi-disant meurtres commis par les Enfants de Dieu et les dévots de Krishna. L'argument du délit d'envoûtement ou du lavage de cerveau est toujours employé pour appuyer l'utilisation des techniques de *déprogramming*.

Le déprogramming est la mise en oeuvre d'un ensemble de techniques thérapeutiques et de pratiques intensives de contre-endoctrinement destinées censément à «déconvertir» l'adepte, à le réconcilier avec ses parents et amis, à le réintroduire dans le jeu social. En pratique, le *déprogramming* n'aboutit-il pas souvent à ramener l'adepte à la confusion intérieure et à l'apathie religieuse dans lesquelles il se trouvait avant sa conversion? Le *déprogramming* présuppose généralement le kidnappage illégal de l'adepte. Celui-ci est enlevé de force et conduit dans un endroit secret (motel, chalet) où, pendant plusieurs jours, il est soumis aux bons soins du «déprogrammeur».

Les limites de la stratégie du *déprogramming* viennent d'une analyse inadéquate du phénomène des nouvelles religions. Les «déprogrammeurs» ont tendance à voir les nouvelles religions comme un phénomène monolithique et à penser qu'elles pratiquent toutes, mais à des degrés divers, le contrôle mental. Certes cet argument vaut au mieux pour les groupes qui encouragent leurs adeptes à se retirer du monde, à renoncer à leurs engagements antérieurs et à constituer des communautés fermées. L'approche *brainwashing-deprogramming* jouit peut-être de quelque pertinence pour des groupes tels les Enfants de Dieu, les disciples de Moon, les dévots de Krishna, les adeptes de la Scientologie, ou pour d'autres groupes totalitaires comme le Temple du Réveil ou le Tabernacle chrétien, etc. Mais cette approche nous paraît peu justifiée pour la plupart des nouvelles religions et des groupes de potentiel humain.

L'approche *brainwashing-deprogramming* présuppose que les adeptes de nouvelles religions sont victimes d'un viol mental et psychique et qu'ils le resteront aussi longtemps qu'ils ne seront pas déprogrammés. Pourtant, des recherches menées aux États-Unis ont montré que le taux de roulement volontaire est très élevé dans les nouveaux groupes religieux[3]. Par exemple, dans l'Église de l'Unification (Moon), 75% des nouveaux convertis quittent volontairement le groupe au cours de la première année[4]. Des études comparées portant sur les ex-membres déprogrammés et sur les ex-membres volontaires ont montré que seuls les ex-membres déprogrammés croyaient qu'ils avaient été d'abord programmés[5]. Les «déconvertis» volontaires reconnaissent la responsabilité de leur conversion, alors que les déprogrammés perdent de vue leur vulnérabilité à l'autoritarisme. Les déprogrammés sont souvent engagés dans des mouvements hostiles aux nouvelles religions, mouvements qui fonctionnent sous bien des aspects comme les groupes totalitaires qu'ils ont quittés[6].

Le *déprogramming* est une méthode psychiquement violente qui utilise des moyens coercitifs, comme le kidnappage. En cela, il soulève de graves objections. Des études américaines ont démontré que les tenants du *déprogramming* ont tendance à nier implicitement la possibilité psychologique de la conversion, à fixer de façon arbitraire la limite qui sépare le programme du *programming,* et à déterminer unilatéralement les conditions, les critères et les champs d'application de la liberté religieuse[7]. Si la technique est valable pour les nouveaux groupes religieux, pourquoi ne le serait-elle pas pour les religions traditionnelles ou pour les partis politiques et les mouvements sociaux?

L'approche *brainwashing-déprogramming* passe à côté des questions religieuses et des interpellations sociales pouvant venir des nouvelles religions. Elle aborde le phénomène sous l'angle des méthodes utilisées et non sous son aspect spécifiquement religieux. Elle n'effleure même pas les véritables questions posées par les nouveaux mouvements religieux. C'est une méthode réductiviste qui laisse le chrétien perplexe.

Notes

INTRODUCTION

1. Cf. E. MORIN, *L'esprit du temps,* t. 2, Paris, Grasset, 1976, pp. 149-162.

2. O.J. HARTMANN, *Anthroposophie,* Paris, Triades, 1966, p. 16.

3. *Anthropologie de l'Ancien Testament,* Genève, Labor et Fides, 1974, p. 9.

CHAPITRE PREMIER:

1. *The sacred Canopy,* New York, Anchor Books, 1969, p. 180.

2. Voir MIRCEA ELIADE, *Le sacré et le profane,* Paris, Gallimard, 1965.

3. *Op. cit.,* p. 58.

4. *Christianity and the Encounter of the World Religions,* New York, Columbia University Press, 1963, pp. 1-26.

5. *Sociology of Religion,* Chicago, University of Chicago Press, 1944, pp. 17-34.

6. Notre définition de la religion pourrait inclure à la limite, les mouvements comme le fascisme, le communisme ou l'humanisme libéral. Ces mouvements sont religieux ou quasi-religieux, même s'ils apparaissent souvent comme des ersatz de la religion. Néanmoins, nous les excluons du champ de notre recherche. Ainsi donc, nous ne nous occupons pas ici des groupes marxistes-léninistes, ni des groupes maoistes, ni des groupes nationalistes radicaux, même si, sous bien des

aspects, ils nous apparaissent comme religieux. Ils présentent des formes d'expression si spécifiques qu'ils méritent un traitement à part. Nous les excluons de notre recherche sans oublier toutefois qu'ils font partie de notre univers religieux.

7. *The New Religious Consciousness,* Berkeley, University of California Press, 1976, p. 1.

8. *id.* p. 2.

9. J.P. CHINNICI, «New Religious Movements and the Structures of Religious Sensibility», dans J. NEEDLEMAN et G. BAKER (éd.) *Understanding the New Religions*, New York, The Seabury Press, 1978, pp. 27-33.

10. R.S. ELLWOOD, «Emergent Religion in America: an historical perspective», dans J. NEEDLEMAN et G. BAKER (éd.), *op. cit.*, p. 279. Le souligné est de l'auteur.

11. *La gnose éternelle,* Paris, Librairie Fayard, 1959, p. 77.

12. *op. cit.,* p. 267.

13. *The Social Teaching of the Christian Church,* 2 vols., New York, MacMillan, 1931.

14. *op. cit.,* pp. 77-83.

CHAPITRE II

1. L'essentiel de ce chapitre est déjà paru sous le titre «Les nouveaux groupes religieux du Québec. Une approche typologique», dans *Critère* 30 (1981) 39-58.

2. À titre d'exemple, mentionnons le Spiritual Counterfiets Project (SCP), de Bekerley, qui est une branche d'une organisation spirituelle appelée Bekerley Christian Coalition, connue auparavant sous le nom de Christian World Liberation Front (CWLF). Ce groupe, formé de «Jesus People», vit le jour à la fin des années '60. Le SCP — qui fait partie de l'une des deux grandes familles spirituelles susmentionnées — s'est donné comme objectif spécifique, de combattre les nouveaux mouvements religieux appartenant à l'autre famille spirituelle. Ce groupe, bien organisé et très influent, publie un important mensuel ayant pour titre *SCP Journal.* Il s'est rendu célèbre, en particulier, en gagnant sa bataille juridique contre les groupes de Maharishi Mahesh Yogi qui voulaient introduire la Méditation Transcendantale dans les écoles publiques.

3. *A Rumor of Angels,* Garden City, N.Y. Doubleday and Co., 1970, p. 49. Il écrit encore: «Le terme néo-mysticisme convient bien à ce qui se passe aujourd'hui sous le couvert de la psychothérapie» (*ibid*).

4. cf. KURT BACK, *Beyond Words: The Story of Sensitivity Training and the Encounter Movement,* Baltimore, Pinguin, 1972; HARVEY COX, *Turning East,* New York, Simon and Schuster, 1977.

5. HANS JONAS, «Delimitation of the Gnostic Phenomenon: Typical and Historical», dans U. BIANCHI (éd.), *Le Origini dello gnosticismo,* Leiden, Brill, 1967, pp. 91-108.

6. *op. cit.*

7. New York, The MacMillan Co., 1957, pp. 142-155.

8. Durham, Duke University Press,, 1946, pp. 16-25.

9. *The Sociology of Religions,* Boston, Beacon Press, 1964.

10. Par exemple ROBERT ELLWOOD, *Religous and Spiritual Groups in Modern America,* Englewood Cliff, N.J., Prentice Hall, 1973; ROY WALLIS, «Ideology, Authority and the Development of Cultic Movements», dans *Social Research,* 41 (1974) 299-327; ROLAND ROBERTSON, «On the Analysis of Mysticism: Pre-Weberian and Post-Weberian Perspectives», dans *Sociological Analysis,* 36 (1975) 241-266; COLIN CAMPBELL, «Clarifying the Cult», dans *British Journal of Sociology,* 28 (1977) 375-388; JOHN JACKSON ans RAY JOBBING, «Towards an Analysis of the Contemporary Cults», dans DAVID MARTIN (éd.), *Yearbook of Religion in Britain,* vol. 1, London, SCM Press, 1968, pp. 94-105.

11. JOHN LOFLANO, *Doomsday Cults,* New-York, Irvington, 1978.

12. GEOFFREY NELSON, «The Spiritualist Movement and the Need for a Redefinition of Cult», dans *Journal for the Scientific Study of Religion,* 8 (1969) 152-160; «The Concept of Cult», dans *The Sociological Review,* 16 (1968) 351-362.

13. ROBERT ELLWOOD, *op. cit.*, pp. 11-30.

14. W.W. WEET, *American Culture and Religion,* Dallas, Southern Methodist University Press, 1951.

15. «Integrative and Transformative Religions», dans J. NEEDLEMAN et G. BAKER (éd.) *op. cit.,* pp. 262-269.

16. «Theory and Research on Today's New Religions», dans *Sociological Analysis,* 39 (1978) 95-122.

17. «The Crisis of Everyday Reality and The Rise of New Religions», texte manuscrit présenté au Colloque sur la religion et la société, tenu le 9 octobre 1979, au Graduate Theological Union, Berkeley.

18. *Art. cit.,* pp. 30-31.

19. «Charisma and Ritual in New Religious Movements»; dans J. NEEDLEMAN et G. BAKER, *op. cit.,* pp. 173-189.

CHAPITRE III

1. *Histoire et eschatologie,* Paris, Cerf, 1959, pp. 55-75.

2. R. BERGERON, «La fonction eschatologique de la vie religieuse», dans *La vie des communautés religieuses,* 28 (1970) 98-115.

3. Tout cela demanderait beaucoup de nuances: mais le tableau général est globalement conforme à la réalité.

4. *Op. cit.,* t. 1, p. 343.

5. Cf. R.S. ELLWOOD, *Religious and Spiritual Groups in Modern America,* pp. 27-31.

6. Cité par H. LEISEGANG, *La gnose,* Paris, Payot, 1971, pp. 46-52.

7. *En quête de la gnose,* vol. 1, Paris, Gallimard, 1978, p. 235.

8. J. MÉNARD, préface à R. MCL. WILSON, *Gnose et Nouveau Testament,* Paris, DDB, 1969, pp. 5-6

9. Cf. S. HUTIN, *Les Gnostiques,* Paris, P.U.F., 1959, p. 6.

10. CH. PUECH, *op. cit.,* t. 1, p. 235.

11. *La gnose éternelle,* tel est le titre de leur étude consacrée au gnosticisme ancien.

12. R. MCL. WILSON, *op. cit.,* p. 23.

13. *Newly Discovered Gnostic Documents,* Londres, 1960, p. 91.

14. *Op. cit.,* t. 1, p. 190.

15. CH. PUECH, *op, cit.,* p. XV.

16. Préface à R. MCL. WILSON, *op. cit.,* p. 6.

17. H. CORNELIS et A. LÉONARD, *op. cit.,* p. 18.

18. Cf. B. GROS, «Pour une petite bibliothèque gnostique», dans *Question de,* 24 (1978) 98.

19. H. CORNELIS et A. LÉONARD, *op. cit.,* p. 81.

20. *id.,* p. 83.

21. Voir E. MORIN, *op. cit.,* pp. 149-162; T. ROSZAK, «Le monstre, le titan et la nouvelle gnose», dans *Question de,* 16 (1977) 275-289.

22. R. RUYER, *La gnose de Princeton,* Paris, Fayard, 1974.

CHAPITRE IV

1. *Manuel d'Église,* art. 8.

2. De parents presbytériens, Russell prit contact avec les adventistes en 1870. C'est au cours d'une réunion adventiste qu'il fit l'expérience qu'il était sauvé. Il fut fasciné par la doctrine du retour imminent de Jésus.

3. Dans son livre *The Kingdom of the Cults,* Minneapolis, Bethany Publishing, 1977, pp. 296-298, Walter Martin a fait la preuve de cette influence, malgré les allégations contraires de Roderick Meredith, biographe d'Armstrong.

4. Pour prouver la théorie anglo-israélite, tous les arguments sont bons, entre autres, les preuves d'ordre sémantique. Exemple: *Ish* en hébreux veut dire homme. *Berith* signifie alliance. La contraction de *Brit* et de *Ish* donne *British,* l'homme de l'Alliance. Autre exemple: Saxon est dérivé de *Isaac-son.* En supprimant l'*i,* on a Sacc's son, et sans sa forme abrégée Saxon, c'est-à-dire «descendant d'Isaac». On affirme sans broncher que le trône d'Angleterre est le trône de David et que la reine Élizabeth II est de la lignée davidique.

5. J. DUCHESNE, «*Jésus Révolution», made in U.S.A.,* Paris, Cerf, 1972, p. 69.

6. Voir B. GRAHAM, *Jésus et la jeunesse en révolution,* Cap-de-la-Madeleine, Éditions Impact, 1973.

7. On s'étonnera peut-être de ne pas voir mentionner parmi les sectes les *Apôtres de l'Amour infini.* Malgré certains traits qui l'appa-

rentent à la secte, le groupe des Apôtres n'est pourtant pas une secte; c'est un groupe schismatique. Tout en étant coupé du catholicisme, il retient l'essentiel de sa structure sacramentelle et hiérarchique, de sa tradition doctrinale et de ses pratiques liturgiques. À ses yeux, l'Église catholique a commencé à errer au Concile Vatican II lorsqu'elle abandonna le Missel et le bréviaire de Pie V (1504-1592). Les disciples de Monseigneur Lefebvre sont dans la même situation.

CHAPITRE V

1. On emploie le mot Veda dans un sens plus large pour désigner la littérature basée sur l'un ou l'autre recueil.

2. Un nombre considérable d'autres écrits n'ont valeur de révélation que pour tel ou tel groupe particulier. Les adeptes de Çiva ainsi que les fidèles de Vishnou et de la Çakti (Mère universelle) ont leurs propres recueils de Révélation. Ils professent simultanément une double fidélité, au Veda d'une part et à leurs propres Écritures, d'autre part. Par ailleurs, une large place est faite à une multitude d'autres croyances et formes d'observance.

3. MIRCÉA ÉLIADE, *Patanjali et le Yoga,* Paris, Seuil, 1962, p. 12.

4. Le *karma* est la loi sans exception qui régit l'Univers. Selon cette loi, toute cause produit son effet, sans que rien puisse empêcher l'effet de se produire. Appliquée à l'existence humaine, la loi du karma signifie que toute action engendre une conséquence infaillible. Un acte bon donne de bons fruits et une action mauvaise produit de mauvais effets. La loi du karma est la loi de l'enchaînement illimité des activités, selon laquelle toute action est à la fois l'effet d'une série de causes et en même temps la cause d'événements ultérieurs. Le karma est implacable. Ce qui est fait est fait et aucune volonté humaine ou surhumaine n'en peut altérer le cours. La loi du karma est essentiellement liée à la réincarnation. Seule, elle peut expliquer les différentes modalités existentielles de nos vies successives. Notre existence actuelle est la conséquence inéluctable d'actes accomplis dans notre vie antérieure.

5. Le *dharma,* notion fondamentale de l'hindouisme, est étroitement lié au karma. «Le dharma est en quelque sorte le «support» des êtres et des choses, la loi de l'ordre dans sa plus grande extension, c'est-à-dire de l'ordre cosmique. Mais il est en même temps une loi d'ordre moral, de mérite religieux: la pure notion du *devoir individuel...* Toute âme a un dharma individuel qui lui est propre, commandé par sa race, sa caste, sa famille, ses aspirations légitimes. Dans la variété des règles

de conduite, chacun doit discerner les siennes et les appliquer, telle une loi intérieure inéluctable... L'univers repose sur le dharma cosmique et l'homme repose sur son dharma individuel qui le conduit vers une vie supérieure» (SOLANGE LEMAITRE, *Hindouisme ou Sonâtana Dharma*, Paris, Fayard, 1957, p. 72).

6. *Brihad Aranyaka*, III, 4.

7. MIRCÉA ÉLIADE, *op. cit.*, p. 8.

8. On ne sait rien de Patanjali. On ignore même s'il a vécu au IIe siècle avant notre ère ou au IIIe ou Ve siècle après Jésus-Christ. Cela importe peu, car les techniques proposées par Patanjali ne sont pas ses inventions; elles ont été pratiquées bien longtemps avant lui. Elles ont une ancienneté considérable. Le traité de Patanjali se divise en quatre livres qui traitent respectivement de «l'extase yogique», de la «voie de réalisation», des «pouvoirs merveilleux» et enfin de l'«esseulement».

9. On commence par arrêter le souffle seize secondes et demie, puis trente-cinq et cinquante secondes, puis trois et cinq minutes, etc. Les taoïstes prétendaient qu'on pouvait retenir le souffle le temps de 120 respirations. L'immortalité pouvait s'obtenir, paraît-il, en retenant son souffle le temps de 1 000 respirations.

10. Le Yoga ancien s'est divisé en Hatha-Yoga, Mantra-Yoga, Bhakti-Yoga, Raja-Yoga, Laya-Yoga, Jnâna-Yoga, etc.

11. «Il existe un important tantrisme bouddhiste et un autre hindou; le jaïnisme, lui aussi, accepte certaines méthodes tantriques (jamais celle de la «main gauche»), et l'on relève de fortes influences tantriques dans le Çivaïsme kashmirien dans le grand mouvement des Pâncarâtra (vers 550), dans la Bhâgavata-Purâna (vers 600) et dans d'autres courants dévotionels vishnouïtes» (Mircéa Eliade, *op. cit.*, p. 156).

12. MIRCÉA ÉLIADE, *op. cit.*, p. 157.

13. *Id.*, p. 165.

14. JEANNE MESSER, «Guru Maharaj Ji and The Divine Light Mission», dans CH. Y. GLOCK et R. N. BELLAH (éd.), *The New Religious Consciousness*, Berkeley, University of California Press, 1976, p. 71.

15. Aumisme: *A*mour, *U*nité, *M*aîtrise, *I*dentification, *S*ervice, *M*oi suprême, *É*ternité.

16. BHUPENDRA NATH SANYAL, *Le Maître du Kriya-Yoga*, Le Perreux, Ed. Atma Bodha Satsanga, 1968, p. 45.

17. ALAN TOBEY, «The Summer Solstice of the Healthy — Happy — Holy Organization», dans CH. GLUCK et R.N. BELLAH, *op. cit,* pp. 5-30.

18. FRANÇOIS HOUANG, *Le Bouddhisme,* Paris, Arthème Fayard, 1963, p. 18.

19. L'Amidisme est un surgissement particulier dans le Mahâyâna. Il remonte à un-Bouddha fabuleux, *Amida.* Lié mystiquement au célèbre bodhisattva Avala-Kitesvara, Amida connaîtra une popularité extraordinaire au Japon, au Tibet et en Chine. Le Bouddha Amida propose une voie de salut facile et infaillible. Il se porte garant, en effet, du salut de tous ceux qui, au cours de leur vie, auront pensé à lui et lui auront adressé une prière fervente.

20. Il faut noter une autre émergence québécoise du bouddhisme tibétain: *Le Monastère bouddhiste du Grand Coeur* dont le fondateur est Tyndale Martin. Celui-ci serait la onzième réincarnation de la lignée du Panchen-Lama. Il aurait reçu, au cours d'une vision, la mission de propager le bouddhisme en Occident. En 1977, le groupe s'est converti au catholicisme et il a choisi, depuis quelque temps, de disparaître dans l'anonymat.

21. Certaines idées taoïstes circulent en Occident. Le taoïsme n'est ni matérialiste, ni animiste; il est magique ou mieux alchimique. L'objectif central du taoïsme est la recherche de l'immortalité. Cette recherche s'organise autour du principe unique de l'univers: le Tao. Cette unité suprême se présente sous deux aspects complémentaires et alternants: le yin et le yang. Ces deux aspects sont aussi deux énergies vitales. Deux âmes constituent la personnalité de l'homme: l'âme supérieure, identifiée au souffle et l'âme inférieure, végétative, reliée au sang et aux os. Ces deux âmes sont yin et yang. Le rythme universel de la vie et de la mort s'explique par l'alternance du yin et du yang. Le taoïsme veut réintégrer la situation primordiale qui est l'indifférenciation totale, la résorption des contraires.

22. D.T. SUZUKI, «Le Koan», dans NANCY W. ROSS (éd.), *Le monde du Zen,* Paris, Stock, 1970, p. 60.

23. E.M. MENDELSON, «Some Notes on a Sociological Approach to Gnosticism», dans U. BIANCHI (éd.) *op. cit.,* p. 73.

24. E. CONZE, «Buddhism and Gnosis», dans U. BIANCHI (éd.), *op. cit.,* pp. 652-667.

25. *Id.,* pp. 661-662.

26. PAUL MANGIN, «Séduction du bouddhisme», dans *Études,* 354 (1981) 226. Voir CHARLES PREBISH, «Reflections on the Transmission of Buddhism to America», dans J. NEEDLEMAN et G. BAKER, *op. cit.,* pp. 153-172.

27. R. GIRAULT et J. VERNETTE, *Croire en Dialogue,* Paris, Droguet-Ardant, 1979, p. 109.

28. *Mahomet et la tradition islamique,* Paris, Seuil, 1955. pp. 72-73.

CHAPITRE VI

1. Au sens large, l'hermétisme désigne une masse mal définie de données magiques, astrologiques, philosophiques, théurgiques dérivant du milieu alexandrin. La science astrologique, d'abord pratiquée par les prêtres dans les temples égyptiens dès avant les Ptolémées (323 avant J.-C.), s'est répandue à l'âge hellénistique parmi les cercles d'initiés. Cette science se décorait en Égypte du nom de «philosophie». Selon A.J. Festugière, «le mot ne signifiait pas, comme en Grèce, un exercice de la raison pure pour comprendre et organiser le monde, mais une *doctrine secrète,* essentiellement religieuse, dans laquelle, si l'on utilisait parfois des données de la raison, ce n'était que par manière de prétexte pour passer aussitôt à un enseignement mystique, fondé sur l'oracle d'un Dieu. C'est ainsi qu'à une date imprécise, peut-être dès le 1er siècle de notre ère, le nom d'Hermès vint à couvrir une littérature philosophique sous forme de traités assez courts, dont la réunion forme, au IIIe siècle de l'Empire, un certain nombre de petits corpus... Le monument le plus remarquable de l'hermétisme est constitué par le *Corpus Hermeticum* proprement dit qui comprend aujourd'hui dix-sept traités... s'échelonnant, quant à la date, entre le 1er et le IIIe siècle après J.-C. Ces *Hermetica* n'ont de commun que leur caractère formel. Ils se donnent tous comme des révélations d'Hermès à ses disciples.» (*Hermétisme et mystique paienne,* Paris, Aubier, 1967, p. 87).

2. L'ouvrage classique est celui de GRILLOT DE GIVRY, *Le musée des sorciers,* Paris, Librairie de France, 1929.

3. Sur le catharisme, voir les études de RENÉ NELLI, principalement, *Le phénomène cathare,* Paris, P.U.F., 1968 et *Les cathares,* Paris, C.A.L., 1972.

4. S. HUTIN, *Les sociétés secrètes,* Paris, P.U.F., 1966, p. 51.

5. La légende des origines de la Fraternité de la Rose-Croix est racontée dans *Les Noces alchimiques de Christian Rosenkreuz.*

6. Cité par S. HUTIN, *op. cit.,* p. 52.

7. *Id.,* p. 59.

8. Sur les théosophes, on lira avec profit l'article d'ANTOINE FAIVRE, «XVIIIe siècle. Aspects de l'ésotérisme», dans *Encyclopédie des mystiques,* Paris, R. Laffont, 1972, pp. 333-355.

9. Sur R. Guénon, voir l'oeuvre magistrale de MARIE-FRANCE JAMES, *Esotérisme et christianisme autour de René Guénon,* Paris, Nouvelles Éditions latines, 1982.

10. *Op. cit.,* p. 11.

11. Voir la «Déclaration de Principes» adoptée par l'Association spiritualiste nationale en 1899 et 1909.

12. *La Science du Mental,* Paris, Éditions Dangles, 1972, p. 22.

13. A. BERG, *Cours de psycho-synthèse spirituelle pratique,* Paris, Nouvelles Éditions Debressé, 1976, p. 199.

14. Quimby habitait l'état de New York. Son contemporain, l'allemand Jean-Charles Passavant, de Francfort, eut la même intuition que lui et parla dès 1840 de «science chrétienne». Quimby employa pour la première fois cette expression en février 1863.

15. *Unité* a produit une littérature considérable. Mentionnons les livres d'Emily Cady et de Ritz Militz qui constituent un monument impressionnant.

16. A. BERG, *op. cit.,* p. 187.

17. Le titre du manuel *Science du Mental* est souvent utilisé pour désigner l'ensemble du Mouvement de Holmes.

18. *Op. cit.,* p. 17.

19. A.F. GRISWALD, «New Thought: a Cult of Success», dans *American Journal of Sociology,* 11 (1934) 309-318.

20. S. HUTIN, *Les sociétés secrètes,* pp. 6-7. Les soulignés sont de l'auteur.

21. PHILIPPE DE BOULEAU, Art. «La mystique maçonnique», dans *Encyclopédie des mystiques,* p. 388.

22. Cette classification est provisoire. Même si elle est justifiée, elle ne s'impose pas. J'ai déjà moi-même proposé une autre classification. Voir R. BERGERON, «Les nouvelles sectes», dans *Relations,* 454 (1979) 336-340.

23. Après cette date, elle s'évertue, pour gagner des adeptes parmi les chrétiens, à montrer que le théosophisme est conforme aux principes du christianisme.

24. Le garçon fut accueilli par une famille théosophiste qui le traita comme un prince. En 1929, alors qu'il devait inaugurer sa mission, Krishnamurti renonça aux prétentions qu'on posait sur lui et se détacha complètement de la Société théosophique.

25. C.W. LEADBEATER, *Une esquisse de la théosophie,* Paris, Adyar, 1963, p. 21.

26. On trouvera le texte de la Grande Invocation dans A. BAILEY, *Le retour du Christ,* Paris, Éditions Véga, 1957.

27. P. HÉBERT et J.-L. RHEAULT, *Psi-Guide de Montréal,* Montréal, Éditions du C.I.R.S., 1979, p. 108.

28. L'Église de scientologie a été fortement critiquée un peu partout dans le monde, et ses activités ont été réduites dans plusieurs pays. Quatre de ses dirigeants, dont Hubbard lui-même, ont été condamnés pour escroquerie par un tribunal parisien.

29. W.G. BARTON, *La Métaphysique, c'est quoi?* Nominingue, Presses du Quadrant, 1979, p. 11.

30. La première révélation eut lieu il y a cinq millions d'années: la seconde fut accordée à Adam et Ève, il y a trente-cinq mille ans: la troisième fut faite à Melchisédek en 1973 avant Jésus-Christ: et la quatrième est celle de Jésus.

31. Jung a consacré à Angelucci une dizaine de pages de son *Flying Saucers: A Modern Myth of Things Seen in the Sky,* New York, Harcourt Bace Jovanovitch Inc., 1969, pp. 119-126.

32. RAEL, *Les Extra-terrestres m'ont emmené sur leur planète,* Brantome, Éditions du Message, 1977, p. 151.

33. *Ibid.*

34. Le livre de RAEL, *La Méditation sensuelle,* a inspiré la fondation des *Centres d'épanouissement* où l'on pratique la méditation sensuelle. Ces Centres, qui s'inspirent de la doctrine raélienne, sont indépendants du Mouvement raélien.

35. 34 (janvier 33) 12.

36. Texte polycopié d'une cinquantaine de pages.

CHAPITRE VII

1. «Human Potential Movement», dans CH. Y. GLOCK et R. BELLAH (éd.), *opus cit.,* p. 94.

2. *Ibid.*

3. R.M. BUCKE, «From Self to Cosmic Consciousness», dans J. WHITE (éd), *The Highest State of Consciousness,* New York, Doubleday and Co., 1972, p. 87.

4. «This is it», dans J. WHITE (éd), *op. cit.,* p. 437.

5. Pour une excellente description de l'expérience de conscience cosmique, voir PARAMAHANSA YOGANANDA, *Autobiography of a Yogi,* Los Angeles, Self-Realisation Fellowship, 1946, pp. 149-151.

6. Réclame de Silva Mind Control Method, dans *Common Ground* 23 (1980) 27.

7. *Ibid.*

8. P. MARIN, «The New Narcissism: The Trouble with the Human Potential Movement», dans *Harpers,* 251 (1975) 45-56; D. STONE, *art. cit.,* p. 93.

9. TH. ROBBIN et D. ANTHONY, «Theory and Research on Today's New Religions», dans *Sociological Analysis,* 39 (1978) 103.

10. *Cosmic Consciousness,* New York, E.P. Dutton, 1969, p. 372.

11. TH. ROSZAK, *Unfinished Animal,* New York, Harper and Row, 1977, pp. 72-95.

12. Cité par M. DE SMEDT, *50 techniques de méditation,* Montréal, France-Amérique, 1979, p. 117.

13. «Les mantras», dans *Vie Yoga International,* 3 (1977) 26.

14. S. PETERSON, *A Catalogue of the Way People Grow,* New York, Ballantine Books, 1971, p. 205.

15. *Toward a Psychology of being,* 2e éd., New York, Van Nostrand Reinhold Co., 1968, p. III.

16. Voir G. BÉLANGER, «La Gestalt thérapie», dans K. DABROWSKI, L. GRANGER et autres, *Psychothérapies actuelles,* Québec, Ed. Saint-Yves Inc., 1977, pp. 11-20.

17. *Ibid.*

18. E. BACH, *La guérison par les fleurs,* Paris, Courrier du Livre, 1972.

19. La bioénergie est fondée en partie sur les oeuvres de Wilhem Reich et d'Alexander Lowen.

20. La polarité thérapie, mise au point par le Dr Randolph Stone, est une technique qui vise à équilibrer l'énergie vitale dans le corps par la pratique de manipulations particulières. Ces manipulations consistent en des contacts modérés avec les polarités positives et négatives du corps — ce qui produit le bien-être physique, psychique et mental.

21. Le schiatsu est un massage oriental qui se fait par acupression sur certaines parties du corps.

22. Le rolfing, du nom de son inventeur Ida P. Rolf, est une technique de manipulations profondes et douces destinées à restaurer l'harmonie intégrale. Le rolfing postule que la qualité de la vie est grandement déterminée par le rapport qui existe entre le corps et le champ de gravitation de la terre.

23. Le rebirthing, inventé par Leonard Orr, est une technique de respiration qui veut faire revivre le processus de la naissance. La personne, couchée, respire à un rythme accéléré par la bouche, dans le haut de la poitrine pendant une heure ou deux. Cette hyperventilation produit une suroxygénation du cerveau qui crée un état altéré de conscience, semblable à celui que produit la méditation profonde ou l'absorption de certaines drogues.

24. Télépathie: contact direct avec la pensée, les sentiments, les émotions d'une psyché avec une autre, entre humains, entre humains et animaux, entre animaux.

25. Précognition: connaissance instantanée d'un événement futur rationnellement imprévisible.

26. Rétro-cognition: connaissance spontanée et extra-sensorielle d'événements passés.

471

27. Clairvoyance: connaissance d'un événement objectif actuel sans la médiation d'aucun moyen extérieur ou d'une tierce personne.

28. Lire les pages amusantes de Harvey Cox sur sa première visite à Esalen dans son livre *The Seduction of the Spirit,* New York, Simon and Schuster, 1973, pp. 197-223.

29. Pour l'historique du *Human Potential Movement,* voir D. STONE, *art. cit.,* pp. 95-99 et K. BACK, *Beyond Words: The Story of Sensitivity Training and The Encounter Movement,* New York, Penguin Books, 1973.

30. Dépliant publié par le Centre.

31. *Ibid.*

32. Dépliant publicitaire.

33. Arica organise des sessions de 40 jours. Ces sessions constituent la base et la structure de la méthode Arica.

34. New York, G.P. Putnam's Sons, 1974.

35. TH. ROSZAK, *op. cit.,* p. 20; voir D. STONE, *art. cit.,* pp. 95, 102-103; TH. ODEN, *The Intensive Group Experience: the New Pietism,* Philadelphia, Westminster Press, 1972.

36. D. STONE, *art. cit.,* p. 102.

37. F. BIRD et W. REIMER, «New Religious and Parareligious Movements in Montréal», dans S. GRYSDALE et L. WHEATCRAFT (éd.), *Religion in Canadian Society,* Toronto, MacMillan, 1976, p. 315.

38. Voir les remarques suggestives d'AURÈLE SAINT-YVES, «Parenté entre certains concepts de la désintégration positive et du gnosticisme», dans K. DABROWSKI, L. GRANGER, *op. cit.,* pp. 144-149.

CHAPITRE VIII

1. K. RAHNER et H. VORGRIMLER, art. «Fidéisme», dans *Petit dictionnaire de théologie catholique,* Paris, Seuil, 1970, p. 186.

2. Ce saut par-dessus la tradition ecclésiale est une note caractéristique de la secte qui permet de distinguer la secte d'un groupe schismatique.

3. L'*êthos* désigne le caractère ou l'aspect éthico-religieux d'une religion, ses moeurs traditionnelles, ses usages cultuels, son comportement socio-religieux, etc.

CHAPITRE IX

1. G. ROCHAIS, «Le règne de mille ans et la seconde mort», dans *Nous ne mourrons pas tous,* Montréal, Université de Montréal, 1980, p. 149.

2. Livre de Daniel; Règle de la guerre (Qumran); vision du Fils de l'homme dans 4 Esdras; le Ps 17 de Salomon.

3. Testament de Moïse.

4. Is 65,15; 1 Henock 91,16; 4 Esdras 7,75; Ap 21, 1-8.

CHAPITRE X

1. H. CORNELIS et A. LÉONARD, *op. cit.,* p. 43.

2. S. HUTIN, *Les gnostiques,* Paris, P.U.F., 1963, p. 13.

3. H.-CH. PUECH, *En quête de la gnose,* t. 1, Paris, Gallimard, 1978, p. XVI.

4. *Manuel rosicrucien,* 7e éd., Villeneuve-Saint-Georges, Éditions rosicruciennes, 1975, p. 234.

5. P. SCHMIDT, «La gnose, hier et aujourd'hui», dans *Communio,* 5 (1980) 58-59.

6. R. ABELLIO, *La fin de l'ésotérisme,* Paris, Flammarion, 1973, p. 198.

7. H. LEISEGANG, *La gnose,* Paris, Payot, 1951, p. 18.

8. Cité par O.J. HARTMANN, *Anthroposophie,* Paris, Triades-Revue, 1966, p. 6.

9. *Manuel rosicrucien,* p. 250.

10. Cité par D.S. TANSLEY, *Le corps subtil,* Paris, Seuil, 1977, p. 4.

11. Certains groupes vont parler de réincorporation sur d'autres planètes.

12. Entre chacune des réincarnations se produit le phénomène de l'amnésie totale. L'être ignore tout de ses vies antérieures. Dans des cas exceptionnels, il peut y avoir place pour des moments de réminiscence. Cette question des réminiscences peut offrir matière à bien des fantaisies et des fables. À ce sujet, il y a bien des charlatans et des imposteurs qui exploitent la crédulité des gens.

13. Voir R. BERGRON, *Faites vos jeux! Résurrection et réincarnation,* Ottawa, Novalis, 1979.

14. Pour les paragraphes qui suivent, je m'inspire des études menées à Montréal par Frederick Bird et son équipe auprès d'une vingtaine de nouveaux groupes religieux. C.f. F. BIRD ET B. REIMER, «A Sociological Analysis of New Religious and Para-Religious Movements in the Montreal Area», dans S. CRYSDALE (éd.) *op. cit.*, pp. 307-320; F. BIRD, «Charisma and Ritual in New Religious Movements», dans J. NEEDLEMAN et G. BAKER (éd.) *op. cit.,* pp. 173-189.

15. «Charisma and Ritual in New Religious Movements», dans *op. cit.,* p. 174.

16. H. CORNELIS et A. LÉONARD, *op. cit.,* p. 17.

17. U. VON BALTHASAR, *L'amour seul est digne de foi,* Paris, Cerf, 1966, pp. 85-86.

CHAPITRE XI

1. J. MARQUÈS-RIVIÈRE, *Histoire des doctrines ésotériques,* Paris, Payot, 1971, p. 162.

2. Sur l'interprétation ésotérique de la Bible, voir R. BERGERON, *L'attrait du mystérieux,* Ottawa, Novalis, 1981.

3. *Le sacré et le profane,* Paris, Gallimard, 1965, pp. 20-98.

4. H.-CH. PUECH, *op. cit.,* p. 218.

5. *5 leçons sur l'existence,* Paris, Aubier, 1936, p. 146.

6. M. ELIADE, *Aspects du mythe*, Paris, Gallimard, 1963, p. 109.

7. H.-CH. PUECH, *op. cit.,* p. 260.

8. *Id.,* p. 268.

9. *Manuel rosicrucien,* p. 259.

10. H. JONAS, «Delimitation of the Gnostic Phenomenon: Typical and Historical», dans U. BIANCHI, *op. cit.*, p. 94.

11. R. ABELLIO, *op. cit.*, p. 148.

CHAPITRE XII

1. «Deep Structures in the Study of New Religions», dans J. NEEDLEMAN et G. BAKER (éd.) *op. cit.*, pp. 122-130.

2. E. CORNELIS, *Valeurs chrétiennes des religions non chrétiennes*, Paris, Cerf, 1965, p. 105.

3. Y.-M. CONGAR, *Le Schisme*, Lyon, Xavier Mappus, 1967, pp. 34-35.

4. Voir P. TILLICH, *Christianity and the Encounter of the World Religions*, New York, Columbia University Press, 1964, pp. 28-30.

5. Exemples de cette approche: J.M. NICOLE, *Les Enfants de Dieu ont-ils raison?* Nogent sur Marne, Éditions de l'Institut biblique, 1978, H.J. BERRY, *Confusion des derniers jours. Les mormons,* Châteauguay, La Voix de l'Évangile, 1973; K. BOA, *Cults, World Religions and You,* Wheaton, SP Publications, 1977; D. BREESE, *Know the Marks of Cults,* Wheaton, SP Publications, 1975; R. ENROTH, *The Lure of the Cults,* Chappaqua, Christian Herald Books, 1979.

6. *Acta Apostolicae Sedis,* (1919) 317.

7. *Théosophes et Théosophie,* Paris, Bloud et Gay, 1904, p. 81.

8. *Op. cit.,* pp. 30-45. Nous nous inspirons de ces pages dans les paragraphes qui suivent.

9. *Id.,* p. 31-32.

10. *Essai sur le développement de la doctrine chrétienne,* Paris, DDB, 1964, p. 235.

11. *The Arians of the Fourth Century,* Londres, Longmans, 1919, p. 73.

12. *Id.,* pp. 80-81.

13. La deuxième épître de Pierre, les épîtres deutéro-pauliniennes, les lettres d'Ignace d'Antioche, le *Pasteur d'Hermas.*

14. Ce sont le *Syntagma* de Justin (vers 140), certains traités d'Eusèbe de Césarée, le *Syntagma* d'Hyppolyte de Rome (entre 200 et 210).

15. Voici les principaux: *La critique et la réfutation de ce qu'on nomme faussement la gnose* (vers 185), les *Philosophumena* ou *Elenchos* d'Hyppolyte (après 222) et le *Panarion* d'Epiphane de Chypre (entre 375-377).

16. TERTULLIEN, *De Praescript,* 29, 4-6.

17. *Contra Celsum* 3,13; 6,28; 7,40.

18. Voir H.-CH. PUECH, *op. cit.,* pp. 146-148.

19. R. BULTMANN, *Theology of the New Testament,* t. 1, New York, Scribner, 1952, pp. 164-170; R. BULTMANN, *Primitive Christianity in its Contemporary Setting,* New York, Thames and Hudson, 1956; A. RICHARDSON, *Introduction to the Theology of the New Testament,* New York, Harper, 1958, pp. 46-55; E. HAENCHEN, art. «Gnosis», dans *Die Religion in Geschichte und Gegenwart,* T. 2, coll. 1652 ss.; L. CERFAUX, art. «Gnose», dans *Supplément au Dictionnaire de la Bible,* coll. 659-701; R. MCL. WILSON, *op. cit.*

20. R. MCL. WILSON, *op. cit.,* p. 64.

21. H. KUNG, *L'Église,* t. 1, Paris, DDB, 1968, p. 345.

22. H. KUNG, *op. cit.,* p. 161.

23. Ce paragraphe est une paraphrase de K. RAHNER, *Écrits Théologiques,* t. 7, Paris, DDB, 1967, p. 161.

24. J.-H. NEWMAN, *Essai sur le développement de la doctrine chrétienne,* Paris, DDB, 1964, p. 226.

25. J.-H. NEWMAN, *op. cit.,* p. 227.

26. *op. cit.,* pp. 55-56.

CHAPITRE XIII

1. P. RICOEUR, *Finitude et Culpabilité,* t. 2, Aubier-Montaigne, Paris, 1960, p. 52.

2. Voir R. BERGERON, *Obéissance de Jésus et vérité de l'homme,* Montréal, Fides, 1976, pp. 147-157.

3. K. BARTH, *Dogmatique. La doctrine de la réconciliation,* t. 1, Genève, Labor et Fides, 1966, p. 150.

4. Cité par G. TAVARD, *Initiation à Paul Tillich,* Paris, Centurion, 1968, p. 234.

5. Voir K. RAHNER, *Science, évolution et foi chrétienne,* Paris, DDB, 1963, p. 23.

6. J. Guitton, cité par H. DE LUBAC, *Catholicisme,* Paris, Cerf, 1952, p. 111.

7. H.-CH. PUECH, *op. cit.,* pp. 7-8.

8. *Id.,* p. 17.

9. *Autobiographie,* Paris, Seuil, 1962, p. 75.

10. E. SCHILLEBEECKX, *Révélation et Théologie,* Bruxelles, Éditions du Cep, 1965, p. 74.

CHAPITRE XIV

1. J. LACROIX, *Histoire et mystère,* Paris, Casterman, 1962, p. 121.

2. Cité par R. GUARDINI, *Vie de la foi,* Paris, Cerf, 1958, p. 90; voir les pp. 90-120.

3. K. RAHNER et H. VORGRIMLER, *Petit dictionnaire de théologie catholique,* Paris, Seuil, 1969, p. 186.

4. A.-J. FESTUGIÈRE, *Le Sage et le Saint,* Paris, Plon, 1974, p. 83. Ce livre est particulièrement éclairant pour la question qui nous occupe.

5. N. BERDIAEFF, *5 méditations sur l'existence,* Paris, Aubier, 1936, p. 153.

CHAPITRE XV

1. *op. cit.,* pp. 65-75.

CHAPITRE XVI

1. Sur l'influence du sens eschatologique dans la naissance des mouvements de radicalité évangélique dans l'Église (érémitisme, monachisme, ordres religieux, mouvements de pauvreté...) voir R. BERGERON, «La fonction eschatologique de la vie religieuse», dans *La vie des communautés religieuses,* 28 (1970) 98-115.

2. Voir J.-H. NEWMAN, *Essai sur le développement de la doctrine chrétienne,* Paris, DDB, 1964; R. BERGERON, *Les abus de l'Église d'après Newman,* Montréal, Bellarmin, 1971.

3. J.-H. NEWMAN, *op. cit.,* p. 63.

4. *Id.,* pp. 63-64.

5. Le premier prononcé conciliaire date de 1546, au Concile de Trente qui énumère solennellement la liste des quarante-cinq livres de l'Ancien Testament et des vingt-sept écrits du Nouveau Testament.

6. Ce paragraphe s'inspire des pages éclairantes de SCHILLE-BEECKX, *The Christ,* New York, The Seabury Press, 1980, pp. 70-76.

7. *Id.,* pp. 770-779.

8. Sur la signification politique des sectes, voir D. MONIÈRE et GOSSELIN, *Le trust de la foi,* Montréal, Ed. Québec-Amérique, 1978.

CHAPITRE XVII

1. Voir R. ELLWOOD, *op. cit.,* pp. 301-302

2. H. CORNELIS et A. LÉONARD, *op. cit.,* p. 104.

3. F. Gogarten, cité par G. MACGREGGOR, *Reincarnation in Christianity,* Wheaton, III., The Theosophical Publishing House, 1978, p. 148.

4. Cité par B. CHETHIMATTAM, «Portée et condition du dialogue entre hindous et chrétiens», dans *Concilium,* 3 (1965) 151.

5. R. CUTTAT, *La rencontre des religions,* Paris, Cerf, 1957, p. 30.

6. «Donner un nom à l'Innommable», dans *Concilium,* 123 (1977) 88.

Index des noms propres

481

482

483

Index des groupes cités

490

493

495

496

Bibliographie sélective

1- Études de sociologie religieuse

BERGER, Peter, *The Sacred Canopy,* New York, Doubleday, 1969.

BERGER, Peter, *The Rumor of Angels,* New York, Doubleday, 1969.

DESROCHE, Henri, *Dieux d'hommes. Dictionnaire des messianismes et millénarismes de l'ère chrétienne*, Paris, Mouton, 1969.

DESROCHE, Henri, *Les religions de contrebande,* Paris, Mame, 1974.

ELIADE, Mircéa, *Traité d'histoire des religions,* Paris, Payot, 1949.

ELIADE, Mircéa, *Le sacré et le profane,* Paris, Gallimard, 1965.

McCOMAS, Henry Clay, *The Psychology of Religious Sects: A Comparison of Types,* New York, A.M.S. Press, 1973.

SLATER, Peter, *The Dynamic of Religion: Meaning and Change in Religious Traditions,* New York, Harper and Row, 1978.

TROELTSCH, Ernst, *The Social Teaching of the Christian Church,* 2 vols, New York, MacMillan, 1931.

VAN DER LEEUW, G. *La religion dans son essence et ses manifestations,* Paris, Payot, 1955.

WACH, Joachim, *Types of Religious Experience, Christian and Non-Christian,* Chicago, University of Chicago Press, 1951.

WACH, Joachim, *Sociologie de la religion,* Paris, Payot, 1975.

WEBER, Max, *Études de sociologie des religions,* Paris, Plon, 1964.

YINGER, J. Milton, *Religion, Society and the Individual,* New York, MacMillan, 1957.

YINGER, J. Milton, *Religion in the Struggle for Power,* Durham, Duke University Press, 1946.

2- Les nouvelles religions

BACH, Marcus, *Strange Sects and Curious Cults,* New York, Dodd Mead, 1961.

BACK, Kurt W., *Beyond Words: The Story of Sensitivity Training and the Encounter Movement,* Baltimore, Penguin, 1973.

BENOÎT, Jean-Paul, *Dénominations et sectes en France, de l'admirable à l'inacceptable,* Paris, Librairie protestante, 1965.

BIEZAIS, Harold, *New Religions,* Stockholm, Almquist and Wicksell International, 1975.

BOURGUIGNON, Érica (éd.), *Religion, Altered States of Consciousness and Social Change,* Columbus, Ohio State University Press, 1973.

BRADEN, C.-J., *They also believe. A Study of Modern American Cults and Minority Religious Movements,* New York, MacMillan, 1957.

COHEN, Daniel, *The New Believers, Young Religion in America,* New York, Evans and Co., 1975.

COLINON, Maurice, *Sectes étranges et faux-prophètes,* Paris, Plon, 1953.

COLINON, Maurice, *Le phénomène des sectes au XXe siècle,* Paris, Fayard, 1959.

COLINON, Maurice, *Faux prophètes et sectes d'aujourd'hui,* Mulhouse, Salvator, 1976.

CRYSDALE, Stewart et MONTMINY, Jean-Paul, *Religion au Canada. Bibliographie annotée de travaux en sciences humaines des religions 1945-1970,* 2 vols., Québec, Université Laval, 1973.

DAGON, Gérard, *Petites Églises et grandes sectes en France aujourd'hui,* Paris, S.C.E., 1960.

DE GIBON, Yves, *Des sectes à notre porte,* Paris, Chalet, 1979.

DUCHESNE, Jean, «Jésus révolution», Paris, Cerf, 1972.

ELLWOOD, Robert S. jr., *Religious and Spiritual Groups in Modern America,* New Jersey, Prentice-Hall, 1973.

ELLWOOD, Robert S. jr., *Many Peoples, Many Faiths*, Englewood Cliffs, N. J., Prentice-Hall, 1976.

ELLWOOD, Robert S. jr., *Alternative Altars: Unconventional and Eastern Spirituality in America,* Chicago, University of Chicago Press, 1979.

ENROTH, Ronald, *The Lure of the Cults,* Chappaqua, N.Y., Christian Herald Books, 1979.

FACON, Roger et PARENT, Jean-Marie, *Sectes et sociétés secrètes aujourd'hui: le complot des ombres,* Nice, Alain Lefeuvre, 1981.

FINES, H., *Album du Protestantisme français en Amérique du Nord,* Montréal, L'Aurore, 1972.

FITZGERALD, George R., *Communes: their Goals, Hopes, Problems,* New York, Paulist Press, 1971.

FOUCART, Éric, *Sectes et mouvement religieux marginaux.* Bibliographie sélective. Québec, Centre de Recherche en sociologie religieuse de l'Université Laval, 1979.

GIRAULT, René, *Dialogues aux frontières de l'église,* Paris, Ed. Ouvrières, 1965.

GLOCK, Ch. et BELLAH, R. (éd), *The New Religious Consciousness,* Berkeley, University of California Press, 1976.

GOSSELIN, J.P. et MONIÈRE, U., *Le trust de la foi,* Montréal, Québec-Amérique, 1978.

HOLLOWAY, M., *Heavens on Earth: Utopian Communities in America 1680-1880,* Londres, Turnstle Press, 1951.

HORTON, Davies, *The Challenge of the Sects,* Philadelphia, Westminster Press, 1961.

HUTTEN, Kurt, *Le monde spirituel des sectaires,* Neuchâtel, Delachaux et Niestlé, 1965.

IRVING, Ed., ZARETSKY, I., LEONE, M., *Religious Movements in Contemporary America,* Princeton, Princeton University Press, 1974.

LARSEN, Egon, *Sectes et cultes étrangers*, Paris, Payot, 1973.

LEDUC, Jean-Marie et DEPLAIGE, Didier, *Les nouveaux prophètes,* Paris, Buchet-Chastel, 1978.

MacCOLLAM, Joël A., *Carnival of Souls: Religious Cults and Young People,* New York, The Seabury Press, 1979.

MANN, W.E., *Sect, Cult and Church in Alberta,* Toronto, University of Toronto Press, 1955.

MATHISON, Richard, *Faiths, Cults and Sects of America,* Indianapolis, Bobbs-Merrill, 1960.

McLOUGHLIN, W.G., *Revivals, Awakenings, and Reform,* Chicago, University of Chicago Press, 1978.

NEEDLEMAN, Jacob, *The New Religions,* New York, Doubleday, 1970.

NEEDLEMAN, Jacob et BAKER, George, (éd.) *Understanding the New Religions,* New York, The Seabury Press, 1978.

PETERSON, William J., *Those Curious New Cults,* New Canaan, Conn., Keats Publishing Inc., 1973.

PICHON, J.-C., *Histoire universelle des sectes et des sociétés secrètes,* Paris, Robert Laffont, 1962.

POPE, Harrison, *The Road East: America's New Discovery of Eastern Wisdom,* Boston, Beacon Press, 1974.

ROWLEY, Peter, *New Gods: an Informal Investigation into the New Religions of American Youth Today,* New York, David McKay, 1971.

RYAN, John J., *The Jesus People,* Chicago, Acta Foundation, 1970.

SANDRI, Dominique, *À la recherche des sectes et sociétés secrètes d'aujourd'hui,* Paris, Presses de la Renaissance, 1978.

SEGUY, Jean, *Le phénomène des sectes dans la France contemporaine,* Paris, Beauchesne, 1956.

STONER, Carroll et PARKE, JoAnne, *All God's Children: The Cult Experience: Salvation or Slavery,* New York, Penguin Books, 1977.

STREIKER, Lowell D., *The Cults are Coming!* Nashville, Abingdon Press, 1978.

TOINET, Paul, *Religions sans frontières,* Paris, Beauchesne, 1970.

VERMANDER, J.-M., *Des sectes diablement vôtre,* Paris, Soceval, 1979.

WALLIS, Roy (éd.), *Sectarianism: Analysis of Religious and Non-Religious Sects,* Londres, Owen, 1975.

WELTER, Gustave, *Histoire des sectes chrétiennes, des origines à nos jours,* Paris, Payot, 1950.

WILSON, Bryan (éd.), *Patterns of Sectarianism,* Londres, Heinemann, 1967.

WILSON, Bryan, *Les sectes religieuses,* Paris, Hachette, 1970.

WOODROW, Alain, *Les nouvelles sectes,* Paris, Seuil, 1977.
WUTHNOW, Robert (éd.), *The Religious Dimension: New Directions in Quantitative Research,* Cambridge, Ma., Academic Press, 1979.

ZARETSKY, Irving (éd.), *Religious Movements in Contemporary America,* Princeton, Princeton University Press, 1974.

ZARETSKY, Irving (éd.), *Spiritual Community Guide,* San Rafael, Ca., Spiritual Communauty Publication, 1977.

3- La gnose

ABELLIO, Raymond, *Approches de la nouvelle gnose*, Paris, Gallimard, 1981.

BIANCHI, U. (éd.), *The Origins of Gnosticism — Le Origini dello gnosticismo,* Actes du Colloque de Messine, Leiden, Brill, 1967.

CORNELIS, H. et LÉONARD, A., *La gnose éternelle,* Paris, Fayard, 1961.

GRANT, Robert M., *Gnosticism and Early Christianity,* New York, Harper and Row, 1966.

HUTIN, Serge, *Les Gnostiques,* Paris, P.U.F., 1970.

JONAS, Hans, *The Gnostic Religion,* Boston, Beacon Press, 1963.

LACARRIÈRE, J., *Les Gnostiques,* Paris, Gallimard, 1973.

LEISEGANG, H., *La gnose,* Paris, Payot, 1951.

MOURAVIEFF, Boris, *Gnosis — Étude et commentaire de la tradition ésotérique de l'orthodoxie orientale,* 3 vols., Neuchâtel, Ed. de la Baconnière, 1969.

PUECH, H.-Charles, *En quête de la gnose,* 2 vols., Paris Gallimard, 1977.

SCHUON, Frithjof, *Sentiers de la gnose,* Paris, Ed. de la Colombe, 1957.

WILSON, R. McL., *Gnose et Nouveau Testament,* Bruges, Desclée, 1969.

4. L'ésotérisme

ABELLIO, Raymond, *La Bible document chiffré,* 2 vols., Paris, Gallimard, 1950.

ABELLIO, Raymond, *La fin de l'ésotérisme,* Paris, Flammarion, 1973.

ALLEAU, René, *Considérations sur ésotérisme et symboles,* Paris, Flammarion, 1954.

BEAUCHAMP, Jeanne, *Étude comparée de la Doctrine ésotérique des Religions et Philosophies religieuses,* Paris, Beaudelot, 1912.

BENOIST, Luc, *L'ésotérisme,* Paris, P.U.F., 1960.

BERGERON, Richard, *L'attrait du mystérieux. Bible et ésotérisme.* Ottawa, Novalis, 1981.

CHARRON, Robert, *Le livre des secrets trahis,* Paris, Robert Laffont, 1965.

de CAMPIGNY, H.-M., *Les traditions et les doctrines ésotériques,* Paris, Astra, 1961.

ÉLIADE, Mircéa, *Initiation, rites, sociétés secrètes,* Paris, Gallimard, 1976.

GUÉRIN, Pierre, *Essai pour une philosophie ésotérique de l'histoire,* Paris, Dervy Livre, 1977.

JAMES, Marie-France, *Ésotérisme et christianisme autour de René Guénon,* Paris, Nouvelles Éditions Latines, 1981.

JAMES, Marie-France, *Ésotérisme, occultisme, Franc-Maçonnerie et christianisme aux XIXe et XXe siècles*, Paris, Nouvelles Éditions Latines, 1981.

MARQUES-RIVIÈRE, Jean, *Histoire des doctrines ésotériques,* Paris, Payot, 1971.

NAUDON, Paul, *La Tradition et la Connaissance primordiale dans la spiritualité de l'Occident,* Paris, Dervy-Livres, 1973.

SCHURE, Édouard, *Les grands Initiés,* Paris, Perrin, 1960.

SAINT-ALLME, Michel, *La nuit des initiés,* Nice, Alain Lefeuvre, 1981.

5- Conversion et «programming»

CONN, Walter E. (éd.), *Conversion, Perspectives on Personal and Social Transformation,* New York, Alba House, 1978.

ENGLISH, John J., *Spiritual Freedom,* Guelph, Ontario, Loyola House, 1975.

ENROTH, Ronald, *Youth, Brainwashing, and the Extremist Cults,* Grand Rapids, Mi., Zondervan, 1977.

GILLESPIE, V. Bailey, *Religious Conversion and Personal Identity,* Birmingham, Al., Religious Education Press, 1979.

HAUGHTON, R., *The Transformation of Man: a Study of Conversion and Community,* New York, The Paulist Press, 1967.

JAMES, William, *The Varieties of Religious Experience,* New York, New American Library, 1958.

LLOYD-JONES, D.M., *Conversions: Psychological and Spiritual,* London, InterVarsity Press, 1959.

RICHARDSON, James T. (éd.), *Conversions Careers: In and Out of the New Religions,* Beverly Hills, Ca., Sage, 1978.

RICHARDSON, James T. (éd.), *The Brainwashing-Deprogramming Controversy,* New Brunswick, Transaction, 1980.

ROBBINS, Thomas, *Civil Liberties, «Brainwashing» and «Cults»: a Select Annotated Bibliography,* Berkeley, Center for the Study of New Religions, 1979.

SARGANT, W., *Physiologie de la conversion religieuse et politique,* Paris, P.U.F., 1967.

505

VERDIER, Paul A., *Brainwashing and the Cults,* Hollywood, Wilshire Book Co., 1977.

WHITE, John (éd.), *The Highest State of Consciousness,* New York, Doubleday, 1972.

6. Foi chrétienne et nouvelles religions

BARR, James, *Fundamentalism*, Philadelphia, Westminster Press, 1978.

BOA, Kenneth, *Cults, World Religions and You,* Wheaton, III., S.P. Publications, 1980.

BREESE, Dave, *Know the Mark of Cults,* Wheaton, III., S.P. Publications, 1979.

CHERY, H. Ch., *L'offensive des sectes,* Paris, Cerf, 1959.

CORNELIS, Étienne, *Valeurs chrétiennes des religions non-chrétiennes,* Paris, Cerf, 1965.

COX, Harvey, *The Seduction of the Spirit,* New York, Simon and Schuster, 1973.

COX, Harvey, *Turning East,* New York, Simon and Schuster, 1978.

CUTTAT, J.-A., *La rencontre des religions,* Paris, Aubier, 1957.

CUTTAT, J.-A., *Expérience chrétienne et spiritualité orientale,* Paris, D.D.B., 1967.

GELPI, O.L., *Experiencing God: A Theology of Christian Experience,* New York. The Paulist Press, 1976.

GERSTNER, John H., *The Theology of the Major Sects,* Grand Rapids, Michigan, Baker Book Company, 1960.

GIRAULT, René, *Évangile et religions aujourd'hui,* Paris, Ed. Ouvrières, 1969.

GIRAULT, René et VERNETTE, Jean, *Croire en dialogue,* Paris, Droguet-Ardant, 1979.

HAUGHTON, Rosemary, *The Theology of Experience,* Paramus, N.J., Newman Press, 1972.

HOFF, E.-U., *L'Église et les Sectes,* Paris, S.C.E., 1951.

506

IRENÉE DE LYON, *Contre les hérésies,* Sources chrétiennes, Paris, Cerf, 1952.

LAVAUD, M.-Benoit, *Sectes modernes et foi catholique,* Paris, Aubier-Montaigne, 1954.

LE SAUX, Henri, *Sagesse Hindoue et mystique chrétienne,* Paris, Centurion, 1965.

LE SAUX, Henri, *Éveil à soi, éveil à Dieu,* Paris, Centurion, 1971.

MARTIN, Walter R., *The Kingdom of the Cults,* Minneapolis, Bethany Fellowship, Ed. revisée, 1977.

NEILL, Stephen, *Foi chrétienne et autres croyances,* Paris, Mame, 1975.

PANNIKAR, Raimundo, *The Intra-Religious Dialogue,* New York, Paulist Press, 1978.

RAGUIN, Yves, *La profondeur de Dieu,* Paris, D.D.B., 1973.

VERNETTE, Jean et BOURGEOIS, Henri, *Seront-ils chrétiens? Perspectives catéchuménales,* Paris, Chalet, 1975.

VERNETTE, Jean, *Sectes et réveil religieux. Quand l'Occident s'éveille...,* Mulhouse, Salvator, 1976.

VERNETTE, Jean, *Des chercheurs de Dieu «hors frontières»,* Paris, D.D.B., 1979.

VERNETTE, Jean, *Au pays du nouveau sacré,* Paris, Centurion, 1980.

VISSERT HOOFT, W.A., *L'Église face aux syncrétismes,* Genève, Labor et Fides, 1964.

CINR

LE CENTRE D'INFORMATION SUR
LES NOUVELLES RELIGIONS

Depuis la parution de cet ouvrage, l'auteur a fondé le Centre dont il est question dans la conclusion, sous le nom de Centre d'Information sur les Nouvelles Religions (CINR). Ce Centre, constitué légalement comme un organisme autonome sans but lucratif, se veut un lieu d'intelligence critique et de discernement spirituel en face du nouveau phénomène religieux. Pour atteindre cet objectif, le CINR offre un éventail de services: service d'information et de documentation; service d'écoute individuel, de counselling psycho-spirituel et d'accompagnement de groupe; service de formation (cours, sessions, conférences, séminaires, publications écrites et audio).

Le CINR se veut accueillant pour les personnes intéressées et interrogées par les nouveaux phénomènes spirituels ou religieux. Il entend respecter le cheminement des individus et la vérité qui est en chacun. Il se propose de rester à l'écoute des besoins de tous, au-delà des frontières doctrinales et des options personnelles.

D'inspiration chrétienne, le CINR est animé par un esprit d'ouverture dans le souci d'un dialogue vrai. C'est dans cet esprit qu'il fait connaître les voies spirituelles inspirées du christianisme et qu'il propose son point de vue sur les nouvelles religions.

Le CINR s'adresse au public en général, aux chrétiens des grandes Églises, aux membres des nouveaux groupes spirituels et religieux, ainsi qu'aux intervenants sociaux et aux agents de pastorale.

CENTRE D'INFORMATION SUR LES NOUVELLES RELIGIONS
8010 rue St-Denis
Montréal, Québec
H2R 2G1
Téléphone: 382-9641

Table des matières

509

510

Achevé de réimprimer
au 2e trimestre 1987
sur les presses
de l'imprimerie des Éditions Paulines
Sherbrooke, Qc (Canada)